Hartwig A. Vogelsberger

SLATIN PASCHA

Hartwig A. Vogelsberger

SLATIN PASCHA

Zwischen Wüstensand und Königskronen

Verlag Styria

Alle Abbildungen stammen aus dem
Bildarchiv der Österreichischen Nationalbibliothek, Wien,
mit Ausnahme der Seiten 59, 115, 311, die vom Autor
zur Verfügung gestellt wurde.

Die Deutsche Bibliothek – CIP-Einheitsaufnahme

Vogelsberger, Hartwig A.:
Slatin Pascha : zwischen Wüstensand und Königskronen /
Hartwig A. Vogelsberger. –
Graz ; Wien ; Köln : Verl. Styria, 1992
ISBN 3-222-12113-3

Printed in Germany
Satz: Druck- und Verlagshaus Styria, Graz
Druck und Bindung: Ebner Ulm
ISBN 3-222-12113-3

INHALT

Dieses Buch ist dem Andenken
meines lieben Großvaters
ALFONS LINDEBNER
gewidmet,
der mir als erster die Geschichte
von Rudolf Slatin,
dem „österreichischen Pascha",
erzählte.

VORWORT

Als ich im Jahr 1979 in einem Museum in Kairo Aktenmaterial über General Gordon studierte, stieß ich unvermutet auf einen Namen, der mir einmal sehr vertraut gewesen war, einen Namen, den ich aus den Erzählungen meines Großvaters kannte und der mir damals zwar nicht völlig entfallen war, sich aber dennoch in die hintersten Gedächtnisnischen zurückgezogen hatte: den Namen von Rudolf Carl von Slatin. Die Vorstellung, daß dieser Landsmann vor hundert Jahren eine entscheidende Rolle beim Zusammenstoß des mächtigen britischen Empire mit den fanatisierten Wüstenkriegern des Sudan, dieses unwirtlichen Landes mitten im dunklen Herzen Afrikas, das damals kurz vor der Aufteilung durch die Großmächte stand, gespielt hatte, faszinierte mich bereits zu diesem Zeitpunkt, als ich im Kairoer Museum die Ereignisse um General Gordon und Khartum nachzuempfinden versuchte.

Erstaunlicherweise stellte ich einige Jahre später – als ich bei Recherchen im Britischen Museum wieder mit Slatin konfrontiert wurde – fest, daß dieser große Österreicher in England einen wesentlich höheren Bekanntheitsgrad genießt, als dies in seiner Heimat der Fall ist. Selbst die anerkanntesten Historiker unseres Landes – wie etwa Erich Zöllner in seinem Standardwerk zur Geschichte Österreichs – erwähnen ihn nur kurz, streifen ihn beiläufig in einigen Nebensätzen, so, als wäre er eine Figur gewesen, welche die Geschichte mit einem gleichgültigen Achselzucken der Vergessenheit anheimstellte.

General Gordon, der große Märtyrer des Empire, der christliche Held und Exzentriker par excellence, wird in einigen ausgezeichneten Werken über das Weltreich der Königin Victoria gewürdigt, aber auch Rudolf Slatin, Slatin Pascha, figuriert in diesen, einem breiteren deutschen Leserpublikum kaum zugänglichen Büchern immer wieder als überaus interessante Gestalt. Sowohl Allan Moorehead in seinem großartigen Buch *Der Weiße Nil* wie auch James Morris in der akklamierten Empire-Trilogie *Farewell the Trumpets* lassen Rudolf Slatin die Bühne betreten.

Als ich mich vor einigen Jahren entschloß, einen Versuch zu unternehmen, das gesamte Slatin-Material, das ich in mehr als zehn Jahren gesammelt hatte, chronologisch zu ordnen, drängte sich mir unweigerlich die Idee auf, eine Biographie über diesen außergewöhnlichen Mann zu schreiben. Größere Reisen und Arbeiten an anderen Buchprojekten führten dazu, daß diese Idee, zusammen mit den umfangreichen, mittlerweile geordneten Unterlagen, in den hinteren Regalen meiner Bibliothek Platz fand. Doch alte Ideen sind wie alte, schon fast vergessen geglaubte Freunde, auf die man durch Zufall trifft und sie deshalb umso mehr schätzt. Ein solch zufälliges Wiederentdecken Slatins ereignete sich vor drei Jahren, als mir ein Freund riet, meine ursprüngliche Idee endlich zu realisieren. Ich folgte der Anregung meines Freundes und begann meine Arbeit an diesem Buch.

Das erste Werk, das ich heranzog, war Slatins eigene Lebensbeschreibung, *Feuer und Schwert im Sudan,* ein Buch, das in deutscher Fassung erstmals im Jahr 1896 in Leipzig erschien. *Feuer und Schwert im Sudan* endet allerdings mit Slatins Befreiung aus den Händen der Mahdisten, mit seiner gelungenen Flucht nach elfjähriger Gefangenschaft, und gewährt so gut wie keinen Einblick in Slatins späteres ereignisreiches Leben; ebenso werden seine Jugenderlebnisse kaum berührt, so daß man von keiner Autobiographie im eigentlichen Sinn sprechen kann.

1965 erschien in London Richard Hills Buch *Slatin Pascha,* das etwas später auch in deutscher Sprache auf den Markt kam. 1971 beschäftigte sich eine Wiener Studentin, Elisabeth Flandorfer, mit dem österreichischen Pascha und verlieh ihrer Dissertation den nicht unbedingt sehr aussagekräftigen Titel *Pascha und Baron.* Ein Jahr später brachte der renommierte britische Historiker Colonel Gordon Brook-Shepherd in London die wohl beste Slatin-Biographie *The Man Between* heraus. Die deutsche Fassung dieses Buches erschien im Wiener Molden-Verlag, und zwar unter dem Titel *Rudolf Slatin – Ein abenteuerliches Leben.* Dieses ausgezeichnet recherchierte Werk erwies sich als nahezu unentbehrlich beim Abfassen des vorliegenden Buches. Ich bin Gordon Brook-Shepherd, mit dem ich im imponierenden Ambiente des in der Londoner Pall Mall gelegenen altehrwürdigen Traveller Clubs zu einem langen und aufschlußreichen Gespräch zusammentreffen durfte, zu großem Dank verpflichtet, da sich der Colonel nicht nur freundlicherweise bereit erklärte, das gesamte Manuskript zu lesen, sondern mir auch zahlreiche wertvolle Tips gab und mir einige vor allem für Nicht-Briten sehr schwer zugängliche Quellen erschloß, indem er mir erlaubte, einige Zitatangaben aus der englischen Fassung seines Buches zu übernehmen, und mir in besonders liebenswürdiger Weise viel Erfolg mit meiner Slatin-Biographie wünschte. Sehr fruchtbare Nachforschungen kann der Slatin-Forscher im Archiv der Universität von Durham anstellen, wo der schriftliche Nachlaß des ehemaligen Generalinspekteurs des anglo-ägyptischen Sudan aufbewahrt wird. Auch das österreichische Haus-, Hof- und Staatsarchiv beinhaltet interessantes Aktenmaterial zum Thema Slatin Pascha. Material befindet sich auch im Public Record Office und den sehr schwer zugänglichen Royal Archives in London, welche nur mit Genehmigung der Queen benutzt werden dürfen.

Obwohl ich auf alle diese Quellen im Anhang dieses Buches hinweise, war es mir ein Anliegen, keine allzu akademische Biographie zu schreiben, die den Leser durch eine Flut von Fußnoten in Verwirrung stürzt und den Erzählfluß erheblich hemmt. Mir ging es vor allem darum, das abenteuerliche Leben Slatin Paschas einem breiteren Leserpublikum nahezubringen, den Leser ohne ständige Regieanweisungen und Erläuterungen meinerseits am Leben eines Mannes Anteil nehmen zu lassen, das in jeder Hinsicht als außergewöhnlich betrachtet werden muß und gerade in unserer Zeit der Gleichmacherei und des Konformitätsstrebens wie ein Märchen anmutet, einen

Blick zurück in eine längst versunkene Zeit zu werfen, in der es möglich war, aus dem Dunkel der Obskurität in das Licht des Ruhmes aufzusteigen, in der ein unbekannter mittelloser junger Wiener, der Sohn eines Seidenfärbers, im Lauf eines nicht übermäßig langen Lebens zum gerngesehenen Gast an nahezu allen europäischen Fürstenhöfen avancieren und sich der Freundschaft und des Wohlwollens zahlreicher Monarchen erfreuen konnte.

In früheren Büchern war es mir stets ein Anliegen, Freunden und Weggefährten im Vorwort meinen Dank abzustatten. Der Leser möge mir verzeihen, daß ich diese Angewohnheit beibehalten habe. Ich danke also meiner lieben Mutter *Berta Assunta Vogelsberger* für ihren steten Zuspruch, für ihre fast grenzenlos zu nennende Geduld, für ihr Verständnis und Interesse an meiner Arbeit an diesem Buch, dessen Entstehungsgeschichte sie mit wachem Auge verfolgte, wie sie es auch bei anderen Büchern tat; ferner danke ich meinem lieben Freund *Leonhard Wolkenstein-Rodenegg,* der mich in zahllosen Gesprächen bestärkte, in meiner Arbeit fortzufahren, und sich von der Person Slatin Paschas ebenso angetan zeigte wie der Schreiber.

Ganz besonderen Dank schulde ich Herrn Diplomingenieur *Paul A. Slatin,* einem Großneffen Slatin Paschas, der mir in äußerst liebenswürdiger Weise hilfreich zur Seite stand, den Charme seines Großonkels geerbt zu haben scheint, mir Einblick in seine umfangreiche Briefsammlung gewährte und zahllose Telefonate und Anfragen über sich ergehen lassen mußte; ich danke auch *Dr. Heinz-Peter Slatin,* dem Chefarzt des Österreichischen Roten Kreuzes, besonders aber seiner reizenden Gemahlin, die mich anläßlich eines Besuches wahrhaft „paschahaft fürstlich" bewirtete. Ebenso verbunden bin ich *Dr. Gernot Gürtler* und seiner charmanten Gattin *Anita Gürtler* vom Institut für Neuzeitliche bzw. Alte Geschichte der Universität Innsbruck sowie Herrn *Dr. Jakob Knoll* vom Meraner Stadtbauamt und Frau *Josefine „Pepi" Meister* und ihrer Schwester *Elisabeth Gutweniger,* den heutigen Eigentümern der Villa Mathilde, welche mir ohne Zögern erlaubten, Slatin Paschas letztes Heim zu besichtigen.

Dank sage ich auch meinem lieben langjährigen und vielleicht besten Freund *Prof. Siegfried Kirchner,* der es nicht für unter seiner Würde erachtete, mir wertvolle Kopierdienste zu leisten, sowie seiner Frau *Prof. Annemarie Kirchner,* deren intelligente Konversationsbeiträge stets hilfreich waren, und meinem Freund und Reisegefährten *Hans-Peter Reichmuth* aus Schwyz, dessen stilvolle, literarisch hochstehende Epistolate mir in den letzten drei Jahren Ansporn waren, Schicksalsschläge leichter zu ertragen und dieses Buch – allen Anfechtungen und Problemen zum Trotz – zu Ende zu führen.

Last but by no means least soll aber hier mein lieber und geschätzter Freund *Commander Mark Cheyne,* Royal Navy, stehen, auf dessen Schreibtisch diese Zeilen geschrieben wurden und der mir sein prächtiges Anwesen Ditchingham Lodge – für mich persönlich eines der schönsten Landhäuser East Anglias – zur Verfügung stellte, um meinem Slatin-Buch in der abgeschiedenen Landidylle eines literaturträchtigen Herrenhauses in der Nähe von Bungay sozusagen „den letzten Schliff" zu verleihen.

HARTWIG A. VOGELSBERGER
1992

DER SOHN DES SEIDENFÄRBERS

Der Mann, der als Slatin Pascha in die Geschichte einging, der Liebling Königin Victorias, Rudolf Carl von Slatin, Generalleutnant Sir Rudolf Freiherr von Slatin Pascha, G. C. V. O. (= Knight Grand Cross of the Royal Victorian Order), K. C. M. G. (= Knight Commander of the Order of St. Michael and St. George) und C. B. (= Companion of the Bath), um ihm seinen vollen Titel zu geben, der – obwohl österreichischer Bürger und treuer Untertan Seiner Majestät Kaiser Franz Josephs – 14 Jahre lang Generalinspekteur des anglo-ägyptischen Sudan war, der seit den Tagen seiner abenteuerlichen Flucht aus den Händen der Mahdisten im Jahr 1895 einer der berühmtesten Männer Europas war und an einer Anzahl europäischer Fürstenhöfe ein und aus ging, verlor niemals ein Wort über seine bescheidene Herkunft. Es schien, als wollte er seinen Ursprung verdrängen, weder in seinem Buch *Feuer und Schwert im Sudan* noch in seinen zahlreichen Vorträgen gibt er Auskunft über seinen familiären Hintergrund. Auch seine reichhaltige Privatkorrespondenz vermeidet dieses Thema geflissentlich. Selbst seine besten Freunde hörten ihn nie über die Tage seiner Jugend sprechen. Für Slatin Pascha schien sein Leben mit seiner Flucht in den Ruhm begonnen zu haben.

Dennoch wissen wir einiges über seine frühen Jahre, denn es war unmöglich, in die Kaiserstadt Wien hineingeboren zu werden, ohne amtlich aufzuscheinen. Die Mühlen der kaiserlichen Bürokratie mahlten gewissenhaft, wenn auch gemächlich. Zur Zeit der Geburt von Rudolf Slatin war es in der Hauptstadt des Habsburgerreiches, das Kaiser Franz Joseph bereits neun Jahre regierte – Rudolf Slatin erblickte am 7. Juni 1857 das Licht der Welt –, längst Usus geworden, daß sich jeder Bürger nach

Kriterien des Standes, des Berufes und des religiösen Bekenntnisses zu registrieren lassen hatte. Diesem Umstand haben wir es zu verdanken, daß wir in den Kirchenbüchern aus jener Zeit auch einige Einzelheiten über seine Familie erfahren können.

Die Familie Slatin stammte ursprünglich aus Böhmen, und zwar aus dem kleinen Dorf Hermann Miestiz (Heřmanův Městec), das zum Patronatsbereich der fürstlichen Familie Kinsky gehörte. Laut Urkunden der Lokalbehörden von Hermann Miestiz scheint der Großvater Rudolf Slatins, Markus Slatin, dort als Händler oder Kaufmann auf. Etwas ungenauer (und heute nicht mehr nachzuprüfen) ist die Eintragung, die Slatins Vater betrifft. Michael Slatin wurde am 24. Juli 1811 im selben Ort geboren und beruflich als sogenannter „Commissionär" geführt, eine Bezeichnung, die uns kaum Aufschluß über seine tatsächliche Tätigkeit gibt. Die Großeltern Slatins gehörten eindeutig der jüdischen Glaubensgemeinschaft an; obwohl die Familie, als sie in den zwanziger Jahren des 19. Jahrhunderts nach Wien emigrierte, in der Leopoldstadt, einer damaligen Vorstadt Wiens, die seit nahezu 200 Jahren das jüdische Ghetto beherbergte und begehrter Wohnort der meisten Einwohner Wiens, die einem mosaischen Glaubensbekenntnis nachhingen, war, Zuflucht suchte, ging Michael Slatin bald daran, sein und das Leben seiner Nachfahren in andere, erfolgversprechendere Bahnen zu lenken, indem er zum römisch-katholischen Glauben konvertierte. 1838, im Alter von 27 Jahren, ließ sich Michael Slatin taufen. Er hatte längst erkannt, daß eben der Übertritt zum Katholizismus für einen aufstrebenden jungen Mann mosaischen Glaubens im Wien des Jahres 1838 bedeutende Vorteile nach sich ziehen würde.

Michael Slatin heiratete zweimal. Seine erste Hochzeit fand am 9. Juni 1844 im Stephansdom statt, einer Nobelkirche also, was dokumentieren mag, daß auch Michael Slatin – wie sein Sohn Rudolf – ein Leben lang bestrebt war, es der sogenannten „guten Gesellschaft" gleichzutun, und sich sehr bemühte, in eben dieser feinen Gesellschaft – soweit es ihm aufgrund seiner Herkunft möglich war – als vollwertiges Mitglied anerkannt zu werden.

Seine erste Frau, Anna Bichler, brachte einen Sohn namens Ferdinand zur Welt und starb vier Jahre nach der Eheschließung. Am 29. Juni 1851 heiratete Michael Slatin das zweite Mal. Diesmal ehelichte er in der Schottenkirche in der Inneren Stadt Maria Anna Feuerstein, eine aus Galizien stammende, römisch-katholisch getaufte Jüdin, die Tochter eines kleinen Regierungsbeamten. Michael Slatin war mit dieser Eheschließung bereits der erste größere Schritt, aus der jüdischen Händlerkaste, in die er hineingeboren worden war, auszubrechen, gelungen. Das christliche (Klein-)Bürgertum öffnete ihm die Tore in Gestalt der Maria Anna Feuerstein. Bald nach der Eheschließung zogen die Slatins nach Ober-St. Veit, einem vornehm-ruhigen Villenvorort westlich des kaiserlichen Schlosses Schönbrunn. Dieser Vorort ähnelte damals einer idyllischen Parklandschaft, in die sich das hübsche, nicht allzu anspruchsvolle Haus der Slatins gut einfügte. 1852 brachte Frau Slatin Zwillingsschwestern zur Welt, die nach ihrer Mutter Maria und Anna getauft wurden, drei Jahre später folgte ein Sohn, Heinrich. Rudolf wurde 1857 geboren, ihm folgten 1861 noch ein Sohn, Adolf, und 1864 eine dritte Schwester, Leopoldine.

Michael Slatin zeigte auch in Wien eine erstaunliche Vielseitigkeit in der Ausübung diverser Berufe. Das Studium jener Urkunden, in denen Michael Slatin Erwähnung findet, läßt den Schluß zu, daß er seinen Beruf relativ häufig wechselte. Auf der Geburtsurkunde seines Sohnes Rudolf scheint er als konzessionierter Seidenfärber auf, auf einem anderen Schriftstück, einem Zeugnis des Schülers Rudolf Slatin, findet man unter der Rubrik „Beruf des Vaters" Obsthändler, und als Rudolf seines Kaisers Rock trägt, hat der Vater des jungen Leutnants der Reserve wiederum den Beruf gewechselt, er ist nun Hausbesitzer. Als solchem war es Michael Slatin gelungen, endlich Mitglied des respektablen Wiener Bürgertums zu werden. Der jüdische Aufsteiger aus einem kleinen böhmischen Dorf hatte also einige hohe Sprossen seiner persönlichen Erfolgsleiter erklommen. Sein Sohn Rudolf sollte diese Leiter vollends erklimmen und eine Position erlangen, die sich sein Vater selbst in seinen kühnsten Träumen niemals hätte ausmalen können.

Doch bevor wir uns endgültig dem schillerndsten Mitglied der Familie Slatin zuwenden, werfen wir einen kurzen Blick auf den beruflichen Werdegang seiner Brüder Heinrich und Adolf. Heinrich fand bereits als Student eine Anstellung bei der bekannten Fürstenfamilie Kinsky, in deren Wiener Stadtpalais er als Hauslehrer fungierte. Das Oberhaupt dieses mächtigen Aristokratenclans, Fürst Karl Kinsky, war dem jungen Slatin wohlgesonnen und brachte einen Stein ins Rollen, der Heinrich zu einer glänzenden Karriere verhelfen sollte, indem er seinen Onkel, Prinz Rudolf Liechtenstein, der als Oberstallmeister des Kaisers fungierte, dazu überredete, seinen tüchtigen Protegé Heinrich Slatin als Sekretär in seine Dienste zu nehmen. Im Januar 1889 wurde der junge Beamte Dr. Heinrich Slatin in die mysteriösen Geschehnisse rund um den Selbstmord Kronprinz Rudolfs in Mayerling verwickelt. Slatin war damals Sekretär einer Hofkommission, die den Tod Seiner Kaiserlichen Hoheit, des Kronprinzen Rudolf, und seiner siebzehnjährigen Geliebten, der Baronesse Mary Vetsera, aufs genaueste untersuchen sollte. Die Tragödie von Mayerling war die europäische Sensation ihrer Zeit, wochenlang wurde das auf so grauenhafte Weise berühmt gewordene Jagdschloß des unglücklichen Habsburgerprinzen von einem Heer von sensationslüsternen Schaulustigen regelrecht belagert, und Pressekorrespondenten aus ganz Europa machten es der Hofkommission sicher nicht ganz leicht, ungestört ihrer Arbeit nachzugehen. Heinrich Slatin allerdings behielt einen klaren Kopf und handelte mit bemerkenswerter Gelassenheit. Mit stoischer Ruhe hielt er die erschreckenden Tatsachen fest, notierte alles gewissenhaft, vermied aber tunlichst, auch nur eine Andeutung in Richtung Presse oder Öffentlichkeit fallen zu lassen, wie es um den wahren unglückseligen Sachverhalt stand. 42 Jahre später sollte im *Neuen Wiener Tagblatt* unter dem Namen des pensionierten und bereits verstorbenen Sektionschefs Dr. Heinrich Slatin eine Artikelserie erscheinen, die sich „Die Wahrheit von Mayerling" nannte.[1] Hier schilderte Slatin den „Leichenfund" der Kommission detailliert und wie folgt:

Wir begaben uns in das Schlafzimmer des Kronprinzen und fanden daselbst zwei Leichname vor, jenen des Kronprinzen, das Antlitz kaum entstellt, jedoch die Schädeldecke abgesprengt, Blut und Gehirnteile herausquellend, wie mir schien durch einen Schuß aus allernächster Nähe, und einen schönen weiblichen Leichnam. Es war jener der Mary Vetsera. Auf einem kleinen Sessel oder kleinen Tischchen daneben lagen Briefe. ... Ich erinnere mich mit voller Bestimmtheit, daß der Kronprinz im Bett links, die Baronesse rechts lag. Mit fast voller Bestimmtheit kann ich sagen, daß links vom Bett des Kronprinzen auf einem Sessel oder kleinen Tischchen ein Handspiegel und ein Revolver lagen. ...[2]

1889 aber dachte der Sekretär natürlich nicht daran, irgendwelche Wahrheiten zu enthüllen. Er sah, notierte und schwieg. Seine Diskretion sollte belohnt werden. Eigentlich darf die traurige Mayerling-Affäre als der Grundstein zu Heinrich Slatins späterer glanzvoller Berufslaufbahn bezeichnet werden. Er konnte zwar niemals auf einen Posten wie jenen seines Vorgesetzten Prinz Liechtenstein hoffen, denn dazu fehlten ihm die Voraussetzungen – solche hohen Ämter waren ausschließlich für Repräsentanten der Hocharistokratie reserviert; aber er stieg zur höchsten Position auf, die man im damaligen Wien mit seinem Hintergrund und seiner Qualifikation erreichen konnte. Der Kaiser adelte ihn, und er beendete sein Berufsleben als Hofrat und Sektionschef.

Der jüngste Bruder von Slatin Pascha, Adolf Slatin, ließ sich zum Juristen ausbilden und begann seine Karriere als Angestellter in der Verwaltung des beachtlichen Kinsky-Imperiums. Auch er machte seine Sache gut und war bei seiner Pensionierung Zentraldirektor der Verwaltungsinstanz des riesigen Kinsky-Besitzes. Er überlebte beide Brüder und starb erst 1942, mitten im Zweiten Weltkrieg, als Slatin Pascha schon zehn Jahre tot war.

Rudolf Slatin verbrachte allem Anschein nach eine durchaus „normale" Kindheit, wie sie einem Kind seiner Herkunft entsprach. Am Schottenfeld besuchte er die Oberrealschule. Aus einem erhalten gebliebenen Zeugnis aus dem Jahr 1867 geht hervor, daß er kein außergewöhnlich begabter Schüler, sondern bestenfalls guter Durchschnitt war. In den meisten Fächern variierten seine Noten zwischen „befriedigend" und „ausreichend", wenngleich sein Betragen als „lobenswert" beurteilt wurde. Einzig und allein in Arithmetik scheint er brilliert zu haben, denn hier erreichte er die Höchstnote „ausgezeichnet". Einer seiner ehemaligen Schulkameraden beschrieb den Klassenkollegen Slatin, der 1870 von der Schule abging, später wie folgt:

> Das hat sich weiß Gott keiner … träumen lassen, daß der, wenn auch sehr aufgeweckte, zu allen fröhlichen Streichen geneigte … Rudolf Slatin, mit dem wir ein paar Jahre lang auf der Schulbank gesessen haben, dereinst ein weltberühmter Mann sein, im dunkelsten Afrika im Bunde mit England eine große Rolle spielen würde. Besondere Vorliebe für Geographie und Geschichte hatte der liebe Kollege nicht. …[3]

Der die Fächer Geschichte und Geographie nicht sonderlich liebende Schüler Slatin wechselte in die Wiener Handelsschule und später in die Handelsakademie über. Auch auf diesen beiden Schulen fiel er nicht besonders auf. Im Alter von 17 Jahren jedoch sollte sich sein öder Schulalltag schlagartig ändern, als er von der Möglichkeit erfuhr, daß im fernen Kairo die Stelle eines sprachgewandten Buchhändlers frei sei. Rudolf Slatin vernahm den Ruf der Ferne und des Abenteuers, und der so gewöhnliche junge Mann, der Baumeister, Kaufmann oder Ladenbesitzer hätte werden sollen, handelte unglaublich schnell und mit einer Entschlossenheit, die ihm niemand zugetraut hätte. Aus der relativen Geborgenheit seiner Wiener Heimat sprang er – mehr oder weniger aus einer von Abenteuerlust diktierten spontanen Laune heraus – ins Meer der Ungewißheit. Er vergaß seine weitere Schulausbildung, verschaffte sich selbst das nötige Reisegeld und brach auf in die Hauptstadt Ägyptens. Er war noch nie im Ausland gewesen, seine Fremdsprachenkenntnisse waren bescheiden, vor kurzem erst hatte er seinen 17. Geburtstag gefeiert, er besaß keinerlei Vermögen, und seine Familie verfügte über keine weit-

Kairo, die Hauptstadt Ägyptens: Hierher reiste der junge Rudolf Slatin, um die Stelle eines Buchhändlers anzunehmen.

reichenden Verbindungen, die ihm einen Einstand in Kairo erleichtert hätten. Er war auch nicht belesen, denn seine einzige Lektüre waren die verhaßten Schulbücher gewesen, die er stets nur sehr widerwillig aufgeschlagen hatte. Ebenso entstammte er keiner Gesellschaftsschicht, die zur damaligen Zeit Fernreisen praktizierte, wie es etwa Adel und hochrangige Diplomatie taten. Mitglieder des unteren Mittelstandes pflegten überhaupt keine Auslandsreisen zu unternehmen. Dennoch zögerte der siebzehnjährige Schüler nicht, die vage Chance, die sich ihm in Ägypten zu bieten schien, wahrzunehmen. Auch Rudolf Slatin wollte – wie sein Vater Michael, der am 13. März 1873 gestorben war und seine Familie in nicht unbedingt glänzend geordneten finanziellen Verhältnissen zurückließ – so schnell wie möglich Karriere machen. Hinzu kam der Gedanke, daß er durch diesen gewagten Entschluß, Wien zu verlassen, seine lange, relativ uninteressante Ausbildung zu vergessen und in Kairo ins Berufsleben einzusteigen, auch in die Lage versetzt werden würde, seine Familie finanziell zu unterstützen. Als Slatin nach Kairo abreiste, waren Adolf und Leopoldine Kinder im Alter von zwölf beziehungsweise acht Jahren. Der Student Heinrich Slatin war 19 und wurde, wie wir bereits erwähnten, um diese Zeit Hauslehrer bei den Kinskys. Der finanzielle Status der Zwillingsschwestern Maria und Anna, die gerade 21 geworden waren, bleibt ungeklärt. Es existiert jedenfalls kein eindeutiger Hinweis, daß die beiden Mädchen bereits einem Beruf nachgingen, obwohl es auch nicht auszuschließen ist, daß dies der Fall war.

Außerdem hatte Rudolf Slatin genug von der Schule und sah auch kaum eine Chance, seinen gesellschaftlichen Status zu verbessern. Das Leben in Wien verlief in genau abgegrenzten Bahnen, und wäre Slatin in der Hauptstadt des Kaiserreiches geblieben, hätte er niemals die Grenzen jener rigiden gesellschaftlichen Rangordnung, die er langsam zu hassen begann, sprengen können. Ein Dasein als Schreiber in irgendeinem muffigen Geschäftskontor erschien ihm keineswegs erstrebenswert, denn obwohl Slatin als katholischer Österreicher erzogen worden war, war er Mitglied einer Familie ohne Rang und

Ansehen. Ein Aufstieg in gesellschaftlich relevante Kreise, den Slatin so sehr herbeisehnte, konnte also in Wien sehr schwer bewerkstelligt werden. In der österreichisch-ungarischen Monarchie würde er immer bleiben, was er aufgrund seiner Geburt war: der Sohn eines Seidenfärbers und Hausbesitzers.

In Kairo war die Lage anders. Hier konnte ein junger aufstrebender Mann relativ schnell sein Glück machen. Afrika war damals immer noch ein mysteriöser Kontinent der Gefahren und Abenteuer, obwohl ein großer Teil bereits ansatzweise erforscht worden war. Der Niger-Fluß war zu einem beträchtlichen Teil navigationstechnisch erschlossen. Kenia und der sagenumwobene Kilimandscharo, den der österreichische Alpinist Ludwig Purtscheller zusammen mit seinem deutschen Kollegen Hans Meyer im Jahr 1889 erstmals besteigen sollte, waren entdeckt worden. Man war sogar in das endlos scheinende Sandreich der Kalahari vorgedrungen und hatte das mystische Timbuktu, das sich leider als große Enttäuschung erwies, gefunden.[4] Dennoch lag über dem dunklen Kontinent immer noch ein Hauch des Abenteuers, blieb Afrika eine dunkel lockende Welt, um Tanja Blixens Vergleich zu bemühen, in der ein Mann – wenn er die nötige Portion Wagemut, gekoppelt mit der ebenso benötigten Portion Glück, mitbrachte – ein schnelles Vermögen machen konnte.

Der Zufall hat in Afrika immer eine entscheidende Rolle gespielt, und dieser wollte es, daß Slatin, als er einige ereignislose Wochen im Kairoer Buchladen zugebracht hatte, auf Theodor von Heuglin, einen bedeutenden deutschen Forschungsreisenden, traf, der damals eine Expedition zur Küste des Roten Meeres plante. Heuglin fand Gefallen an dem unternehmungslustigen jungen Wiener und versprach, ihn mitzunehmen. Slatin vernahm den Ruf der Wildnis, wie er es später ausdrückte, und sagte begeistert zu. Seine Enttäuschung muß groß gewesen sein, als sich dieses Projekt wieder zerschlug. Theodor von Heuglin sagte die Reise ab, doch Slatin gab sich seiner Enttäuschung nicht allzu lange hin, sondern beschloß, allein und auf eigene Kosten eine Küstenexpedition zu unternehmen. Einen wesentlichen Teil der Kosten dieser Reise in den Süden trug allerdings der deutsche Konsularbeamte und Geschäftsmann Rosset, der in Kairo lebte und Slatin begleitete. Der junge Wiener kam in das Land, das seinen weiteren Lebensweg so entscheidend bestimmen sollte, in den Sudan. Ein Jahr lang durchstreifte er das riesige Wüstengebiet, das die Ägypter vor mehr als 50 Jahren faktisch okkupiert hatten. Was Slatin in diesem Jahr – er begann seine Reise im Herbst 1874 und kehrte Ende 1875 zurück – genau getan hat, um seine Lebenskosten zu bestreiten, läßt sich heute nicht mehr klären. Nach eigenen Angaben drang er bis in die Nuba-Berge, die in einer Südprovinz des Sudan lagen, vor. Sicher erscheint, daß er sich einige Zeit lang in Delen aufhielt, wo er Gast der dortigen österreichisch-katholischen Missionsstation war, und das Kadero-Gebirge erkundete. Er wollte diesen Gebirgszug offenbar exakt erforschen, war aber gezwungen, dieses Vorhaben aufzugeben, denn die Araberstämme, die jene Regionen bewohnten und faktisch kontrollierten, revoltierten gegen ihre ägyptischen Besatzer, und die Lage erschien zu unsicher, um seine Forschungsarbeiten weiter ausdehnen zu können.

So kehrte Slatin in die Hauptstadt des Sudan, nach Khartum, zurück. Hier traf er auf den deutschen Arzt und Forschungsreisenden Eduard Schnitzer, der dem Khediven diente. Theoretisch war zwar der Sultan in Konstantinopel Herr aller im Sudan dienenden Ausländer, denn das den Sudan verwaltende Ägypten war nominell immer noch dem Machtbereich der Pforte unterstellt, de facto jedoch regierte der als Vizekönig des Sultans amtierende Khedive in Kairo absolut. Obwohl Ägypten also immer noch Teil des moribunden Ottomanischen Reiches war, befand sich eine Anzahl europäischer Offiziere und Abenteurer – in der Mehrzahl Briten – im Dienste des Khediven Ismael, der als einer der größten Verschwender seiner Zeit galt. Ismaels Großvater, Mohammed Ali, hatte Ägypten als erster Khedive völlig autonom regiert und 1819 den Sudan erobert, er unternahm auch weitere Feldzüge – unter anderem nach Syrien[5] – und stützte sich während seiner Regierungszeit oft auf die Erfahrungen und technischen Errungenschaften der Europäer. Mohammed Ali kann mit gutem

Gewissen als der Vater des modernen Ägypten bezeichnet werden. Er war ein weitsichtiger Herrscher, der westliche Techniken importierte, Ingenieure und Wissenschaftler, ausgesuchte Offiziere und Ärzte ins Land holte. Er reorganisierte die ägyptische Marine und schuf eine moderne Armee. Sein Enkel Ismael war trotz aller Verschwendungssucht ein schlauer Herrscher, der von einem mächtigen Ägypten träumte und die Praktiken seines Großvaters beibehielt. Auch Ismael beschäftigte eine Anzahl von Europäern in verschiedensten Führungspositionen. Unter diesen befand sich auch der unmittelbare Vorgesetzte von Dr. Eduard Schnitzer, der britische General Gordon, „Chinese Gordon", wie er genannt wurde, ein legendärer Exzentriker, der die chinesische Rebellion erfolgreich niedergeschlagen hatte und nun den Posten eines Gouverneurs von Äquatoria, der südlichsten Provinz des Sudan, bekleidete.

Dr. Schnitzer, der als Emin Pascha fast ebenso berühmt werden sollte wie Slatin, stand kurz vor seiner Abreise nach Lado, dem Regierungssitz von General Gordon. Slatin hatte natürlich schon von diesem außergewöhnlichen Briten gehört und bestürmte Dr. Schnitzer, ihn begleiten zu dürfen. Die Chance, den legendären General Gordon kennenzulernen, wollte sich der junge Wiener nicht entgehen lassen. Slatin erhielt tatsächlich eine Einreisegenehmigung und wollte bereits nach Lado aufbrechen, als sich seine Heimat meldete. Aus Wien traf sein Einberufungsbefehl ein, Rudolf Slatin mußte seine Wehrpflicht für Gott, Kaiser und Vaterland tun. Die österreichisch-ungarische Armee wartete nicht, und Slatin sah sich gezwungen, sich schweren Herzens von Dr. Eduard Schnitzer zu verabschieden. Er vergaß jedoch nicht, den deutschen Arzt zu bitten, bei General Gordon ein gutes Wort für ihn einzulegen. Slatin dachte weiter und hoffte, daß der berühmte General vielleicht einmal Verwendung für ihn haben könnte, daß er vielleicht im Sudan den ersehnten Aufstieg schaffen würde. Rudolf Slatin war achtzehn Jahre alt, als er widerwillig seine Koffer packte und nach Wien zurückkehrte. Er hatte den Ruf der Wüste vernommen, hatte das Land des Nils kennengelernt und mußte nun zurück in eine völlig andere, streng reglementierte Welt, die Welt des kaiserlichen Wien. Seine Bitte an Schnitzer sollte weitreichende Folgen für sein späteres Leben haben.

Im September 1876 trat der „afrikanisierte“ Slatin als einfacher Rekrut in das 12. Feldjägerbataillon ein; er war ein Niemand, ein winziges Rad am militärischen Wagen eines Vielvölkerreiches. Militärisch war Slatin nicht unbrauchbar, wie aus seiner Personalakte hervorgeht, die sich noch heute im Kriegsarchiv in Wien befindet. Er schloß seine Truppenausbildung mit sehr gutem Erfolg ab und wurde am 29. Dezember 1877 zum Leutnant der Reserve im Regiment des Kronprinzen Rudolf, des 19. Infanterieregiments, befördert. Interessant sind die Angaben zur Person des Ausgezeichneten, die zweifelsohne von Slatin selbst stammen dürften. Auf dieser Beförderungsurkunde figuriert der vollkommen mittellose junge Mann, der so widerwillig aus Afrika zurückgekehrt war, als ledig und wirtschaftlich unabhängig. Der Stolz des jungen Slatin zeigt sich am besten in seiner Berufsangabe. Ohne Zögern gab er nämlich an, den Beruf eines „Erforschers der Wildnis“ auszuüben. Diese Wildnis hatte er zwar nur etwas mehr als ein Jahr erforscht, aber bald sollte ihn ein Ruf ereilen, der sein ganzes weiteres Leben entscheidend verändern sollte. Slatin hatte sich zwar in Manövern hervorgetan und sowohl seinen Zug als auch seine Kompanie umsichtig und klug kommandiert, war aber nie in eine kriegerische Auseinandersetzung verwickelt worden, hatte nie vor „dem Feinde gedient“, wie es in seiner militärischen Beurteilung hieß. Seinen ersten scharfen Schuß sollte er in der sudanesischen Wüste abgeben, und seine Beurteiler würden die Derwische des Mahdi sein.

Slatin lag mit seinem Regiment an der bosnischen Grenze, als ihn im Juli 1878 eine Einladung erreichte, mit deren Eintreffen er kaum mehr gerechnet hatte. Dr. Eduard Schnitzer hatte Wort gehalten und General Gordon auf ihn aufmerksam gemacht. In dem kleinen Offizierskasino in der bosnischen Provinz muß die Aufregung wohl groß gewesen sein, als Slatin den Brief öffnete, der das Siegel des Generalgouverneurs des Sudan trug. General Charles George Gordon bot dem jungen, völlig unbekannten Rudolf Slatin einen Posten in seinem Stab an. Dr. Schnitzer hatte seine Sache mehr als gut gemacht. Gordon vertraute dem Wort Schnitzers, der Slatin als fähigen, intelligenten und draufgängerischen jungen Mann geschildert hatte. Der General im fernen Sudan dachte nicht daran, die Männer seines Stabes nach „normalen" Kriterien auszuwählen, Bewerbungsgespräche in Khartum kamen für ihn, den exzentrischen Mann der Tat, nicht in Betracht. Seine Männer wurden nach Gefühl oder aber auf Empfehlung, wie im Fall Slatins, eingestellt.

Der junge Wiener nahm das Angebot sofort an, denn er war immer noch vom Wunsch beseelt, möglichst schnell Karriere zu machen. In Österreich bestand dazu nach wie vor keine Chance, seine bescheidene Herkunft schloß den Zugang zu einem der vornehmeren Regimenter von vornherein aus. Er war lediglich einer von unzähligen Reserveoffizieren des Kaisers, für den die kaiserlich-königliche Armee kein besonderes Verwendungsgebiet zu haben schien. Dennoch mußte der tatendurstige junge Mann eine wahre bürokratische Tortur über sich ergehen lassen, ehe er Gordons Ruf folgen konnte. Im Dezember gelang es ihm schließlich, sein Regiment, das nun in Preßburg stationiert war, zu verlassen.

Nur knapp eine Woche machte er in Wien Zwischenstation, eine Woche, in der er bewegten Abschied von seiner Mutter und eigentlich auch von seiner bisherigen Art zu leben nahm. Seine Mutter sollte er nicht mehr wiedersehen, und als er achtzehn Jahre später in seine Heimat zurückkehrte, war er ein völlig anderer Mensch; aus dem unbekannten jungen Leutnant der Reserve war ein weltberühmter Mann geworden, den man überall als „Slatin Pascha" kannte. Doch im Dezember 1878 stand der 21 Jahre alte „Erforscher der Wildnis" noch an der Reling eines Schiffes, das den Hafen von Triest in Richtung Kairo verließ, er betrachtete die langsam hinter dem Horizont verschwindende Sonne und träumte von den großen Abenteuern, die in der sudanesischen Wüste auf ihn warteten. Er folgte dem Ruf eines Mannes, den viele Wüstenkrieger den „Kamelreiter" nannten und mit dem wir uns nun befassen müssen.

DER RUF DES KAMELREITERS – GENERAL GORDON UND DER SUDAN

Wer also war General Charles George Gordon, jener legendäre britische „Kamelreiter", dessen Stab sich Slatin nun anschloß, wer war jener mysteriöse Mystiker, der als der größte Märtyrer des Empire gilt, den die alte Königin Victoria als „heldenhaft und edel" bezeichnete und für den Alfred Lord Tennyson, der Hofdichter selbst, den Nachruf einer trauernden Nation schrieb? Und wie kam dieser Mann in den Sudan? Wie stand es um dieses Land, als Rudolf Slatin auf der Bildfläche erschien?

Der Mann, den man im ganzen Empire als „Chinese Gordon", als „China-Gordon" kannte, und der als „Gordon of Khartoum" Unsterblichkeit erlangen sollte, wurde am 28. Januar 1833 geboren. Er entstammte einer kinderreichen Soldatenfamilie, die ihre Herkunft von einem kriegerischen schottischen Hochland-Clan herleitete. Gordons Vater war Generalleutnant, und auch sein älterer Bruder Henry wurde ein hochdekorierter Armeeoffizier. Bereits in jungen Jahren entwickelte sich Charles George Gordon zu einem Exzentriker, der eine besondere Abneigung gegen jede Art von Festivitäten, Bällen, Dinner-Partys und Soirees hegte. Als er einen großen Berühmtheitsgrad erreicht hatte und ihn beinahe jede Dame der etablierten Gesellschaft liebend gerne zu ihren Gästen gezählt hätte, behielt Gordon – im völligen Gegensatz zu Rudolf Slatin, der sich in seiner Rolle als Salonlöwe sichtlich wohl fühlte, wie wir später demonstrieren werden – diese Abneigung bei. Gordon war in dieser Hinsicht kompromißlos und machte auch keinerlei Unterschiede zwischen arm und reich, hoch und niedrig. Er ließ sich weder von Geld noch von Titeln beeindrucken.

Einmal sprach sogar der Stallmeister des Prinzen von Wales bei Gordon vor und erklärte dem General bestürzt, daß er nicht gut eine Einladung Seiner Hoheit, des Prinzen von Wales, ausschlagen könne. „Und warum nicht?“ fragte Gordon ungerührt. „Ich habe die Einladung von König Johannes von Äthiopien, ihn zu seinen heißen Quellen im Landesinneren zu begleiten, abgeschlagen, und er hätte mich dafür köpfen lassen können. Ich bin sicher, daß Seine Hoheit das nicht tun wird!“ Der Stallmeister, der nicht recht wußte, wie mit dem exzentrischen General klarzukommen war, schlug nun eine Ausrede vor: „Aber, Herr General, lassen Sie mich dann doch wenigstens Seiner Hoheit mitteilen, daß Sie krank sind!“ Gordons Antwort war typisch: „Aber ich bin nicht krank!“ Der Stallmeister startete einen letzten Versuch, die Sache zu einem guten Ende zu bringen und sagte matt: „Aber so teilen Sie mir doch irgendeinen Grund mit, warum Sie nicht kommen können, einen Grund, den ich Seiner Hoheit mitteilen kann!“ – „Also gut“, sagte Gordon. „Sagen Sie Seiner Hoheit, ich gehe immer um halb zehn Uhr schlafen!“

Diese Anekdote mag einiges über den eigenwilligen Charakter Gordons aussagen. Der General, der niemals geheiratet hatte, war ein leidenschaftlicher und überzeugter christlicher Fundamentalist, ein religiöser Mystiker und Abenteurer, dessen Märtyrertod in Khartum, ob gewollt oder ungewollt, ihn zum Helden der Christenheit im Viktorianischen England machte. Sein posthum erschienenes Buch, sein *Khartoum Journal*, war das meistgelesene Buch seiner Zeit, trotz seines teilweise sehr skurrilen Charakters. General Gordon war zweifelsohne eine Kreatur seiner Zeit, einer Zeit der Heldenverehrung und des Draufgängertums, in der der britische Imperialismus seine Hochblüte erlebte.

Dieser berühmte Mann besaß eine ungewöhnliche Ausstrahlung und Faszination, der sich kaum jemand, der je mit ihm zusammenkam, entziehen konnte. Auch Slatin zeigte sich von der Person des Generals sehr beeindruckt. Gordon war ein kleiner, schlanker Mann mit braunem lockigen Haar und besonders expressiven, durchdringenden, stahlblauen Augen.

Diese Augen waren der interessanteste Teil an ihm, wie viele Beobachter feststellten. Sie waren „erfüllt von der Schönheit der Heiligkeit", wie es ein Zeitgenosse ausdrückte, er besaß einen eigenen Ausdruck in seinen Augen, einen „Ausdruck, der 1000 Jahre nachwirkte", wie ein anderer Beobachter feststellte. Gordon war zweifellos ein ungemein interessanter und gelegentlich auch charmanter, außergewöhnlicher Mann, aber auch ein exzentrischer Fatalist. Er kümmerte sich gern um Kranke und Alte, durchwanderte die Slums von Gravesend, wo er damals stationiert war, und wurde oft von Sterbenden verlangt, die seine Gesellschaft der eines Arztes oder „regulären" Kirchenmannes vorzogen.

Zweifelsohne übte der Tod eine ungeheure Anziehungskraft auf Gordon aus. Er glaubte zwar mit großer Unerschütterlichkeit an den Himmel, doch die Existenz der Hölle erschien ihm keineswegs so gesichert. Der Tod jedenfalls war für diesen ungewöhnlichen Mann eine triumphale Befreiung, eine Erlösung von allem Übel, nach der man ein Leben lang streben sollte. Seine Mystik erreichte allerdings auch manchmal groteske Ausmaße, und einige seiner Thesen sollen hier wiedergegeben werden, da sie das Charakterbild dieses chamäleonhaften Mannes, der einmal selbst zugab, er hätte hundert verschiedene Naturen in seiner Seele, zwar nicht erhellen, aber doch zumindest den einen oder anderen Interpretationsversuch zulassen. Er glaubte zum Beispiel, daß die Erde mit einem hohlen Globus zu vergleichen sei, auf dem das Firmament mit Gottes Thron liege. Er konnte den Standort von Gottes Thron sogar genau orten und war überzeugt, daß das Firmament mit Gottes Thron unmittelbar über einem bestimmten Altar des Jerusalemer Tempels liegen müsse. Den Schöpfungsvorgang stellte sich Gordon so vor, daß der Satan, als er die Schöpfungsworte aus Gottes Mund vernahm, erschrak und seine Flucht in den dunkelsten Teil der Hemisphäre antrat, an einen Ort, der ihm am weitesten von Gottes Thron entfernt schien. Es erübrigt sich fast, zu bemerken, daß Gordon auch den Fluchtort des Satans lokalisierte. Danach lag dieser teuflische Zufluchtsort nicht allzuweit von der Insel Pitcairn im

Südpazifik. Den Garten Eden erblickte er an einem Meerbett in der Nähe der Seychellen-Inseln, wo er auch die verbotene Frucht „fand" und als „coco de mer" identifizierte. Auch in Jerusalem entwickelte der englische Mystiker schnell eigene ausgeprägte Theorien, welche den Standort der biblischen Sehenswürdigkeiten betrafen. Mit einer Sicherheit und Gelassenheit, wie nur er sie an den Tag legen konnte, erklärte er, daß die meisten Angaben über die historischen Stellen falsch seien, und bot dafür andere, eigene Alternativen an.[1]

Trotz all dieser offenkundigen Exzentrizitäten, die ihn aus heutiger Sicht vielleicht an den Rand der Lächerlichkeit bringen, war Gordon ein ausgezeichneter Soldat und fähiger Kommandant, obwohl er natürlich kein Soldat und Offizier im herkömmlichen Sinn war. Er war überaus undiszipliniert und tendierte zur Insubordination, obwohl er von seinen Untergebenen absolute und unbedingte Loyalität verlangte. Fast sein ganzes Leben verbrachte er in abgeschiedenen Weltgegenden, in einer Position, die ihm erlaubte, absolute Macht auszuüben, wo er der alleinige Oberbefehlshaber war. Wo immer er hinkam, gewann er sehr schnell Freunde, er war aber auch streitsüchtig, Freunde und Feinde wuchsen stets in gleicher Anzahl. Seine ungeheure Selbstsicherheit beeindruckte nicht nur seine Untergebenen und Freunde, sondern auch seine Feinde. Er hinterließ den Eindruck, als sei ihm Furcht etwas völlig Fremdes, als könne er jede noch so aussichtslose Situation spielend leicht meistern, er vermittelte den Eindruck eines fast allwissenden fähigen Kommandeurs, der alles genau kannte, die ihm fremde Umgebung, die Absichten seiner Feinde und den Ausgang einer bevorstehenden Schlacht. Er liebte es, scheinbar aussichtslose Kämpfe auszutragen, und errichtete einen Turm der selbst gewollten Isolation um sich herum, von dem aus er auf die Welt hinunterblickte, und zwar mit einem durchaus nicht immer humorlosen Fatalismus, einem Fatalismus allerdings, der auch Spurenelemente von Bitterkeit, der Tragödie und des Lächerlich-Melancholischen aufwies.

Es war sehr schwer, General Gordon irgend etwas abzuschlagen. Sir Garnet Wolseley, der den englischen Sprachschatz durch seine bloße Existenz um eine Phrase bereicherte (= All Sir Garnet, ein Synonym für „alles in bester Ordnung", „alles bestens") und selbst einer der berühmtesten Generäle des Viktorianischen Zeitalters war, bezeichnete Gordon als „Freund Gottes", als „einen der wenigen unter meinen Bekannten, der meinem Konzept eines christlichen Helden nahekam". William Ewart Gladstone, der antiimperialistische Premierminister, der Gordon eigentlich nicht besonders mochte, betrachtete ihn als einen „Held der Helden", während William Butler, der kompromißloseste Chronist des Empire, ihn den „edelsten Ritter von uns allen" nannte.

Und der weltberühmte Forscher Sir Richard Burton, der ausgezeichnete Linguist und sinistre *Kamasutra*-Übersetzer, bezeichnete ihn als einen Mann, dessen „perfektes Wahrheitsempfinden und Integrität ihn zu einem Phänomen im neunzehnten Jahrhundert gemacht hatten". Ein sudanesischer Dampferkapitän, den man nach Gordons Tod über den Charakter seines ehemaligen Herrn befragte, zögerte sogar nicht, ihn als „Gott und nicht als Menschen" zu beschreiben. Alle diese Impressionen wurden natürlich in Gordons Heimat England mit dem Vergrößerungsglas des Nationalstolzes und der Heldenverehrung betrachtet. Für die breite Öffentlichkeit war Gordon unfehlbar, er war ein Held und ein Heiliger, ein Ausbund an Perfektion, eine lebende Legende.

Diese „lebende Legende" befand sich 1872 in Konstantinopel und traf in der dortigen britischen Botschaft auf Nubar Pascha, den ägyptischen Premierminister, der ihm den Posten eines Gouverneurs der Sudanprovinz Äquatoria anbot. Gordon sagte zu. Sein Vorgänger in dieser Position war Samuel Baker, „Baker of the Nile", der weltberühmte Nilforscher, gewesen, und Gordon begann seine Arbeit mit seinem üblichen übermenschlichen Elan und jener Art von Enthusiasmus, welcher ihn immer ausgezeichnet hatte. Seine Aufgabe war es zunächst, eine Anzahl militärischer Stellungen und Stationen auf der Route entlang des Weißen Nils zu errichten. Ebenso sollte er die beängstigende Praktik der Sklaverei, die im Sudan fest verwurzelte Tradition war, abschaffen. Sein Stab war so ungewöhnlich wie er selbst und setzte sich aus Abenteurern aller Schattierungen und Nationen zusammen. Darunter waren die Amerikaner Chaillé-Long, Oberst Prout, Major Campbell und Oberstleutnant Mason, die bereits im amerikanischen Bürgerkrieg gekämpft hatten und dennoch nach weiteren Einsätzen dürsteten, die Engländer Chippindall und Willy Anson (der übrigens Gordons Neffe war), Franzosen wie Auguste und Ernest Linant de Bellefonds, der Italiener Romolo Gessi und der junge österreichische Leutnant Rudolf Slatin, der, ohne es zu ahnen, den Sudan zu einem Zeitpunkt betrat, als die Weltöffentlichkeit mit immer größerer Aufmerksamkeit auf dieses Land zu blicken begann.

Für den Durchschnittseuropäer war der Sudan mit seinen rund zweieinhalb Millionen Quadratkilometern von Sand und Wüste und seinen halb islamisierten und halb arabisierten drei Millionen Einwohnern weitgehendst unbekannt, ein riesiges schwarzes Fragezeichen der Unfruchtbarkeit, der Steinwüsten, Steppen und Sumpflandschaften mit einer einzigen größeren Stadt – der Hauptstadt Khartum, die diese Bezeichnung (zumindest im europäischen Sinn) eigentlich auch nicht verdiente, ein Land ohne Eisenbahnen und Straßen, eine „infernalische Region, eine Einöde, die nur Unkraut, Moskitos, Fliegen und Fieber hervorbringt, eine jammervolle, wasserlose Wüste der Dornengestrüppe und Steine ..."[2], um es mit den Worten eines Engländers zu sagen, der damals den Sudan durchquerte.

Im Norden und Westen wird der Sudan durch die Sahara begrenzt, und der einzige Küstenzugang des Landes befindet sich im Osten, wo die alten türkischen Häfen von Suakin und Massaua am Roten Meer liegen. Als Slatin in Khartum eintraf, waren diese Häfen allerdings sehr schwer zugänglich und nur unter größten Gefahren zu erreichen, denn die Berge am Roten Meer stellten für viele Reisende aus dem Landesinneren ein unüberwindliches Hindernis dar, was nicht zuletzt an ihren Bewohnern, den wilden und kriegerischen Männern der Bedscha, lag, denen Rudyard Kipling das wenig schmeichelhafte Epitheton „Fuzzie-Wuzzies" verlieh und die Reisende mit großer Regelmäßigkeit überfielen und ermordeten.

Im Südosten wird der Sudan von den abessinischen Bergen begrenzt, und hätte damals nicht langsam der Kolonialwettlauf um Afrika begonnen, wäre dieses bizarre Wüstenland wohl immer das geblieben, was es durch Jahrhunderte hindurch gewesen war, ein weltentrückter, von Gott verlassener, unwirtlicher, riesiger gelber Flecken auf einer noch zu zeichnenden Landkarte eines noch zu erforschenden Kontinents. Doch da die Kolonialmächte sprungbereit lauerten, war aus dem Sudan auf einmal ein potentieller Knotenpunkt der expansionssüchtigen Großmächte geworden.

Im Nordwesten und Westen wartete Frankreich, um von seinen Stützpunkten in Tunesien am Mittelmeer und Guinea am Atlantischen Ozean aus in die Weiten der Sahara vorzudringen. Am Golf von Guinea verharrten aber auch England und Deutschland in gespannter Warteposition, während Belgien und Portugal vom Kongo beziehungsweise von Angola aus in das Innere vorstießen. Die Portugiesen näherten sich auch von Sansibar im Südosten, und schließlich nahm auch noch Italien an diesem Rennen teil, indem es sich immer mehr in Abessinien festzusetzen begann. Der Wettlauf der Großmächte mußte nolens volens früher oder später zu einem Zusammenprallen, zu einem Aufeinandertreffen im Sudan führen und das schlafende Wüstenland für immer aus dem Dornröschenschlaf der Bedeutungslosigkeit und Vergessenheit reißen und ins grelle Rampenlicht der Weltöffentlichkeit rücken.

Das Land, das Slatin bei seinem Eintreffen in Khartum vorfand, lebte und starb mit dem Nil, der den Alltag seiner rund drei Millionen Einwohner seit Jahrhunderten diktierte. Beide Quellflüsse des Nil, sowohl der Weiße wie auch der Blaue Nil, entspringen südlich des Sudan, und der gewaltige Strom durchfließt das Land in mehr als drei Vierteln seiner Gesamtlänge. Die Bevölkerungslage des Sudan zu Slatins Ankunftszeit kann nur als chaotisch bezeichnet werden. Slatin traf auf ein wirres Völkergemisch ohne rechtes Zusammengehörigkeitsgefühl. Über 600 verschiedene Stämme sprachen ein Konglomerat von mehr als 100 verschiedenen Sprachen und Spezialdialekten. Es gab im Sudan alle Gegensätze – nomadisierende

Viehzüchter und seßhafte Ackerbauern, gefährliche Kriegerstämme wie die in Kordofan beheimateten Baggara, deren Haupteinnahmequelle der Sklavenhandel war und die deshalb auch einen gefürchteten Ruf als Sklavenhändler hatten, aber auch durchaus friedliebende Stämme, die von einer grausamen Natur anscheinend stets dazu ausersehen waren, als opferbereites Lamm auf dem Altar des Sklavenhandels auf seine Verschlingung durch die kriegerischen Erobererstämme zu warten.

Der Nil war die Hauptlebensader dieses Landes und dieser Menschen und auch die einzige ernstzunehmende Verkehrsstraße, der einzige Verkehrsweg, wenn man von den traditionellen Karawanenstraßen absah, die sich seit Hunderten von Jahren ihren Weg mühsam durch die Wüste bahnten. Einer der wichtigsten und am besten erschlossenen Karawanenpfade führte von Suakin am Roten Meer bis zum Sultanat von Darfur. Diese Route wurde allerdings auch von den Sklavenhändlern häufig frequentiert. Größere Warensendungen aber mußten per Schiff transportiert werden, was jedoch ebenso mit einiger Gefahr verbunden war, denn die sechs Nilkatarakte in der Nähe von Khartum waren heimtückisch. Ein noch größeres Erschwernis für die Schiffahrt stellte der Sudd dar, ein riesiges, dichtes, sumpfiges Geflecht aus dickem Gras und Papyrus, das den Oberlauf des Nil fast 500 Kilometer lang bedeckte und auch für General Gordon anfänglich ein unüberwindliches Hindernis bedeutete. Die Antwort auf die mörderische „Sudd-Frage“ hieß Dampfschiff, und erst mit der Hilfe moderner Dampfschiffe konnte man den Gefahren des Sudd schließlich Herr werden und ihn relativ gefahrlos passieren.

Außer auf seine aus allen Teilen der Welt eingetroffenen „Fremdenlegionäre“ konnte Gordon noch auf seine regulären ägyptischen Offiziere und Soldaten, die rund 30.000 Mann umfaßten, zurückgreifen. Die Truppen der ägyptischen Armee wurden zudem von ortsansässigen, sudanesischen Hilfsbataillonen ergänzt. Eine Sonderstellung nahmen die überaus rauhen „Baschibozuks“, eine Art berittener sudanesischer Miliz, ein, die eine Truppe innerhalb Gordons regulären Truppen verbänden darstellten und als unzuverlässig und undiszipliniert galten.

Der Generalgouverneur hielt sich nicht sehr oft in seinem Palast auf. Gordon war kein Administrator, er war ein Soldat, der zu jener Zeit die meisten seiner Regierungsgeschäfte im Sattel erledigte und den Kamelrücken als sein wahres Zuhause betrachtete. Damals entstand die Legende vom englischen Kamelreiter, der überall und ständig zur Stelle war, der aus der Wüste auftauchte und wieder in ihr verschwand, der den Eindruck eines allgegenwärtigen Generalgouverneurs vermittelte. Gordon pflegte das Land in halsbrecherischem Tempo zu bereisen und gewaltige Distanzen zurückzulegen. Für manche seiner Offiziere schien er wirklich mit seinem Kamel verwachsen zu sein, als er unerwartet aus der Wüste auftauchte oder – zumeist ohne größere Begleitung – die Wüstennächte durchritt, die einen eigenen Zauber auf ihn auszuüben schienen. Die Hauptaufgabe des Kamelreiters lag in der Abschaffung der weitverbreiteten Sklaverei. Der Khedive Ismael hatte ihm weiters aufgetragen, Ordnung in dieses unfreundliche und praktisch unregierbare chaotische Territorium zu bringen.

Zu diesem Zweck galt es, zuerst eine halbwegs funktionierende Verwaltung zu etablieren. Vor allem die Problematik der sinnvollen Steuereintreibung machte Gordon – neben dem latenten Kardinalübel des blühenden Sklavenhandels – schwer zu schaffen. Steuern wurden in der Regel vollkommen willkürlich festgesetzt und mit brutaler Brachialgewalt eingetrieben. Hier taten sich besonders die „Baschibozuks", Gordons berittene Gendarmen, in unrühmlicher Weise hervor, indem sie ausgiebigsten Gebrauch von ihren harten Nilpferdpeitschen, den sogenannten „Kurbaschs", machten. Der Griff zur Nilpferdpeitsche war nur allzuoft das Ende einer wie immer gearteten Auseinandersetzung, in der die „Normalbürger" stets den kürzeren zogen und daher auch nicht allzuviel von dieser Art von Gesetzgebung, die ihnen hauptsächlich mit der Nilpferdpeitsche eingehämmert wurde, hielten.

Ein weiteres, kaum in den Griff zu bekommendes, internes

Phänomen des Sudan lag in dem geradezu perfektionierten Korruptionssystem begründet. Weder Ägypter noch Sudanesen konnten ohne Bestechung leben, und Gordon setzte natürlich auch darauf, daß seine Elite, die Europäer, hier mit gutem Beispiel vorangehen und alles tun würde, um diese unehrenhaften Praktiken einzudämmen. Diese neuen Herren des Sudan setzte er an allen strategisch wichtigen Punkten des Landes ein: in Massaua am Roten Meer amtierte der Schweizer Werner Munzinger als Gouverneur, und in Bahr-al-Ghazal, um nur zwei der wichtigsten Stützpunkte herauszugreifen, regierte der Italiener Romolo Gessi, der Gordons besonderes Vertrauen genoß.

Gessi, wahrscheinlich Gordons fähigster Provinzgouverneur und treuester Paladin, ist, obwohl man in Ravenna eine Straße nach ihm benannte, in seinem Heimatland ebenso verkannt, wie es Slatin in seiner Heimat Österreich ist. In einer aus dem Jahr 1881 stammenden Charakterbeschreibung schilderte Gordon Gessi als einen kleinen Mann von kompakter Statur, einen kühn entschlossenen (damals) 49jährigen Mann, der in mechanischen Belangen nahezu geniale Fähigkeiten an den Tag legte. Nach Gordons zugegebenermaßen etwas theatralischer Beurteilung hätte Gessi eigentlich im Jahr 1560 geboren sein sollen und nicht 1832, wie es tatsächlich der Fall war, denn Gessi war – zumindest nach Gordons Einschätzung – aus demselben Holz geschnitzt wie Sir Francis Drake. Gessi und Gordon hatten in der Tat viele Gemeinsamkeiten aufzuweisen: Sie waren ungefähr gleichen Alters, und Gessi, der in Konstantinopel geborene Sohn einer Armenierin und eines Italieners, kämpfte zur selben Zeit, als Gordon bestrebt war, die chinesische Rebellion niederzuschlagen und seinen internationalen Ruf zu begründen, auf der Seite des italienischen Nationalhelden Garibaldi; im Krimkrieg hatten sie Seite an Seite gefochten, und beide waren ausgezeichnete Taktiker, die den Guerillakrieg meisterhaft beherrschten, lange bevor dieser Terminus jenen Geläufigkeitsgrad erreichte, der ihm heute anhaftet. Beide Männer waren aufbrausend und neigten zur Impulsivität, waren aber ungewöhnlich tapfer. Beide waren fähige Kommandeure und im Grunde undiszipliniert, aber absolut loyal ihren Freunden gegenüber. Wir werden noch auf die makabren und beschämenden Umstände, die zu Gessis Tod führten, eingehen.

Slatin war Gordon bald ebenso vertraut wie der Italiener. Der General hatte seit der Zeit, als er bei der sogenannten Donaukommission gedient und Österreich kennengelernt hatte, eine Vorliebe für die Österreicher. Der Empfang Rudolf Slatins in Khartum verlief dementsprechend herzlich. Er zog sofort in ein für ihn vorbereitetes Haus, in dem die Dienerschaft bereits auf ihn wartete. Gordon bestellte Slatin beinahe jeden Tag zu sich, um ihm ein möglichst genaues Bild der verworrenen sudanesischen Lage zu vermitteln. Obwohl sich auch Slatin von der Person des Generals sehr beeindruckt zeigte, war sein erster Auftrag nicht gerade nach seinem Geschmack. Gordon ernannte ihn zum Finanzinspekteur des Sudan und erteilte ihm den Auftrag, eine Rundreise durch alle Provinzen zu unternehmen und einen detaillierten Bericht über alle Mängel des vorherrschenden Steuersystems abzufassen, das, wie wir bereits erfuhren, äußerst chaotisch war. Sehr bald mußte Slatin nun erkennen, daß viele Repräsentanten der sudanesischen Oberschicht überhaupt keine Steuern zahlten, sondern lediglich korrupte Beamte bestachen und sich auf diese Weise ihrer Steuerlasten entledigten, was offenbar einer bestens etablierten Tradition entsprach. Slatin tat sein möglichstes, um diese Mißstände in den Griff zu bekommen, mußte sich aber schnell eingestehen, daß ihn diese Aufgabe nicht nur überforderte, sondern überhaupt unlösbar zu sein schien.

Selbst eine seiner rigorosesten Maßnahmen, korrupte Beamte dingfest zu machen und sie auf unsanfte Art und Weise zu zwingen, ihre Steuerrückstände endlich zu begleichen, fruchtete nichts. Besondere Schwierigkeiten bereiteten ihm die ehrbaren Kaufleute der Handelsstadt Mesallamia, in der das Bordellwesen und der Sklavenhandel blühten. Diese wackeren Kaufleute erzielten enorme Umsätze, indem sie ihre Sklavinnen entweder vermieteten oder an Bordelle verkauften. Slatin befand sich nun in einem Dilemma. Wie ließ sich dieses sehr

SLATIN BEY.

Rudolf Slatin wurde von General Gordon zum Finanzinspekteur des Sudan ernannt und genoß das Vertrauen des legendären Mannes.

alte, zweifellos sehr einträgliche, aber nicht unbedingt ehrbare Geschäft besteuern? Außerdem bemerkte Slatin richtig, daß eine Besteuerung der merkwürdigen Praktiken diese nur aufwertete und ihnen einen Hauch von Legalität verlieh. Slatin handelte wohl etwas impulsiv, als er zusammen mit seinem Bericht auch seine Demission einreichte. Er war enttäuscht darüber, daß der General ihn zu einer solchen Aufgabe herangezogen hatte, und verbittert über sein Scheitern, denn im wesentlichen hatte sein Bericht keinerlei Neuigkeiten und Verbesserungen gebracht. Slatin hielt sich – wahrscheinlich zu Recht – für einen Mann, der aufgrund seiner fehlenden Erfahrung in finanziellen Dingen und Steuerbelangen wohl kaum die geeignete Person war, diese Position erfolgreich zu bekleiden. Er war genau wie General Gordon selbst ein Mann der Tat, ein abenteuerlustiger junger Draufgänger, der nach anderen Aufgaben Ausschau gehalten hatte. Gordon erkannte dies auch bald, denn kurz nach dem Eintreffen von Slatins Bericht ernannte er ihn zum Mudir von Dara, also zum Provinzgouverneur einer Region, die westlich von Darfur lag und in der es zu blutigen Unruhen gekommen war.

Slatin sollte sich sobald wie möglich nach Dara in Marsch setzen und mit der Eventualität eines militärischen Einsatzes gegen einen Rebellen namens Harun rechnen. Dieser war der wagemutige Sohn des alten Sultans von Fur, der es sich zur Aufgabe gemacht hatte, sein Land von den ägyptischen Eindringlingen zu befreien. Die Ägypter hatten zwar den größten Teil der Region unter Kontrolle, aber dennoch gärte es in der Provinz. Die eindeutige Schwachstelle der Ägypter war ein wenig Vertrauen einflößender Verbündeter, der blutrünstige Sklavenhändler Al-Zubayr. Dieser hatte mit seiner Privatarmee die Krieger des alten Sultans von Fur geschlagen und den Sultan getötet. Doch sein Sohn Harun entging den Schergen Zubayrs und verschanzte sich mit einer Anzahl ihm treu gebliebener Stammeskrieger in den Bergen von Marra, von wo aus er die ägyptischen Stellungen bedrohte. Die Marra-Berge lagen nun im Machtbereich von Slatin, und der Wiener konnte endlich seine militärischen Fähigkeiten unter Beweis stellen; er nahm daher die neue Aufgabe mit Freuden an und wollte sich sofort auf die 800 Kilometer lange Reise nach Dara machen, als ihn Gordon zu einer Audienz befahl, die zu seiner letzten beim britischen General werden sollte.

General Gordon traf seinen neuernannten Mudir auf seinem im Weißen Nil vor Anker liegenden Dampfer. Die Unterredung zwischen Generalgouverneur und Mudir dauerte Stunden und wurde vorwiegend in französischer Sprache geführt, welche Gordon fließend beherrschte. Slatin hingegen hatte immer noch große Probleme mit der englischen Sprache und zog daher auch französisch vor. General Gordon behandelte seinen jungen Mudir sehr väterlich und unterrichtete den Provinzgouverneur genau über die komplizierte Lage in Darfur. Die Verabschiedung verlief äußerst herzlich. Gordon geleitete Slatin zu seinem wartenden Boot und sagte: „Leben Sie wohl, lieber Slatin, Gott beschütze Sie. Ich bin überzeugt, daß Sie in allen Fällen Ihr möglichstes tun werden. Ich gehe vielleicht bald nach England und hoffe, Sie dann dort wiederzusehen." Einer merkwürdigen Eingebung folgend wartete Slatin über eine Stunde lang am Ufer des Flusses, bis der Dampfer den Anker lichtete. Er erhob die Hand zum Gruß und beobachtete den langsam abfahrenden Dampfer, den die einbrechende Nacht bald verschlang. Er ahnte nicht, daß er General Gordon nicht lebend wiedersehen würde, daß er seinen Generalgouverneur, dem er so große Hochachtung entgegenbrachte, zum letzten Mal in seinem Leben gesprochen hatte. Am nächsten Morgen verließ er den Fluß. Er ritt ein Pony, das Gordon ihm geschenkt hatte.

Gordon kehrte indes nach Khartum zurück. Der General war nun seit fünf Jahren im Sudan, und selbst dieser energische Mann zeigte Ermüdungserscheinungen. Er verstand sich nicht sehr gut mit Sir Evelyn Baring, dem späteren Lord Cromer und De-facto-Beherrscher von Ägypten, der die Interessen Ihrer Majestät als britischer Geschäftsträger in der Nilhauptstadt wahrnahm, und fühlte sich wahrscheinlich auch in Khartum allein, denn alle seine Provinzgouverneure waren weit entfernt, und selbst dieser außergewöhnliche Mann, der über eine beneidenswerte Konstitution verfügte und dem Krankheiten nichts auszumachen schienen, schien genug von diesem mörderischen Klima zu haben. Er war erschöpft, körperlich und auch mental, er hatte sein Bestes getan, um dem Sudan eine gewisse Stabilität zu verleihen, und ihm war bescheidener Erfolg vergönnt gewesen. Aber dieser impulsive Mann wartete eigentlich nur noch auf einen Anlaß oder einen Rückschlag, wie er es nannte, der ihm seinen Schritt, den Sudan zu verlassen, den er Slatin avisiert hatte, erleichtern würde.

Dieser Anlaßfall war die Absetzung seines Dienstgebers, des Khediven Ismael, den Gordon als persönlichen Freund betrachtet hatte, obwohl es auch manche Auseinandersetzung zwischen dem verschwenderischen Khediven und seinem exzentrischen Generalgouverneur gegeben hatte. Gordons Freund Ismael, der „ihm den Sudan gegeben hatte", war im Sommer 1879 zur Abdankung gezwungen worden. Er hatte 16 lange Jahre das Leben eines der reichsten Männer der Welt gelebt und praktisch das gesamte Vermögen seines Landes verschwendet. Ägypten war so gut wie bankrott, und die Forderungen seiner europäischen Gläubiger wurden immer dringender. In einem letzten verzweifelten Aufbäumen verbat sich Ismael jede weitere europäische Intervention in Ägypten, indem er einen militärischen Aufstand anzettelte, der ihm die volle Handlungsfreiheit und absolute Souveränität zurückgeben sollte. Die Reaktion der Großmächte ließ nicht lange auf sich warten.

Mit großem diplomatischem Geschick bereiteten Sir Evelyn Baring und seine Amtskollegen (mit der Rückendeckung ihrer Regierungen) die Abdankung von Ismael vor. Der Sultan von Konstantinopel, der immer noch die nominelle Oberherrschaft über Ägypten ausübte, wurde veranlaßt, den Khediven zu informieren, daß er nicht länger im Amt sei und die Regierungsgeschäfte mit sofortiger Wirkung an seinen Sohn und Nachfolger Tewfik zu übergeben seien. Ismael zog sich in für ihn typischer Weise aus der Affäre, plünderte den gesamten Barbestand des ägyptischen Schatzamtes, sammelte alle seine Wertgegenstände und ließ sie auf seine Jacht *Mahrousa* bringen. Dann segelte er mit der ungeheuren Summe von ca. drei Millionen Pfund davon, die er sozusagen im Handgepäck mitführte. Der listige Verschwender fand Zuflucht in einem herrlichen Palast am Bosporus, wo er in einem angenehmen Ambiente seinen alten Lebensstil wiederaufnahm und sein Exildasein in vollen Zügen genoß.

Für General Gordon allerdings war die Absetzung des Khediven ein Affront und ein Beweis für die Doppelzüngigkeit der Diplomaten, die er niemals besonders gemocht hatte. Tewfik, den Sohn und Nachfolger des Khediven, konnte er nicht leiden, und die tüchtigen britischen Beamten, die den bankrotten ägyptischen Staat mehr und mehr unter ihre Kontrolle brachten, waren nie seine Freunde gewesen. So legte er im Juli 1879 seinen Posten als Generalgouverneur des Sudan zurück.

Gewissermaßen als Abschiedsgeschenk für seinen Nachfolger bereitete er allerdings noch eine allerletzte Expedition vor. Der Kamelreiter ritt noch einmal in die Wüste, in einem 800 Meilen langen Gewaltmarsch drang er diesmal nach Abessinien vor, um den Negus zu veranlassen, seine Differenzen mit Ägypten gütlich beizulegen. Doch diese Reise wurde ein Fiasko, denn man ließ ihn gar nicht zum Negus vor, sondern verhaftete ihn und zwang ihn, sogleich die Rückreise anzutreten. Gedemütigt kehrte Gordon nach Kairo zurück. Er war fertig mit Ägypten und dem Sudan.

Er fuhr nach England zurück, und als er dort ein Jahr später vom Tod seines Freundes Romolo Gessi erfuhr, schienen alle Bindungen zum Sudan endgültig abgeschnitten zu sein. Romolo Gessi war nach Gordons Abreise noch ein Jahr lang Gouverneur von Bahr-al-Ghazal geblieben, dann handelten die Ägypter und degradierten diesen fähigen und verdienten Mann aus unerklärlichen Gründen. Gessi, Gordons Paladin, war plötzlich in die Rolle eines Statisten versetzt, der nur noch eine untergeordnete Position bekleidete. Zornig machte er sich auf den Weg nach Khartum und Ägypten. Drei Monate lang blieb er im heimtückischen Sudd stecken und verlor fast seine gesamte 400 Mann starke Eskorte. Gessi und seine Männer waren förmlich am Verhungern, und einige seiner wenigen Überlebenden nahmen sogar zum Kannibalismus Zuflucht, wie Gessi angeekelt feststellen mußte. Kurz nach der Rettung aus dem Sudd brach der schwer angeschlagene und vom Tod gezeichnete Romolo Gessi nach Ägypten auf. Bald nach seinem Eintreffen in Kairo verstarb er.

In England betrauerte Gordon Gessis Tod und verfluchte wieder einmal die Hinterlist der undankbaren Ägypter. Gordon hatte Gessi sehr gern gemocht, ihrer beider Schicksal war eng mit Afrika verbunden gewesen, und nun lag Gessi tot in einem Land, das ihm seine Verdienste so schlecht gedankt hatte. Es schien sicher, daß Gordon niemals mehr an den Nil zurückkehren würde. Es bedurfte einer Katastrophe und der Überredungskraft der britischen Regierung, um Gordons Meinung zu ändern, einer grauenhaften Katastrophe in Form eines Moslemaufstandes, der wie ein gewaltiger Wirbelsturm über den Sudan hinwegfegte und in dessen Mittelpunkt sich sein junger, ehemaliger Provinzgouverneur, der Wiener Rudolf Slatin, befand.

DER GOUVERNEUR VON DARFUR

Auf seinem Weg nach Darfur machte Slatin in El Obeid, der Provinzhauptstadt von Kordofan, die in wenigen Jahren eine entscheidende Rolle im Kampf der Moslems gegen die Ägypter spielen sollte, Zwischenstation. El Obeid lag etwa 400 Kilometer von Darfur entfernt, und hier traf Slatin auf einen weiteren „Fremdenlegionär", den Sanitätsinspekteur des Sudan, Dr. Zurbuchen, der sich ihm anschloß und ebenfalls nach Darfur reiste. Sehr bald wurde sich Slatin der Bedeutung seiner neuen Position bewußt. Überall empfing man den „Neffen von Gordon Pascha", wie er genannt wurde, mit großer Hochachtung. Der „Neffe" wies dieselben stahlblauen Augen wie sein „Onkel", der Generalgouverneur, auf und hatte sicher dessen Fähigkeiten geerbt, zumindest in den Augen der Sudanesen, die diesen Verwandtschaftsgrad zwischen Slatin und Gordon erfunden hatten. Man erwies Slatin Aufmerksamkeiten und trug ihm allerlei Anliegen und Bittgesuche vor. Er wuchs schnell in diese Rolle hinein und genoß sie sichtlich. Es bereitete ihm Vergnügen, in einigen strittigen Fällen als allmächtiger Schiedsrichter aufzutreten, und er bemühte sich sehr, gerecht zu urteilen.

Bei einem etwas unangenehmen Zwischenfall sah er sich zum ersten Mal gezwungen, jene Härte an den Tag zu legen, die seiner Autorität und seinem Ansehen entsprach. Ein Scheich namens Hassan, der Gordon gegenüber stets loyal gewesen war und deshalb vom Generalgouverneur mit dem ägyptischen Titel eines Bey ausgezeichnet worden war, lud Slatin zu einem opulenten Nachtmahl ein. Hassan Bey, ein gewaltiger Mann, der einen ebenso gewaltigen Appetit an den Tag legte, war bekannt für seine Eß- und Trinkgelage und erschien Slatin wie ein in die Wüste verbannter Falstaff. Der Wiener staunte nicht schlecht, als ihm der Scheich einen gebratenen Hammel und unzählige gebratene Hühner vorsetzte und ihn zudem mit einem sudanesischen Leibgericht, der „Asida", einer Art Polenta, vertraut machte. Rotwein und das in riesigen Krügen servierte sudanesische Bier, „Marissa" genannt, flossen ebenfalls in Strömen. Dieser Abend war für Slatin nicht nur in bacchanalischer Hinsicht ein voller Erfolg, der „Neffe Gordons" hatte zweifelsohne das Vertrauen des Wüstenscheichs Hassan Bey gewonnen, wurde aber durch ein Mitglied einer Gepäckkarawane, die sich einer von Slatin bestimmten Vorhut angeschlossen hatte, in arge Verlegenheit gebracht. Dieser Mann hatte offenbar Gefallen an einem der prächtigen Teppiche von Slatins Gastgeber Hassan Bey gefunden und ließ ihn ungeniert in seinen Besitz übergehen. Voller Zorn jagte Slatin eine Ordonnanz hinter der Gepäckkarawane her, um den Übeltäter zurückzubringen. Es stellte sich heraus, daß der Dieb, den die Ordonnanz an einen Strick gebunden zurückbrachte, ein Soldat der militärischen Eskorte Slatins war. Dieser befahl, den Schuldigen auspeitschen zu lassen, und ließ ihn als Gefangenen zur nächstgelegenen Garnison überführen. Er hatte den Täter drakonisch bestraft, um seinem Gastgeber, dem Wüstenscheich Hassan Bey, zu demonstrieren, daß mit dem Gouverneur von Dara nicht zu spaßen war.

Slatin erreichte schließlich El Fascher, die Hauptstadt von Darfur, wo er seinem direkten Vorgesetzten, dem Gouverneur Messedaglia, einem Landsmann Gessis, Bericht erstattete. Danach setzte er seine Reise in den Süden, in seine eigene Provinz Dara, fort. Dr. Zurbuchen begleitete ihn immer noch, und er konnte es sich nicht verkneifen, eine kleine Verwechslungskomödie zu inszenieren, die den wesentlich älteren Sanitätsinspekteur, dessen Brille und wallender Bart ihm ein mönchhaftes Aussehen verliehen, in eine peinliche Verlegenheit bringen sollte. Dr. Zurbuchen war aufgrund seines Alters und seines würdigen Aussehens bereits öfters für den kommenden Gouverneur von Dara gehalten worden, und Slatin beschloß, diese Verwechslung für sich auszunützen. Er eilte

Zurbuchen voraus und erreichte ein Dara-Dorf, in dem die Vorbereitungen für den bevorstehenden Empfang des neuen Gouverneurs in vollem Gange waren. Interessiert beobachtete Slatin, wie die Einheimischen Strohmatten und Teppiche auf die Straße legten, um den neuen Herrn von Dara möglichst würdig zu empfangen. Das ganze Dorf befand sich in heller Aufregung und wollte einen sehr guten Eindruck beim neuen Gouverneur hinterlassen. Slatin stellte sich als Offizier im Stab des Gouverneurs vor, der selbst bald im Dorf eintreffen würde. Geschickt begann er die Einwohner des Dorfes auszuhorchen und erfuhr interessante Details über die Stimmung und allgemeine Lage in Dara. Er konnte auch einige Dinge, die Vertrauenswürdigkeit und Zuverlässigkeit der dortigen Beamten betreffend, in Erfahrung bringen. Dr. Zurbuchen traf wenig später mit dem Rest der Karawane ein und wurde vom örtlichen Scheich und allen Würdenträgern feierlich als neuer Gouverneur willkommen geheißen. Der würdige Sanitätsinspekteur wußte nicht recht, wie ihm geschah, als ihn die Araber mit Lobreden überschütteten und ihrer Freude darüber Ausdruck verliehen, daß der Gouverneur ihr Dorf als erstes mit seinem Besuch beehrte. Dr. Zurbuchen sprach kaum ein Wort Arabisch und warf Slatin, der jetzt aus der Menge trat und sich zu erkennen gab, einen verzweifelten fragenden Blick zu. Der grinsende Slatin klopfte dem wackeren Doktor auf die Schulter und nahm die mühsam gestammelten Entschuldigungen des Scheichs und der örtlichen Würdenträger schließlich lachend zur Kenntnis. Sein Lachen war ansteckend, und die ganze Menge brach in ein frenetisches Gelächter aus. Der unrasierte, helläugige „Milchbart", der der wahre Gouverneur war, hatte aber mit diesem Streich nicht nur für Erheiterung gesorgt, sondern sich als besonders listenreicher, umsichtiger Mann eingeführt, was bei den Arabern hoch im Kurs stand und das Manko seiner Jugend ausglich.

Die Stadt Dara wurde von einem mächtigen Fort dominiert, das auf einer sandigen Anhöhe thronte. Als der „listige Knabe", wie ihn mancher Araber nannte, am nächsten Tag in Dara einritt, donnerten sieben Salutschüsse von den Geschützen des

Forts auf die Stadt herunter. Es war allerdings gerade Ramadan, der arabische Fastenmonat, deshalb jubelten ihm die etwa 8000 Einwohner der hauptsächlich aus Stroh- und Lehmhütten bestehenden Stadt, die auch ein kleines Handelszentrum war, nicht zu. Erst nach Sonnenuntergang und nach Vollendung ihrer zeremoniellen Abendgebete erschienen die höheren Beamten, um ihrem neuen Herrn zu huldigen. Dieser offizielle Anlaß war wahrscheinlich ein brauchbarer Entschuldigungsgrund, ihr Fasten zu unterbrechen, und Slatin enttäuschte sie nicht und erfreute sich an dem ihm vorgesetzten Mahl, das einem traditionellen sudanesischen Bankett entsprach und mit allen üblichen Zutaten wie Hammelfleisch, Milch und Honig ausgestattet war.

Slatin hatte jedoch kaum Zeit, das Essen zu genießen, denn zwei erschöpfte Kuriere aus der kleinen Garnison Bir Gowi traten an die Festtafel und brachten dem Gouverneur die Nachricht, daß ihre Garnison kurz vor der Vernichtung durch den rebellierenden jungen Sultanssohn Harun stand. Dieser belagerte die Garnison mit weit überlegenen Kräften, und die Befehlshaber dachten bereits daran, freiwillig abzuziehen – für den Fall, daß nicht sehr bald Verstärkung eintraf –, um nicht ein unnötiges Blutvergießen heraufzubeschwören. Slatin handelte schnell und entschlossen. Bir Gowi durfte nicht in die Hand des Feindes fallen, und er selbst würde die Entsatzarmee befehligen. Bereits um Mitternacht war er wieder im Sattel und jagte mit 20 ausgesuchten türkischen und ägyptischen Kavalleristen und 200 sudanesischen Infanteristen nach Bir Gowi los. Nach einem sehr anstrengenden, zwei Tage währenden Marsch erreichte er den militärischen Stützpunkt, der ihm sofort als vollkommen unzureichend befestigt erschien. Die Garnison von Bir Gowi war nichts als eine jener im Sudan üblichen „Zaribas", eine quadratisch angelegte Dornengestrüpp-Barrikade, etwa zwei Meter hoch und vier Meter tief. Dieser Dornenverhau wies an der Innenseite eine aus Erdmassen errichtete Plattform auf, von der aus die Soldaten die Gegend überblicken und die Angreifer, die außerdem von einem an der Außenseite des Verhaus angebrachten großen Graben am Eindringen gehindert werden sollten, unter Beschuß nehmen konnten. Die gesamte Garnison bestand aus 120 Mann und hätte wahrscheinlich ohne Slatins rasches Eingreifen tatsächlich schnell kapituliert. Slatin, der an der Spitze seiner Männer in dieses Militärcamp einritt, wurde freudig und mit Jubel begrüßt, und zwar auf sudanesische Art und Weise: Die Garnisonssoldaten ließen ihre kupfernen Kriegstrommeln erschallen, stießen in ihre Trompeten und Antilopenhörner und feuerten Gewehrsalven in die Luft.

Slatin war todmüde und begab sich sofort zu Bett. Am nächsten Tag erwachte er mit heftigen Kopfschmerzen und sah sich außerstande, aufzustehen. Der Kopf schien ihm zu zerspringen, und der pochende anhaltende Schmerz in seinen Schläfen raubte ihm fast den Verstand. Der Gouverneur war kampflos außer Gefecht gesetzt worden und dämmerte fiebrig dahin. So bat man ihn, doch eine der landesüblichen wirksamen Kuren gegen Kopfschmerz anzuwenden. Er staunte nicht schlecht, als der sudanesische Arzt diese altbewährte Heilmethode anwandte, indem er beide Daumen gegen Slatins Schläfen preßte, arabische Zauberformeln murmelte und seinem armen Patienten als besonderen Höhepunkt der merkwürdigen Behandlung herzhaft ins Gesicht spuckte. Das war zuviel für den angeschlagenen Slatin. Wutentbrannt raffte er sich von seinem Lager auf und donnerte dem unschuldigen Arzt, der mit dieser Art von Behandlung nur die seit Hunderten von Jahren vorgeschriebenen Regeln des Korans, die bei Kopfschmerzen anzuwenden waren, befolgte, seine Faust ins Gesicht. Gewissermaßen als Ersatzrezept wurde dem Gouverneur nun eine besonders liebreizende Sklavin verordnet, die nicht nur eine ausgezeichnete Liebhaberin war, sondern auch eine reiche Erfahrung als Krankenschwester besaß. Slatin lehnte dieses Angebot dankend ab, obwohl man ihm versicherte, daß diese Heilmethode garantiert den gewünschten Erfolg bringen würde. Am nächsten Morgen allerdings war sein Kopfschmerz wie weggezaubert, und er entschuldigte sich bei dem Arzt.

Die Tage vergingen, doch von Haruns Armee fehlte immer

noch jede Spur. Enttäuscht mußte Slatin einsehen, daß er den weiten Weg umsonst gemacht hatte, denn der Thronprätendent von Fur hatte inzwischen vom Eintreffen von Slatins Entsatzarmee erfahren und war wieder in die Berge verschwunden. Slatin mußte unverrichteter Dinge nach Dara zurückkehren. Wenige Wochen später teilte ihm sein Vorgesetzter, Gouverneur Messedaglia, mit, daß ein todsicherer Plan ausgearbeitet worden sei, um dem rebellierenden Sultanssohn und seinen Anhängern endgültig einen vernichtenden Schlag beizufügen. Der „todsichere" Plan bestand schlicht darin, den Rebellenführer Harun in die Zange zu nehmen. Slatin sollte nach Niurnia, dem in den Marra-Bergen liegenden Hauptquartier Haruns, aufbrechen und sich dort mit einer zweiten, aus der Hauptstadt El Fascher eintreffenden Hauptmacht vereinigen und den selbsternannten Sultan von Fur auf beiden Flanken angreifen und vernichten. Doch als Slatin nach einem viertägigen, wiederum sehr beschwerlichen Marsch im Gebirgstal von Niurnia eintraf, konnte er nur zähneknirschend feststellen, daß Harun ein durchaus ebenbürtiger Gegner war und den ihm entgegenkommenden Truppen wieder einmal ein Schnippchen geschlagen und sich rechtzeitig abgesetzt hatte. Der unfehlbare Plan war gescheitert. Slatin befand sich in einer menschenleeren Stadt und stieß im Morgengrauen mit einer Abteilung der vorgerückten Truppen aus El Fascher zusammen. Es war ein groteskes Zusammenprallen zweier Verbündeter, denn die beiden Truppenverbände hielten sich im fahlen Licht des Morgengrauens für den Gegner und eröffneten das Feuer.

Sieben Mann wurden durch diesen verhängnisvoll-fatalen Irrtum getötet, ehe Slatin die Sachlage richtig erkannte und das Getümmel beendete, indem er das Signal zum „Feuer einstellen!" gab. Der neue Gouverneur wäre beinahe den Kugeln seiner Verbündeten zum Opfer gefallen. Ein Schuß hatte sein Pferd getötet und weitere hatten sein Cape regelrecht durchsiebt. Slatin führte die vereinigte Streitmacht zurück nach Dara und erfuhr auf halbem Wege, daß die Stadt bedroht war, daß sein verschlagener Widersacher Harun mittlerweile selbst gegen Dara marschiert war und die Stadt bei Nacht angegriffen hatte, in der Hoffnung, die geschwächte Besatzung leicht überwältigen zu können. Der Angriff war zwar mißlungen, hatte aber doch viele Opfer innerhalb der Stadtbevölkerung gefordert. Harun zog nach der mißglückten Einnahme der Hauptstadt wieder ab und marschierte auf sein Bergversteck zu. Jeder, der sich ihm in den Weg stellte, wurde gnadenlos massakriert. Dorf um Dorf wurde dem Erdboden gleichgemacht, die Männer ermordet und die Frauen entführt und als Sklavinnen mitgenommen. Am Fuß der Marra-Berge konnte Slatin den gefährlichen und tapferen Gegner schließlich stellen. Seine Streitmacht bestand nur aus 300 Mann, während der Sultanssohn auf 800 Wüstenkrieger zählen konnte. Dennoch zeigte sich, daß der österreichische Leutnant ein weitaus besserer Taktiker als der Sohn des Wüstensultans war. Slatin befahl einen Frontalangriff auf das feindliche Lager und ritt an der Spitze seiner anstürmenden Männer. Als sein Pferd nervös wurde und ihn abzuwerfen drohte, verzichtete er darauf, das Tier zu beruhigen, stieg kurzerhand ab und stürmte seinen Soldaten zu Fuß voran. Die sudanesischen Fußsoldaten bewunderten diese großartige Geste ihres österreichischen Anführers, denn indem dieser sein Pferd zurückließ hatte er nicht nur große Tapferkeit bewiesen, sondern seinen Männern, den gewöhnlichen sudanesischen Rekruten, auch demonstriert, daß er keine Gefahr scheute, daß er einer der Ihren war und gegebenenfalls auch bereit war, an ihrer Seite zu fallen.

Slatin teilte seine Streitmacht und ließ Haruns Männer ins Kreuzfeuer nehmen. Harun mußte zurückweichen. Nun setzte der Gouverneur alles auf eine Karte und befahl seinen zahlenmäßig schwachen Reservekräften, dem Gegner in die Flanke zu fallen. Diesmal ging Harun tatsächlich in die Falle, die Zange schnappte zu, und Slatin errang einen glänzenden Sieg. Harun hatte seine Armee verloren und beinahe auch sein Leben, sein Pferd war ihm unter seinem Sattel weggeschossen worden, aber dennoch gelang es ihm, im Schutz der einbrechenden Nacht den Kampfplatz zu verlassen und die Flucht über seine ihm so vertrauten Marra-Berge, die ihm so lange als Schlupfwinkel gedient hatten, anzutreten. Er hatte nicht nur seine gesamte Armee eingebüßt, sondern auch seinen militärischen Ruhm, seine Achtung unter den Stammesgenossen und den Nimbus seiner Unbesiegbarkeit, der dem Rebellenführer bis dahin angehaftet war. Wenige Tage nach seiner Flucht wurde er aufgegriffen und ohne viel Aufhebens erschossen. Sein Kopf wurde ihm abgeschnitten und als makabres Relikt einer fehlgeschlagenen Revolte in die Hauptstadt nach El Fascher gesandt.

Der Friede war vorerst gesichert, und Slatin kehrte nach Dara zurück. Hier mußte er sich nun erneut mit dem überall vorherrschenden Übel eines ganz und gar aus den Fugen geratenen Steuersystems herumschlagen. Einmal hatte er versagt, dem Steuerproblem des gesamten Sudan war er damals nicht Herr geworden, doch in seinem eigenen Bezirk wollte er um jeden Preis erfolgreich sein, sowenig ihm diese Aufgabe auch zusagte.

Er kam bald hinter das Geheimnis dieses chaotischen Systems. Seine Provinz war in fünf größere „Kisms" oder Bezirke unterteilt, und jeder „Kism" mußte eine bestimmte Steuersumme aufbringen. Dieses Problem wurde auf typisch sudanesische Weise gelöst, indem man die Steuerlast einfach von oben nach unten delegierte. Ein Oberscheich trieb die Steuersumme, die der jeweilige Stamm zu entrichten hatte, ein und setzte dazu willkürlich und nach eigenem Gutdünken Steuersätze fest, die er denen unter seiner Gerichtsbarkeit stehenden kleineren Stammesgruppen bedingungslos aufoktroyierte. Großgrundbesitzer und mächtige Kaufleute hatten sich ihrer Steuerpflicht auf diese Art und Weise wieder einmal elegant entledigt. Slatin beschloß, mit harter Hand durchzugreifen.

Als ersten Schritt befahl er, daß alle reichen und wohlhabenden Steuerpflichtigen auf eine Liste gesetzt wurden, und berechnete dann die Steuern je nach Einkommen, Vermögen und Besitzlage. Er überprüfte diese Liste genau, indem er eine ausgedehnte Inspektionsreise durch alle seine Bezirke unternahm und sich an Ort und Stelle versicherte, daß alle Angaben stimmten. Dann schaffte er die altbewährte Tradition der sogenannten „Naturaliensteuer" ab. Denn viele Steuerpflichtige zogen es vor, ihre Steuern mittels Vieh, Kamelen und einem bestimmten sudanesischen Baumwollstoff, dem „Takia", zu entrichten. Slatin setzte auch durch, daß die im Sudan gültige Währung des ägyptischen Piasters anstelle der „Naturalien" bezahlt werden mußte, und schuf zudem eine Wertskala, die ihm eine gerechte Umrechnung der Naturalsteuerabgaben in Piaster ermöglichte. Dadurch gelang es ihm, die angespannte Finanzlage Daras halbwegs zu ordnen und das bisherige ungerechte System entscheidend zu reformieren.

In den ersten eineinhalb Jahren seiner Regierungszeit hatte Slatin also einiges geleistet: eine gefährliche Revolte, die Dara erschütterte und zu spalten drohte, war erfolgreich niedergeschlagen worden, die Grundübel des chaotischen Steuersystems waren weitgehend beseitigt und seine Verwaltungsreform begann Gestalt anzunehmen. Slatin hatte gute Arbeit geleistet und konnte sicher sein, daß man auch in Khartum mit wohlwollendem Auge auf den jungen schneidigen Gouverneur von Dara blickte.

Doch sein eigentlicher Aufstieg sollte erst beginnen. Wieder kam ihm der Zufall zu Hilfe. Gegen Ende des Jahres 1880 beging der Herr von El Fascher, Slatins italienischer Vorgesetzter Messedaglia, einen unverzeihlichen Fehler. Der Italiener degradierte einen seiner führenden einheimischen Beamten, der der Grausamkeit bezichtigt wurde, ließ ihn auspeitschen und als Zeichen der Schande in Ketten nach Khartum verfrachten. Dieser Fauxpas, die überharte Bestrafung, wurde unhaltbar, als sich herausstellte, daß die Anschuldigungen jeder echten Grundlage entbehrten und Messedaglia es anscheinend nicht der Mühe wert befunden hatte, die Anklage einer genauen Prüfung zu unterziehen. In Khartum zeigte man sich über diese Torheit des Italieners sehr erbost und beschloß, Messedaglia von seinem Posten abzuberufen.

Im April des Jahres 1881 erhielt Rudolf Slatin ein Telegramm aus der ägyptischen Hauptstadt Kairo, in dem ihm Seine Hoheit Tewfik, der Khedive von Ägypten, mitteilte, daß man Messedaglia entlassen hatte und er – Slatin – mit sofortiger

Wirkung neuer Gouverneur der gesamten, riesigen Provinz Darfur war. Rudolf Slatin war ganze 24 Jahre alt und erst zweieinviertel Jahre im Sudan. Als Gouverneur von Darfur war er absoluter Herr über ein riesiges Gebiet. Diese 350.000 Quadratkilometer große Provinz nahm zudem eine strategisch wichtige Position zwischen dem Kongo und der Sahara ein, und der koloniale Wettlauf um Afrika hatte begonnen. Der 24jährige Slatin hatte – genau wie er es erträumt hatte – innerhalb von kürzester Zeit einen kometenhaften Aufstieg erlebt.

Doch der Gouverneur von Darfur saß in einem Land, das bald von einer gewaltigen religiösen Explosion erfaßt werden würde. Eine blutige Sturmflut schickte sich an, den Sudan zu überschwemmen, denn ein einzelner Mann erhob sich buchstäblich aus den schlammigen Ufergewässern des Nil und rief den Dschihad, den Heiligen Krieg gegen alle Ungläubigen, aus; Mohammed Achmed, der Sohn eines Bootsbauers von der Nilinsel Dongola, der sich der Mahdi, der Auserwählte, nannte, schrieb seinen Namen mit Feuer, Blut und Schwert in die Wüstenlandschaft des Sudan. Die größte moslemische Revolution, die der Sudan je erlebt hatte, stand kurz vor ihrem Ausbruch, und der dämonische Mann von der Nilinsel sollte einen Flächenbrand entfachen, der dem Sudan siebzehn lange Jahre Tod und Verderben, Mord, Terror, furchtbares Blutvergießen und Leid ungeahnten Ausmaßes bescheren sollte. Kein Mensch konnte mit einer solch mörderischen Explosion rechnen, auch der Gouverneur von Darfur nicht.

DER BOOTSBAUERSOHN AUS DONGOLA UND DIE MOSLEMREVOLTE

Der Name Mahedi, Mahadi oder Mahdi bezeichnet in der Moslemreligion einen Titel, der dem eines Hohenpriesters oder Bischofs entspricht. In seiner wörtlichen Übersetzung bedeutet dieser Titel nichts anderes als „Anführer“ oder „Führer“ und wurde dem im Jahr 255 nach der Hedschra geborenen letzten Imam aus dem Volke Ali, Abulkassem Mohammed, verliehen.[1] In den islamisierten Ländern Nordafrikas war es sowohl Tradition wie auch moslemisches Glaubensaxiom, daß in Zeiten der Not, wenn sich der Islam in einer Krise befindet und die Menschen auf die Worte des wahren Propheten vergessen, ein moslemischer Messias aus den unendlichen Weiten der Wüste aufstehen würde, ein heiliger Mann, der die Verderbten vernichten und den Islam in alter Größe und Herrlichkeit neu erstrahlen lassen würde. Solche Erlöser trugen ebenfalls den Titel Mahdi, der nun mit „Auserwählter“, „Gesandter Gottes“ oder „von Gott Gelenkter“ übersetzt wurde. Im Mittelalter hatte es zwei sehr erfolgreiche Mahdis gegeben, denen es gelungen war, Dynastien zu errichten und mächtige, auch nach ihrem Tod fortdauernde Großreiche zu installieren. Der große Korse Napoleon wurde auf seinem Afrikafeldzug gegen Ende des 18. Jahrhunderts ebenfalls mit einem Erlöser oder Mahdi konfrontiert, doch der geniale Feldherr erstickte die Revolte des Wüstenheiligen im Keim und eliminierte den selbsternannten Befreier in kürzester Zeit. Der Mann aber, der nun entscheidend in das Leben Slatins eingreifen und den Sudan in ein Revolutionsland verwandeln sollte, war aus anderem Holz geschnitzt.

Mohammed Achmed Ibn el-Sayyid Abdullah, der Bootsbauersohn von der Nilinsel Dongola, tauchte wie ein unerwarteter Sandsturm in der sudanesischen Wüste auf und fegte mit solch unglaublicher Gewalt über sie hinweg, wie es kein Mahdi je vor ihm getan hatte und je wieder tun sollte.

Mohammed Achmed war ein Besessener, beseelt von seiner ihm von Allah aufgetragenen Mission, ein gefährlicher Mann der Visionen, der keinen Widerspruch duldete. Dongola lag zwischen dem dritten und vierten Nilkatarakt im Norden des Sudan, und hier wurde Mohammed Achmed Ibn el-Sayyid Abdullah 1844 geboren. Im Alter von 25 Jahren schloß er seine religiösen Studien in der Hauptstadt Khartum ab und zog als asketischer Wanderprediger durch das Land. Er war ein überaus leidenschaftlicher und feuriger Prediger, schlank und hochgewachsen und zweifelsohne gutaussehend, muskulös und breitschultrig. Zwischen seinen Vorderzähnen klaffte die „Faldscha", jene Lücke, die als besonderes Zeichen der Gnade des Propheten angesehen wurde. Wie sein großer christlicher Widersacher Charles Gordon hinterließ Mohammed Achmed einen unauslöschlichen Eindruck auf Freund und Feind. Dieser magnetische Mann von der Nilinsel strahlte eine eigene, unübersehbare Aura aus, wie auch Pater Joseph Ohrwalder, ein österreichischer Priester, der sieben Jahre sein Gefangener war, feststellte. Der Pater erklärte, daß der Mahdi von ungemein „faszinierendem Äußeren" war, ein großer, mächtiger Mann, der permanent zu lächeln schien. Er hatte außergewöhnlich weiße, blitzende Zähne und eine angenehm ruhige, fast sanfte Stimme. Slatins Angaben sind etwas präziser als die seines klerikalen Landsmannes. Er beschreibt den Mahdi als einen Mann mit mächtigen breiten Schultern, auf denen ein großer, eindrucksvoller Kopf ruhte. Die stets funkelnden Augen des Mahdi waren braun, und er trug einen schwarzen Bart, der sein Aussehen noch vornehmer erscheinen ließ. Neben der schon erwähnten Faldscha, einer v-förmigen Zahnlücke, wies sein Gesicht noch ein anderes interessantes Merkmal auf: Drei klaffende Stammeswunden zierten seine Wange.

Slatin bestätigt Pater Ohrwalders Eindruck, daß der Mahdi aus einem einzigen Lächeln zu bestehen schien. Doch dieses Lächeln war ein grausames, unmenschliches Lächeln eines unbeugsamen Fanatikers, der die furchtbarsten Todesurteile lächelnd verkündete und brutalste, blutigste Folterungen lächelnd befahl, es war das todbringende Lächeln eines besessenen Visionärs.

Mehr als alles andere haßte Mohammed Achmed die Ägypter, und mit der ihm eigenen Inbrunst predigte er gegen die Okkupatoren, hielt flammende Reden, in denen er die Brutalitäten, Grausamkeiten und Verbrechen der Unterdrücker anprangerte. Am Ende seiner Brandreden deutete Mohammed Achmed immer wieder an, daß der Zeitpunkt der Erlösung, der Errettung aus den Händen der Unterdrücker nicht mehr fern war, daß eine wundersame Befreiung unmittelbar bevorstand. Sein Hauptquartier war die Insel Abba im Weißen Nil. Von dort aus unternahm er seine Bekehrungsreisen durch das gesamte Land, und dorthin kehrte er wieder zurück.

Sein Ruhm wuchs also in der Abgeschiedenheit dieser kleinen und unbedeutenden Nilinsel. Auch auf der Insel Abba lebte Mohammed Achmed das Leben eines asketischen Heiligen. Er hauste in einer am Flußufer gelegenen Höhle, und seine Einrichtung setzte sich aus einem sogenannten „Angareb", einem niedrigen Bett aus Tierfellen, und einem aus Palmenblättern konstruierten Sonnendach zusammen. Es hatte sich bald herumgesprochen, daß in dieser Höhle am Nil ein mysteriöser Prophet, ein heiliger Mann, wohnte, und die vorbeifahrenden Regierungsdampfer verlangsamten ihre Fahrt, um dem Mann Gottes Tribut zu zollen, und so mancher Kapitän entbot dem Heiligen ehrfürchtig seinen Gruß.

Reginald Wingate, der spätere „sudanesische Zwillingsbruder" und beste Freund Rudolf Slatins, war damals als junger Major Augenzeuge der gärenden Stimmung im sudanesischen Volk, die um die Jahreswende 1880/81 ihren Höhepunkt erreichte. Wingates Bericht verdient auszugsweise angeführt zu werden:

... Der Herr werde einen Erlöser schicken, der ihnen den Schleier von den Augen fortreißen soll und ihre Hirne vom Wahn befreien wird. Der böse Traum werde für alle Zeiten vertrieben

werden, und diese von innen erneuerten Männer sollten ... das Land in Besitz nehmen.
Mit dem Erscheinen des Mahdi werde das Recht triumphieren und werde die Zeit der Unterdrückung beendet sein. Wann sollte dieser Mahdi kommen? Welches Wunder war es doch, daß sich in jeder Hütte und in jedem Busch das Echo der Sehnsucht nach dem verheißenen Erlöser vernehmen ließ? Der heiße Wind wehte von der Wüste her über das welke Gras der weiten Flächen, von den Gebirgszügen hinein in die sandigen Täler und flüsterte den Namen des Mahdi ... Die Frauen fanden auf den Eiern, die sie einsammelten, die Inschrift „Jesus", „Mohammed" und „Mahdi". Die Blätter fielen raschelnd zu Boden, und im Fallen erschienen auf ihnen die Schriftzeichen der heiligen Namen. ...[2]

In der Mitte des Jahres 1881 war es soweit. Mohammed Achmed befahl eine Versammlung auserlesener und anerkannter Würdenträger zu sich auf die Insel Abba und proklamierte sich zum Auserwählten Gottes, zum Mahdi. Alle Gläubigen wurden aufgefordert, sich ihm anzuschließen, seiner heiligen Armee beizutreten und die ägyptischen Eindringlinge aus dem Land ihrer Väter zu vertreiben. Der Zeitpunkt dieser Proklamation war außerordentlich günstig. Besonders unter den ärmsten Schichten des Sudan war die Anhängerschaft des neuen Mahdi ungewöhnlich groß, das von Slatin mit einigem Erfolg bekämpfte ungerechte Steuersystem hatte den Zorn der breiten Bevölkerung und den unbändigen Haß auf die Ausländer, die „Türken", wie die Sudanesen ihre ägyptischen Besatzer nannten, zusätzlich gesteigert und erklärte den übergroßen Zulauf, den der Mahdi überall vorfand.

Gordons zum Teil erfolgreicher Kreuzzug gegen die Sklavenhändler hatte ein weiteres dazu beigetragen, daß sich die Sudanesen nun gegen ihre Eroberer aufbäumten; die reichen und mächtigen Sklavenhändler im Zentralsudan würden ihrer Haupteinnahmsquelle und Lebensgrundlage beraubt werden, falls Gordons Experiment der Abschaffung des blühenden Geschäftszweiges tatsächlich von dauerhaftem Erfolg gekrönt sein würde. Die Sklavenhändler stellten sich deshalb – nicht

Mohammed Ibn el-Sayyid Abdullah, der Bootsbauersohn von der Nilinsel Dongola: der Mahdi.

ganz ohne Berechnung – auch hinter den Erlöser von der Nilinsel. Der mächtigste und einflußreichste Stamm der Sklavenhändler waren die Baggara, und einer der stolzesten und tapfersten Baggara-Scheichs, Abdallahi, entwickelte sich zu einem der glühendsten Verehrer des Mahdi und wurde später auch dessen Nachfolger und Slatins langjähriger Kerkermeister.

Natürlich berief sich der Befreier Mohammed Achmed auf Allah persönlich und erklärte seinen Getreuen, er sei nur das Werkzeug, die Hand des Propheten, der ihm in einer Vision erschienen sei und ihm befohlen hatte, zum Schwert zu greifen und den Dschihad zu entfachen.

Ein weiterer Umstand, der dem Mahdi zu Hilfe kam, war eine bevorstehende Palastrevolte in Ägypten, eine Meuterei der ägyptischen Streitkräfte, auf die wir noch einzugehen haben werden, welche die Engländer auf den Plan rief und eine militärische Intervention der Weltmacht Großbritannien in Ägypten zur Folge hatte. In Khartum regierte ein Mann nubisch-abessinischer Abstammung, Mohammed Rauf, als Nachfolger Gordons, dem das Charisma, die Durchsetzungskraft und die fanatische Entschlossenheit des großen Briten fehlten. Die politische Lage war also für den Mahdi mehr als vorteilhaft, und alle diese Anzeichen schienen eindeutig darauf hinzuweisen, daß der Prophet tatsächlich an der Seite seines Dieners Mohammed Achmed war. Der Generalgouverneur Rauf Pascha erkannte dann auch sehr bald die Gefahr, die ihm und dem Sudan vom Mahdi, der viel mehr und vor allem viel gefährlicher als ein gewöhnlicher Abtrünniger und Rebell war und das sudanesische Volk im Glauben vereinte, drohte.

Rauf beorderte deshalb zuerst einen Abgesandten aus Khartum auf die Nilinsel Abba, um den religiösen Eiferer dazu zu bewegen, freiwillig und ohne Gewaltanwendung in die Hauptstadt mitzukommen. Der Abgesandte Rauf Paschas wurde höhnisch abgewiesen und mit Schimpf und Schande aus dem Lager des Mahdi gejagt. Jetzt beschloß der Generalgouverneur, nicht länger diplomatisch vorzugehen, sondern Härte zu zeigen. Zwei Kompanien seiner regulären ägyptischen Armee landeten auf der Insel Abba. Ihre Aufgabe war es, den religiösen Fanatiker gewaltsam und in Ketten nach Khartum zu schaffen. Diese Strafexpedition des Generalgouverneurs erlitt allerdings eine schmachvolle Niederlage, obwohl die Derwische des Mahdi, die in der Dunkelheit über die Soldaten Rauf Paschas herfielen und sie niedermachten, äußerst schlecht bewaffnet waren und ihr blutiges Handwerk lediglich mit Speeren, alten Säbeln, Knüppeln und Steinen erledigten. Der Mahdi hatte seinen ersten Sieg errungen und deutete diesen zweifelsohne als ein weiteres Zeichen und günstiges Omen für den Ausgang seines gerechten und heiligen Krieges. In jener Nacht des 13. August 1881 metzelten die Mahdisten 120 Männer und sechs Offiziere der Ägypter nieder und machten eine beträchtliche Anzahl Gefangener. Nur wenigen gelang es, dem Gemetzel zu entfliehen und sich schwimmend in Sicherheit zu bringen. Mohammed Achmed aber zögerte nicht, seinen Männern zu versichern, daß der Prophet selbst an ihrer Seite gefochten und die waffentechnisch überlegenen Feinde in die Falle gelockt hatte. So werde es von nun an immer sein, schärfte er seinen Gefolgsleuten ein, sie würden von einem glorreichen Sieg zum anderen eilen, denn mit ihnen war nicht nur der „Baraka", sondern auf ihnen ruhte auch die Hand Gottes.

Doch der Mahdi erkannte auch, daß die Insel Abba nicht das ideale Hauptquartier war und auf die Dauer kaum zu halten sein würde. Deshalb verlegte er seine Befehlszentrale in die abgeschiedene Sicherheit der Nuba-Berge in der Provinz Kordofan. Diesen von ihm mit großem Instinkt gewählten neuen Operationsort nützte er für seine religiösen Zwecke aus, indem er seinen Anhängern erklärte, daß dieses Übersiedeln in die Nuba-Berge eine Art Hedschra, eine religiöse Flucht in der Art von Mohammeds erzwungener Reise von Mekka nach Medina, war.

Der Marsch der Mahdisten durch die Wüste war beschwerlich und voller Gefahren, sie waren immer noch unzureichend bewaffnet, verfügten nur über wenige Feuerwaffen, mit denen sie ohnehin nicht umgehen konnten, und hatten bei einem

Zusammenstoß mit den Truppen des Generalgouverneurs wahrscheinlich keine allzu große Chance. Es gelang ihnen aber, ein solches Kräftemessen zu vermeiden. Am 31. Oktober des Jahres 1881 stand der Mahdi schließlich auf dem Dschebel Gebir im Nuba-Gebirge und nahm die Huldigungen des örtlichen Scheichs wohlwollend entgegen. Er blickte hinab ins Tal und hatte einen seiner genialen Einfälle. Unvermutet erklärte er seinen erschöpften Kriegern, daß der Dschebel Gebir in Wahrheit der legendäre Berg Masa sei, jener Berg, von dem, der Legende zufolge, der Erlöser heruntersteigen würde, der in Wirklichkeit aber im marokkanischen Atlas-Gebirge lag.

Die Reaktion seiner Männer fiel so aus, wie es der Mahdi gehofft hatte: Sie jubelten ihm zu und priesen sich glücklich, ihm nachfolgen zu dürfen. Auf dem Berg Masa von Mohammed Achmeds Gnaden, dem Dschebel Gebir, errichtete der Auserwählte nun sein Hauptquartier, sein Heerlager, in das ständig neue Anhänger strömten. Von nah und fern eilten sie dem Dschebel Gebir zu, Entrechtete und Geknechtete, reiche Kaufleute, die um ihr Einkommen bangten, Sklavenhändler, aber auch gewöhnliche Verbrecher und Mörder, Deserteure und selbst geflohene Sklaven schlossen sich dem Mahdi an. Er empfing sie alle mit offenen Armen und machte sie zu seinen „Ansars“, gab ihnen also jenen Namen, den der Prophet Mohammed seinen Helfern auf seiner Hedschra, auf seiner Flucht nach Medina, gegeben hatte. Unmittelbar nach ihrer Ankunft mußten die „Ansars“ ihrem Herrn unbedingte Treue, Unterwerfung und Gehorsam bis in den Tod schwören.

Eine weitere Feuertaufe, die der Mahdi für sich entschied, vergrößerte seinen Ruhm. Raschid Bey, der Gouverneur von Faschoda, das viele Jahre später beinahe zum Ausbruch eines Krieges zwischen Großbritannien und Frankreich geführt hätte und einer politischen Krise seinen Namen gab, hatte erfahren, daß sich der Mahdi mit seinen Truppen am Dschebel Gebir aufhielt. Der Dschebel lag an der Südspitze der Provinz Kordofan, welche an Faschoda angrenzte, und Raschid Bey glaubte sich dazu ausersehen, ein für allemal mit dem Mahdi-Spuk aufzuräumen. Er mißachtete eine Weisung aus Khartum, auf eine Entspannung der Lage zu warten und den Mahdi vorerst in Ruhe zu lassen, und drang mit 400 regulären ägyptischen Soldaten und 2000 Kriegern vom Stamm der Schilluk ins Nuba-Gebirge vor. Doch der Mahdi wurde gewarnt, aus dem Überraschungsangriff von Raschid Bey wurde nichts, denn eine Frau, die eine ganze Nacht lang bis zu ihrer völligen Erschöpfung gelaufen war, berichtete dem Auserwählten rechtzeitig vom bevorstehenden Angriff des Gouverneurs von Faschoda. Der Mahdi überraschte nun seinerseits den Ägypter, legte ihm einen Hinterhalt und überfiel ihn bei Nacht. Er erbeutete Hunderte von Gewehren und brachte den Ägyptern erneut eine schwere Schlappe bei. Der Nimbus seiner Unbesiegbarkeit, auf den er in Zukunft fest bauen sollte, war im Entstehen, denn wie war es möglich, daß ein einzelner Mann von der Insel Abba, dessen Krieger nur mit Knüppeln, Speeren, veralteten Säbeln, Steinen und mit einer geringen Anzahl von Gewehren bewaffnet waren, die Ägypter bereits zweimal geschlagen hatte, wenn er nicht mit dem Propheten im Bunde war, wenn er nicht tatsächlich der Auserwählte, der Gesandte Gottes, der wahre Mahdi war?

Kurz nach der Niederlage von Raschid Bey am Dschebel Gebir erfuhr auch Slatin zum ersten Mal offiziell von der Mahdi-Revolte. Auf einer Reise durch das Marra-Gebirge erreichte den Gouverneur von Darfur ein berittener Bote, der ihm eine verschlüsselte, in französischer Sprache abgefaßte Mitteilung des Generalgouverneurs Rauf Pascha brachte. Die verklausulierte Nachricht hatte folgenden Inhalt:

> Ein Derwisch Mohammed Achmed vom Mudir von Faschoda Raschid Bey in der Nähe von Gebir ohne Befehl angegriffen. Aufregung groß. Sofort nötige Maßregeln treffen und Verbindung Unzufriedener mit den Derwischen verhindern.

Obwohl Slatin von offizieller Seite noch nichts von der Moslemrevolte gehört hatte, waren ihm doch bestimmte Gerüchte, welche besagten, daß ein Scheich aus dem Zentralsudan einen religiösen Krieg zu entfachen drohte und den Regierungstruppen bereits eine Niederlage beigebracht hatte, zu Ohren gekommen. Slatin stand nun vor einem Problem. Die schwierige Lage erforderte seine Präsenz in El Fascher, der Hauptstadt von Darfur, er aber befand sich auf der Reise nach Kebkebia, um dort die offizielle Huldigung durch die Scheichs des kriegerischen Bedajat-Stammes, um deren Anerkennung er sich schon lange bemüht hatte, zu erfahren. Er entschloß sich, seine Reise fortzusetzen, sandte aber ein Telegramm folgenden Wortlauts nach Khartum: „Nachricht erhalten, werde Nötiges vorkehren." Die Bedajat-Frauen standen in dem Ruf, von besonderer Schönheit zu sein, und Slatin, der der Gesellschaft schöner Frauen niemals ganz abgeneigt gegenüberstand, hatte reichlich Gelegenheit, die edlen und stolzen Frauen dieser freien Araber zu bewundern. Die Bedajat-Frauen zeichneten sich durch überlanges, bis zum Becken reichendes Haar aus und waren für den jungen Slatin sicherlich anmutige und bezaubernde Geschöpfe. Noch interessanter erschienen ihm die Sitten und Gebräuche dieses Stammes. Am meisten wunderte er sich über die Praktiken, mit denen die Bedajati ihr Erbfolgerecht regelten. Nach der Beerdigung eines Familienoberhauptes starteten nämlich alle Söhne des Verstorbenen vom Friedhof, der immer einige Kilometer außerhalb des Dorfes lag, aus einen Wettlauf zum Haus ihres toten Vaters. Der schnellste Läufer, der als erster beim Vaterhaus eintraf und, indem er seinen Speer ins Haus warf, seine Erbrechtsansprüche bekundete, wurde Alleinerbe. Er erbte alles, den gesamten Viehbestand seines Vaters, seine zahlreichen Frauen und Nebenfrauen – mit einer einzigen Ausnahme, seiner eigenen Mutter, die von nun an als Witwe galt. So sehr Slatin diese auf schnellen Beinen beruhende Auslegung des Erbfolgerechts erheiterte, so wenig behagte es ihm, über eine Woche warten zu müssen, bis die vier Hauptscheichs der Bedajati endlich Bereitschaft zeigten, dem Mudir von Darfur den versprochenen Treueid zu leisten. Doch die feierliche Zeremonie, die diesen Vorgang begleitete, entschädigte Slatin für die Wartezeit und beeindruckte ihn so, daß er sie in seinem Buch *Feuer und Schwert im Sudan* festhielt.

Es wurde ein Pferdesattel in die Mitte der Versammlung auf den Boden gestellt und hierauf ein kleines Thonbecken mit glühenden Kohlen und einer Lanze gelegt. Die im Kreise herumsitzenden Oberhäupter der Bedejat mit den Vornehmsten ihrer Begleiter streckten die Hände nach den erwähnten Gegenständen aus, indem sie nacheinander feierlich die folgende Formel sprachen: „Nie soll mein Schenkel mehr den Sattel berühren, mein Körper soll von tödlichem Eisen getroffen, von glühendem Feuer verbrannt werden, so ich dir die versprochene Treue breche."[3]

Nach Beendigung dieser Zeremonie brach Slatin rasch nach El Fascher auf und erfuhr dort sehr schlimme Nachrichten, nicht nur über Mohammed Achmed, sondern auch über seinen Vorgesetzten, Rauf Pascha, den Generalgouverneur des Sudan. Die ägyptische Zentralregierung in Kairo hielt Rauf für unfähig, weil er die Mahdi-Revolte nicht sofort im Keim erstickt hatte, und ersetzte ihn durch den deutschen Telegrafeningenieur Giegler, der bereits einmal Gordons Stellvertreter gewesen war.

Giegler Pascha begann sofort damit, starke Truppenkontingente zu konzentrieren, um die Revolution mit einem einzigen Vernichtungsschlag zu beenden. Eine Streitmacht von ca. 6000 Mann setzte sich von Kordofans Hauptstadt El Obeid aus in Marsch nach Faschoda. Ihr Kommandeur war ein langgedienter Ägypter, Jussef Pascha. Der Armee Jussef Paschas war kein Glück beschieden, der Marsch nach Faschoda war endlos lang, etwa 400 Kilometer, und die Wasserrationen seiner Männer waren sehr knapp bemessen, was die Moral der Soldaten des Ägypters auf den Tiefpunkt sinken ließ. Die durstigen Soldaten erhielten zudem noch einen Einblick in die Mentalität ihrer Feinde, als man zwei Spione des Mahdi verhaftete. Jussef Pascha wollte ein abschreckendes Exempel statuieren und ließ die Mahdisten vor versammelter Mannschaft auf grauenvolle Art und Weise foltern. Doch die Spione verzogen keine Miene und ertrugen die Schmerzen mit unmenschlich-stoischer Ruhe. Selbst als man ihnen ihre Arme und Beine nacheinander abhackte, verhöhnten sie ihre Folterer und Jussef Pascha mit lauter Stimme. Mit dem Namen des Mahdi auf ihren Lippen hauchten sie ihre Seelen aus. Jussef Pascha hatte mit diesem brutalen Exempel den gegenteiligen Effekt erzielt, seine Soldaten verlachten nicht die Feigheit ihrer Feinde, wie Jussef erwartet hatte, sondern konnten ihre Bewunderung für die beiden Männer, die so tapfer, ohne ein Wort des Schmerzes oder der Angst, fast mit einem Lachen auf den Lippen, gestorben waren, kaum verbergen

Jussef Pascha unterschätzte seinen Gegner offenbar, was auch aus einem in sehr hochmütigem Ton gehaltenen persönlichen Brief hervorgeht, den er an den Mahdi sandte und in dem er ihn zur kampflosen Kapitulation aufforderte. Die Antwort des Mahdi hätte den Ägypter warnen, ihn erkennen lassen müssen, mit welch unberechenbarem Gegner er es hier zu tun hatte.

> Du sagst, daß unsere einzigen Gefolgsleute die Baggara seien, Unwissende, Nomaden, Götzenanbeter. So wisse, daß die Gefolgsleute des Propheten vor uns und die unseres Herrn Mohammed die Schwachen und die Unwissenden und die Götzenanbeter waren, die zu Steinen und Bäumen beteten. ... Wir handeln nur auf Befehl des Gesandten Gottes. ... Wir stehen nicht unter deinem Befehl, sondern du und deine Vorgesetzten stehen unter unserem Befehl. ... Es steht nichts zwischen uns und dir als das Schwert.[4]

Jussef Paschas Arroganz und die krasse Fehleinschätzung seines formidablen Gegners sollten ihn sein Leben kosten. Nicht weit vom „Berg Masa", dem „Heiligen Berg" des Mahdi, ließ Jussef mit unglaublicher und kaum verständlicher Nachlässigkeit ein faktisch unbefestigtes Nachtlager errichten. Die Derwische stürmten dieses Lager bei Morgengrauen und hieben die noch schlafenden Soldaten Jussef Paschas buchstäblich in Stücke. Jussef selbst gelang es zwar, vor sein Zelt zu flüchten, doch hier ereilte ihn sein Schicksal, ein Derwisch hieb ihm den Kopf ab.

Wieder war der Mahdi auf einen ihn verkennenden und ihn unterschätzenden, im Grunde unfähigen Gegner gestoßen, wieder hatte er spielend leicht gesiegt. Diesmal allerdings hatte er keine kleine Provinzarmee geschlagen, sondern die zahlenmäßig stärkste Streitmacht, die Giegler Pascha, der Generalgouverneur in Khartum, ihm entgegenzuwerfen in der Lage gewesen war. Dieser große Sieg war für die fanatischen Krieger der Wüste ein weiterer unleugbarer Beweis für die Unbesiegbarkeit ihres Anführers, der natürlich jeden Sieg mit seiner göttlichen Mission, seinem ihm von Gott erteilten Auftrag und der Schützenhilfe unsichtbarer Engelsschwadronen erklärte. Der blutige Kampf hatte kaum mehr als eine halbe Stunde gedauert, und ganz Südkordofan befand sich nun im Besitz der Aufständischen. Mohammed Achmed begann nun, seine Hände nach der ganzen Provinz auszustrecken. Er sandte Botschaften nach El Obeid und an die Scheichs im Norden der Provinz, in denen er sie aufrief, sich ihm bedingungslos anzuschließen und den ausländischen Hunden nicht länger zu gehorchen. Eine dieser scharf formulierten Botschaften lautete:

> Ich bin der Mahdi, der Nachfolger des Propheten Gottes. Hört auf, den ungläubigen Türken Steuern zu zahlen, und möge jeder, der einen Türken findet, diesen töten, denn die Türken sind Ungläubige.[5]

Nochmals zog sich der Mahdi zu seinem „Heiligen Berg“ zurück. Er überließ es seinen Unterführern, den Aufstand weiter voranzutreiben und neue Offensivattacken vorzubereiten. Eroberungszüge fanden nun im ganzen Land statt. Im Juni 1882 griff der Emir von Madibbo, ein Baggara-Scheich, der von den Ägyptern abgesetzt worden war und sich aus Rache der Sache der Mahdisten verschrieben hatte, auf Befehl des Auserwählten die Stadt Schakka an. Schakka war die Hauptstadt des südlichen Teiles der Provinz Darfur. Somit war auch Rudolf Slatin, der Mudir von Darfur, in die kriegerischen Auseinandersetzungen involviert.

Slatins Hauptproblem war es, seine Nachschublinien offenzuhalten, denn die Provinz Darfur war sehr abgelegen. Es gab bereits keine Postverbindungen nach Khartum mehr, auch die Hauptstraßen der Provinz waren weitgehendst abgeschnitten.

Slatin litt auch unter Munitionsmangel und verlangte verzweifelt Nachschub und Verstärkung aus Khartum. Seine Nachrichten in die Hauptstadt mußten entweder in die Kleider seiner Boten eingenäht oder in ihren Lanzenschäften versteckt werden, um eine etwaige Entdeckung zu verhindern. Der langerwartete Munitionstransport landete schließlich in den Händen des Mahdi, denn der korrupte Kaufmann, der mit der Leitung dieses Transports beauftragt worden war, ging auf halbem Weg nach Darfur mit fliegenden Fahnen ins Lager des Mahdi über.

Slatin befand sich in einer mehr als mißlichen Lage: Er hatte zu wenig Munition und zu wenig gut ausgebildete Soldaten, und die Kämpfe rückten seiner Hauptstadt immer näher. Eine von Khartum entsandte Verstärkung, bestehend aus 400 Kavalleristen, erreichte El Fascher und Slatin nur unter schwersten Verlusten. Nur 100 Mann ritten lebend in der Hauptstadt von Darfur ein. Der Mudir von Darfur war praktisch isoliert, er befand sich in einer weitgehend abgeschnittenen Provinz, umringt von Feinden, und mußte mit den bescheidenen, ihm zur Verfügung stehenden Mitteln versuchen, seinen eigenen Kampf zu kämpfen. Slatin suchte sogleich sein Heil in der Offensive und brach nach Dara auf. Dara lag ungefähr 200 Kilometer von der durch den Emir von Madibbo bedrohten Stadt Schakka entfernt. Es gelang Slatin, mit nur 75 Kavalleristen und 200 Infanteristen bis zum Lager des Emirs von Madibbo vorzudringen und ihm einige taktisch sehr empfindliche Niederlagen beizubringen. Einmal überrannte er sogar das feindliche Lager im Handstreich, jeden niederschießend, der sich ihm und seinen nachstürmenden Männern in den Weg stellte. Der Emir von Madibbo begann zwar langsam, den Mudir von Darfur zu fürchten, aber Slatins Erfolge waren im Grunde unbedeutend, denn das Schicksal seiner Provinz hing nicht von seinen taktischen Erfolgen und seiner persönlichen Tapferkeit ab, sondern vom Mahdi, der seine Hauptstreitmacht in der brütenden Hochsommerhitze des Jahres 1882 nach El Obeid in Marsch setzte.

Im September erreichte er die Hauptstadt von Kordofan und begann sie zu belagern. In El Obeid grassierte die Furcht, alle christlichen Kaufleute hatten die Stadt bereits verlassen und waren nach Khartum geflüchtet, viele Soldaten und Bürger liefen ins Lager des Mahdi über. El Obeid stand und fiel mit der Person des Gouverneurs von Kordofan, dem energischen und unbeugsamen Ägypter Mohammed Said Pascha, der den Gedanken an eine Kapitulation sofort verwarf und seine Männer aufforderte, bis zur letzten Patrone Widerstand zu leisten.

Der Angriff der Derwische erfolgte wie immer im Morgengrauen, aber diesmal rannten die Helden des Mahdi vergeblich gegen die modernen Remington-Gewehre und die Geschütze der Ägypter an. Aus kürzester Entfernung ließ Said Pascha seine Männer ihre Salven in die herangaloppierenden Derwische jagen. Der Mahdi, der zum ersten Mal furchtbaren Blutzoll zahlen mußte, gab am Nachmittag den Befehl zum Rückzug. Ein Drittel seiner Krieger, etwa 10.000 Streiter des Dschihad, lagen tot auf dem blutüberströmten Schlachtfeld. Said Pascha triumphierte, aber wie Hannibal vor Rom nützte er die Gunst der Stunde nicht. Wie der Punier zögerte er und verzichtete auf einen sofortigen Gegenangriff, den ein Mann von der Entschlossenheit Slatins wahrscheinlich gewagt hätte. Ein schnelles Ausfallen, ein überraschender Gegenangriff hätte den geordneten Rückzug der Derwische unter Umständen in eine chaotische Flucht verwandeln können. Diese verlorene Schlacht bedeutete für den Mahdi einen Gesichtsverlust und beschwor eine kritische Situation herauf. Einige seiner Unterführer drängten sogar auf einen allgemeinen Rückzug, doch der Mahdi wußte, daß er sich kein Zurückweichen leisten konnte, daß ein Rückzug das Ende seiner Revolte bedeutet hätte.

Nachdem er die Feuerkraft der Gewehre der Ungläubigen nun in ihrer ganzen Effektivität erlebt hatte, begann der Mahdi umzudenken. Er gab Befehl, die erbeuteten Waffen, die er bis dato immer nur als schmutziges Werkzeug der Ungläubigen betrachtet hatte, hervorzuholen, und ließ sie an jene Gefangenen verteilen, die damit umgehen konnten, nämlich an die als

Soldaten ausgebildeten Negersklaven, die „Basingers" genannt wurden. Diese dienten entweder in der regulären ägyptischen Armee oder versahen ihren Dienst in der Privatarmee eines reichen Sklavenhändlers oder wurden von ihren Herren als Söldner an den Meistbietenden vermietet. Diese schwarzen Gefangenen hatten keine Wahl, sie mußten für den Mahdi kämpfen oder sterben.

Der Frontalangriff war kläglich gescheitert. Der Mahdi nahm nun zu einer uralten Taktik Zuflucht, die sich in vielen Kriegen aller Zeiten bewährt hatte: Er begann die Stadt El Obeid auszuhungern. Zu Beginn der Belagerung geriet der schon einmal erwähnte österreichische Pater Joseph Ohrwalder, zusammen mit mehreren Mönchen und etlichen Nonnen seiner Missionsstation, in die Gefangenschaft des Mahdi. Er erlebte den Fall von El Obeid als Gefangener mit, auch die Aushungerung der Hauptstadt von Kordofan. Der Herbst ging, der Winter kam, und das Leben in El Obeid – und mit ihm der Widerstand – begann zu erlahmen. Die Lebensmittelvorräte waren längst aufgebraucht, viele Bewohner waren bereits an Hunger gestorben, und die belagerte Stadt griff zu Verzweiflungsmaßnahmen. Esel, Hunde und Mäuse wurden geschlachtet und gegessen und zwangsläufig auch Insekten – Heuschrecken und Schaben waren begehrte Nahrungsmittel –, und viele der Hungernden suchten nach den als Delikatesse bekannten weißen Ameisen und deren Nestern, in denen diese winzige Vorratskammern angelegt hatten. Auf den Straßen der Stadt lagen Hunderte verwester Leichen, bis zum Skelett abgemagerte Tote säumten die Plätze und boten ein schreckliches Bild des Grauens. El Obeid starb. Der Leichengeruch wurde immer unerträglicher. Pater Ohrwalder beobachtete, wie sich schwarze Aaskrähen dermaßen an den Leichen vollfraßen, daß sie sich nicht mehr in die Luft erheben konnten. Die heißhungrigen Soldaten erschossen die verfetteten Aaskrähen und verspeisten sie gierig. Schließlich gab es in der ganzen Stadt kein Lebewesen und Insekt mehr, das man essen hätte können. Die verzweifelten Bewohner gingen daran, in „chaplinesker" Art ihre Sandalen zu verzehren. El Obeid stand kurz vor dem Fall, und nur der eiserne Wille des unbeugsamen Said Pascha hielt den Widerstand aufrecht.

Im Januar 1883 kapitulierte die im Norden gelegene Stadt Bara, der einzige verbliebene Regierungsstützpunkt in der gesamten Provinz Kordofan, der sich noch verteidigt hatte. Der Gouverneur von Kordofan war verzweifelt, Said Pascha sah seine Männer und seine Stadt sterben, es gab keine Disziplin mehr, und seine Soldaten waren so entkräftet, daß sie ihre Gewehre kaum noch in Anschlag bringen konnten. Jeder Widerstand war dahingeschmolzen, buchstäblich vom Hunger weggenagt worden. Als der Mahdi eine Kapitulationsaufforderung in die Stadt schickte, faßte Said Pascha den Plan ins Auge, sich selbst mit dem Pulvermagazin in die Luft zu sprengen, um nicht in die Hände des verhaßten Mahdi zu gelangen. Doch seine Offiziere überredeten ihn, die Kapitulationsbedingungen zu akzeptieren unter der Voraussetzung, daß das Leben der tapferen Verteidiger verschont werden würde. Mohammed Said Pascha kapitulierte, und am 19. Januar 1883 hielt der Mahdi seinen Triumphzug durch El Obeid. Vier Monate war die Stadt belagert und ausgehungert worden, doch der wahre Alptraum stand den leidgeprüften Einwohnern erst jetzt bevor. In den folgenden zwei Wochen wüteten die Derwische fürchterlich, massakrierten die kräftigeren Männer und plünderten jedes Haus und jede Scheune. Die Kassa der Provinzverwaltung enthielt die beachtliche Summe von 100.000 Pfund, dies war ein großer Gewinn für den Mahdi. Die Derwische durchsuchten jeden nach Wertsachen, und wer auch nur im Verdacht stand, irgendwelche Schätze versteckt zu haben – und hier konnte es sich nur um Ohrringe handeln –, wurde gnadenlos zu Tode gepeitscht.

Der stolze Said Pascha weigerte sich natürlich, das Versteck seiner Wertgegenstände zu verraten, scheiterte aber an einer seiner Konkubinen, der man unter der Folter so lange zugesetzt hatte, bis sie das Versteck preisgab. Der unverwüstliche Said Pascha versuchte sogar, einen offiziellen Bericht über die Kapitulation von El Obeid nach Khartum zu schmuggeln, und büßte seine Tapferkeit und Standhaftigkeit mit seinem Leben.

Der Mahdi ließ den Gouverneur von Kordofan vor versammelter Mannschaft in Stücke hacken.

Das grauenhafte Blutbad von El Obeid war nur ein Vorgeschmack dessen, was dem Sudan bevorstand, denn der Mahdi war jetzt kein einfacher Aufständischer mehr, sondern vielmehr eine Macht, mit der gerechnet werden mußte. Er war der Beherrscher einer mächtigen Provinz – Kordofan war nur der Auftakt, bald sollten der ganze Sudan und auch die Hauptstadt Khartum die blutige Hand des Bootsbauersohnes aus Dongola spüren. Der Mahdi befahl die Belagerung der Hauptstadt und war überzeugt, daß er auch hier siegreich sein würde. Bevor wir uns aber wieder dem eingeschlossenen Slatin zuwenden, müssen wir unser Augenmerk kurz auf Ägypten lenken, das zu jener Zeit von einer Palastrevolte erschüttert wurde, einer Revolution, die in weiterer Folge auch die Rückkehr des „Kamelreiters", die Rückkehr von General Gordon nach Khartum, nach sich ziehen sollte.

REVOLUTIONSINTERMEZZO IN ÄGYPTEN

Die Briten – allen voran der antiimperialistische Premierminister William Gladstone – hatten öfters erklärt, daß sie keine wirklichen Absichten bekundeten, Ägypten zu einem Teil ihres Weltreiches zu machen. Doch der Wahrheitsgehalt dieser Aussage wurde von der Realität ad absurdum geführt. Mit dem Erwerb der Sueskanalaktien hatte Gladstones Vorgänger Benjamin Disraeli, der Königin Victorias besonderes Wohlwollen genoß, den Grundstein für eine britische Präsenz am Nil gelegt. Der Sueskanal wurde immer mehr zum Rückgrat des britischen Empire, denn die Sicherheit Britisch-Indiens beruhte in der Hauptsache auch auf einer effektiven Beherrschung der Nilregion. Es war deshalb auch allen realistisch denkenden Politikern klar, daß Großbritanniens Rolle in Ägypten früher oder später die einer „eminence gris", einer alles bestimmenden Macht im Hintergrund, sein würde.

Diese Entwicklung wurde allerdings durch die Ägypter selbst beschleunigt. Nach der erzwungenen Abdankung und Exilierung Ismaels ging der internationale Finanzdruck auf Ägypten unvermindert weiter. Weder Franzosen noch Briten hatten Verständnis für die problematische Lage Ägyptens, die europäischen Gläubiger bestanden beinhart auf ihren Forderungen, und so blieb der ägyptischen Regierung kaum eine Alternative, als ständig die Steuern anzuheben. Die Ägypter waren Bürger zweiter Klasse in ihrem eigenen Land, denn die privilegierten Posten wurden nach wie vor nur an Türken vergeben, und eine Parlamentsreform kam auch nicht in Betracht, da man den Ägyptern die Befähigung absprach, ihr Land selbst zu regieren.

Der Khedive Tewfik, Ismaels Sohn, war eigentlich nur eine fröhlich tanzende Marionette in den Händen von Sir Evelyn Baring und seinem französischen Amtskollegen de Blignières. Diese beiden Männer waren die wahren Drahtzieher und übten die eigentliche Macht am Nil aus. Der Haß der unzufriedenen und permanent übertaxierten Massen richtete sich natürlich in besonderem Maße gegen die Ausländer in ihren Machtpositionen. Hinzu kam allerdings auch hier die immer lauter werdende religiöse Frage. Seit fast 100 Jahren waren die Ägypter nicht mehr Herr im eigenen Land, und auch ihr Glaube blieb nicht von fremden Einflüssen verschont. Franzosen und Briten schienen sich auf eine Art Machtteilung geeinigt zu haben und vergaßen nicht, ihre Position durch den dezenten Hinweis auf ihre bereitstehenden Kriegsschiffe zu untermauern. Im Mai 1881 hatten die Franzosen Tunis erobert und dem Islam einen weiteren harten Schlag zugefügt. Ägypten schien auch in religiöser Hinsicht von Ausländern umlagert, und die Bedrohung einer permanenten Christianisierung war groß. Der Aufbäumungsversuch der Ägypter, der nun folgen sollte, war verständlich. Die vornehmen Paschas von Kairo ereiferten sich über die Unterwürfigkeit, die der Khedive Tewfik den Engländern und Franzosen gegenüber an den Tag legte. Die religiösen Führer, die sogenannten „Ulemas", in ihren Moscheen sahen besorgt zu, wie der Einfluß der ihnen unangenehm und unheimlich erscheinenden christlichen Religion an Bedeutung gewann. Die ägyptische Soldateska blickte mit zornigem Auge auf ihre türkischen Vorgesetzten, die Sklavenhändler haßten die westlichen Erneuerungen, wie etwa die gesetzliche Abschaffung ihres Gewerbes, aus begreiflichen Gründen, und die Ärmsten der Armen, die darbenden Fellachen, litten ganz einfach schlimmste Not. Eine Revolte lag förmlich in der heißen Luft des Hochsommers von 1881, besonders innerhalb der Armee gärte es. Doch all diese Anzeichen eines drohenden Aufstandes blieben den Herrschenden verborgen.

Es blieb einer Gruppe wagemutiger junger Offiziere, die sich um einen Mann namens Achmed Arabi gebildet hatte, überlassen, den fälligen Coup d'état durchzuführen. Als man diese ewigen Nörgler nämlich aufforderte, mit ihren Regimentern aus Kairo abzuziehen, verweigerten sie den Befehl und marschierten kurzentschlossen zum Palast des Khediven Tewfik. Dieser hatte kaum eine andere Wahl, als schnellstens zu kapitulieren und die Bedingungen der Meuterer zu erfüllen. Tewfik stimmte zu, daß der Anführer der Meuterer, Oberst Arabi Pascha, zum Kriegsminister ernannt wurde.

Arabi Pascha, ein an sich nicht allzu aggressiver ägyptischer Offizier, war sicherlich kein Fanatiker, sondern handelte in gutem Glauben, dem ägyptischen Volk endlich Erleichterung vom europäischen Joch zu verschaffen. Er war ein ausgezeichneter Redner, der es blendend verstand, die Massen für sich zu begeistern. Und Ägypten war reif für den Aufstand. So wurde aus dem wackeren Offizier, der nicht unbedingt dem Typus des herkömmlichen Helden entsprach, der Held der ägyptischen Revolte. Das ägyptische Volk brauchte wohl eine Identifikationsfigur, die ihren Aufstand symbolisierte. Es fand sie in der Person von Achmed Arabi, des aufrechten, großgewachsenen und gutaussehenden Sohnes eines Scheichs aus der Provinzstadt Zagazig.

Arabi Pascha war 42 Jahre alt und nahm als neuer Kriegsminister die Proteste Frankreichs und Englands relativ gelassen zur Kenntnis. Seine Popularität wuchs, als ein Attentatsversuch auf ihn publik wurde und der Khedive sich weigerte, den Schuldspruch, der für die Verurteilten eine Verbannung in den Sudan bedeutete, zu unterzeichnen. Die Lage der Europäer in Ägypten wurde zusehends bedrohlicher. Man beleidigte und belästigte sie auf den Straßen, warf ihnen nicht nur finstere Blicke, sondern auch Steine nach, spie den Ungläubigen ins Gesicht und machte ihnen ihr Dasein sehr schwer. Der Ruf nach dem starken Mann, der den Khediven, diesen Knecht der Ausländer, endlich ablösen sollte, wurde immer lauter.

Dieser in Wirklichkeit nicht unbedingt den Prototyp eines starken Mannes darstellende Oberst Arabi Pascha fand Rückendeckung in England, wo sich eine Gruppe Exilägypter für ihn stark machte. Diese Exilanten, die die neue Entwicklung in ihrem Heimatland begrüßten und lautstark Werbung für den

Rebellenoberst betrieben, beschworen Arabi in einem Telegramm, Regierung und Armee schnellstens zu vereinen, denn „Europa stünde bereit, Ägypten endgültig zu annektieren". Die Briten handelten auch ohne Zögern: Sir Beauchamp Seymour, der Admiral der britischen Mittelmeerflotte, lief mit seinen Kriegsschiffen nach Alexandria aus, um den Forderungen und Protesten seiner Regierung an Ort und Stelle Nachdruck zu verleihen. Die dem Khediven inzwischen überreichte Hauptforderung war klar und unmißverständlich: Die Nationalregierung mußte umgehend zurücktreten und Oberst Arabi Pascha aus Ägypten verbannt werden. Am 27. Mai 1882 trat die Regierung tatsächlich zurück, allerdings nur, um sich sogleich neu zu formieren. Getragen von der Welle des Volksaufstandes in Kairo, war Oberst Arabi nun in die Position eines Diktators hineingeschlittert. Ägypten verwandelte sich in einen Hexenkessel, und die im Lande lebenden Europäer dachten nur noch an Flucht, rafften all ihre Wertsachen zusammen und machten sich schleunigst auf den Weg nach Alexandria, wo 25 Kriegsschiffe der Westmächte bereitstanden, sie aufzunehmen und in Sicherheit zu bringen. Im Juli hatten bereits 14.000 Europäer ihre Wahlheimat am Nil verlassen, und Tausende warteten auf eine günstige Gelegenheit, dem Beispiel ihrer Landsleute zu folgen.

Ihre Position wurde immer unhaltbarer, Agitatoren erhitzten die Gemüter mit unrealistischen Forderungen, und der Ruf „Tod den Christen!" gellte durch die Straßen. Die einheimische Presse stimmte in diesen Kanon des Hasses ein und trompetete den Ruf nach einem freien und unabhängigen Ägypten in alle Welt hinaus. Der Diktator Arabi Pascha traf Kriegsvorbereitungen. Arbeiterbanden begannen den Hafen von Alexandrien zu befestigen und Geschütze aufzubauen und zogen bald darauf plündernd und raubend durch die Stadt. Über hundert Menschen wurden Opfer dieser Ausschreitungen, darunter fünfzig Europäer. Der britische Konsul wurde schwer verletzt und entging nur mit knapper Not dem aufgebrachten, mordlustigen Mob, der die Häuser der Europäer in Brand steckte. Nicht nur Alexandria, sondern ganz Ägypten brannte. Auch in anderen Städten fanden Straßenkämpfe statt, und die britische

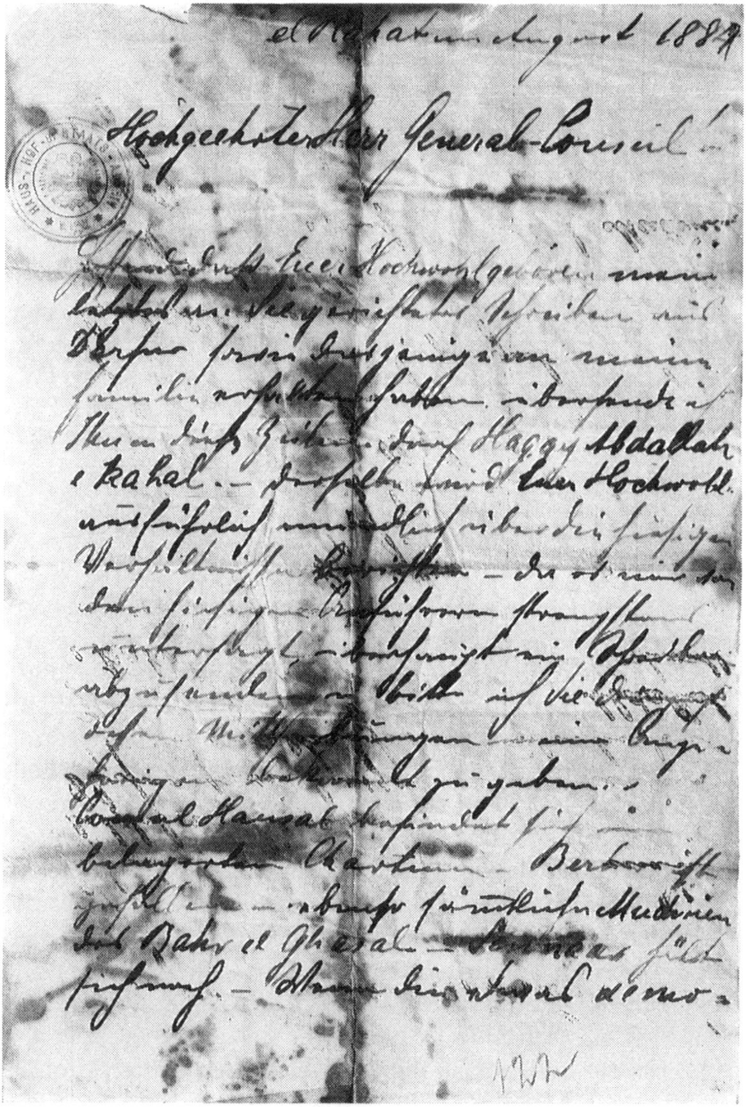
Hochgeehrter Herr General-Consul!

Eigenhändiges Schreiben Rudolf Slatins
an den österreichisch-ungarischen Generalkonsul in Kairo, 1884.

Presse forderte vehement die Entsendung einer britischen Expeditionsarmee an den Nil.

Gladstone, der Antiimperialist in Westminster, der kein Engagement und militärisches Abenteuer in Ägypten wollte, wurde förmlich von den Ereignissen überrollt, denn nun standen britische Interessen auf dem Spiel, und britische Geschäftsleute und Investoren bangten um ihr in Ägypten angelegtes Kapital. Jedermann verlangte ein militärisches Eingreifen in Ägypten. Gladstone stand mit dem Rücken zur Wand, die Franzosen zogen sich aus der Affäre und bekräftigten, daß sie keine Armee an den Nil schicken würden. William Ewart Gladstone, der leidenschaftliche Antiimperialist, mußte gegen seinen Willen und vorangetrieben von der mächtigen Presse seines Landes, handeln und allein gegen Arabi Pascha vorgehen. So übermittelte Admiral Sir Beauchamp Seymour auf Anordnung Gladstones dem Garnisonskommandanten von Alexandria am 10. Juli 1882 ein Ultimatum. Dieses besagte, daß die Ägypter einen Tag lang Zeit hätten, die Hafenbarrikaden und Geschützbatterien zu demontieren, andernfalls würde der Admiral das Feuer eröffnen lassen. Die Ägypter erklärten sich bereit, einen Teil der Verteidigungsanlagen zu entfernen, doch dieses Angebot stellte Sir Beauchamp Seymour nicht zufrieden, und er gab am 11. Juli, um 7 Uhr morgens, Befehl, mit der Beschießung Alexandrias zu beginnen. Das Bombardement der Briten hielt bis zum späten Nachmittag an, dann verstummten die ägyptischen Batterien, die immerhin auch 75 Treffer gelandet hatten. Der Großteil der verängstigten Bevölkerung Alexandrias floh in die Wüste. Zurück blieb der brutalisierte wilde Mob, der die Stadt endgültig verwüstete und einen Großteil der herrlichen alten Bauten in Brand steckte. Zwei Tage später schickten die Briten einen Landungstrupp an Land, der die Ordnung relativ schnell wiederherstellte.

Diese Machtdemonstration des britischen Flottenadmirals erzürnte den furchtlosen Oberst Arabi nur noch mehr; er zog seine Armee nach Kairo zurück und ließ verlautbaren, daß er den Sueskanal in die Luft jagen würde und daß damit die ägyptischen Auslandsschulden im wahrsten Sinne des Wortes explosionsartig getilgt werden würden. Der Aufstand Arabis hatte natürlich keine Chance, war von vornherein zum Scheitern verurteilt, doch niemand ahnte, wie schnell es den Briten gelingen würde, die Rebellion niederzuschlagen. Im August landete der britische General Sir Garnet Wolseley an der Spitze von 20.000 Mann in Ägypten und marschierte sofort auf den Sueskanal zu, änderte aber dann seine Marschrichtung und drang ins Landesinnere vor. In Tel-el-Kebir, 100 Kilometer von der ägyptischen Hauptstadt Kairo entfernt, traf er auf die Hauptstreitmacht der Ägypter, die Arabi Pascha selbst befehligte. Die Schlacht dauerte nicht viel länger als eine Stunde. Die britische Kriegsmaschinerie war den Ägyptern weit überlegen, und der geschlagene Arabi Pascha konnte nur erschaudernd auf die Tausenden von Toten blicken, deren Blut den Wüstensand rot färbte. Er schwang sich auf sein Pferd und entkam nach Kairo, wo man ihn allerdings am nächsten Tag, als Sir Garnet Wolseley seinen triumphalen Siegeseinzug hielt, aufgriff. Man verurteilte den tapferen Oberst zum Tode, wandelte jedoch dieses Urteil später in eine Verbannung um. Arabi Pascha wurde nach Ceylon verbannt und der Khedive wieder in Amt und Würden gesetzt.

Die ägyptische Frage schien also geklärt, die Briten beherrschten den Sueskanal und damit auch Ägypten. Dieser großartige militärische Sieg von Sir Garnet Wolseley warf allerdings noch eine andere, brennendere Frage auf: die Frage des ägyptischen Mandatslandes Sudan. Trug Großbritannien nun auch die Verantwortung für den Sudan, für jenes Land, in dem der eingeschlossene Slatin in El Fascher vergeblich auf Hilfe wartete? Mußten die Briten nun auch im Wüstenland Sudan militärisch intervenieren und gegen den Mahdi zu Felde ziehen? Waren sie die neuen Herren des Sudan?

Gladstone hatte widerwillig und unter dem Druck der Presse und der Opposition der Entsendung von Sir Garnet Wolseley und seiner Armee nach Ägypten zugestimmt, aber er wollte auf keinen Fall auch noch eine britische Armee nilaufwärts nach Khartum schicken, denn es sei Großbritannien nicht zuzumuten, wie Gladstone es formulierte, „ständig Weltpolizist zu spielen". Doch die allgemeine Stimmung im Land richtete sich wieder gegen den Premierminister. Im Sudan wütete schließlich ein schrecklicher Religionskrieg. Wie sollte die Weltmacht England auf die grauenvollen Ereignisse dort reagieren? Sollte das mächtigste Land der Welt tatenlos zusehen, wie dieses Land in einem Meer von Blut ertrank, wie ein fanatischer, besessener Wüstenmessias die Macht an sich riß und die halbe Bevölkerung massakrierte? Und was sollte aus den zahlreichen dort stationierten Ägyptern werden, was aus den anderen Ausländern, die wie Rudolf Slatin im Sold der Ägypter standen? Konnte man sie einfach ihrem Schicksal überlassen?

Gladstone, der anfänglich erklärt hatte, es sei Sache der Ägypter allein, mit dem Mahdi fertig zu werden, wurde durch einen bösen und peinlichen Zufall, durch die sogenannte „Hicks-Affäre", auf die wir bald eingehen werden, neuerlich zum Handeln gezwungen. Er würde sich zunächst nur für eine Geste entscheiden, er würde einen einzigen, besonderen Mann in den Sudan schicken, mit der Aufgabe, lediglich die Evakuierung der ägyptischen Garnisonen zu organisieren. Das einzige Problem jedoch sollte darin bestehen, daß dieser Mann General Charles George Gordon sein würde, der die Bühne des sudanesischen Dramas in Bälde erneut betritt und sie kurzzeitig dominiert, um sie nicht mehr lebend zu verlassen.

IM RACHEN DES WÜSTENLÖWEN

Als die Provinzhauptstadt von Kordofan ihren Todeskampf kämpfte, wurde der Gouverneur von Darfur immer noch von den Männern seines durchtriebenen Gegners, des Emirs von Madibbo, in arge Bedrängnis gebracht. Slatin war abgeschnitten von allen Ereignissen und Kampfhandlungen in den anderen Provinzen, er wußte nichts vom Verzweiflungskampf seines Amtskollegen Said Pascha, denn er mußte seine eigene Provinz verteidigen. Da es ihm an kampferprobten Männern fehlte, durchkämmte er ganz Darfur nach geeigneten und vor allem regierungstreuen Stammeskriegern, die seine regulären Truppenverbände ergänzen sollten. Hier bediente auch er sich hauptsächlich der „Basingers", und es gelang ihm, seinen Truppenbestand beträchtlich aufzustocken, so daß er im Herbst des Jahres 1882 auf eine ca. 10.000 Mann starke Streitmacht vertrauen konnte, die sich wie folgt zusammensetzte: 2000 mit Gewehren bewaffnete Infanteristen, deren Kern an die 500 mit modernen Remington-Rifles ausgerüstete Soldaten seiner ägyptischen Eliteeinheit bildeten, 7000 mit Speeren bewaffnete Stammeskrieger und 400 berittene Araber. Zudem verfügte Rudolf Slatin über einen veralteten Vorderlader, eine Haubitze, die ihm als Artillerie diente.

Im Oktober ging Slatin daran, wieder einen Überraschungsangriff zu starten, und brach erneut nach Schakka auf, wo er den Emir zu stellen gedachte. Der Munitionstroß mit dem wertvollen Geschütz befand sich in der Mitte von Slatins Kriegskolonne und wurde beiderseitig von seiner Infanterie flankiert; 2000 Speerträger fungierten als zusätzlicher Flankenschutz, weitere 2000 dieser Speerträger bildeten die Nachhut. Auf halbem Weg nach Schakka überrannten Slatins Männer ein gegnerisches Dorf, in dem sie starke Wasserrationen und größere Warenvorräte vorfanden. Die Operation versprach ein voller Erfolg zu werden.

Was Slatin allerdings nicht wußte, war, daß der Emir von Madibbo nicht vor ihm war, sondern sich unmittelbar hinter seiner Kolonne befand und nur auf eine günstige Gelegenheit zum Überfall lauerte. Diese kam in der Nähe eines Ortes namens Om Waragat, der fast genau zwischen Dara und Schakka lag. Der Emir griff an, als Slatins Männer gerade bestrebt waren, eine Schlammebene zu durchqueren. Etwa 2500 halbnackte Derwische stürzten sich, scheinbar aus dem Nichts auftauchend, auf die Nachhut Slatins. Der Überraschungsmoment lag eindeutig auf seiten der Mahdisten, die ihre Kamele aus dem Schlamm zerrenden Soldaten Slatins wurden allein aufgrund der zahlenmäßigen Übermacht der Angreifer zu einem chaotischen Rückzug gezwungen, der in ein wirres Durcheinander aus Kamelen und Kämpfenden ausartete. Die Lage für Slatins Nachhut war bedrohlich. Wieder einmal riß der Kommandeur seine Truppen heraus, denn als er die ersten Schüsse vernahm, jagte der von einem schweren und immer noch nicht überwundenen Fieberanfall gezeichnete Slatin zur kämpfenden Truppe und schätzte die verworrene Lage mit dem Blick eines geübten Feldherrn sofort richtig ein. Waren seine Männer erst einmal in den Nahkampf verstrickt, hatten sie kaum mehr eine Chance, zu entkommen. Slatin ließ deshalb Signal zum Hinlegen blasen und befahl seinen Männern, ihre Salven auf die Stehenden abzufeuern. Diese Blitzaktion rettete die schon verloren geglaubte Situation, obwohl auch er schwere Verluste zu beklagen hatte, denn die schwarzen Hilfstruppen, die „Basingers", waren nicht in der Lage, das ägyptische Signal zu deuten und wurden ebenfalls erschossen.

Das Gefecht, in dessen Verlauf Slatin auch viele Kamele verlor, war erstaunlich schnell vorbei. In nur 20 Minuten war Slatins Armee erschreckend dezimiert worden: von den fast 10.000 Mann, die mit ihm von Dara aufgebrochen waren, lebten noch ganze 900, die meisten seiner Scheichs waren tot, die Truppe der regierungstreuen Stammeskrieger endgültig aufgerieben, zehn seiner vierzehn Infanterieoffiziere waren gefallen, und von seinen 400 ausgesuchten Araberreitern war nur noch der klägliche Rest von 30 übrig. Der Emir von Madibbo hatte Slatin eine entscheidende Niederlage beigebracht. Slatin blieb nun nichts anderes übrig, als alle Verfolgungspläne aufzugeben. Er konnte nur noch hoffen, mit den Resten seiner geschlagenen Armee lebend nach Dara zurückzukehren. Slatin sah die Zeichen an der Wand, die sich immer deutlicher abzeichnende Niederlage und den drohenden Untergang seiner Herrschaft in Darfur. Er muß sich damals auch über seine persönliche Lage keinerlei Illusionen gemacht haben, was aus den Abschiedsbriefen hervorgeht, die er nun an seine geliebte Mutter, seine Brüder und seine Schwestern im fernen Wien schrieb. Eine zweite Mitteilung erging an einen seiner Kollegen, den Engländer Frank Lupton, der Gouverneur von Romolo Gessis früherer Provinz Bahr-al-Ghazal war. Slatin bat Lupton, einen dringend benötigten Entlastungsangriff gegen die Truppen des Mahdi vorzunehmen. Zwei Meldereiter, die diese Nachrichten unter Einsatz ihres Lebens und unter allen Umständen durch die feindlichen Linien bringen sollten, verließen das von Leichen übersäte Schlachtfeld und ließen einen Mudir von Darfur zurück, der zum ersten Mal in seinem jungen Leben nackte Todesangst empfand.

Fast eine Woche lang wurde Slatin täglich zweimal von den Kriegern des Emirs angegriffen, und seine Lebensmittelrationen gingen zu Ende. Es blieb ihm nur die Flucht nach vorne. Die dezimierte Kolonne, die nun, geführt von Slatin, nach Dara aufbrach, verfügte nur noch über zwei Kamele, die das schwere Geschütz zogen, außerdem mußten an die 160 zum Teil Schwerverwundete regelrecht über die Rücken der wenigen noch verbliebenen Pferde geschnallt und mitgeschleppt werden. Doch die 900 Überlebenden der Schlacht von Om Waragat waren entschlossen, neuerlich die Entscheidung im Kampf zu suchen. Als die Derwische wieder angriffen und sich in der Hoffnung, daß sich das erfolgreiche Manöver von Om Waragat wiederholen möge, erneut auf die Nachhut der Ägypter stürzten, gab es ein böses Erwachen. Slatin hatte seine Lektion gelernt und den Vorderlader am Schluß seiner Kolonne postiert. Dieses Geschütz, das die Derwische reihenweise niedermähte, entschied die Schlacht – unterstützt von den Salven der Gewehrträger Slatins – zugunsten des Mudirs von Darfur. Slatin schaffte den Rückzug nach Dara, obwohl seine Kolonne noch öfters angegriffen wurde, sich aber jedesmal behaupten konnte.

Der Mudir war allerdings selbst sehr schwer verletzt worden. Eine Gewehrkugel hatte sich in seinen rechten Oberschenkel gebohrt und konnte nicht mehr entfernt werden. Der Ringfinger seiner rechten Hand war von einem Geschoß nahezu zerquetscht worden und konnte nur noch amputiert werden, und ein Lanzenstich hatte ihm sein Knie aufgerissen. Doch der junge Österreicher verfügte wie General Gordon über eine erstaunliche Konstitution, die ihm nicht nur das Leben rettete, sondern ihn bereits nach einer Woche wieder in den Sattel steigen ließ.

Obwohl der tapfere Mudir bei seinen Männern nach wie vor sehr beliebt und geachtet war, mußte er mit Entsetzen feststellen, daß sich die Moral seiner Männer in einem katastrophalen Zustand befand. Als im Januar 1883 die Nachricht vom Fall der Stadt El Obeid eintraf, sank die Stimmung auf den Nullpunkt, und die Gefahr einer Meuterei stand bevor. Slatin überlegte krampfhaft, wie er dieser entgegenwirken konnte. Eine geplante Massendesertion konnte er zwar dadurch vereiteln, daß er die Rädelsführer vor ihren offenen Gräbern exekutieren ließ. Doch die Waffe des Glaubens und des religiösen Eifers war stärker als alle Exekutionskommandos. Es ist bezeichnend für den Charakter Slatins, daß er in dieser fatalen Situation, als ihn bereits einige seiner ranghöchsten Offiziere darauf aufmerksam machten, daß sich im Volk eine ungute Stimmung breitmachte, die in dem Satz gipfelte, daß es „ein Unglück sei, von einem Ungläubigen regiert zu werden", nicht lange zögerte, auch diese Waffe einzusetzen.

Seine Offiziere erklärten Slatin auch, daß sie ihn und seine Gerechtigkeit bewunderten, daß ihnen seine strengen Disziplinarmaßnahmen nichts ausmachten und daß sie genau wüßten, daß ihr Mudir ein tapferer, furchtloser und unerschrockener

Mann sei, der immer an ihrer Seite, immer im dichtesten Kampfgetümmel focht und ihnen niemals mehr abverlangte, als er selbst zu tun bereit war. Dennoch, so argumentierten die Offiziere, würde hier ein religiöser Krieg gekämpft, und der Mudir von Darfur war trotz allem nur ein Ausländer, ein Fremder in einem ihm fremden Land, und zu allem Übel noch ein Christ, ein Ungläubiger, ein Anhänger einer unerwünschten Religion. Slatin fiel nun nicht einfach vom rechten Glauben ab, wie viele seiner Kritiker zynisch bemerkten, sondern stellte lediglich eine Vernunftrechnung an, stellte eine Soll-und-Nutzen-Gleichung auf. Seine Männer waren am Meutern, aber wenn sein Übertritt zum Islam sie wieder fester an ihn und die ägyptische Regierung ketten würde und ihre Kampfmoral und Opferbereitschaft dadurch entscheidend gesteigert würde, wenn es ihm durch diesen Schritt gelingen sollte, den bevorstehenden Aufruhr im Keim zu ersticken, war es dann nicht vernünftig, ja sogar unumgänglich, daß er den Glauben wechselte?

Nach Slatins Einschätzung der Lage jedenfalls konnte er den drohenden Zusammenbruch seiner Herrschaft nur dadurch abwehren, daß er Moslem wurde. Er selbst beschreibt das Dilemma, in dem er sich damals befand, am besten:

> ... Lange überlegte ich, was ich gehört hatte, und gelangte nach einer schlaflosen Nacht zu dem schweren Entschluß, mich vor meinen Soldaten als Mohammedaner zu bekennen. Ich war mir darüber klar, daß dieser Schritt von mancher Seite Missbilligung finden würde, doch er mußte gemacht werden. Ich sah darin das einzige Mittel, den Intrigen die Spitze abzubrechen, die meine Thätigkeiten zu lähmen drohten, und ich hielt es für meine Pflicht, nichts unversucht zu lassen und selbst den Schein des Glaubenswechsels auf mich zu nehmen, um das mir anvertraute Land der Regierung so lange zu erhalten, als es in meiner Kraft stand. Wenn auch stets geneigt, jeden nach seiner Art selig werden zu lassen, war ich doch streng religiös erzogen ... darum kostete mich dieser Schritt ... ein größeres Maß an Überwindung, als ich vorausgesetzt hatte.[1]

Slatin war schlau genug, seine Konversion zum „wahren" Glauben auch als theatralisch wirksames Spektakel in Szene zu setzen. Er befahl, daß alle Garnisonstruppen bei Sonnenaufgang auszurücken hatten, und ließ sie ein Karree bilden. In der Mitte erwartete Slatin Bey seine Mannen hoch zu Roß, blickte ihnen fest in die Augen und lobte ihre ungewöhnliche Tapferkeit und Loyalität. Dann erhob er seine Hände zum Himmel und sprach die lang eingeprobten Worte: „Ich bin kein Ungläubiger, sondern ebenso ein Gläubiger wie ihr. Ich bekenne, daß es keinen Gott gibt außer Gott und daß Mohammed sein Prophet ist."

Die Männer jubelten, und der Mudir von Darfur war nun wahrhaft einer von ihnen. Slatins ungewöhnlicher Schritt, seine Religion zu wechseln, ist von vielen verdammt worden, vor allem der christliche Erzfundamentalist Charles Gordon, der lieber gestorben wäre, als seinem Glauben abzuschwören, verzieh ihm diesen „Abfall" nie. Aber auch für die Menschen in Slatins österreichischer Heimat war sein Übertritt zum Islam schwer zu verstehen, war doch die Religion eine der Hauptsäulen, auf denen der katholisch-habsburgische Vielvölkerstaat beruhte. Slatin kann sich daher seine Entscheidung sicher nicht leicht gemacht haben, denn auch als Mudir von Darfur im fernen Dara blieb er Untertan Seiner Apostolischen Majestät Kaiser Franz Josephs, der in religiösen Dingen niemals Spaß verstanden hatte.

Slatins religiöser „Salto mortale" sollte ihm allerdings auch in späteren Tagen seines Weltruhms manchmal schlaflose Nächte bereiten, denn wann immer man in kritischen Situationen die Frage seiner Loyalität und Zuverlässigkeit aufwarf, erinnerte er sich nur sehr ungern an jene Ereignisse von Dara, die zu seinem Glaubenswechsel geführt hatten. Jene Morgenparade von Dara sollte sich unauslöschlich in sein Gedächtnis graben. Man darf allerdings aber auch nicht vergessen, daß Slatins Vater ohne Zögern zum katholischen Glauben übergewechselt war und keiner etwas Anstößiges in diesem Schritt gesehen hatte. Slatins stark entwickelter Überlebensinstinkt hatte sicherlich seine Entscheidung beeinflußt, jedenfalls war er nun ein Moslem und hatte sich einige weitere Monate des Widerstandes gegen den Mahdi erkämpft. Mehrere erfolgreiche Ausfälle, in denen er einige Abteilungen der Derwische vernichtete, bewiesen, daß der nun moslemische Mudir von Darfur, der jeden Freitag mit seinen Männern gegen Mekka betete, seinen ägyptischen Auftraggebern immer noch tapfer diente. Angeblich ließ Slatin sich auch beschneiden und heiratete eine Frau namens Hassanieh, die aus der Königsfamilie von Darfur stammte. Der Wiener war zu einem echten Mohammedaner geworden. Doch die Tage seiner Herrschaft waren gezählt, die im vorangegangenen Kapitel angesprochene „Hicks-Tragödie", der wir uns jetzt zuwenden müssen, sollte ihn zur Kapitulation zwingen und ihn in Gefangenschaft bringen.

Khartum war in der Zwischenzeit nicht untätig gewesen und hatte eine neue Expeditionsarmee aufgestellt, die diesmal sogar von einem britischen Söldneroffizier, Colonel – oder vielleicht richtiger Major-General, wie mich ein anderer Oberst, Gordon Brook-Shepherd, in einem langen, freundlichen und aufschlußreichen Gespräch aufzuklären versuchte[2] – Hicks Pascha, kommandiert wurde. Hicks war ein ehemaliger Offizier der indischen Armee, ein zweifellos fähiger und tapferer Offizier, der sehr zu Unrecht in diversen Büchern immer wieder als Katalysatorfigur der sudanesischen Tragödie geschildert wird. Wie wir schon erfuhren, weigerte sich Premierminister Gladstone standhaft und hartnäckig, den Ägyptern britische Truppen zur Niederschlagung der Mahdi-Revolte zur Verfügung zu stellen. Es gelang dem Khediven lediglich, ein paar europäische Söldner für dieses waghalsige Unternehmen anzuwerben und Colonel Hicks als Oberbefehlshaber zu gewinnen.

Hicks marschierte am 8. September 1883 los, er hatte zehn europäische Stabsoffiziere, darunter fünf Briten, eine etwa 10.000 Mann starke Armee, die von einer merkwürdigen, nicht kämpfenden Eskorte begleitet wurde, in der sich zahlreiche Kaufleute und Prostituierte befanden. Hicks Pascha, der keinerlei Erfahrung im Wüstenkrieg besaß und die Verhältnisse in der zu erobernden Provinz Kordofan überhaupt nicht kannte, war als Oberbefehlshaber nicht unumstritten. Vor allem mit dem neuen Generalgouverneur des Sudan, dem Ägypter Ala Ed Din Pascha, der den deutschen Ingenieur Giegler abgelöst hatte und der die Expeditionsarmee begleitete, gab es ständig Kompetenzstreitereien. Die Auseinandersetzung mit den fatalsten Folgen für alle Beteiligten drehte sich um die Marschroute. Hicks wollte El Obeid, die Hochburg des Mahdi, auf dem kürzesten Weg erreichen, während Ala Ed Din Pascha vorschlug, einen Umweg zu machen, da es auf der kürzeren Route zu Wasserversorgungsschwierigkeiten kommen könnte. Der viel längere Umweg führte allerdings durch ein Gebiet, das durchwegs von feindlichen Stämmen bewohnt wurde und aufgrund der geographischen Gegebenheiten geradezu ideal für Angriffe aus dem Hinterhalt war. Ala Ed Din setzte sich durch, und Colonel Hicks mußte widerwillig die längere und gefahrvollere Südroute nehmen. Sehr bald sollte sich zeigen, daß der Offizier der indischen Armee wesentlich mehr Weitblick besessen hatte als der Generalgouverneur. Das Problem der Wasserversorgung, dem Ala Ed Din Pascha durch den Umweg entgehen wollte, trat der Expeditionsarmee in drastischer Weise entgegen, die Regenlachen trockneten aus, und Hicks, der vor dem Aufbruch gesagt hatte, er fühle sich wie Christus unter den Juden, sah seine düsteren Vorahnungen bestätigt.

Die Armee schleppte sich langsam durch die brütende Oktoberhitze, und die meisten Tiere des Trosses, Kamele wie Pferde, verendeten unterwegs. Die Soldaten wurden immer lustloser und waren zudem in zwei feindliche Lager, in eine Hicks-Partei und eine Ala-Ed-Din-Partei, gespalten. Späher des Mahdi verfolgten die Armee von Hicks mit wachem Auge und erstatteten dem Auserwählten, der Befehl gegeben hatte, die „Türken“ möglichst weit in die Einöde vorrücken zu lassen, täglich Bericht. Der Mahdi war über alle Schritte seines Feindes genauestens informiert und hatte zudem auch noch zwei unbarmherzige Verbündete auf seiner Seite, die heiße Oktobersonne und den Durst. Der Mahdi war so siegessicher, daß er Hunderte von Kapitulationsaufrufen schreiben und diese deutlich sichtbar an allen Dorfeingängen anschlagen ließ, die die Hicks-Armee passieren mußte. Eines dieser Schreiben, das Hicks am 19. Oktober in einem kleinen Ort namens Aluba, ca. 25 Kilometer von El Obeid entfernt, in die Hände fiel, lautete:

> Jeder vernünftige Mensch muß sich darüber klar sein, daß Gott herrscht und daß Musketen, Bomben oder Kanonen an seiner Macht nicht teilhaben. ... Wenn ihr das Licht besitzt ... werdet ihr ... die Wahrheit über unseren Auftrag als Mahdi erkennen. Dann werdet ihr vor Uns treten und vor Uns kapitulieren. Wer sich ergibt, dessen Leben soll geschont werden. Wenn ihr euch aber weigert und darauf besteht, meinen göttlichen Auftrag zu leugnen, und auf Geschütze und Pulver vertraut, dann werdet ihr getötet werden, so wie der Prophet den Tod vieler Anderer vor euch vorausgesagt hat.[3]

Hicks ließ sich nicht beirren, rückte weiter vor und wählte unglücklicherweise ein dichtes Waldtal für den letzten Abschnitt seines Vormarsches. Dieses Tal eignete sich in nahezu idealer Weise für einen Hinterhalt. Als Hicks und seine Männer durch eine Schlucht marschierten, schlug ihnen von beiden Seiten massives Gewehrfeuer entgegen. Der Auftakt war getan, und Hicks erlitt die ersten schweren Verluste. In der Mitte des Tales machte Hicks einen weiteren verhängnisvollen Fehler, er teilte seine Truppen in drei Karrees, wobei jedes dieser Karrees seine eigenen Tragtiere zusammen mit der Munition in der Mitte mitführte. Hicks Pascha und sein Stab ritten an der Spitze des ersten. Gegen halb elf Uhr vormittags stieß dieses erste Karree in einer bewaldeten Stelle auf die im Hinterhalt lauernden Derwische. Die Hölle brach los, als diese wilden Wüstenkrieger plötzlich wie von der Erde ausgespuckt vor den verdutzten Ägyptern standen und sie heftig unter Feuer nahmen. Die Verwirrung war riesengroß, die Soldaten an den Flanken feuerten planlos ins Zentrum und trafen sowohl Freund als auch Feind, denn der Nahkampf hatte bereits eingesetzt.

Der Mahdi ließ die Falle zuschnappen, seine Haupttruppen brachen beiderseits des Tales aus den Wäldern hervor und umzingelten die Ägypter. Die Geschütze, die eine entscheidende Rolle spielen hätten können, kamen nicht mehr zum Einsatz: Ein fürchterliches Gemetzel setzte ein, die Schlacht war in kürzester Zeit entschieden. Nach einer knappen Viertelstunde bestand die Expeditionsarmee von Hicks Pascha nur noch aus einem gigantischen Leichenhaufen. Im Todeskampf vereinten sich die verfeindeten Parteien von Hicks und Ala Ed Din Pascha und starben Seite an Seite. Der Generalgouverneur selbst fiel, als er vom rechten Karree aus dem in der Mitte eingeschlossenen Hicks zu Hilfe eilen wollte. Hicks schlug sich mit seinem Stab zu Pferd auf die linke Talseite durch, wo er seine Leute an einer Baumgruppe sammelte und buchstäblich bis zur letzten Patrone kämpfte. Der Söldneroberst bewies in der Stunde seines Todes, von welchem Kaliber er war. Er schoß seinen Revolver leer und warf ihn von sich. Als man ihm sein Pferd wegschoß, brachte er sich durch einen Sprung in Sicherheit und ging mit gezogenem Säbel gegen die Derwische vor. Hicks Pascha verteidigte sich wie ein verwundeter Tiger und wütete wie einst der grimmige Hektor vor den Mauern von Troja bei der vergeblichen Verteidigung seiner Vaterstadt. Reihenweise hieb er die halbnackten Angreifer nieder und zersprengte mehrere Abteilungen – ganz allein und nur mit der Hilfe seines bluttriefenden Säbels. Er starb als letzter Europäer, von mehreren Speeren durchbohrt fiel er zu Boden, seinen Säbel in einer letzten verzweifelten Geste des Zornes den Derwischen entgegenwerfend.

Der später so oft verunglimpfte Hicks wurde sogar von den Derwischen geehrt. Selbst diese blutrünstigen Wüstenkrieger bewunderten den heldenhaften Hicks Pascha, und da es in der Hauptsache Krieger vom Stamm der Baggara gewesen waren, die Hicks zuletzt attackiert hatten und ihm nur mit Mühe Herr geworden waren, verlieh man diesen Arabern später in einem unübersetzbaren arabischen Wortspiel den spöttischen Beinamen „Bagger Hicks", was soviel wie „die von Hicks vor sich hergejagten Kühe" bedeutete. Doch diese posthume Ehrung kam zu spät für den Mann, dessen Leichnam längst mit abgehacktem Kopf auf dem Schlachtfeld lag. Jeder vorbeikommende Derwisch rannte seinen Speer in den verstümmelten Leichnam von Hicks Pascha. Nahezu die gesamte Expeditionsarmee war aufgerieben worden, nur etwa 300 Mann überlebten das Fiasko und gerieten in Gefangenschaft. Die Derwische hatten nur 500 Tote zu beklagen. Dieser neue glänzende Sieg mußte ganz einfach größenwahnsinnige Gedanken im Hirn des Mahdi hervorrufen. Diesmal hatte er nicht nur eine ägyptische Expeditionsarmee geschlagen, sondern eine von einem britischen Oberst geführte Streitmacht. Europäische Offiziere waren an der Seite von Hicks in ihren Untergang geritten, und alle Gläubigen bewunderten die Macht ihres Anführers, des Auserwählten, nur noch mehr. Die gewonnene Schlacht im Tal von Schakyan machte den Mahdi schlagartig weltberühmt. Aus Tunis und Marokko und sogar aus dem fernen Indien trafen Abgesandte ein, um den Ausführungen des Heiligen von der Nilinsel zu lauschen, der den Dschihad führte. Und im Sudan selbst war der Erlöser natürlich unantastbarer denn je. Man brachte ihm apotheotische Verehrung entgegen, und als er wieder in El Obeid einritt, war es, wie der Augenzeuge Pater Ohrwalder berichtet, als ob der Prophet Mohammed selbst zurückgekommen wäre und in die Stadt einzöge. Der Mahdi ritt am Schluß eines Triumphzuges auf einem weißen Kamel in die Stadt ein. Das dreckige Wasser, in dem er sich seine Füße gewaschen hatte, wurde an die Gläubigen verteilt, die die brackige Brühe als Allheilmittel gegen jede Art von Krankheit schlürften.

Für Ägypten bedeutete der große Sieg des Mahdi, daß man nur noch versuchen konnte, die im Lande verbliebenen Garnisonen zu verteidigen und die Stadt Khartum auf den bevorstehenden Mahdi-Angriff bestmöglich vorzubereiten. Doch der Mahdi marschierte vorerst nicht nach Khartum, sondern brach in die Provinz Darfur auf, in der der islamisierte Wiener Rudolf Slatin immer noch Widerstand leistete.

Es fiel Slatin immer schwerer, den Kampf fortzuführen. Seine Position wurde immer unhaltbarer und unrealistischer, die Munition ging allmählich zur Neige, und er atmete auf, als ihn nach einem Jahr erstmals eine Nachricht aus Khartum erreichte, die besagte, daß eine Strafexpedition unter einem englischen Colonel namens Hicks auf dem Weg nach El Obeid war. Immer noch führte Slatin dann und wann Ausfälle durch, und einmal gelang es ihm sogar, das Lager seines Erzfeindes,

des Emirs von Madibbo, zu überrennen und dessen wertvolle, berühmte kupferne Kriegstrommeln als Beute mit nach Hause zu führen. Der Emir entkam nur mit knapper Not auf einem ungesattelten Pferd. Doch Slatin wußte, daß diese Erfolge im Grunde unbedeutend waren, denn der Mahdi rückte immer näher, und Dara war zu schwach, um einer längeren Belagerung standzuhalten. Slatin beschloß, einen Kompromiß einzugehen, um Zeit zu gewinnen, bis er wußte, wie sich Colonel Hicks geschlagen hatte. Er schickte deshalb seinen Stellvertreter Mohammed Khaled, der ein entfernter Vetter des Mahdi und deshalb ohnehin nicht allzu vertrauenswürdig war, nach El Obeid, um dem Mahdi seine Friedensbereitschaft zu signalisieren. Der Ring, den die Belagerer um Dara legten, wurde indessen immer enger. Slatin ersann deshalb eine Kriegslist. Er rief die Hauptleute und Scheichs der ihn bedrängenden Araberstämme zu einer Versammlung zusammen, und es gelang ihm, sie zu einem Waffenstillstand zu bewegen. Ihre Bedingung war jedoch, daß der Mudir von Darfur schriftlich seine Bereitschaft zur Unterwerfung bekundete. Slatin stimmte zu und formulierte ein Unterwerfungsgesuch, das direkt an den Mahdi adressiert war und folgenden Wortlaut hatte:

> Im Namen Gottes, des Gütigen und Barmherzigen! Vom Sklaven seines Gottes Abd el Kadir Saladin (= Slatin) an den Sejid Mohammed el Mahdi; möge ihn Gott beschützen und seine Feinde besiegen! Amen. Seit langer Zeit verteidige ich das mir von meiner Regierung anvertraute Gut, doch gegen Gottes Willen ist nicht zu kämpfen. Ich erkläre hiermit, mich demselben und dir zu unterwerfen, doch nur unter der Bedingung, daß du einen deiner Verwandten zu mir sendest, der durch dich genügend Autorität besitzt, das Land von mir zu übernehmen und in Ruhe zu beherrschen. Ich verlange von dir das Versprechen, sämtliche in der Befestigung befindlichen Männer, Frauen und Kinder an Leib und Leben zu schützen. Alles andere bleibt deiner Großmut anheimgestellt.[4]

Slatin hatte sich mit dieser List eine einzige Handlungsalternative offengehalten. Falls die Hicks-Armee sich als siegreich erweisen sollte, war sein Brief an den Mahdi kaum das

Papier wert, auf das er ihn geschrieben hatte. Slatin hatte Zeit gewonnen, eine Atempause von zwei Monaten herausgeholt. Täglich eilte er auf den Marktplatz, um vielleicht von einem eintreffenden Händler Nachricht vom Ausgang der Schlacht zu erhalten. Anfang Dezember traf dann tatsächlich ein Bote ein, der sich nicht nur als Augenzeuge der Katastrophe um Colonel Hicks auswies, sondern dem deprimierten Slatin gleichzeitig die Kapitulationsforderung des Mahdi überbrachte. Slatin war geschlagen, und er wußte es. Jeder weitere Kampf und Widerstand war sinnlos. Dieser Meinung schlossen sich auch seine Offiziere an. Slatin überlegte eine Nacht lang und kapitulierte. Er sandte sein Kapitulationsangebot an den Mahdi und verhandelte drei Tage in einer Ebene vor der Stadt Dara mit seinen Belagerern, um festzulegen, wie die Übergabe der Stadt und Provinz stattfinden sollte. Sein ehemaliger Stellvertreter Mohammed Khaled trat ihm nun als der neue, vom Mahdi ernannte Mudir entgegen.

Seine letzte Nacht in Freiheit verbrachte Slatin schlaflos. Es war in mancher Hinsicht eine besondere Nacht, seine letzte als freier Mann und seine letzte als Gouverneur von Darfur. Es war der 24. Dezember 1883, der Heilige Abend. In seiner österreichischen Heimat, die ihm so fern wie ein anderer Stern schien, feierte man das Fest des Herrn der Christenheit, jener Christenheit, von der Slatin sich loszusagen gezwungen gewesen war, schmückte man den Christbaum, ging man zur Mitternachtsmette. Er aber saß im Rachen des Wüstenlöwen Mohammed Achmed, der ihn elf Jahre nicht mehr freigeben sollte.

DER MÄRTYRERTOD DES KAMELREITERS

Die sogenannte „Hicks-Tragödie“ hatte weitreichende Folgen für Großbritannien. Wie Gladstone sehr schnell herausfinden sollte, ließ sich der unglückliche Exoffizier der indischen Armee nicht so ohne weiteres vergessen, denn die englische Presse forderte bald „Rache für Hicks“. Gladstone mußte sich zähneknirschend eingestehen, daß das sudanesische Problem keineswegs den Ägyptern allein überlassen werden konnte, Großbritannien konnte Khartum und die Ägypter nicht so einfach im Stich lassen. Sogar innerhalb seines eigenen Kabinetts traf Gladstone auf starke Opposition. Der Premierminister mußte konsterniert zur Kenntnis nehmen, daß sowohl sein Außenminister als auch sein Kriegsminister nicht seiner Ansicht waren. Der Kriegsminister, Lord Hartington, der den wenig Ehrfurcht einflößenden Spitznamen „Harty-Tarty“ trug und Königin Victoria „wasserweich“ erschien, sprach sich genauso dezidiert wie sein Kollege vom Außenamt, Lord Granville, für eine militärische Intervention im Sudan aus. Aber auch andere Männer von Rang und Namen meldeten sich zu Wort.

Der bekannteste von ihnen war der Nilforscher Sir Samuel Baker, der seine ganze Autorität und sein beträchtliches Ansehen in die Waagschale warf und am 1. Januar 1884 einen sogenannten offenen Brief an die einflußreichste Zeitung des Landes, die *Times*, schrieb. Darin schlug Baker klipp und klar vor, daß entweder britische oder indische Truppen die Ruhe und Ordnung im Sudan wiederherstellen sollten. Er nannte auch gleich den seiner Meinung nach einzigen Mann, der ein solches Unternehmen erfolgreich leiten und durchführen können würde – General Gordon. Der Leitartikelschreiber der *Times* unterstützte Bakers Vorschlag, und kurz darauf sprach sich auch eine andere einflußreiche Zeitung, die bisher die Linie Gladstones vertreten hatte, die *Pall Mall Gazette,* für eine stärkere Haltung der britischen Regierung in der Sudanfrage aus.

Der Herausgeber der *Pall Mall Gazette* war der wohl am meisten gefürchtete Journalist des Viktorianischen England, W. T. Stead, der später beim Untergang der *Titanic* im Jahr 1912 ums Leben kommen sollte und beinahe auch noch seinen eigenen Tod journalistisch ausgeschlachtet hätte. Stead galt als der Erfinder des Interviews, das er zu einem fixen Bestandteil des britischen Journalismus gemacht hatte. Natürlich bat Stead General Gordon, der sich zu der Zeit im Haus seiner Schwester in Southampton aufhielt, um eine qualifizierte Stellungnahme zu diesem brisanten Thema, das die Medien beherrschte. Diese fiel sehr ausführlich aus und verdient, in Auszügen wiedergegeben zu werden, da sich der General auch zum allgemeinen Konflikt zwischen Christentum und Islam im gesamten Nahen Osten, der mehr und mehr einem Pulverfaß glich, äußerte.

> ... Die zu befürchtende Gefahr liegt nicht darin, daß der Mahdi in nördlicher Richtung durch Wadi Halfa marschieren wird; es ist – ganz im Gegenteil – mehr als unwahrscheinlich, daß er sich jemals so weit nach Norden vorwagen wird. Die Gefahr ist eine ganz andere. Sie besteht in der Sogwirkung, die dieses Spektakel einer von einem Erfolg zum anderen eilenden moslemischen Macht auf Ägypten ausüben wird. In allen Städten Ägyptens wird man die Ansicht vertreten, daß man dem Beispiel des Mahdi folgen solle, seine Maßnahme, die ungläubigen Eindringlinge aus dem Land der Väter zu vertreiben, könnte auch in Ägypten Schule machen. Allerdings muß nicht nur England dieser Gefahr ins Auge blicken. Auch in Arabien und Syrien gärt es bereits. In Damaskus werden Aufrufe laut, einen großangelegten Volksaufstand in die Wege zu leiten und die Türken zu verjagen. Fällt erst einmal der ganze östliche Teil des Sudan in die Hände des Mahdi, wird der Flächenbrand auch auf die Araber beiderseits des Roten Meeres übergreifen. ...[1]

Stead kommentierte Gordons Ansichten in einem vieldiskutierten Leitartikel, in dem er die Regierung aufforderte, General Gordon mit allen Vollmachten auszustatten, um in den

Sudan zurückgehen zu können, die ägyptischen Garnisonen zu entlasten und die ganze leidige Sudan-Problematik ein für allemal mit harter Hand zu lösen. William Thomas Stead verwies auf das Beispiel des draufgängerischen James Brooke, der sich vor kurzer Zeit zum weißen Herrscher von Sarawak, einem Krisenherd an der Nordküste von Borneo, gemacht hatte, und prägte eine Phrase, die zum festen Wortschatzbestandteil im Spätviktorianischen England wurde: „sarawaking the Sudan“. Stead schlug also vor, den Sudan zu „sarawakisieren“ und Gordon dort als eine Art allmächtigen Vizekönig zu installieren. Dieser brillant formulierte Leitartikel machte alle antiimperialistischen Absichten zunichte. Er schlug hohe Wellen und beeinflußte die öffentliche Meinung in entscheidender Weise. Die Stimme des Volkes forderte nun umso dezidierter ein rasches und hartes Durchgreifen im Sudan. Gordon stand zwar bereits beim König der Belgier im Wort, für ihn im Kongo tätig werden zu wollen, konnte aber sicherlich dazu bewogen werden, seine Meinung zu ändern, vor allem angesichts der mit immer größerer Vehemenz vorgetragenen Forderungen der Presse, ihn endlich in den Sudan zu entsenden.

In Kairo warnte Sir Evelyn Baring, der das impulsive Temperament und die Unberechenbarkeit Gordons kannte, eindringlich, den General erneut im Sudan zum Einsatz zu bringen, da er weder dem Khediven noch seinem Premierminister (und wahrscheinlich auch Baring selbst nicht) als der geeignete Mann erschien, im brodelnden Hexenkessel des Sudan eine brauchbare Lösung zu finden. Im Kabinett Gladstone wußte man, daß die Regierung früher oder später auf die ständigen Forderungen der Presse eingehen mußte. Der Kriegsminister und der Außenminister entwarfen nun eine Taktik, um den immer noch skeptischen Premierminister Gladstone endlich umzustimmen. Sie erklärten, es sei an der Zeit, eine effektive Geste zu setzen, die sowohl die Presse als auch die Öffentlichkeit vorerst zufriedenstellen würde. Warum sollte man Gordon nicht als bloßen Berichterstatter der Regierung Ihrer Majestät in den Sudan entsenden? Warum sollte er nicht einfach an Ort und Stelle die Evakuierung aller noch im Land verbliebenen ägyptischen Garnisonen organisieren, ohne klaren und eigentlichen Auftrag? War der General erst einmal im Sudan, würde er wohl auf seine Art mit den Problemen fertig werden, würde es ihm aufgrund seiner Persönlichkeit und seines Ansehens wahrscheinlich gelingen, den verfahrenen Karren aus dem Dreck zu ziehen. Die britische Regierung aber brauche keine regulären Truppen in den Sudan schicken und sich auf kein waghalsiges militärisches Abenteuer einlassen und würde dennoch den Schein wahren und ihr Gesicht nicht verlieren. Warum sollte man Truppen senden, solange man Gordon zur Hand hatte? Dies war, auf den einfachsten aller Nenner gebracht, die Position Granvilles und Hartingtons.

Gladstone sah, daß diese Argumentation einige Pluspunkte aufzuweisen hatte. Dennoch war er immer noch von bösen Vorahnungen geplagt und stimmte dem Vorschlag seiner Minister nur widerwillig zu. Das Gordon-Experiment, das gab auch Gladstone zu, würde die Presse zum Schweigen bringen, und schließlich ging der General ja mehr oder weniger als Privatperson in den Sudan. Die Regierung Ihrer Majestät war jedenfalls in keiner Weise kompromittiert und übernahm keinerlei Garantien für den Sudan. Falls es Gordon gelingen sollte, die brennende Sudanfrage sozusagen in Eigenregie zu lösen, war der Fall erledigt und die Regierung brauchte sich nicht zu engagieren. Das Experiment war einen Versuch wert.

Gordon wurde ins Kriegsministerium berufen und von der Entscheidung der Regierung in Kenntnis gesetzt. Er akzeptierte die Bedingungen und versprach, seine Kompetenzen nicht zu überschreiten. Doch konnte jemand, der den Charakter des eigenwilligen Generals und seine Vergangenheit kannte, wirklich daran glauben, daß er sich an seine Instruktionen halten würde? Erwartete man das überhaupt von ihm? Diese Fragen werden niemals geklärt werden. Gordon machte sich jedenfalls auf den Weg nach Kairo, der Kamelreiter kehrte zurück in den Sudan, doch er bewirkte das genaue Gegenteil der Intentionen Gladstones und der Regierung. Gordon sollte ein Drama mit sich selbst als tragischer Hauptfigur inszenieren, das die Briten zu einem Eingreifen im Sudan zwingen würde. Gladstone sagte später, daß die Entscheidung, Gordon in den Sudan zu schikken, nur mit der Wahnsinnstat eines Narren, einen Flaschengeist aus seinem Kerker zu befreien und auf seine Großmut zu hoffen, vergleichbar war – in Wirklichkeit hatte die Regierung Ihrer Majestät instrumental und entscheidend dazu beigetragen, daß General Charles George Gordon als größter Märtyrer des Empire in die Geschichte einging.

Slatin wußte nichts von all diesen Dingen und Vorgängen im Heimatland jenes Mannes, der ihn in den Sudan geholt hatte. Er beschäftigte sich in der Christnacht 1883 noch einmal ausgiebig mit seinem Religionswechsel und berichtet darüber in seinem Buch:

> ... Ein Europäer und ein Christ, stand ich allein unter Tausenden und Abertausenden von erregten, siegestrunkenen Fanatikern, deren Niedrigster sich immer noch besser und höher dünkte als ich. Wohl hatte ich die Landesreligion scheinbar angenommen, ... den Schritt ... hatte mir die Not diktiert, und wenn ich auch keinen Anspruch machte, für außergewöhnlich religiös zu gelten, so war ich mir doch bewußt, ein ebenso guter Christ zu sein, als die Mehrheit jener, welche mein Vorgehen vielleicht mißbilligen würden, und gerade deshalb schien mir ein Leben unter fortwährender religiöser Täuschung wenig verlockend und schwer zu ertragen; umso mehr, als ich wußte, daß mich diese Umgebung gänzlich in die Macht dieses scheinheiligen religiösen Reformators bringen, daß ich mich nicht nur einfach als Moslem zu erklären, sondern daß ich die Rolle, die mir die Ergebung aufzwingen würde, durchzuführen haben würde, und daß ich mich im vollsten Sinne des Wortes fürderhin als einen mit Herz und Seele andächtigen Mahdisten zu zeigen haben würde.[2]

Am nächsten Tag mußte er mitansehen, wie seine Soldaten Mohammed Khaled, seinem einstigen Stellvertreter und jetzigen Nachfolger, ihre Waffen aushändigten, und nahm schweren Herzens seine eigene offizielle Kapitulation vor. In den Januarwochen des Jahres 1884, den ersten drei Wochen seiner Gefangenschaft, konnte er sich relativ frei bewegen, dann verschlimmerte sich seine Lage. Dennoch ließ ihn Khaled nicht allzuschwer bewachen. Folterungen waren bei den Mahdisten an der Tagesordnung, und Slatin mußte hilflos mitansehen, wie man Männer, die unter dem Verdacht standen, irgendwelche Wertsachen beiseite geschafft zu haben, oder ein anderes Verbrechen in den Augen der Derwische begangen hatten, in den Schacht eines Brunnens hängte – und zwar mit dem Kopf nach unten. Diese Bestraften mußten solange im Brunnenschacht hängen, bis sie durch das ihnen ins Hirn schießende Blut ohnmächtig wurden. Einer von Slatins Offizieren, ein ägyptischer Major, der den schweren Fehler gemacht hatte, sich dem neuen Gouverneur Khaled offen zu widersetzen, wurde besonders hart bestraft. Khaled befahl, den Mann auspeitschen zu lassen. Drei Tage lang sollten ihm täglich 1000 (!) kräftige Peitschenhiebe verabreicht werden. Fast ohnmächtig vor Wut und Zorn sah der Ex-Gouverneur dieser Tortur zwei Tage lang zu. Der ägyptische Major verzog keine Miene, doch am dritten Tag sprach Slatin bei Khaled vor und bat um Gnade für seinen Mann. Dieser erklärte ihm höhnisch grinsend, er würde Gnade walten lassen unter der Bedingung, daß Slatin eine Proskynese besonderer Art vornahm und sich vor ihm in den Staub werfe. Slatin schluckte seinen Zorn und Stolz hinunter und warf sich vor seinem ehemaligen Stellvertreter in den Sand und flehte neuerlich um Gnade für den tapferen Major. Khaled erlaubte ihm, den Mann mit dem zerfetzten Rücken in sein Haus zu nehmen, wo er bald darauf starb. Im Juli 1884 wurde Slatin schließlich dem Mahdi präsentiert. Er wurde ins Hauptheerlager des Auserwählten befohlen, um ihm dort zu huldigen. Der Wiener trat dem Gesandten Gottes jedoch nicht als Slatin Bey, sondern als echter Moslem namens Abdel Kader entgegen. Nach mohammedanischer Sitte küßte er dem heiligen Mann die Hände und sprach die Worte des Treueids. Er mußte seine Rolle perfekt spielen, das wußte er, denn sonst würde er wohl bald ein toter Abdel Kader sein. Er gelobte seinem Herrn, dem Mahdi, ihm „nie ungehorsam zu sein und sich seinen Aufgaben und Pflichten in diesem heiligen Krieg niemals zu entziehen".

Der Mahdi redete stundenlang auf ihn ein, predigte und

predigte, und Abdel Kader erwies sich als aufmerksamer Zuhörer und gelehriger Schüler seines Meisters. Dann folgten Gebete, die bis zum Anbruch der Dunkelheit währten. Als sich Slatin schließlich aus seiner unbequemen und schmerzenden Hocklage – er war fast acht Stunden lang nahezu unbeweglich vor dem Mahdi gekauert – erheben durfte, trugen ihn seine Beine fast nicht mehr. Krämpfe schüttelten ihn, und ein brennender Schmerz durchzuckte seine unteren Extremitäten, aber er war am Leben – das allein zählte.

Der Mahdi hatte Slatin aus gutem Grund zu sich rufen lassen, denn Abdel Kader konnte ihm wertvolle Dienste leisten. Sein „Onkel", der Kamelreiter Gordon Pascha, war nämlich mittlerweile in Khartum eingetroffen. Der Name und Ruf des britischen Generals war auch dem Mahdi nicht unbekannt und hatte im Sudan immer noch Gewicht. Mohammed Achmed wußte, daß in der Gestalt von General Gordon ein ebenbürtiger Gegner in Khartum saß, und glaubte wohl, daß ihm Abdel Kader, der zum wahren Glauben bekehrte ehemalige Gouverneur des gefährlichen Christenhundes, Einblick in die Mentalität und Denkweise seines großen weißen Widersachers geben können würde.

Der blutrünstige, von seiner göttlichen Mission durchdrungene islamische Fundamentalist Mohammed Achmed Ibn el-Sayyid Abdullah, der sich der wahre Mahdi nannte, und der ehrenhafte, strenggläubige christliche Fundamentalist General Charles George Gordon in Khartum waren wie zwei antagonistische Helden des antiken griechischen Dramas, die sich in vielem ähnlich waren und vielleicht sogar Achtung voreinander empfanden, aber dennoch nur durch den Tod des anderen weiterleben konnten. Slatin, der junge Wiener Leutnant, der sich nun Abdel Kader nannte, wurde Zeuge dieses Kräftemessens zweier außergewöhnlicher Männer, doch er war nur noch Nebendarsteller, ja fast Statist in dieser großen Tragödie, deren Vorhang in Khartum fallen sollte.

Nachdem General Gordon in Kairo eingetroffen war, ernannte ihn der Khedive erneut zum Generalgouverneur des

Sudan. Seine Position hatte sich also bereits entscheidend verändert, aus dem simplen Berichterstatter der Regierung Ihrer Majestät war wieder der Generalgouverneur des Sudan geworden, und es verstand sich fast von selbst, daß dieser charismatische Mann nun keinerlei Intentionen mehr hegte, sich strikt an die ohnehin nur vage formulierten Instruktionen aus London zu halten und sein ihm wieder anvertrautes Land nach der erfolgreich erfolgten Evakuierung seinem Schicksal zu überlassen. Diese Einstellung Gordons läßt sich kaum besser dokumentieren als durch ein Telegramm, das der General kurz nach seiner Ankunft in Kairo nach Khartum sandte. „Haltet aus!", stand hier zu lesen. „Ihr seid Männer und keine Weiber! Ich bin unterwegs!"

Der vorsichtige Sir Evelyn Baring, der das Kabinett mehrfach vor einer neuerlichen Entsendung Gordons an den Nil gewarnt hatte, stellte dem General einen „Aufpasser" in der Gestalt seines Stellvertreters, des harten Schotten J. D. Stewart, an die Seite. Oberst Stewart kannte den Sudan aus eigener Erfahrung und sollte Baring heimlich über Gordons allzu extravagante Schritte in Kenntnis setzen. Als dritter gesellte sich ein junger *Times*-Korrespondent namens Frank Power zu den beiden Offizieren, und alle drei erreichten am 18. Februar 1884 Khartum. Der Empfang von Gordon Pascha war überwältigend. Fünf Jahre war er fort gewesen, doch er zog die Menschen immer noch auf unerklärliche, fast magische Weise in seinen Bann. Die Bewohner der Hauptstadt atmeten hörbar auf, denn der allmächtige Kamelreiter, der nichts, aber auch gar nichts von seinem Charisma eingebüßt hatte, war wieder im Land, und alles würde gut werden. Es war unbestreitbar, wie Colonel Stewart Baring mitteilte, daß kein einziger anderer Mann auf der Welt einen derartigen Einfluß auf die Bevölkerung von Khartum auszuüben in der Lage war. Gordon Pascha war zurückgekehrt, und das hieß für die ängstlichen Bewohner der Hauptstadt des Sudan, daß Rettung bevorstand, denn der berühmte britische General war sicherlich nicht ohne Truppen zurückgekehrt. Doch Gordon zerstreute diese Hoffnungen bereits, als er vom Kamel stieg und dem jubelnden Volk erklärte:

„Ich bin froh, euch zu sehen. Fünf Jahre war ich fort und der Sudan liegt darnieder und ich leide darunter. Ich erwarte eure Hilfe, um alles wieder ins rechte Lot zu bringen, denn ich komme allein und ohne Truppen. Wir müssen Allah anflehen, seine überreiche Gnade über den Sudan zu breiten, wenn uns schon sonst niemand helfen will!“[3]

Gordon begab sich sofort in den Palast des Generalgouverneurs, der im Stadtzentrum, am Ufer des Blauen Nil lag. Fast ein Jahr lang sollte er in diesem Palast, den er, als er seine erste Regierungsphase vor sieben Jahren begonnen hatte, kaum betrat, ausharren, und dieses Jahr sollte ihn kurzzeitig zu einem der berühmtesten Männer der Welt machen. Im Schatten dieses Ruhmes, im Schatten von Gordons Unsterblichkeit, sollte der Gefangene Rudolf Slatin viele Jahre lang stehen, um schließlich glänzend aus ihm herauszutreten (oder besser herauszuflüchten) und selbst weltberühmt zu sein.

Unverblümt erklärte Gordon dem verdutzten Baring in Kairo und der britischen Regierung, Khartum sei zur Zeit so „sicher wie Kensington Park“, und daß er nicht im entferntesten daran denke, zum gegenwärtigen Zeitpunkt Evakuierungsmaßnahmen einzuleiten. Er machte einfach keinerlei Anstalten, den Auftrag seiner Regierung zu erfüllen. Er war und blieb in Khartum und würde die hartnäckige britische Regierung durch sein Aushalten, dadurch, daß er sich sozusagen selbst als Geisel nahm und die Hauptstadt des Sudan nicht mehr verließ, zum Eingreifen zwingen. Denn der Mahdi mußte vernichtet werden, wie Gordon nach Kairo telegrafierte. Eine andere Möglichkeit, Frieden und Ordnung im Sudan wiederherzustellen, gab es nicht. Gordon telegrafierte Baring in Kairo fast täglich, manchmal auch mehrmals täglich, er bediente sich des Telegrafen wie ein moderner, streßgeplagter Manager seines Telefons, und die vielen Nachrichten, die er dem nüchternen und umsichtigen Baring in Kairo übermittelte, hinterließen bei diesem wackeren Diener der Krone den Eindruck, daß der Geisteszustand des Generals von der brütenden sudanesischen Hitze bereits arg in Mitleidenschaft gezogen worden war. Gordon änderte seine Meinung laufend, und seine Telegramme waren voller ständi-

General Charles George Gordon (1833–1885),
der Märtyrer von Khartum: Sein Tod rückte den Sudan in den
Mittelpunkt des damaligen Weltgeschehens.

ger Widersprüche. Meldungen trafen bei Baring ein, die so klug und wohldurchdacht und dann wieder so sinnlos und lächerlich erschienen, so vernünftig und realistisch und zugleich unerklärlich naiv und unrealistisch waren, daß man den armen Baring verstehen konnte, als er Zweifel über Gordons Fähigkeiten an den Tag legte.

Das erste Halbjahr war vorbei, doch der Mahdi rührte sich nicht. Vielleicht dachte er daran, Khartum auszuhungern, wie er es bei El Obeid getan hatte, vielleicht verleitete ihn auch der Respekt vor seinem großen britischen Gegner zu diesem Schritt. Wir werden es nie erfahren. In Gordons Heimat Großbritannien hatten die Imperialisten, die an eine Intervention dachten, kurz vor seiner Ankunft in Khartum wieder Oberwasser erhalten, als an der Küste des Roten Meeres, in der Nähe von Suakin, ein kurzes, aber fürchterliches Gemetzel losbrach, in das auch britische Truppen involviert waren. Ein treuer Verbündeter des Mahdi, Osman Digna, hatte mit seinen Wüstenkriegern einen Belagerungsring um eine unweit von Suakin gelegene ägyptische Garnison errichtet, und Kairo setzte eine 3000 Mann starke, allerdings sehr schlecht ausgebildete Entsatzarmee nach Suakin in Marsch.

Der Anführer dieser Entsatzarmee war wie der unglückliche Colonel Hicks ein britischer Söldner, der noch dazu auf einen klingenden Namen hörte. General Valentine Baker, der Bruder des berühmten Nilforschers, war einer der vielversprechendsten Offiziere der britischen Armee gewesen und hatte einen erstaunlichen Aufstieg und Fall hinter sich, als er in die Dienste des Khediven trat. Baker war ein rücksichtsloser und tapferer Offizier, der sich allerdings im Alter von 47 Jahren seine steil aufwärts führende Karriere durch ein unnötiges und unerklärliches Sexualabenteuer ruinierte (er war überführt worden, einer jungen Frau in einem Zugsabteil Gewalt angetan zu haben). Baker schwieg vor Gericht hartnäckig und verzichtete darauf, sich zu verteidigen. Man stieß ihn unehrenhaft aus der britischen Armee aus und schickte ihn für ein Jahr ins Gefängnis. Aus dem fähigen General war nach seiner Entlassung ein echter Glücksritter geworden, ein Söldner, der sein Schwert an den Meistbietenden vermietete. Er trat in türkische Dienste und tat sich besonders im Krieg der Türken gegen die Russen hervor, so daß ihn der Sultan mit dem Posten eines Gouverneurs von Armenien belohnte. 1882 war Baker an den Nil gekommen, um das Kommando über die neu formierte ägyptische Gendarmerie zu übernehmen. Der Einsatz in Suakin bedeutete also eine Rehabilitierungschance für den rücksichtslosen und in seinem Heimatland geächteten Baker. Er würde der britischen Armee durch diesen Einsatz beweisen, welches Format er besaß, und sich durch besondere Tapferkeit und einen glänzenden Sieg wieder ins Gedächtnis der englischen Heeresleitung rufen.

Doch die schlecht ausgebildeten und kampfunerprobten Ägypter standen den wilden Horden von Osman Digna chancenlos gegenüber. Baker taumelte in ein katastrophales Fiasko hinein, das ihn fast seine gesamte Armee kostete. Es gelang General Valentine Baker fast allein, sich den Weg in die Freiheit freizuschießen und nach Ägypten zurückzukehren. Großbritannien stand nun neuerlich im Zugzwang. Den revoltierenden Sudan konnte man noch als kalkulierbares Risiko abtun, doch die nach dem Sieg der Krieger von Osman Digna entstandene Bedrohung der Seeroute nach Britisch-Indien übers Rote Meer war eine ernstzunehmende und nicht zu unterschätzende Gefahr. Die Regierung konnte diese Gefahr nicht gut ignorieren und entsandte eine Armee unter dem vereinten Kommando von Admiral Hewett und General Graham nach Suakin, die relativ schnell mit Osman Digna fertig wurde und ihm eine vernichtende Niederlage bereitete. Aber Gladstones Geduld war nun, trotz aller imperialistischen Vorstöße von Freund und Feind, endgültig zu Ende. Er erklärte kategorisch, daß es keine Mitwirkung britischer Truppen an Schlachten im Sudan mehr geben dürfe. Und General Gordon in Khartum sollte seinen Auftrag erfüllen und die Evakuierung der ägyptischen Garnisonen vornehmen. Aber alles kam anders, vollkommen anders auch, als es sich der Gefangene Rudolf Slatin erhoffte, als er im Lager des Mahdi von der Rückkehr General Gordons erfuhr. Dabei stiegen Slatins Aussichten auf eine baldige Befreiung, als es Gordon im Mai 1884 gelang, den Truppen des Mahdi einige schwerere Niederlagen zuzufügen. Trotz dieser erfolgreichen Ausfälle war Gordons Lage im Grunde hoffnungslos, der Mahdi spannte sein Netz immer dichter um die belagerte Stadt, und es war nur eine Frage der Zeit, bis er den Befehl zum endgültigen Sturm auf Khartum geben würde. Gegen Ende des Monats August setzte sich die Hauptheerschar des Mahdi schließlich in Marsch. Slatin wurde nach wenigen Tagen mit einem seltsamen anderen Europäer konfrontiert, der unerwartet im Lager des Mahdi eintraf und von dem es hieß, er sei entweder ein enger Verwandter der englischen Königin Victoria oder aber gar der Kaiser von Frankreich persönlich. Dieser europäische „Hocharistokrat" war Olivier Pain, ein 35 Jahre alter Franzose, der kein Wort Arabisch sprach und sein Heim in der Seine-Metropole aus unerklärlichen Gründen verlassen hatte, um den gerechten Krieg des Mahdi gegen die verhaßten Engländer und ihren Vertreter General Gordon in Khartum zu unterstützen. Slatin, der in der Marschkolonne des Baggara-Scheichs Abdullahi, der sich nun der Khalifa nannte und Stellvertreter des Mahdi war, mitziehen mußte, wurde sofort als Dolmetscher eingesetzt und wunderte sich sehr über diesen merkwürdigen Franzosen, den sein Haß auf England in die sudanesische Wüste geführt hatte. Innerlich gab Slatin dem Mahdi recht, der in Olivier Pain einen halbverrückten Ausländer erblickte, der ihm ungefragt nachgefolgt war, ohne jeden offiziellen Auftrag agierte und ihm weder Truppen noch Geld besorgen konnte. Pain wurde seinem Schicksal überlassen und bestand darauf, mit dem Troß des Mahdi mitzumarschieren. Ein paar Wochen später verstarb der Franzose an Typhus, die Wüste hatte diesen Phantasten sang- und klanglos verschluckt.

Tausende waren dem Mahdi in der Zwischenzeit wieder zugeströmt, und Slatin befand sich im Bauch einer riesigen Heeresschlange, die sich Khartum unaufhaltsam entgegenwälzte. Die Derwisch-Armee befand sich nur noch einen Tagesmarsch von der Hauptstadt entfernt – Slatin konnte in der Ferne bereits die Dampfer General Gordons auf dem Nil patrouillieren sehen –, als ihn der Mahdi unvermutet zu sich rief. Der vermeintliche „Neffe" des Verteidigers von Khartum wurde gebraucht. Der Mahdi befahl Abdel Kader, Gordon in einem Brief zur Kapitulation aufzufordern, da die Situation hoffnungslos geworden sei und die Übermacht der Krieger des Dschihad der eingeschlossenen Stadt kaum eine echte Chance lassen würde, den Angriff zu überstehen. Der schlaue Wiener verfaßte nun drei Briefe, zwei davon waren an Gordon gerichtet und einer an Martin Hansall, den österreichischen Konsul in Khartum. In seinem ersten Brief an Gordon, den Slatin in französischer Sprache abfaßte, wies er den Generalgouverneur darauf hin, sein Hauptaugenmerk auf den zweiten, in deutscher Sprache abgefaßten Brief zu legen. Slatin wußte, daß die Derwische kein Deutsch verstanden, und hoffte daher, in dieser Sprache seine wahren Anliegen an General Gordon vorbringen zu können, ohne Gefahr zu laufen, daß sein Doppelspiel entdeckt wurde. In beiden Schreiben, die er auf deutsch verfaßte, erklärte Slatin aus unerklärlichen Gründen, daß der Garnison von Khartum keine konkrete Gefahr durch die Truppen des Mahdi drohte. Außerdem bat er General Gordon inständig, auf keinen Fall eine Kapitulation ins Auge zu fassen, da diese seinen sofortigen Tod zur Folge haben würde. Dann unterbreitete er Gordon einen detaillierten Vorschlag, unter welchen Voraussetzungen es gelingen könnte, ihn als Unterhändler in die belagerte Stadt zu schmuggeln. Der sonderbarste Teil dieses Briefes, in dem Slatin den Mahdi und die bevorstehende Schlacht mit keinem Wort erwähnte, war der Schluß, in dem Slatin zu einer langen und ausführlichen, in der augenblicklichen Lage jedoch völlig unnötigen Rechtfertigung seines Glaubenswechsels und seiner eigenen Kapitulation ansetzte. Slatin schrieb:

> Ob ich mit meinem Übertritt unehrenhaft gehandelt habe, ist Ansichtssache. Er wurde mir erleichtert, weil ich, vielleicht zu meinem Unglück, zu Hause keine strenge religiöse Erziehung genossen habe. … Offiziere und Mannschaften verlangten die Kapitulation, und da ich der einzige Europäer war, sah ich mich gezwungen, den Wünschen der Mehrheit nachzugeben. Glauben Eure Exzellenz, daß die Kapitulation für mich als österreichischer Offizier leicht gewesen sei? Es war einer der schwersten Tage meines Lebens.[4]

Das Ende des Rechtfertigungsbriefes war noch merkwürdiger als sein Beginn:

Durch Unterwerfung und Gehorsam ist es mir gelungen, mir eine gewisse Vertrauensstellung unter den örtlichen Scheichs zu erkaufen und ich habe deshalb die Erlaubnis erhalten, Ihnen zu schreiben, da man der Ansicht ist, daß ich Eure Exzellenz zur Kapitulation auffordern werde. Sollten Eure Exzellenz meine schwachen Kräfte und mein bescheidenes taktisches Wissen nicht für ganz unbrauchbar halten, dann bitte ich Sie inständigst, meine Hilfe anzunehmen, obwohl ich keinen Wunsch hege, einen höheren Ehrenposten zu erlangen. Ich handle nur aus meiner Überzeugung der guten Sache und aus Freundschaft Eurer Exzellenz gegenüber. Ich bin bereit mit Ihnen zu kämpfen und im Sieg oder Untergang an Ihrer Seite zu dienen. Meine wenigen Getreuen hier, mein Vermögen, etc. – all das bin ich gerne bereit, im Stich zu lassen, um, so Gott will, einen ehrenvollen Tod zu sterben.[5]

Als der kompromißlose General Gordon, dem Slatins Glaubensabfall unverständlich und unverzeihlich erschien, keinerlei Reaktion zeigte, schrieb Slatin einen weiteren Brief:

Eure Exzellenz, ich habe 27 Mal für die Regierung gegen den Feind gekämpft und bin nur zweimal geschlagen worden. Ich habe nichts Unehrenhaftes getan, nichts, das Eure Exzellenz davon abhalten könnte, mir wenigstens zu antworten, so daß ich weiß, was ich zu tun habe. ... Sollten irgendwelche Briefe aus Europa für mich eingetroffen sein, flehe ich Sie an, mir diese zu senden, da ich seit fast drei Jahren nichts mehr von meiner Familie gehört habe. Ich bitte Eure Exzellenz inständig, mir die Ehre einer Antwort zuteil werden zu lassen.

Ihr Ihnen sehr zugetaner und ergebener Diener Slatin.[6]

General Gordon schrieb lakonisch in sein Tagebuch: „Slatins Briefe sind eingetroffen, ich kann dazu keinen Kommentar abgeben. Es erscheint mir unverständlich, warum er sie geschrieben hat.“ Gegen Abend desselben Tages nahm Gordon das Thema Slatin wieder auf und notierte: „Sollte er mit heiler Haut davonkommen, werde ich ihn in den Kongo mitnehmen. Er ist offenbar kein Spartaner und muß wahrscheinlich eine Zeitlang in Quarantäne verbringen. Er kann einem leid tun." Was Slatins Religionswechsel betraf, so konnte Gordon nur harte Worte für diesen Schritt finden. Wie war es möglich, daß ein Mann, den er selbst berufen hatte, ein österreichischer Offizier und Ehrenmann, ein römisch-katholischer junger Mann, dem er sein Vertrauen geschenkt hatte, einfach ein Moslem wurde und klaglos kapitulierte? Wir haben gesehen, daß die Sachlage Slatin mehr oder weniger zur Kapitulation zwang, und dürfen deshalb Gordons folgende Äußerungen, Slatins Religionswechsel betreffend, in einem milderen Licht sehen, als es der unbeugsame Christ Gordon tat, der schrieb:

> Es ist für einen Europäer keine Kleinigkeit, dem Glauben aus Todesangst abzuschwören, das war es schon in alter Zeit nicht und man sollte seinen Glauben nicht mit einem Mantel verwechseln, den man beliebig ablegt, um sodann einen anderen anzuziehen. Falls der christliche Glaube nicht mehr als ein Mythos ist, sollen ihn die Menschen ablegen. Aber es ist gemein, niedrig und unehrenhaft, diesen Schritt nur zu setzen, um sein Leben zu retten. ...[7]

Auch Slatins Vorschlag, ihn irgendwie aus dem Mahdi-Lager herauszulotsen, ihn als Unterhändler getarnt nach Khartum zu schmuggeln, lehnte Gordon kategorisch ab, wie es sich in seinem *Khartoum Journal* nachlesen läßt. „Ich will nichts mit Slatins Herkommen zu tun haben, es sei denn, es gelingt ihm, die Erlaubnis des Mahdi zu erhalten, sein Lager offiziell verlassen zu dürfen, was mehr als unwahrscheinlich ist. Seine Flucht würde seinen Treueid gegenüber dem Mahdi brechen, der genauso heilig ist wie jeder andere, einer bestimmten Macht geschworene Eid. Außerdem würde seine Flucht die Sicherheit der anderen europäischen Gefangenen des Mahdi gefährden."[8]

Dennoch erklärte sich Gordon bereit, Slatin und die anderen Europäer freizukaufen, und bot dem Mahdi ein Lösegeld von 10.000 Guineen (eine Guinee entsprach 21 englischen Schillingmünzen) an. Er erhielt nie eine Antwort auf dieses Angebot. Slatins Lage verschlimmerte sich zusehends, als ihn die Araber verdächtigten, ein falsches Spiel getrieben (was er ja tatsächlich getan hatte) und dem Feind wertvolle Informationen, ihren Aufmarsch betreffend, übermittelt zu haben. Man beschuldigte ihn, ein Verräter am Mahdi und dem Dschihad, dem Heiligen Krieg, zu sein, und warf ihn kurzerhand in Ketten. Dabei hatte er noch großes Glück, daß er nicht sofort zu Tode gefoltert wurde. Denn Slatin war kein gewöhnlicher europäischer Gefangener, sondern ein Bekehrter, ein moslemischer „Mulazim", der den Mahdi und den Dschihad verraten hatte. Warum der Mahdi Slatin dennoch nicht töten ließ, bleibt ungeklärt. Vielleicht war er sich nicht ganz sicher, daß Abdel Kader ihn wirklich verraten hatte, vielleicht erschien er ihm aufgrund von Gordons Lösegeldangebot als immer noch zu wertvolle Geisel, um ihn hinrichten zu lassen, oder er glaubte, nicht auf seine Dolmetscherdienste verzichten zu können. Es war jedenfalls, wie Slatin selbst erzählt, kein ausgesprochenes Vergnügen, in Ketten auf einen Esel gebunden mit der Armee des Mahdi auf Khartum vorzurücken.

> Am nächsten Morgen ertönte die Kriegstrommel, die Zelte wurden abgebrochen und auf die Kamele verladen; das ganze Lager war in lebhafter Bewegung, man wollte heute noch bis in die Nähe von Khartum gelangen und mit der Belagerung beginnen. Meine Kette, die ich im Laufe des vergangenen Tages mit Muße und Gründlichkeit untersucht hatte, bestand aus dreiundachtzig massiven Gliedern, welche die Form der acht hatten und solide aneinander geschmiedet waren. Jedes Glied hatte die Länge einer Spanne; das ganze Anhängsel war demnach 83 Spannen oder vielleicht 25 Meter lang. Ich wickelte die Kette um den Leib, wurde wegen der Fußeisen im Damensitz auf den Esel gehoben und bedurfte während des Marsches der nachträglichen Unterstützung meiner beiden Wächter, um mein fragwürdiges Gleichgewicht nicht zu verlieren. So mancher meiner Bekannten, dem ich unterwegs begegnete, bedauerte sichtlich den Wandel in meinem Schicksal, ohne bei der stets gebotenen Vorsicht ein Wort laut werden zu lassen. Helfen konnte mir ohnehin keiner. Erst gegen Nachmittag machten wir halt, und von einer kleinen Bodenerhöhung aus konnte ich die Palmenbäume Khartums erblicken, der Stadt, die ich verteidigen zu helfen mein Leben gegeben hätte.[9]

Blick über Khartum, der Hauptstadt des Sudan
(Aufnahme um 1914).

Ende Oktober lagerte der Mahdi auf dem Khartum gegenüberliegenden Nilufer. Das Schicksal Gordons war besiegelt, auch wenn er immer noch aushielt und unter der Stadtbevölkerung, die ängstlich auf das Ufer starrte, eine Aura der kalten Entschlossenheit und Sicherheit verströmte. Er schien den verängstigten Einwohnern der Stadt einzig und allein durch seine Anwesenheit, durch seine physische Präsenz zu garantieren, daß keine tödliche Gefahr im Anzug war. In diesen letzten Monaten seiner Belagerung war General Gordon selbst der Hauptverteidigungsturm von Khartum, eine unüberwindlich scheinende Zitadelle, mit deren Fall das Schicksal der Stadt endgültig besiegelt sein würde. Er zeigte sich ständig in der Stadt, beruhigte seine Männer, richtete sie durch seine mutige Haltung wieder auf und flößte ihnen neues Vertrauen ein.

Kurz vor dem Angriff der Derwische wurde Slatin zum Mahdi gezerrt, der ihn aufforderte, das Kommando an einem der größeren Geschütze, die die Araber nur schwer handhaben konnten, zu übernehmen. Er stellte ihm dafür sogar die Freiheit in Aussicht. Slatin behauptete, zu entkräftet zu sein und zudem zu wenig von Geschützen dieser Art zu verstehen. Zur Strafe legten ihm die Araber ein weiteres Paar Eisenringe um die Knöchel, was Slatin den lakonischen Kommentar entlockte, daß es auf eine Kette mehr oder weniger auch nicht mehr ankomme. Als die Belagerung schon zwei Monate in vollem Gange war und die Derwische beinahe täglich ihre Angriffe wiederholten, wandte sich der Mahdi erneut an Slatin. Er befahl dem Wiener, eine in französischer Sprache abgefaßte Botschaft Gordons, welche den Derwischen in die Hände gefallen war, zu übersetzen. Gordon, der dem Mahdi wiederholt absichtlich Botschaften in die Hände fallen ließ, in denen er erklärte, daß er die Lage unter Kontrolle hätte – Botschaften, die meist folgenden Wortlaut trugen: „Khartum in Ordnung. Könnte noch Jahre aushalten. C. G. Gordon" –, gab in dieser sicherlich nicht für den Mahdi bestimmten Botschaft unumwunden zu, daß er die Stadt nur noch bis Ende Januar halten werde können. Slatin konnte diese Nachricht dem Mahdi aus begreiflichen Gründen nicht übersetzen, denn damit hätte er Gordons verzweifelte Lage nur noch verschlimmert und einen sofortigen Gesamtangriff des Auserwählten, den endgültigen Sturm auf Khartum provoziert. Er gab deshalb vor, die Botschaft nicht entziffern zu können, da sie in einer altfranzösischen Chiffre, die auch ihm unbekannt sei, abgefaßt worden war. Dies war eine sehr gewagte Aktion Slatins, dennoch glaubte man ihm. Der schlaue Wiener hatte sich wieder einmal mit einem Bluff aus der Affäre gezogen.

Er konnte jetzt nur noch – genau wie der eingeschlossene General Gordon – auf das Eintreffen der britischen Entsatzarmee hoffen, von der bereits seit langem gesprochen wurde und die Ägypten angeblich schon verlassen haben sollte. Am 5. Januar 1885 fiel das Fort Omdurman, das sein tapferer Befehlshaber, der Ägypter Faragella Pascha, bis zum letzten Mann verteidigt hatte, in die Hände der Derwische. Und in der letzten Januarwoche gab Mohammed Achmed schließlich den Befehl zum endgültigen Sturm auf die Stadt Khartum.

Es ist sehr viel über den Tod von General Gordon geschrieben worden. Es existieren auch mehrere Versionen über die Umstände, die zu seinem Tod führten. Einer dieser Versionen zufolge soll er die angreifenden Derwische auf dem Dach seines Palastes erwartet und sich seinen Weg in den Garten des Palastes erkämpft haben, wo er dann von mehreren Speeren der Derwische durchbohrt worden sei. Die am weitesten verbreitete Version seines Todes, welche in dem Hollywoodfilm *Khartoum,* der im Jahr 1966 in die Kinos kam und Charlton Heston als Gordon-Darsteller aufwies (ein Schauspieler, der aufgrund seiner riesigen Statur nicht unbedingt die Idealbesetzung für diese Rolle war – Gordon war, wie wir erfuhren, ein sehr kleiner Mann), gezeigt wurde, besagt, daß der General die Derwische in seiner besten Uniform auf den Stufen seines Palastes erwartete und kampflos und mit einem Ausdruck der völligen Todesverachtung einige Schritte auf sie zu machte, ehe ihn der Speer eines Wüstenkriegers in die Seite traf und er tot in den Garten stürzte.

Slatin erfuhr am 29. Januar 1885, an einem Sonntag, einem Tag, den er sein „ganzes Leben lang nicht mehr vergessen würde“, wie er später schrieb, vom Ausgang der Schlacht und vom Tod des Kamelreiters. Er hatte im Morgengrauen einen ohrenbetäubenden Krach vernommen, in dem er Geschütz- und Gewehrfeuer ausmachen konnte, und wußte, daß der Endkampf begonnen hatte. Die Schlachtgeräusche verebbten bereits nach kurzer Zeit, und Totenstille erfüllte die Luft. Slatin wußte, daß Khartum nun eingenommen worden war. Er zitterte am ganzen Körper, als ihm bei Sonnenaufgang ein eindeutiges, grauenhaftes Zeichen des Sieges der Mahdisten überbracht wurde. Seine Worte vermitteln uns auch heute noch die Weltuntergangsstimmung, in der er sich damals befand:

> Ich konnte diese Hiobspost nicht glauben und trat aus meinem Zelte. Eine große Menschenmenge hatte sich vor den Quartieren des Mahdi und seines Khalifas angesammelt. Sie schien sich in Bewegung zu setzen und sich mir zu nähern, und nun sah ich deutlich, daß sie die Richtung gegen mein Zelt nahm. Ich konnte jetzt einzelne Personen unterscheiden. Voran schritten drei Negersoldaten, von denen einer – er hieß Schetta – ein blutiges Bündel in den Händen trug. Hinter ihnen drängte sich die heulende Menge. Die Sklaven traten in meine Seriba, blieben mit grinsender Miene vor mir stehen, Schetta schlug das Tuch auseinander und zeigte mir – das Haupt General Gordons!
> Das Blut schoß mir zu Kopfe, mein Atem stockte; mit großer Anstrengung behielt ich aber soviel Selbstbeherrschung, ruhig in das fahle Antlitz zu sehen. Die blauen Augen waren halb geöffnet, der Mund hatte seine natürliche Form beibehalten, das Gesicht war ruhig, die Züge nicht verzerrt; das Haupthaar und der kleine Backenbart waren beinahe weiß.
> „Ist das nicht der Ungläubige, dein Onkel?“ sagte Schetta, den Kopf emporhaltend. „Und?“ antwortete ich ruhig. „Ein tapferer Soldat, der auf seinem Posten aushielt und fiel. Wenigstens sind seine Leiden jetzt vorbei!“[10]

Der erste blutige Akt der sudanesischen Tragödie war mit General Gordons Tod und dem Fall von Khartum zu Ende gegangen. Doch das Drama sollte noch viele Jahre fortdauern, und Slatin erlebte den zweiten Akt in der Rolle des Langzeitgefangenen.

Der Sklave Schetta zeigt dem gefangenen Rudolf Slatin Gordons abgeschlagenen Kopf.

DER GEFANGENE VON OMDURMAN

Fünf Tage nach dem Fall der Stadt Khartum – eine kleine Vorhut der englischen Entsatzarmee war in Khartum eingetroffen und konnte nur noch den Untergang der Stadt feststellen und sich unter erheblichen Verlusten auf dem Wasserweg retten – transferierte man Slatin unerwartet ins allgemeine Gefängnis, in dem „gewöhnliche" Verbrecher und Mörder einem ungewissen, meist tödlichen (ungewiß war in den meisten Fällen eigentlich nur die Tötungsart) Schicksal entgegenharrten, und versah seine Knöchel mit einem weiteren, 18 Pfund schweren Fußeisen. Dieses neue Eisen, von den Kerkermeistern „Hadschi Fatma" genannt, war nur den schwersten, gemeingefährlichsten und niedrigsten Verbrechern, dem wahren Abschaum unter den Kriminellen, vorbehalten. Slatin war nun – was durch diese Verlegung ins allgemeine Gefängnis schmerzhaft bewiesen wurde – eindeutig des Verrats am Mahdi überführt worden. Einige Briefe Gordons waren von den Derwischen erbeutet worden, in denen der General die Moral seiner schwankenden Soldaten auf den Außenposten dadurch zu heben versuchte, daß er Slatins Bericht von der Schwäche und Uneinigkeit der Araber zitierte.

Wiederum erscheint es unerklärlich, warum der „Verräter" neuerlich dem Tod entkam. Im Gefängnis traf Slatin auf einen seiner früheren Kollegen, den entkräfteten Ex-Gouverneur der Provinz Bahr-al-Ghazal, Romolo Gessis Nachfolger Frank Lupton. Dessen Haare und Bart waren, wie Slatin berichtet, vollkommen weiß, obwohl der Brite erst vor kurzem 30 Jahre alt geworden war. Einige Wochen lang dachte Slatin, daß sein Schicksal nun endgültig besiegelt sei, doch dann besserte sich die Lage wieder. Nach ungefähr einem halben Jahr gelang es ihm sogar, das unangenehme und schmerzhafte Kettenarsenal an seinen Füßen loszuwerden. Bei einer der zahlreichen Inspektionen, die Abdullahi, der Khalifa, im Gefängnis von Omdurman vornahm, sprach Slatin diesen an und rührte das Herz des Baggara-Scheichs und Mahdi-Stellvertreters, indem er ihm erklärte, er sei Mitglied eines fremden Stammes und erflehe daher seinen Beistand. Es sei ihm klar, führte Slatin weiter aus, daß er sich in unverzeihlicher Weise an dem Mahdi vergangen habe, daß er schwerste Schuld auf sich geladen und gesündigt habe. Nun bereue er seine Verfehlungen und Missetaten von ganzem Herzen. Auch Frank Lupton wandte sich – von Slatin genauestens instruiert – mit derselben Bitte um Vergebung an den Khalifa. Abdullahi reagierte, wie Slatin es erhofft hatte, ließ den Gefangenen die Fußfesseln abnehmen und brachte sie persönlich zu seinem Meister, dem Mahdi.

Der große Mann erlaubte Slatin und Lupton, ihm die Hände zu küssen, und zeigte sich besonders über eine sehr schmeichelhafte Phrase des Wieners, einer Slatinschen Interpretation eines Weisheitsspruches des Propheten Mohammed, sehr erfreut und beeindruckt. Der auf den Knien vor ihm kauernde Slatin stellte dem Auserwählten nämlich folgende Frage: „Herr, wie kann die Liebe des Mannes, der dich nicht mehr liebt als sich selbst, aufrichtig aus reinem Herzen fließen?" Der Mahdi wies Slatin lächelnd auf das Sakrileg seines Treuebruches hin, erlaubte aber beiden Gefangenen, ihm neuerlich den Treueid abzuleisten. Frank Lupton erhielt die Erlaubnis, zu seiner eingeborenen Frau und seinen Kindern ins Lager zu ziehen, während Slatin auf eigenen Wunsch dem Gefolge des Khalifa unterstellt wurde.

Slatin vergewaltigte bei seinen zahlreichen Unterwürfigkeitsbezeugungen zwar immer seinen beträchtlichen Stolz, doch er war bereit, alles zu tun, um am Leben zu bleiben und bei passender Gelegenheit die Flucht in die Freiheit zu wagen. Diese Gelegenheit sollte allerdings noch viele lange Jahre auf sich warten lassen.

Der Khalifa erwies sich dem reuigen Sünder Slatin gegenüber jedenfalls großzügig, teilte ihm ein Grundstück und Diener zu und gab ihm seinen Bargeldbestand – etwa 40 Pfund – und andere Wertsachen, die man ihm bei seiner Gefangennahme weggenommen hatte, zurück. Ebenso versprach er ihm den Trost von Frauen, damit Slatin in den Genuß von Nachkommenschaft käme, denn ein Mann ohne Kinder war, wie der Khalifa es ausdrückte, wie ein verdorrter Baum. So stand es also gar nicht so schlecht um Rudolf Slatin, als der Mahdi unvermutet starb. Mohammed Achmed war stets ein großer Liebhaber der fleischlichen Genüsse gewesen, und das Leben, das er nach dem Sieg über General Gordon in Omdurman führte, war, zumindest nach den Aussagen seiner europäischen Gefangenen, eine einzige Orgie der wilden Ausschweifung. Mohammed Achmed war erst Ende 30, aber bereits so unglaublich fett geworden, daß es ihm Schwierigkeiten bereitete, ohne fremde Hilfe in den Sattel zu kommen. Sein Harem war von Sieg zu Sieg gewachsen, und seine Sklavinnen, Frauen und Konkubinen umschwärmten den Mann wie die Motten das Licht. Man rieb seinen heiligen Körper täglich mit feinem Sandelholzöl ein und kleidete ihn in samtene, von seinen Sklavinnen und Konkubinen liebevoll mit Parfum besprengte Gewänder und schmückte seine Augenränder mit einem besonderen Mineralstoff, Antimon, damit die Augen des Auserwählten noch glühender und feuriger wirkten.

Seine Frauen wetteiferten um die Gunst, ihn ständig zu umsorgen und jeden seiner Wünsche zu erfüllen, und wachten eifersüchtig darüber, daß er seine Gunst auch gerecht verteilte. Er hatte vier offizielle Frauen, darunter auch Aisha, seine Hauptfrau, die den riesigen Harem beherrschte. Es gab tiefschwarze Negerinnen von den oberen Nilstämmen, kupferfarbene Äthiopierinnen und kleine Türkenmädchen im Alter von neun oder zehn Jahren. Die Haremsfrauen saßen stets im Halbkreis um ihren Meister herum, fütterten ihn, fächerten ihm mit riesigen Straußenfedern kühle Luft zu und massierten seine Füße und Hände. Der Mahdi lebte seinen Gefolgsleuten in jenen Tagen wohl die Glücksvision des mohammedanischen Paradieses vor.

Wenn er sich von seinem Lager erhob – was immer seltener

geschah – und, seine Fleischmassen vor sich herhievend, einen Spaziergang unternahm, küßten die Frauen seine Fußabdrücke, in der Hoffnung, sich dadurch von ihren Leiden zu befreien und den Freuden einer schmerzlosen Geburt entgegenzusehen. Am 22. Juni 1885, nur knapp fünf Monate nach Gordons Tod, starb der Mahdi unerwartet schnell. Über seinen Tod gibt es widersprüchliche Aussagen. Angeblich soll ihm eine gedemütigte Frau ein tödliches, aber langsam wirkendes Gift verabreicht haben, so daß er nach einer Woche der furchtbaren Agonie starb. Slatin tippte – wahrscheinlich mit größerer Berechtigung – auf eine nüchternere Todesursache und glaubte, daß der Mahdi an Typhus gestorben sei. Wenige Stunden vor seinem Tod bestimmte Mohammed Achmed, der zum wahren Mahdi gewordene Bootsbauersohn von der Nilinsel Dongola, der einen wahren Kometenschweif von Blut und Leid hinter sich her gezogen hatte, Abdullahi, den Khalifa, Slatins Herrn und Meister, zu seinem legitimen Nachfolger.

Da Rudolf Slatin so viele Jahre in den Händen dieses Scheichs verbrachte, müssen wir ihn genauer betrachten. Abdullahi war ein Mitglied des Ta 'A 'Ischi-Zweiges der Baggara, einem der ärmeren, aber gefürchteteren Unterstämme dieses Wüstenvolkes. Er war ein großgewachsener, schokoladebrauner Mann, dessen pockennarbiges Gesicht von einer lang vorstehenden Nase und einem kurzen, ehemals schwarzen, nun ins Graue übergehenden Spitzbart beherrscht wurde. Der Khalifa war, wie Slatin herausfinden sollte, absolut unberechenbar, aufbrausend und jähzornig, durchtrieben, hinterhältig und gemein, ungewöhnlich eitel und unmenschlich grausam. Doch es wäre falsch, diesen stolzen Wüstendespoten als reines Monster in Menschengestalt abzutun. Der Khalifa konnte zwar weder schreiben noch lesen und wußte rein gar nichts über die Welt, die außerhalb seines Herrschaftsbereiches lag – einmal stellte er Slatin die Frage, ob Frankreich ein Stamm sei –, aber er war ein guter Krieger und energischer Herrscher mit einem gesunden Hausverstand. Er war auch kein ausgesprochener Hedonist, wie es der Mahdi in seinen letzten Lebensmonaten gewesen war, obwohl natürlich auch er dem Haremsleben rege zusprach und sich gerne von Leibwächtern und zahlreichen Eunuchen begleiten ließ. Elf lange Jahre sollte der Wiener Rudolf Slatin nun Gefangener dieses grausamen und unberechenbaren Wüstendespoten sein.

Er war lebendes Mitglied des Haushalts des Khalifa in Omdurman, das zur neuen Hauptstadt des Wüstenlandes Sudan wurde, und mußte sehr zu seinem Leidwesen erkennen, daß die zivilisierte Welt diesen unwirtlichen Staat (und damit auch ihn) vergessen zu haben schien. Der Sudan geriet in den nächsten Jahren in eine immer isoliertere Position, und die Außenwelt rief sich nur sehr sporadisch in Erinnerung. Manchmal kam es zu Geplänkeln an den Grenzen, es gab Zusammenstöße mit den Italienern an der Küste des Roten Meeres, die Äthiopier tauchten zuweilen an der Südostgrenze des Sudan auf, und die Ägypter rührten sich – wenn auch sehr selten – im Norden. Im wesentlichen aber war der Sudan in jenen Tagen und Jahren nicht viel mehr als ein bewohntes Niemandsland, das von einem despotischen Tyrannen beherrscht wurde und von den europäischen Mächten anscheinend längst abgeschrieben worden war.

Auch Slatins Herr und Kerkermeister, der Khalifa, wurde im Lauf der Jahre fett und unförmig und mußte von zwei Sklaven in den Sattel gehoben werden. Sein ausschweifender Lebensstil und der Mangel an Bewegung forderten ihren Tribut und hatten den Baggara-Scheich gezeichnet, wie sie es bei seinem Vorgänger, dem Mahdi, getan hatten. Slatin war zweifelsohne der wertvollste Gefangene des jähzornigen und brutalen Mannes, und obwohl der Khalifa ihn oft schlecht behandelte, gelang es dem Wiener dennoch, sich aufgrund seiner heiteren Art und Pfiffigkeit eine Sonderstellung zu erkämpfen. Slatin erhielt zahlreiche Vergünstigungen und Vorrechte, die die anderen europäischen Gefangenen nicht hatten, balancierte aber auch ständig auf dem glatten Parkett der Unberechenbarkeit seines Herrn und Meisters und lernte schnell, die unkontrollierbaren und gefährlichen Wutausbrüche des Khalifa vorauszuahnen und im Keim zu ersticken. Er amtierte zuweilen als – wenn auch streng bewachter – Quartiermeister des Khalifa, konnte über einen eigenen Haushalt mit vier Dienern verfügen und durfte auch manchmal Expeditionen ins Landesinnere begleiten.

Bei diesen Inspektionsreisen, die der Khalifa selbst durchführte, mußte Slatin meist zu Fuß hinter dem Pferd seines Herrn – in angemessenem Respektsabstand natürlich – herlaufen. Wie er berichtete, platzte ihm dabei einmal die Hornhaut an seinen Füßen, so daß er sie mit einem Bindfaden umwickeln mußte, um sie vor der überheißen Sandeinwirkung zu schützen. Bei einer dieser für ihn so schmerzhaften Reisen des Khalifa verletzte sich Slatin so schwer, daß sein Fuß zu bluten begann. Ohne ein Wort der Klage und des Schmerzes humpelte er jedoch weiter hinter dem Pferd seines Herrn her. Als dieser haltmachte, war er von der Tapferkeit des erschöpften Slatin so begeistert, daß er ihm ein Pferd schenkte und von nun an erlaubte, in seinem Gefolge mitzureiten. Von Zeit zu Zeit veranstaltete der Khalifa Scheinkämpfe zwischen seinen Truppen und den Besatzungstruppen von Omdurman. Bei diesen „Manövern von Abdullahis Gnaden" nahm Slatin die Rolle eines Adjutanten ein. Als einziger Offizier unter den europäischen Gefangenen des Khalifa koordinierte er die Truppenaufmärsche seines Kerkermeisters – wahrlich eine eigenartige Karriere für einen Gefangenen.

Es ist gut möglich, daß der Khalifa im Lauf der Jahre so etwas wie ein Gefühl der echten Zuneigung für Rudolf Slatin entwickelte, und als dem Wiener schließlich die Flucht gelang, verfluchte er ihn vor versammelter Mannschaft und erklärte öffentlich und voller Zorn, er habe den Geflohenen stets wie einen Sohn behandelt und keinen Schritt unternommen, ohne sich von ihm beraten zu lassen. Wir dürfen annehmen, daß der wütende Khalifa hier sehr übertrieb, denn so ganz hatte er dem fähigen Ex-Gouverneur Gordons, der ihm intellektuell sicherlich weit überlegen war, Fremdsprachen beherrschte und sich in der modernen Kriegführung ebenso auskannte wie mit den Gepflogenheiten der anglo-ägyptischen Armee, wohl doch nie über den Weg getraut.

Es entwickelte sich eine merkwürdige „love-hate relationship" zwischen Gefangenem und Kerkermeister, eine Beziehung, die die beiden ungleichen Männer fast jeden Tag zusammenführte. Es konnte vorkommen, daß der Khalifa Slatin zu einem opulenten Mahl lud und durchaus freundschaftliche theologische Gespräche mit ihm führte, nur um ihn am nächsten Morgen entweder zu beschimpfen oder einfach zu ignorieren. Die Herrschaft des Khalifa war mindestens ebenso blutrünstig wie die des Mahdi. Doch als der grausame Despot ehemalige Günstlinge, unbequeme Kritiker, Höflinge und auch zahlreiche seiner Freunde, die ihm zu mächtig geworden zu sein schienen, reihenweise eliminierte, stand Slatin niemals auf der Abschußliste. Der Khalifa blieb Abdel Kader gewogen, der bald einer der wenigen seiner Männer und Sklaven war, die von Anfang an, seit der Schlacht von Khartum, an seiner Seite und in seinem Dunstkreis gelebt hatten und sich immer noch des Wohlwollens des Tyrannen erfreuen konnten.

Diese besondere Gewogenheit des Khalifa äußerte sich auch darin, daß er seinem Gefangenen immer schönere Frauen überließ. Das strengstens reglementierte moslemische Schreckensregime des Khalifa, der Alkoholgenuß etwa untersagte und drakonisch ahndete – wurde jemand überführt, Alkohol konsumiert zu haben, überwarf man ihn mit Kot, Staub und Schmutz, zertrümmerte das Gefäß oder die Schale, aus der der Übeltäter getrunken hatte, auf dessen Kopf und bestrafte ihn sodann mit mindestens 80 Peitschenhieben –, war im sexuellen Bereich erstaunlich großzügig. Der ungezügelte Sexualtrieb wurde zum beherrschenden Wesensmerkmal der Untergebenen des Khalifa, diese grenzenlose Promiskuität sollte wohl der Ersatz für jede andere gesellschaftliche Betätigung sein, die die strengen Gesetze des Korans nicht erlaubten.

Der Khalifa erleichterte es seinen Gefolgsleuten zum Beispiel, die vom Koran vorgeschriebene und erlaubte Anzahl von Frauen zu nehmen, nämlich vier, indem er die Morgengabe für ein Mädchen halbierte. Er vereinfachte auch kurzerhand die ohnehin mehr als laxen Scheidungsgesetze der Derwische. Slatin berichtet, daß viele Männer während der langen Jahre seines Aufenthaltes in Omdurman an die fünfzigmal den Bund der Ehe eingingen. Das sonst so strengen und rigoros gehandhabten Regeln unterworfene Leben in der Khalifa-Stadt Omdurman glich in sexueller Hinsicht einem Sodom und Gomorrha. Daß es in diesem „Babel der Fleischeslust" auch zahlreiche Perversionen gab und Homosexualität und Sodomie an der Tagesordnung standen, braucht erst gar nicht gesondert erwähnt zu werden. Slatin lebte also in einer nahezu sexbesessenen Welt der Ausschweifungen und Exzesse, die sich so sehr von den Verhältnissen in seiner puritanischen Heimat unterschied wie die dunkle Seite des Mondes von der Sonne.

Wir wissen nicht, ob und inwieweit Slatin an diesem regen Sexualtreiben teilgenommen hat, denn darüber schwieg der Wiener diskret. Sein Buch *Feuer und Schwert im Sudan* erschien ja auch in der Hochblüte eines sexuell nicht gerade besonders liberalen Zeitalters, und Slatin wußte, als er seine Erinnerungen an diese wilde Zeit in Omdurman niederschrieb, sicherlich genau, daß das prüde Leserpublikum des ausgehenden 19. Jahrhunderts nicht reif für detaillierte Schilderungen der ausgefallenen Sexualmoral der Derwische war; ebenso wußte er, daß er in den Augen vieler Briten und Europäer ohnehin eine Ungeheuerlichkeit begangen hatte, als er sich mit Eingeborenenfrauen einließ. Er kannte die Standes- und Rassedünkel, die Europa damals beherrschten, und die Einstellung des Durchschnittseuropäers, der einen Sexualverkehr eines gebildeten Weißen mit einer farbigen Frau als ekelerregend verdammte. Er war aber sicherlich auch in sexueller Hinsicht ein normaler Mann mit normalen Wünschen und Neigungen.

Seit den Tagen seiner Gouverneurszeit war er mit Hassanieh, einer Tochter der Königsfamilie von Darfur, verheiratet und hatte wahrscheinlich auch zahlreiche Nebenfrauen, darunter eine Äthiopierin namens Desta, die ihm einen Sohn gebar, der kurz nach seiner Flucht aus der Gefangenschaft starb oder auch ermordet wurde. Hinzu kam das Faktum, daß Frauen und Sklavinnen im Reich des Khalifa einfach zu den Statussymbolen von Macht und Ansehen zählten. Oftmals wurde Slatin auch regelrecht gezwungen, eine neue Frau in seinen Haushalt aufzunehmen. Diese Slatin vom Khalifa „zugeführten" Frauen erfüllten natürlich auch die Funktion einer Spionin, und der

Khalifa ließ es sich nicht nehmen, diese Frauen einer ausführlichen Befragung zu unterziehen, ob Slatin auch wirklich mit ihnen geschlafen und sich als echter Mann in jeder Hinsicht erwiesen habe. Mit dem Wohlwollen des Khalifa stieg auch die „Qualität" seiner zahlreichen „Frauengeschenke". Dies war nicht immer so gewesen, denn die erste Frau, die der Khalifa Slatin kurz nach dessen Entlassung aus dem allgemeinen Gefängnis von Omdurman ins Haus schickte, konnte nicht als ausgesprochene Schönheit angesehen werden, wie der Gefangene eindrucksvoll zu schildern weiß:

> Es bedurfte meiner ganzen Fassung, um nicht erschreckt auf das Angareb zu sinken. Aus dem tiefschwarzen, fleischigen, von spärlichen Haaren umrahmten alten Gesicht lugten ein paar kleine, häßliche Augen. Eine breite, plattgedrückte Nase und ein Mund mit außergewöhnlich schwulstigen Lippen, der sich beim Sprechen den weit abstehenden Ohren in bedenklicher Weise näherte, vervollständigten dieses wenig sympathische Frauenantlitz. Der Kopf saß auf einem kurzen, fetten Hals, der in einem unförmigen Körper steckte. Das Ganze nannte sich Marjam (Maria, ein häufig vorkommender Name).[1]

Einmal bot der Khalifa Slatin sogar eine seiner eigenen Frauen an, die – wie Slatin sich vergewissern konnte – zwar nachtschwarz, aber durchaus hübsch war. Slatin lehnte dieses edle Geschenk dankend ab, und zwar mit der Begründung, daß es einem Diener nicht zustünde, die Frau seines Herrn zu besitzen. Der Khalifa war von der Antwort Slatins hellauf begeistert und schenkte ihm anstelle der Frau ein besonders wertvolles Kleidungsstück, das dem Mahdi gehört hatte. Es handelte sich um eine sogenannte „Dscheba", ein Tuch, das der Mahdi einst getragen hatte und für das die meisten Derwische ihr gesamtes Vermögen gegeben hätten, während Slatin lediglich gelassen von einem ausgezeichneten Tausch sprach. Er stellte auch nüchtern fest, daß er ein festes Einkommen, also ein Fixgehalt, den ständigen Frauengeschenken des Khalifa vorgezogen hätte.

Abdullahi konnte es sich leisten, in dieser Hinsicht großzügig zu sein, denn sein Harem bestand aus sage und schreibe 400 (!) Frauen. Der Khalifa verließ seine Hauptstadt nur sehr selten, doch wenn er wieder einmal eine seiner Inspektionsreisen antrat, war dies eine äußerst pompöse hochoffizielle Angelegenheit. Die Kriegstrommeln dröhnten laut durch Omdurman, und am Schluß seiner Kolonne führte der Khalifa eine Musikkapelle mit, die sich aus 50 schwarzen Sklaven zusammensetzte und ihm das „Herz mit Musik erfreute". Die Instrumente der „Privatband" des Khalifa waren vorwiegend aus hohlen Baumstämmen geformte Trommeln, Antilopenhörner und sogenannte Ombeiyahörner, die aus den elfenbeinernen Stoßzähnen von Elefanten hergestellt wurden. Slatin mußte als echter „Mulazim" des Khalifa an allen diesen Inspektions- und Besichtigungsreisen teilnehmen und spielte auch bei allen Manövern und Paraden die Rolle des treuen Dieners seines Herrn. Bei den endlos langen Palavern saß er – zusammen mit den anderen „Mulazims" – stundenlang mit gekreuzten Beinen neben dem Khalifa, obwohl man ihn so gut wie nie zu Rate zog, außer es galt, irgendein fremdsprachiges Dokument zu übersetzen. Ansonsten gab es für Slatin in Omdurman nicht allzuviel zu tun. Die Khalifa-Stadt besaß keinerlei Sehenswürdigkeiten – mit Ausnahme ihrer Moschee und des gewaltigen Mahdi-Denkmals, der Grabstätte des Auserwählten, welche den Gefangenen sicherlich nicht sehr begeisterte. Eine besondere Faszination, der sich auch Slatin nicht entziehen konnte, bot jedoch der Sklavenmarkt, den er sehr eindringlich beschreibt:

> In Omdurman steht südlich vom Beth el Mal auf einem freiliegenden geräumigen Platze ein aus ungebrannten Lehmziegeln erbautes Haus, das sogenannte Suk er Regig, der Sklavenmarkt. … Hier kommen die professionellen Sklavenhändler zusammen und bieten ihre Waren an. Rund um das Haus stehen oder sitzen Weiber und Mädchen in großer Zahl und Auswahl, von der alten, gebrechlichen, halbnackten Arbeitssklavin bis zu der nach Sudanbegriffen schön geputzten jugendlichen Suria (Konkubine). Da dieser Handel als ganz natürlich angesehen wird und dem Gesetz entspricht, so werden die Feilgebotenen von den Käufern ohne jegliche Zurückhaltung wie zum Markt gebrachte Tiere auf das gründlichste untersucht; man öffnet ihnen den

Mund, um zu sehen, ob die Zähne sich in gutem Zustand befinden, entkleidet den Oberkörper, besieht und prüft den Rücken, Brust und Arme, untersucht die Füße und läßt sie einige Schritte gehen, um den Körper auch in der Bewegung beobachten zu können. Man stellt Fragen und erprobt, bis zu welchem Grade sie der arabischen Sprache mächtig sind, was besonders bei den Surias einen großen Preisunterschied macht. All dies lassen die Sklavinnen ruhig und gleichgültig über sich ergehen. Nun beginnt das Feilschen zwischen dem Käufer und dem Händler, der entweder einen Preis nennt oder sich ein Angebot machen läßt. ... Verfehlt der Käufer einerseits nicht, sie möglichst herabzusetzen und über die Mängel an Schönheit des Gesichts, der Körperformen, der Sprechweise usw. zu räsonnieren, um den Preis zu drücken, so unterläßt es auch wieder der andere nicht, die Eigenschaften des Körpers und des Geistes des Kaufobjektes in der detailliertesten Weise zu rühmen, um den Reflektanten zu dem günstigsten Abschlusse zu bewegen. Hat man sich endlich über den Preis geeinigt, so wird gleichzeitig mit der Bezahlung desselben das übliche Verkaufspapier ausgestellt, und damit ist die Sklavin in das Eigentum ihres neuen Herrn übergegangen. Der Verkäufer aber haftet für gewisse, durch den Gebrauch festgesetzte Gewährsmängel, insbesondere für geheime Krankheiten, wozu bei den Surias auch das Schnarchen gezählt wird, dann für üble Charaktereigenschaften wie Hang zum Stehlen und dergleichen.[2]

Slatin legte hier eine gewisse merkantile Ader an den Tag, vielleicht meldete sich das Blut seiner Vorfahren. Jedenfalls stellte er fachmännisch eine Preistabelle auf und notierte, daß der Mindestpreis für eine alte abgearbeitete Sklavin 50 Taler betrug, während man bis zu 700 Taler für eine junge und unverbrauchte Konkubine aufbieten mußte.

Die einzigen anderen Abwechslungen für Slatin waren die zahlreichen Verschwörungen gegen den Khalifa, wobei er nie genau wußte, ob es sich um echte Verschwörungen oder um vom Khalifa inszenierte Aufstände handelte, die ihm einen ausgezeichneten Vorwand lieferten, sich unliebsamer Kritiker zu entledigen. Eine tatsächliche Rebellion fand allerdings bereits 1885 statt, als sich meuternde „Basingers" dem Khalifa widersetzten und in den Nuba-Bergen eine proägyptische Republik errichten wollten. Mit den Meuterern wurde kurzer Prozeß gemacht. Ein anderer selbsternannter Rebell, dem nur ein kurzes Leben beschieden war, war ein Postkurier, der behauptete, er sei „Isa", Jesus Christus. Dieser Mann wurde öffentlich enthauptet. Die einzige ernstzunehmende Bedrohung des Khalifa-Regimes ging von den Verwandten des Mahdi aus. Diese „Aschrafs" erhoben sich gegen den Khalifa, weil man sie ihrer Ehrenämter beraubt hatte und sie sich gegen ihre zu hohe Besteuerung wehren wollten. 1888 war es zu einer schrecklichen Lebensmittelknappheit und in der Folge zu einer regelrechten Hungersnot gekommen, auf den Straßen ereigneten sich tumultartige Szenen. Eine davon hielt Slatin in seinem Buch fest.

> Ich sah einige Leute sich auf der Erde sonderbar hin- und herbewegen. Ich trat näher; es waren drei halbnackte Weiber mit langen, wirren Haaren, die neben dem Körper eines jungen Esels hockten, der wahrscheinlich das Muttertier verloren hatte oder von den Weibern gestohlen worden war. Sie hatten seinen Leib, wie es schien, mit den Zähnen und den Händen aufgerissen und kauten an den rohen Eingeweiden des sich noch in Todeszuckungen wälzenden Tieres. Mir schauderte vor diesen vom Hunger zu Tieren gemachten Weibern, die mich wie Wahnsinnige anglotzten. Die Bettler, die mir nachgegangen waren, wollten ihnen jetzt den Kadaver wegnehmen, sie verteidigten aber ihren Raub mit der Wut der Bestie, die Blut geleckt hat. Ich verließ raschen Schrittes diese unheimliche Gesellschaft.[3]

Der entsetzte Slatin beobachtete auch, wie die Leichen Hunderter an den Flußufern verhungerter Menschen den Nil, dessen Quellflüsse sich bei Omdurman vereinigen, hinuntertrieben. Der Khalifa wollte der Hungersnot begegnen, indem er eine aussichtslose Invasion Ägyptens in Angriff nahm, wo die Kornkammern reich und voll gefüllt waren. Die Truppen Abdullahis fielen zwar in Ägypten ein, wurden aber am 3. August 1889 von einer anglo-ägyptischen Streitmacht unter dem Befehl des Briten Grenfell ohne große Probleme in die Flucht geschlagen. Die Ägypter machten über 5000 Gefangene,

Das „War-Office" in Khartum (Aufnahme um 1914).

und der Khalifa, der in Omdurman von der Niederlage seiner Truppe erfuhr, verzichtete aus Kummer und Wut drei Tage lang auf die Freuden des Haremslebens, wie Slatin interessiert beobachtete.

Der Hintergrund und die Zeitumstände waren also mehr als günstig für die „Aschrafs", als sie sich im November 1891 gegen den Khalifa auflehnten. Unter den Aufständischen befanden sich nicht nur zahlreiche Verwandte des Mannes von der Nilinsel, sondern auch zwei seiner leiblichen Söhne. Was die „Aschrafs" aber nicht ahnen konnten, war, daß der Khalifa eine Anzahl von Spionen in ihre Reihen eingeschleust hatte und über jeden ihrer Schritte genau Bescheid wußte. Die Verschwörer wurden im Morgengrauen von den Truppen des Khalifa umstellt, gingen aber auf kein Friedensangebot ein, und so kam es auch in der Hauptstadt Omdurman zum Aufruhr. Slatin witterte bereits Morgenluft, als sich die Kämpfe auch auf die Hauptstadt ausdehnten, wurde aber schnell eines Besseren belehrt, als die Kämpfenden nach zwei Tagen Waffenstillstand eine Kompromißlösung fanden. Die abtrünnigen Verwandten des Mahdi würden wieder in ihre Ehrenämter eingesetzt werden, und man würde ihnen auch Steuererleichterungen gewähren, falls sie die Waffen niederlegten. Der hinterhältige Khalifa versprach, die Hauptr];delsführer unbehelligt zu lassen, um sie dann, nachdem sie sich ergeben hatten, zu Tode prügeln zu lassen. Er begründete seinen Wortbruch damit, daß ihm der Mahdi in einer Vision erschienen sei und befohlen hätte, die Abtrünnigen zu exekutieren.

Einige europäische Gefangene hatten den „Aschraf"-Aufstand zur Flucht aus Omdurman genützt. Unter ihnen befanden sich auch Pater Joseph Ohrwalder, Slatins österreichischer Landsmann, und zwei Nonnen seiner Mission. Die drei Flüchtigen ritten zehn Tage lang auf ihren Kamelen durch die Wüste und legten 640 Kilometer zurück, bis sie in einem nahe der sudanesischen Grenze gelegenen ägyptischen Fort Zuflucht fanden. Joseph Ohrwalders Flucht hatte für Slatin unangenehme Folgen, da ihn der Khalifa in Verdacht hatte, seinem Landsmann bei den Vorbereitungen zur Flucht geholfen zu haben. Schlimmer noch als der Unmut des Khalifa war für den Wiener die Tatsache, daß er mit dem Pater einen klugen, umsichtigen, gebildeten, intelligenten und gütigen Freund verloren hatte, der ihm seinen Glaubensabfall niemals vorgeworfen hatte – einen Gleichgesinnten und Mitgefangenen, mit dem er sich in seiner Muttersprache unterhalten und Erinnerungen an die gemeinsame verlorene Heimat austauschen konnte.

FLUCHT IN DEN RUHM

Die Reihen der europäischen Gefangenen in Omdurman lichteten sich immer mehr. Der Engländer Lupton war bereits zwei Jahre vor der Flucht Pater Joseph Ohrwalders vom Typhus dahingerafft worden, und gegen Ende des Jahres 1891 befand sich zwar noch eine Anzahl von Griechen, Syrern und Italienern in der Stadt des Khalifa, aber Slatin konnte sich nur noch mit einem einzigen Mann in seiner Muttersprache unterhalten, mit dem deutschen Gefangenen Karl Neufeld. Doch es entwickelte sich kein Freundschaftsverhältnis zwischen den beiden Gefangenen. Karl Neufeld, der vor drei Jahren auf einer aus unerklärlichen Gründen unternommenen Geschäftsreise von den Derwischen geschnappt worden war – der preußische Kaufmann wollte offiziell Gummi einkaufen, hatte aber von der britischen Generalität den Auftrag erhalten, die Lage im Sudan zu sondieren –, war ein unbeugsamer Mann, der sich dem Khalifa tapfer widersetzte und ständig drakonischen Bestrafungen und Folterungen ausgesetzt war. Slatin bewunderte zwar das ungewöhnlich starke Durchhaltevermögen des Preußen, aber es fiel ihm auch schwer, diesen Opfermut Neufelds zu verstehen.

Als man Karl Neufeld folterte, ihn mit Speeren und Säbeln quälte und verhöhnte, antwortete der stolze Preuße ungerührt: „Gehe zu deinem Khalifa und sage ihm, daß weder er noch fünfzig Männer wie er mir ohne die Erlaubnis Gottes ein Haar krümmen können."[1] Neufeld war der Prototyp der unbeugsamen „preußischen Eiche", er verkörperte den prinzipientreuen Norddeutschen und verzog auch keine Miene, als ihm der Khalifa eröffnete, er würde nun nach dem Beispiel des Christenpropheten Jesus Christus gekreuzigt werden. Abdullahi wandelte jedoch dieses Urteil später in Tod durch den Strang um. Neufeld stand am Galgengerüst, und die Schlinge baumelte bereits bedrohlich über ihm, als man ihm eine entscheidende Frage stellte: „Du wirst in wenigen Minuten tot sein. Wie willst du nun sterben, als Mohammedaner oder als Christ?" Die Antwort des Preußen hätte selbst General Gordon begeistert: „Die Religion ist kein Kleid, das man heute anzieht und morgen fortwirft!" Auch die Derwische zeigten sich beeindruckt von der kompromißlosen Haltung des Deutschen (und vielleicht von Slatins Bitten, Neufeld am Leben zu lassen) und nahmen ihn wieder vom Galgen herunter. Nun vegetierte der mutige preußische Kaufmann seit gut drei Jahren im „Saier", dem schrecklichen allgemeinen Gefängnis von Omdurman, dahin, das Slatin aus eigener leidvoller Erfahrung kannte. Er wurde immer wieder gefoltert und gequält und ertrug seine Schmerzen in stolzer stoischer Schicksalsergebung. Slatin war die bewundernswerte Haltung des mutigen deutschen Kaufmanns unverständlich. Welchen Sinn hatte es denn, zu sterben oder unmenschliche Qualen zu erdulden, hier unter der heißen Sudansonne, fern der Zivilisation? Rudolf Slatin war ein echter „Überlebenskünstler" geworden, während der wackere Karl Neufeld wohl den stolzen, unbeugsamen, seinen Prinzipien und seinem Glauben um jeden Preis treu bleibenden, gestandenen Preußen verkörperte, der lieber zu sterben bereit war, als auch nur einen Zoll zu wanken und nachzugeben.

Slatin blickte im November 1891 öfters sehnsüchtig auf die nach Norden führende Karawanenstraße, die sein Freund und Landsmann Pater Joseph Ohrwalder für seine Flucht in die Freiheit benutzt hatte. Dem ehemaligen Mudir von Darfur schien der Zeitpunkt seiner eigenen Flucht immer näher zu rücken. Ein Grund dafür war, daß der Wiener Nachricht von seiner Heimat erhalten hatte. Bereits zwei Monate nachdem er in Gefangenschaft geraten war, schrieb er einen Brief an seine Angehörigen, der seinen überlangen Weg über Kairo und das dortige österreichische Generalkonsulat nach Wien nahm und Slatins Familie gegen Ende des Jahres 1884 erreichte. Slatin schildert darin die Vorkommnisse, die zu seiner Absetzung und

Kapitulation, seinem Glaubenswechsel und seiner Gefangenschaft geführt hatten. Auch dieses Schreiben stellt eine fortwährende Rechtfertigung seines Benehmens dar. Es war, als ob Slatin auch seiner Familie und vor allem seiner Mutter beweisen mußte, daß er keine andere Wahl gehabt hatte. Sein Schuldkomplex, den er schon in seinen Briefen an seinen ehemaligen Vorgesetzten General Gordon an den Tag gelegt hatte, plagte ihn wohl stärker, als er sich selbst einzugestehen bereit war. Slatin erhielt erst 1888 Antwort auf diesen Brief. Das in Wien aufgegebene Schreiben war über 20 Monate unterwegs gewesen und war von Suakin aus – jenem Küstenhafen am Roten Meer, den die Briten nach wie vor beherrschten – ins Reich des Khalifa gelangt. Diese Küstenprovinz, an der sich die Briten festgesetzt hatten, wurde damals von einem Mann beherrscht, dessen Stern im Aufsteigen war, der damalige britische Gouverneur von Suakin sollte auch in Slatins späterem Leben eine Rolle spielen. Es handelte sich um Herbert Kitchener, der als „Lord Kitchener of Khartoum", als der „große Sirdar", in die Geschichte eingehen sollte und – wie wir noch erfahren werden – General Gordons Tod rächte, die Nationalehre Großbritanniens wiederherstellte und den gesamten Sudan dem britischen Empire einverleibte.

Slatin wußte natürlich nichts von der beeindruckenden Person des britischen Gouverneurs von Suakin, der den Brief seiner Familie an Osman Digna, den Oberbefehlshaber der Khalifa-Truppen am Roten Meer, weitergeleitet hatte. In Omdurman befahl der Khalifa Slatin, den Brief öffentlich zu verlesen. Seine Hände zitterten, als er erfuhr, daß seine geliebte Mutter gestorben war, und mühsam unterdrückte er seine Tränen, als er mit brüchiger Stimme die letzten Worte seiner Mutter in arabischer Übersetzung vorlas. „Ich bin bereit zu sterben, aber ich hätte gerne meinen Rudolf wiedergesehen, ihn noch einmal in die Arme geschlossen. Es ist schwer für mich, diese Welt zu verlassen, wenn ich daran denke, daß er sich in den Händen seiner Feinde befindet."[2]

Der Khalifa verbot dem gebrochenen Slatin, um seine Mutter zu trauern, da sie als Ungläubige gestorben war, ohne an den

Propheten oder an den Mahdi zu glauben, und daher sicherlich keine Gnade vor den gestrengen Augen Allahs finden würde. Außerdem befahl der Khalifa dem Gefangenen, umgehend einen Antwortbrief an seine Geschwister zu senden und mindestens einen seiner Brüder dazu zu bewegen, sich ihm in Omdurman anzuschließen und seine privilegierte Vorrangstellung zu teilen. Der um den schmerzlichen Verlust seiner Mutter trauernde Wiener nützte diese Gelegenheit sofort aus, um der Außenwelt eine tatsächliche Lagebeschreibung zukommen zu lassen. Er schrieb den Brief in deutscher Sprache, und der Code dieses Schreibens ließ sich in verschiedenen Passagen knacken, die Slatin entweder in Anführungszeichen oder in Klammern setzte. In einer dieser in Klammern gesetzten Stellen hieß es, daß alle Passagen in Anführungszeichen das genaue Gegenteil des Geschriebenen ausdrückten. In Anbetracht der heiklen Lage und seiner Trauer um seine Mutter war Slatin mit diesem auf seine eigene Art chiffrierten Schreiben eine Meisterleistung gelungen. Der Khalifa schöpfte keinen Verdacht, und der Brief trat seine lange Reise nach Österreich an. Dort lasen Slatins Geschwister, daß ihr Bruder, trotz der Tatsache, daß er über ein „eigenes Hauswesen, Weiber und Diener“ verfügen konnte, nur ein Gefangener des Khalifa war, der ihn zwar mit „allem Nötigen“ versorgte, aber dennoch niemals aus den Augen ließ.

Weiters erläuterte Slatin seinen Geschwistern die Einladung seines Herrn, ihn zu besuchen, damit sie sich persönlich von seiner „ausgezeichneten Lage und seinem Glück“ überzeugen konnten. Er empfahl seinen Familienangehörigen, einen fähigen Orientalisten aufzusuchen, der dem Khalifa in arabischer Sprache schreiben sollte.

> In Eurem Briefe müßt Ihr dem Khalifen Weihrauch streuen, ihn loben, ihm immerwährende Gesundheit und Sieg über seine Feinde wünschen und ihm danken für die Güte, mit welcher er mich behandelt, und die Wohltaten, die er mir erweist. Dann macht alle möglichen Ausflüchte über vorläufiges nicht Hierherkommen, Krankheit, Familienverhältnisse … erwähnt, daß Ihr Euch bemüht, mich loszukaufen, doch ist dies (die Flucht) unter

den hiesigen Verhältnissen … etwas Unmögliches. … Selbst um den höchsten Preis ist der Khalif „aus Liebe zu mir" nicht gewillt, sich von mir zu trennen, und ich, nachdem ich das „Glück" seiner Nähe genossen, nicht gewillt, ihn zu verlassen.[3]

Der Gefangene von Omdurman schlug auch eine finanzielle Note an und erklärte trocken, er habe errechnet, daß ihm die ägyptische Regierung zum gegenwärtigen Zeitpunkt mindestens 1000 Pfund schulde, und bat seine Geschwister, zu veranlassen, daß der österreichische Geschäftsträger in Kairo diese Summe in seinem Namen behob. Dann erbat er sich eine Reihe von Gebrauchsgegenständen und Zeitungsmeldungen über den Sudan, die ihm seine Wiener Verwandtschaft über die ungewöhnliche Route Kairo–Kitchener–Osman Digna senden sollte. Am Schluß seines Briefes wies Slatin darauf hin, daß der Khalifa die Mitglieder seiner Familie eingeladen hatte, ihn in Omdurman zu besuchen. Sein Chiffresystem funktionierte ausgezeichnet. Als seine Geschwister den Satz „…Möge einer von Euch (nicht) hierherkommen…" lasen, wußten sie genau, wie es in Wahrheit um den Gefangenen von Omdurman stand, der sie seiner Liebe versicherte und klarstellte, daß ihn nur die Aussicht auf seine Befreiung am Leben erhielt.

Die Sendung seiner Geschwister traf tatsächlich sieben Monate später in Omdurman ein. Slatin konnte sich später deshalb ziemlich genau an das Eintreffen jener Sendung aus seiner Heimat erinnern, weil es zu diesem Zeitpunkt wieder einmal zu einer Verschwörung kam, die der Khalifa blutigst niederschlug, den sogenannten „Batahin-Aufstand". Der Stamm der Batahin hatte eigentlich keinen Aufstand unternommen und auch keine Verschwörung geplant, sondern sich lediglich geweigert, an der mißglückten Ägypten-Invasion des Khalifa teilzunehmen. Der Stamm desertierte geschlossen, doch 70 der Geflohenen wurden erwischt und zusammen mit ihren Familien in Ketten nach Omdurman zurückgeschleppt. Der Khalifa verhängte das Todesurteil über die Unglücklichen, und Rudolf Slatin war Augenzeuge der grausamen Vollstreckung dieses Urteils.

> … Als wir am Platze anlangten, bot sich uns ein schrecklicher Anblick dar. Man hatte die unglücklichen Batahin in drei Parteien geteilt. Ein Drittel wurde gehängt, ein Drittel geköpft und dem Rest die rechte Hand und der linke Fuß abgeschnitten. Der Khalifa blieb vor den drei Galgen, die unter ihrer Last zusammenzubrechen drohten, ruhig stehen. Unweit davon lag ein Haufen verstümmelter Menschen, denen die rechte Hand und der linke Fuß abgetrennt worden waren, in ihrem eigenen Blute schwimmend. Ein furchtbarer Anblick.[4]

Wenige Tage, nachdem Slatin Zeuge dieser grauenvollen Hinrichtung geworden war, traf die Geschenksendung seiner Geschwister ein. Darunter waren auch einige Ausgaben der in Wien erscheinenden Zeitung *Neue Freie Presse,* die Slatin mit Genuß verschlang. Er las die längst nicht mehr aktuellen Meldungen aus seiner Heimatstadt, und aus dem kriecherischen unterwürfigen Diener des Khalifa Abdel Kader, der schon fast vergessen hatte, daß es eine Kaiserstadt und eine Welt außerhalb seines Wüstengefängnisses gab, wurde wieder der Leutnant Rudolf Slatin, der stolze Wiener Offizier. Weitere Nachrichten aus der Heimat ereilten ihn, als ihm eines Tages ein Kaufmann aus Darfur unerwartet – nach dem Abendgebet in der Moschee von Omdurman – eine abgegriffene, alte ägyptische Zeitung präsentierte. Der Händler war vor einiger Zeit in Kairo gewesen und hatte diese Zeitung mitgebracht, weil er darin etwas über das Land gelesen hatte, in welchem Abdel Kader geboren worden war. Slatin las vom geheimnisumwitterten und tragischen Tod jenes Mannes, der der Inhaber und Oberbefehlshaber seines Infanterieregiments gewesen war. Die Nachricht vom Tod des Kronprinzen Rudolf hatte – wenn auch durch Zufall und mit großer Verspätung – den Gefangenen von Omdurman erreicht. Doch die Vorfälle von Mayerling konnten dem Mann in der Wüste kaum mehr als ein erstauntes Achselzucken entlocken, denn er befand sich zu dieser Zeit in der vielleicht schwersten Depression, die er jemals erleben sollte, und konnte natürlich auch nicht ahnen, daß sein Bruder Heinrich mit der Untersuchung des tragischen Ereignisses beauftragt worden war und seine Sache – wie wir anfänglich gehört haben – sehr gut machte. Das wahre Ausmaß der tiefen seelischen Krise, in der sich Slatin nun befand, geht aus einem weiteren Brief an seine Geschwister hervor:

> Mein Schicksal ist schwer – in Lumpen gekleidet, bloßen Füßen –, manchmal am Notwendigsten Mangel leidend, ertrage ich jahrelang mein Leben – oft den Demütigungen roher Fanatiker ausgesetzt. Daß meine früheren Vorgesetzten und Freunde nicht wissen, ob und was ich geleistet, was ich gelitten und noch leide, macht mir alles doppelt schwer! Weiß Gott, unter allen Verhältnissen habe ich nie gegen meine Ehre gehandelt – in den schwierigen Lagen die Ehre meines Standes aufrecht erhalten.[5]

Slatin, der sich in den vielen Jahren seiner Gefangenschaft stets seine Zuversicht bewahrte, demonstrierte mit diesem klagenden Brief, der einem verzweifelten Aufschrei gleichkam, daß er auch Phasen der tiefsten Traurigkeit, Melancholie und Hoffnungslosigkeit durchstehen mußte. Doch sein Schicksal sollte sich bald entscheidend und endgültig verbessern. Die Briten begannen nämlich, allmählich Vorbereitungen für eine eventuelle Rückeroberung des Sudan zu treffen, und beauftragten die Experten des militärischen Geheimdienstes, die Grenzen des Khalifa-Reiches ständig zu bewachen. Der für diese Operation verantwortliche Offizier war Reginald Wingate, der zu einer Schlüsselfigur in Slatins weiterem Leben werden sollte. Wingate leitete in Kairo ein Büro des militärischen Nachrichtendienstes, das eigens für den Zweck eingerichtet worden war, möglichst viel Material über das vom Khalifa beherrschte Gebiet zu sammeln, die politische und ökonomische Lage des isolierten Landes genauestens zu analysieren, Details über die Beschaffenheit und effektive Schlagkraft der Khalifa-Streitkräfte auszuspionieren und – was für Slatin am interessantesten und wichtigsten war – die Befreiung der gefangenen Europäer von Omdurman zu organisieren.

Bevor die Briten zu einem Entscheidungsschlag ausholten, sollte das Geiselproblem geklärt werden, und Reginald Wingate überlegte natürlich auch, wie man den prominentesten aller Gefangenen von Omdurman, Gordons Ex-Gouverneur

Rudolf Slatin, aus den Händen der Derwische befreien konnte. Wingate ging zunächst daran, die Möglichkeiten einer Kontaktaufnahme mit Slatin zu erkunden. Der geeignetste Ort für eine harmlos erscheinende Begegnung mit Slatin war die Moschee der Hauptstadt. Alle Besucher Omdurmans, alle Persönlichkeiten von Rang, die in der Stadt wohnten oder zu Besuch kamen, und natürlich alle „Mulazims" – und damit auch Slatin – mußten die Moschee mehrmals täglich aufsuchen. Diese war, wie Wingate richtig erkannt hatte, der einzige Ort, in dem sich der Wiener ungestört länger aufhalten konnte, ohne Verdacht zu erregen. Und im Februar 1892 traf Abdel Kader tatsächlich einen Kontaktmann des militärischen Geheimdienstes Ihrer Majestät in der Moschee von Omdurman. Als er zusammen mit vielen anderen Gläubigen die Moschee verließ, tippte ihm ein Araber auf die Schulter und erklärte ihm, daß er gekommen sei, um mit ihm zu sprechen. Der vorsichtige Slatin trug seinem „Besucher" auf, ihn am kommenden Abend wieder in der Moschee zu erwarten. Bei diesem nächsten Treffen steckte der Mann Slatin eine kleine Zinndose zu, welche dieser sofort in seiner weiten Dscheba verschwinden ließ. Wie eine sorgfältige Untersuchung der Dose, die er in seinem Haus vornahm, ergab, war der Zinnbehälter mit einem doppelten Boden ausgestattet, in dem Slatin eine kurze Botschaft entdeckte. Diese bestand nur aus wenigen französischen Sätzen und war von einem Oberst der österreichisch-ungarischen Mission in Kairo unterzeichnet worden. Sie besagte lediglich, daß man ihrem Überbringer trauen konnte. Dieser von Major Wingate beauftragte Araber sollte dem Gefangenen bei dessen Fluchtvorbereitungen helfen und pendelte alljährlich zweimal zwischen Omdurman und Kairo hin und her. Nachdem er sich von der Zuverlässigkeit des Mannes überzeugt hatte, gab Slatin dem Araber mehrere Botschaften und Nachrichten für all jene ihm unbekannten und bekannten Männer in Kairo mit, die an seine baldige Befreiung dachten. Ein besonders interessanter, mit unsichtbarer Tinte geschriebener „Geheimbrief", den der arabische Kontaktmann nach Kairo transportierte, war an Slatins geflohenen Freund Pater Joseph Ohrwalder adressiert.

Lieber Freund!
Seit Sie mich verlassen, fühle ich mich ganz vereinsamt, doch das Bewußtsein, Sie in Freiheit zu wissen, tröstet mich. Auch ich werde einmal zu fliehen versuchen. ... Wir müssen bis zum Winter warten, da jetzt die Nächte zu kurz. ... Was habe ich von der Regierung zu erwarten? Wie steht es mit meiner Geldangelegenheit? Nächste Tage kommt Mahmud aus Darfur mit sechs- bis siebentausend Gewehren hier an. Allgemeine Stimmung wie früher. ... Schicken Sie mir Medizin und Bitterpillen zur Stärkung auf der Reise. Der Große war krank, ist aber wieder hergestellt. ... Mein Verhältnis zum Großen wie früher. Er wird immer mißtrauischer.[6]

Interessant ist, daß Slatin auch bei diesem Brief auf seine „Geldangelegenheit" zu sprechen kommt. Es schien, als wollte er der ägyptischen Regierung immer wieder in Erinnerung rufen, daß er berechtigte Forderungen an sie zu stellen hatte. 1894 löste Wingate, der Slatins Brief an Ohrwalder mit Interesse gelesen hatte, vorübergehend Kitchener als Gouverneur von Suakin ab. Am Roten Meer konnte sich der fähige Geheimdienstoffizier ein genaueres Bild der Lage machen und Slatins Fluchtchancen besser beurteilen. Er beauftragte außerdem einen anderen in Suakin ansässigen Mann namens Onur Isa, als neuer Kontaktmann zwischen ihm und dem gefangenen Österreicher zu fungieren. Dieser Onur Isa wäre Slatin beinahe zum Verhängnis geworden, als man ihn fast in seinem Haus entdeckte. Alles, was Slatin über den neuen Kontaktmann wußte, war, daß er ihn an einer Nadel, die er in seiner rechten Hand halten sollte, erkennen würde. Der Bericht, den Onur Isa seinem Vorgesetzten Wingate nach seiner Rückkehr nach Suakin erstattete, zeigt, daß der Araber, der gekommen war, um Slatin zu befreien, beinahe selbst in den Händen des Khalifa gelandet wäre.

Ich verließ Suakin mit dem festen Vorsatz, Slaten (sic!) Bey um jeden Preis zu befreien. Als ich in Omdurman ankam, blieb ich achtzehn Tage dort, ohne mit ihm sprechen zu können, obwohl ich ihn täglich fünfmal in der Moschee sah. Am achtzehnten Tage kamen 40 Mulazem (sic!) Osman Dignas nach Omdurman, um ihre Beia (= den Treueid) zu erneuern. Nach der Gebetsstunde in der Moschee begrüßte Slaten Bey Osmans Männer, und während er ihnen die Hände schüttelte, näherte ich mich ihm und hielt die Nadel in der rechten Hand. Slaten erkannte sofort das verabredete Zeichen, begrüßte mich und fragte mich leise, ob ich irgendwelche Briefe mitgebracht hätte. Nachdem ich das bejaht hatte, wendete er sich wieder an die Männer Osmans und sagte: „Ich nehme an, daß ihr nach der langen Reise über die weite Ebene und durch die Wüste müde und hungrig seid. Ich hoffe deshalb, daß ihr bei mir zu Abend essen werdet, damit Gott mir und meiner Familie seinen Segen gibt." Dann ging Slaten in das Haus Jakubs, des Bruders des Khalifa, und bat ihn um die Erlaubnis, die Männer Osmans in sein Haus einladen zu dürfen. ... Auch ich wurde eingeladen. Als Slaten mich beim Betreten des Hauses nach meinem Namen gefragt hatte, sagte er laut: „Du als früherer Freund des Mahdi und treuer Ansara (sic!) des Khalifa mußt deinen müden und ermatteten Brüdern aufwarten, die sich darauf vorbereiten, gegen die Ungläubigen zu kämpfen." Ich folgte Slatens Aufforderung, ging mit seinen Dienern in die Küche und bediente seine Gäste. Bei dieser Gelegenheit übergab ich ihm die zwei Briefe, die er mit großem Interesse las.[7]

Slatin erklärte Onur Isa daraufhin, er möge nach zwei Tagen in der Maske eines Bettlers wieder bei ihm vorstellig werden. Als der „Bettler" sich dann wieder bei Slatin meldete, schickte ihn dieser auf eine fast einmonatige Inspektionsreise. Onur Isa stellte fest, daß sämtliche Posten von den Derwischen besetzt waren und daß auch die Straßen einer strengen Überwachung unterlagen. Slatin erklärte dem verdutzten Kontaktmann schließlich, er sei über all dies bereits genauestens informiert gewesen und habe ihn nur auf diese Reise geschickt, damit er dem Gouverneur von Suakin als Augenzeuge berichten könne, wie gefährlich eine Flucht sein würde und welche Hürden Slatin den Weg in die Freiheit verbauten. Er hätte dies vor allem deshalb getan, damit er nicht in den Ruf eines Feiglings gerate, weil er die Flucht bislang nicht gewagt hatte. Den folgenden Zwischenfall, der fast zur Enttarnung des Kontaktmannes geführt hätte, entnehmen wir wieder Isas Bericht.

> Während ich noch mit Slaten sprach, kam sein Diener herein und sagte ihm, Scheikh ed Din (sic!) sei gekommen, ihn zu besuchen. Slaten versteckte mich sofort in einem Schrank und ging hinaus, um den Scheikh ed Din zu empfangen, der ihn zum Abendessen einlud. Slaten ging mit ihm fort und ließ mich im Schrank zurück, aber nach kurzer Zeit kam sein Diener (ein Abessinier), öffnete den Schrank und ließ mich heraus. Ich blieb zwei Tage in seinem Haus, am dritten kehrte Slaten zurück, übergab mir zwei Briefe und sagte, ich möge Wingate Bey mitteilen, die Derwische auf den Hauptstraßen und die anschließend aus Omdurman dorthin geschickten Verstärkungen ließen seine Flucht gegenwärtig sehr gefährlich erscheinen. Es sei nicht Mangel an Mut, der ihn daran hindere, jetzt mit mir zu kommen. Außerdem bat mich Slaten, noch zwei bis drei Monate zu bleiben und eine günstige Gelegenheit abzuwarten, die sich ergeben würde, wenn der Feldzug gegen Kassala begonnen habe. Ich sagte ihm jedoch, die Umstände und mein Geldmangel erlaubten es mir nicht, noch länger dort zu bleiben. ...[8]

Auch aus den Schilderungen Onur Isas geht klar hervor, daß Slatin immer noch an einem „Rechtfertigungskomplex" litt. Er schien sich nun darüber zu alterieren, daß man ihn für einen Feigling halten könnte, was angesichts der Tatsache, daß Pater Joseph Ohrwalder und viele andere Zeugen seiner unbestrittenen Tapferkeit den Briten natürlich längst mitgeteilt hatten, welcher wertvolle Mann da in der Maske des ewig dienernden Abdel Kader in der Khalifa-Stadt Omdurman seiner Befreiung entgegenharrte, absurd erscheinen mag. Dennoch waren Slatins Befürchtungen in dieser Richtung gar nicht so abwegig, wie es die Entwicklung der Dinge beweisen sollte. Reginald Wingate jedenfalls begann sich immer lebhafter für das Schicksal des gefangenen Ex-Mudirs zu interessieren und bemühte sich, seinen Vorgesetzten, die Slatins Unentschlossenheit und Zögern, endlich einen Fluchtversuch zu unternehmen, kaum verstehen konnten, auseinanderzusetzen, daß der Wiener Offizier tatsächlich die am schwersten bewachte Geisel des Khalifa war – auch wenn er sich ziemlich frei und ungehindert bewegen konnte und in relativem Wohlstand lebte.

Slatins Reputation und Ansehen litten damals auch darunter, daß es einem weiteren Gefangenen, dem italienischen Priester Rossignoli, noch im selben Jahr gelang, durch die Maschen des enggesponnenen Netzes des Khalifa zu schlüpfen und mit der Hilfe einiger Agenten Wingates aus Omdurman in die Freiheit zu entkommen. Natürlich war der Priester nicht so streng bewacht worden wie Slatin, doch in Kairo begann man sich langsam zu fragen, wie es denn möglich war, daß es zwei Priestern und zwei Nonnen gelungen war, allen Kontrollposten der Derwische zu entgehen und den langen Ritt in die Freiheit zu schaffen, während der in 25 siegreichen Schlachten erprobte Haudegen Slatin, der furchtlose und unerschrockene Offizier, der den Mahdi-Truppen so manche empfindliche Niederlage zugefügt hatte, immer noch wie eine Maus in der Falle saß und anscheinend auch keine großen Anstalten machte, endlich eine Änderung seiner mißlichen Lage herbeizuführen. Auch die Österreicher in Kairo meldeten Skepsis an und stellten ernsthafte Spekulationen darüber an, ob der Wiener in den langen Jahren seiner Gefangenschaft vielleicht den Mut verloren hatte. Diese Haltung geht auch aus einem leicht ironischen Telegramm hervor, das der österreichisch-ungarische Missionschef in Kairo am 4. März 1895 nach Wien durchgab. Der Wortlaut dieses Telegramms war folgendermaßen:

> „Ob Slatin sich wirklich zu einem Fluchtversuch aufrafft, zu welchem er schon öfters bereit war, hängt von den Umständen ab, welche sich selbstverständlich der hierortigen Beeinflussung, ja Beurteilung entziehen."[9]

Es war natürlich leichter, im sicheren Kairo Prognosen über den Ausgang einer Flucht aus Omdurman abzugeben, als selbst im Lager des Khalifa auf eine günstige Möglichkeit zur Flucht zu warten, denn Rossignolis Entkommen hatte Slatins Lage nicht gerade erheblich verbessert. Der Khalifa ließ nun nämlich jeden Tag überprüfen, ob sich noch alle europäischen Gefangenen in seinem Gewahrsam befanden, und Abdel Kader stand fortan unter so strenger Aufsicht, daß es einem anderen Gewährsmann von Reginald Wingate nicht gelang, im Laufe eines gesamten Monats in Omdurman mit ihm in Kontakt zu treten.

Der Khalifa wußte natürlich genau, daß eine geglückte Flucht seines wertvollsten und prominentesten Gefangenen ihm nicht nur einen peinlichen Gesichtsverlust bereiten würde, sondern auch der Auftakt einer Invasion der Ungläubigen sein konnte. Slatin war eine guterhaltene, seit mehr als zehn Jahren konsequent konservierte Kriegsbeute aus der Zeit des großen Gordon Pascha, eine zweifellos symbolträchtige Figur, die der Herr von Omdurman auch allen Besuchern regelmäßig stolz präsentierte. Der Wiener war gewissermaßen das Aushängeschild aller kriegerischen Erfolge der Mahdisten, und der Khalifa ließ ihn deshalb kaum mehr aus den Augen.

Bald nach der Flucht des italienischen Priesters befahl Abdullahi alle seine Emire und „Mulazims" zu sich, um sich erneut ihrer Treue zu versichern. Jeder der versammelten Emire erklärte sich sofort bereit, für seinen obersten Kriegsherrn zu sterben und jeden seiner Befehle bedingungslos auszuführen. Als die Reihe an Slatin kam und der Khalifa ihn aufforderte, ihm zu erklären, wie er seinem allmächtigen Meister in der Zukunft für alle ihm in so reichlichem Maße zuteil gewordenen Gefälligkeiten und Wohltaten zu danken gedenke, blickte ihm dieser fest in die Augen und äußerte folgenden bemerkenswerten und prophetischen Satz: „Ich bin nur an einem einzigen Haar gebunden, zerreiße ich aber dieses Haar, ist auch Euer Schicksal besiegelt!" Abdel Kader hatte die Maske des unterwürfigen, speichelleckenden Höflings und Dieners für einen Moment fallen lassen und dem Khalifa die Wahrheit gesagt.

Als der Langzeitgefangene von Omdurman zu Anfang des Jahres 1895 eine geheime Mitteilung aus Suakin erhielt, wonach Major Reginald Wingate mittlerweile einen detaillierten Fluchtplan für ihn ausgearbeitet hatte, schien ihm die Zeit zum Handeln gekommen. Er schmuggelte seinen allerletzten – wiederum mit unsichtbarer Tinte geschriebenen – Brief aus Omdurman hinaus, in dem er seine Bereitschaft signalisierte, nach Wingates Plan vorzugehen und die Flucht zu wagen. Seinem Freund Ohrwalder schrieb er, daß er auch auf die anderen Gefangenen Rücksicht nehmen müsse und er dem Khalifa daher einen ausführlichen Brief hinterlassen werde, einen Brief, in dem er ihn anflehen würde, die anderen unschuldigen Gefangenen nicht für seine Flucht büßen zu lassen. Er würde seine Flucht auch damit begründen, daß ihn die Sehnsucht nach seinen Geschwistern verzehre und daß das Gefühl für sein Vaterland und sein Heimweh stärker seien als seine „übergroße Liebe" zu seinem Herrn. Die Rettung kam schließlich in der Person eines Kaufmannes aus Omdurman. Wingate hatte diesem Händler, der mehrmals jährlich nach Kairo reiste, 1000 Pfund versprochen, falls es ihm gelingen sollte, Slatin Bey zu befreien. Ein Vetter des Kaufmanns sprach diesen eines Nachts an und teilte ihm mit, daß alles vorbereitet sei, Kamele und Führer seien gemietet, und er solle sich in ungefähr einem Monat bereit zum Aufbruch halten. Als Slatin sich in dieser Nacht auf den Weg zu seinem Haus machte, hatte er das unbestimmte, unerklärliche instinktive Gefühl, daß er es schaffen würde. „Jetzt oder nie!" hämmerte es in seinem Hirn, und tatsächlich tauchten die arabischen Gewährsleute des britischen Geheimdienstes nach einem Monat wieder auf. Slatin traf nun seine letzten Fluchtvorbereitungen. Er ließ verlautbaren, daß er den nächsten Tag nicht zu Hause sein würde, daß er sich mit jemandem treffen wolle, der ihm zahlreiche Geschenke und auch eine stattliche Summe Bargeld aus seiner österreichischen Heimat überbringen werde. Seinen Dienern versprach er eine größere Belohnung, falls sie das Geheimnis seines Treffens bewahrten. Seinem Herrn, dem Khalifa, gegenüber schützte Slatin vor, unter irgendeiner Krankheit zu leiden, und bat um Erlaubnis, am nächsten Tag den täglichen Gebeten in der Moschee fernbleiben zu dürfen. Slatin war immer noch sehr vorsichtig und hielt – scheinbar unter starken Schmerzen leidend – den ganzen Abend beim Khalifa aus, um ihm zu demonstrieren, daß er sich voll und ganz auf seinen geschwächten Diener Abdel Kader verlassen könne.

Ein paar Stunden vor Sonnenaufgang eilte Slatin aus der Stadt, die zu seinem Glück gerade von einem Sandsturm heimgesucht wurde, und traf am Stadtrand auf den Vetter des besagten Kaufmanns, der ihn zusammen mit einem Führer und einem gesattelten Kamel erwartete. Slatin schwang sich auf das

Kamel, und nach einem scharfen Ritt von eineinhalb Stunden erreichten die beiden eine Baumgruppe, wo sie ein weiterer Agent Wingates mit drei neuen Kamelen erwartete. Es war der Morgen des 21. Februar 1895, Rudolf Slatins Flucht in den Ruhm hatte begonnen.

Er machte keine Pause und peitschte seine beiden Führer unaufhaltsam voran. 24 Stunden jagten sie ohne Unterbrechung durch die Wüste, und als Abdel Kader ihnen endlich eine Verschnaufpause gönnte, lagen bereits 220 Kilometer hinter ihnen. Slatins Flucht wäre allerdings bereits in ihrer Anfangsphase fast vereitelt worden, als er zusammen mit seinen beiden Führern eine Karawane passieren mußte und man den „hellhäutigen Ägypter" erkannte. Aber es gelang seinen Führern, die neugierigen Kameltreiber zu bestechen, und die wilde Flucht konnte weitergehen. Doch dann machten die Kamele Slatin einen Strich durch die Rechnung, vielleicht hatte er sie in den ersten zwei Tagen und Nächten allzusehr strapaziert, vielleicht waren sie auch nicht von allerbester Qualität, jedenfalls waren die Tiere am dritten Tag so erschöpft, daß es den Flüchtigen unmöglich war, den Ort, wo der nächste Kamelwechsel stattfinden sollte, zeitgerecht zu erreichen. Dieser Ort befand sich ungefähr eine Tagesreise von Berber entfernt, und Slatin sah sich deshalb gezwungen, umzudisponieren. Seine Führer und er steuerten nun die dünnbesiedelten Gilif-Berge an, denn die beiden Araber stammten aus diesem Gebiet und waren daher besonders gut mit den dortigen Gegebenheiten vertraut. Während Slatin sich mit einem der Führer in einem Felsenversteck verbarg, ging der andere auf die Suche nach neuen, ausgerasteten und brauchbaren Kamelen. Er war äußerst pessimistisch, denn sein ursprünglicher Plan, Ägypten in einem einzigen Marathonritt zu erreichen, war gescheitert. Sechs Tage lang versteckte sich Slatin in den Bergen und wartete mit zunehmender Ungeduld auf die Rückkehr seines Führers, der die neuen Kamele mitbringen sollte.

Wieder wurden sie entdeckt, diesmal war es ein Hirte, der auf die beiden Flüchtigen stieß. Ein glücklicher Zufall wollte es, daß es sich bei diesem Mann um einen nahen Verwandten eines seiner Führer handelte, der die Geflohenen nicht nur nicht verriet, sondern sie mit Nahrungsmitteln versorgte und sie zu einem sichereren Versteck in den Bergen führte. Nachdem die frischen Kamele endlich eingetroffen waren, begann der zweite Abschnitt der abenteuerlichen Flucht. Nun galt es, eine Übergangsstelle über den Nil zu erreichen, die sich in der Nähe des fünften Nilkataraktes in der sogenannten Bajuda-Wüste befand, wobei wieder die Gefahr bestand, einer Karawane über den Weg zu laufen. Es gelang Slatin und seinen Männern aber, allen entgegenkommenden Karawanen rechtzeitig auszuweichen und das unwirtliche Kerraba-Plateau zu erreichen, das sie als letztes Hindernis vom Nil trennte. Dieses Plateau war nichts anderes als eine vegetationsarme Steinwüste, durch die sich Kamele und Reiter mühsam einen ganzen Tag lang hindurchquälten. Bei Einbruch der Dunkelheit sah der Entflohene endlich den Nil in der Ferne schimmern – Ägypten und die Freiheit rückten in immer greifbarere Nähe.

Doch als sie an der verabredeten Stelle ankamen, stellte sich heraus, daß die Männer, die Slatin über den Fluß bringen sollten, noch nicht eingetroffen waren, und Slatin glaubte schon, in relativer Nähe seines Zieles gescheitert zu sein. Zähneknirschend mußten sie wieder in das unwirtliche Plateau zurückreiten, wo der Ungeduldige erneut einen Tag abwarten mußte, ehe ihm einer seiner Führer die Nachricht überbrachte, daß er die bewußten Männer gefunden hatte. Diese gute Nachricht beinhaltete allerdings auch einen Wermutstropfen. Slatin erfuhr, daß seine Flucht bereits seit zwei Tagen in aller Munde war und alle Nilfähren und Grenzübergänge unter strengster Bewachung standen. Die Gefahr war also keineswegs gebannt. Der Ex-Gefangene verabschiedete sich dankbar von seinen beiden Führern, die ihm so gute und treue Dienste geleistet und ihn unter Einsatz ihres Lebens bis an den Nil eskortiert hatten. Im Morgengrauen ritt er mit zwei Führern dem Fluß entgegen. Der Wiener und seine Begleiter trafen bald darauf auf die Männer, deren Aufgabe es war, ihn heil über den Fluß zu bringen. Einer durchschwamm zusammen mit den Kamelen den Fluß, während Slatin und zwei andere in einem sehr kleinen, behelfsmäßig angefertigten Boot, das kaum genug Platz aufwies, die drei Männer aufzunehmen, bei Nacht den Fluß überquerten. Das Boot wurde dann in der Flußmitte versenkt; alle Spuren Slatins waren somit verwischt. Die Flucht ging weiter, und zwar auf einem anderen Schiff der Wüste, dem Kamel. Slatin hatte immer noch ca. 640 Kilometer zurückzulegen, ehe er endgültig in Freiheit sein würde. Sein größter Feind waren nun nicht mehr die Soldaten des Khalifa, sondern die Wüste und die unbarmherzig herabbrennende Sonne. Als die drei Reiter den nächsten Zwischenstopp einlegten, war der Wiener so erschöpft und ausgelaugt, daß er einem sinnlos Betrunkenen gleich herumtorkelte. Dennoch durfte er sich keine Ruhepause gönnen.

Nach einem weiteren halsbrecherischen Ritt von drei Tagen gelangten sie zur letzten Zwischenstation, einem Ort namens Bir Naurik, der an der ägyptisch-sudanesischen Grenze lag. Doch die nächstgelegene ägyptische Garnison war immer noch mehrere Tagesmärsche entfernt. Slatin verabschiedete sich neuerlich von seinen Führern und setzte seine Flucht gemeinsam mit einem zahnlosen alten Araber, der auf den Namen Hamed Garosch hörte, auf einem einzigen Kamel fort. Dieser alte Mann brach zwei Tage später vollkommen erschöpft zusammen, und Slatin sah sich gezwungen, dem Mann das Kamel allein zu überlassen, und trottete vier Tage lang hinter dem Kamel und dem Alten her. Dies wurde ihm auch noch durch den Umstand erschwert, daß er seine Sandalen verloren hatte und ihm seine schmerzgepeinigten Füße nur ein langsames Vorankommen erlaubten. Um das Unglück zu vervollkommnen, begann nun auch noch das Kamel zu lahmen, und Slatin mußte dem Tier täglich die Hufe bandagieren. Den dazu benötigten Stoff riß er sich einfach von seinem Gewand.

Am 16. März 1895, an einem Sonntag, stand Rudolf Slatin wieder am Nil und erspähte im Licht der aufgehenden Sonne die anglo-ägyptische Militärgarnison von Assuan. Er hatte es geschafft, eine 24tägige Flucht und elf lange Jahre der Gefangenschaft lagen hinter ihm. Gegen Mittag desselben Tages meldete ein Ordonnanzoffizier dem Oberbefehlshaber der Garnison, Colonel Hunter, der gleichzeitig Gouverneur der entlegenen

Grenzprovinz war, daß ihn ein zerlumpter Mann unbestimmter Herkunft zu sprechen wünsche. Oberst Hunter erwiderte ungehalten, daß sich dieser „Kerl" bis nach dem Mittagessen zu gedulden haben werde. Der Offizier kehrte jedoch bereits nach wenigen Minuten zurück und erklärte dem verdutzten Oberst Hunter und seinen in der Offiziersmesse versammelten Stabsoffizieren, daß sich der sonderbare Mann nicht vertrösten lasse und verlangte, endlich und „im Namen Gottes" vorgelassen zu werden.

Oberst Hunter konnte nur mit erheblicher Mühe einen Wutanfall unterdrücken und befahl seinem Adjutanten, dem aufdringlichen Gesellen, der so unerwartet aus der Wüste aufgetaucht war, nochmals dezidiert zu erklären, daß er zu warten habe und zuerst einmal seinen Namen nennen müsse. Der Ordonnanzoffizier kam jedoch wieder sehr schnell zurück und vermeldete, daß sich der merkwürdige Fremde einfach vor der Tür aufgebaut hatte und hartnäckiges Schweigen bewahrte. Einer der Offiziere des britischen Obersten, Major Jackson, war neugierig genug, seinen Vorgesetzten zu bitten, den Wartenden hereinzulassen. Major Jackson war es auch, der das nachfolgende denkwürdige Erlebnis für die Nachwelt festhielt.

> Ein schmutziger kleiner Araber mit bloßen Füßen und einer schmierigen Kappe auf dem Kopf trat ein. Er blieb stehen, verbeugte sich und verharrte mit auf die Brust gelegten Händen und niedergeschlagenen Augen in dieser Stellung. „Wer bist du?" fragte ich ihn auf arabisch. „Ich bin Abdel Kader", flüsterte er, ohne mich anzusehen, und das war alles, was ich aus ihm herausbekommen konnte. Aber nun stand Archibald Hunter, der sich bis jetzt für den Vorgang nicht interessiert hatte, auf und trat neben mich. Er sah den kleinen Araber an und fragte ihn auf arabisch: „Hast du keinen anderen Namen?" Keine Antwort. Plötzlich ging Hunter ein Licht auf. „Gott im Himmel!" rief er und fragte dann auf arabisch: „Bist du Slatin?" Es folgte eine Pause, und dann antwortete der kleine Araber – immer noch im Flüsterton: „Ja, ich bin Slatin!"[10]

Wir wissen nicht, ob Rudolf Slatin seinen Wiedereintritt in die Zivilisation bewußt derart dramatisch und bühnenwirksam inszenierte, oder ob ihm die langjährige Praxis des Dienerns in Omdurman noch dermaßen in den Gliedern steckte, daß es ihm einfach unmöglich war, seine in mehr als einem Jahrzehnt in Fleisch und Blut übergegangene Unterwürfigkeit abzulegen, jedenfalls war es dem flüchtigen Wiener gelungen, die kleine Offiziersmesse von Assuan in helle Aufregung zu versetzen. Man klopfte Slatin auf die Schulter und kredenzte ihm ein Bier. Dann wurde der Musikkapellmeister in die Messe beordert, und irgendwie brachten es er und seine schwarzen Musikanten fertig, zur Ehre des Wieners die österreichische Kaiserhymne zu spielen. Als dieser die Melodie vernahm und leise die Anfangsworte der Hymne „Gott erhalte, Gott beschütze unsern Kaiser, unser Land" murmelte, verspürte er ein unsagbares Glücksgefühl und begann zu weinen.

Seine endlos scheinende Odyssee war zu Ende, der Gefangene von Omdurman war wieder in der Zivilisation und sollte nicht umsonst gedarbt und gelitten haben, hier erhob sich ein österreichischer Phönix aus dem Wüstensand, der fortan den Ehrennamen Slatin Pascha tragen sollte.

SLATIN PASCHA

Durch seine abenteuerliche Flucht aus elfjähriger Gefangenschaft war Rudolf Slatin schlagartig zur Berühmtheit geworden, hatte die internationale Bühne, die er zwanzig Jahre lang nicht mehr verlassen sollte, mit einem wahren Panthersprung betreten und wurde in eine vollkommen andere, fremdartige neue Welt der Reichen und Mächtigen, Fürsten und Könige, in der er sich bald zu Hause fühlen würde, regelrecht hineinkatapultiert. Slatin war zur rechten Zeit geflüchtet, der britische Imperialismus näherte sich seinem Zenit, und der kleine Wiener Leutnant schwamm auf einer gewaltigen Welle der Heldenverehrung und des wieder erwachten Romantikbewußtseins geradewegs ins Meer des Weltruhms. Seine gefahrvolle Flucht hatte einen Helden aus ihm gemacht, dessen militärische Bedeutung noch dazu nicht zu unterschätzen war.

In der Nilhauptstadt wartete man seit zwei Wochen gespannt darauf, ob es Slatin gelingen würde, den Häschern des Khalifa zu entkommen. Am 10. März war die Nachricht von der Flucht in Kairo eingetroffen. Der Gouverneur von Suakin kabelte aufgeregt in die Hauptstadt, daß der prominente Gefangene einem brauchbaren Gerücht zufolge die Stadt Omdurman verlassen hätte und sich irgendwo mitten in der Wüste auf seinem Weg nach Ägypten befinden müsse. Sein Vorsprung betrug angeblich nur drei Tage. Baron Heidler von der österreichischen Mission in Kairo wollte allerdings erst die Bestätigung des Gerüchts abwarten, ehe er Slatins Angehörige in Wien von der neuen, veränderten Sachlage in Kenntnis setzte. Sein Telegramm, das die Kaiserstadt Wien am 11. März erreichte, war deshalb sehr vorsichtig gehalten und endete mit den Worten: „Einstweilen Familie vorenthalten. Wenn wahr und Flucht gelungen Bestätigung innerhalb fünf Tagen wahrscheinlich." Und tatsächlich traf am 16. März die Erfolgsmeldung „Slatin Bey glücklich Assuan eingetroffen. Bitte Familie verständigen" in Wien ein.

In Kairo warteten auch die Vertreter der internationalen Presse gespannt darauf, ob sich die Fluchtmeldung aus der Küstenprovinz am Roten Meer bestätigen würde. Fast alle großen Presseagenturen der Welt hatten ihren „Mann am Nil", und die Geschichte von Slatins Flucht roch nach einer regelrechten Sensation, einem echten „scoop", um jenen amerikanischen Ausdruck zu verwenden, der damals immer gebräuchlicher wurde. Hier bahnte sich ein sensationeller, aufsehenerregender Tatsachenbericht an, der alles bisher Dagewesene in den Schatten stellen würde, eine Abenteuerschilderung, die vielleicht sogar Henry Morton Stanleys längst zum Bestseller gewordenes Buch *How I found Livingstone* übertreffen würde. Die Nachricht von Slatins gelungener Flucht war dann auch die Sensationsmeldung schlechthin, und es fällt schwer, einen passenden Vergleich aus dem ausgehenden 20. Jahrhundert zu finden. Am ehesten ließe sich die waghalsige Flucht aus Omdurman noch mit dem Ausbruch eines Amerikaners aus dem von fanatisierten schiitischen Moslems bewachten persischen Staatsgefängnis zur Zeit der blutigen Khomeini-Revolution vor einigen Jahren vergleichen.

Rudolf Slatin fand seinen Namen urplötzlich in allen Schlagzeilen der Weltpresse wieder. Sogar die Franzosen, deren Rivalität und Konkurrenzstreben England gegenüber sich immer stärker manifestierte und wenige Jahre später durch die sogenannte „Faschoda-Krise" fast zur Explosion geführt hätte, stimmten in diesen allgemeinen Lobgesang auf Slatin mit ein. *Le Temps* zum Beispiel schrieb in einer am 29. März in Paris erscheinenden Ausgabe in einem sehr langen Artikel, der die effektheischende Schlagzeile „Le Roman de l'Afrique" trug, daß man die letzten Ausläufer der aus Europa „längst verschwundenen Romantik", wie das Beispiel Slatins zeige, nur noch in Afrika finden konnte. In England schlug der *Manchester Courier* eine ähnlich theatralische Note an und schrieb mit Bezug auf den „großen romantischen Helden“ Slatin: „Obwohl Burke recht haben mag, wenn er sagt, daß das Zeitalter der Ritterlichkeit tot sei, so lebt das Zeitalter der Romantik noch immer.“ Die *Westminster Gazette* konzentrierte sich mehr auf die militärischen Aspekte und betrachtete Slatins gelungene Flucht als die „vom militärischen Standpunkt aus gesehen wichtigste Beute“ und erklärte, daß Slatins Dienste beim bevorstehenden Marsch nach Süden (und damit konnte wohl nur die Rückeroberung des Sudan gemeint sein) von größtem Nutzen sein würden.

Slatin verließ Assuan mit dem Postdampfer und fuhr nilabwärts nach Kairo. Alle Offiziere der Grenzgarnison standen am Quai, um ihn zu verabschieden, und die wieder erklingende Kaiserhymne rührte den bewegten Slatin neuerlich zu Tränen. Man ließ den kleinen Mann, der noch vor wenigen Monaten streng bewachter Gefangener eines gefährlichen Wüstendespoten gewesen war, hochleben. Beim nächsten Aufenthalt des Dampfers im (auch damals bereits erschlossenen) Tourismuszentrum Luxor war es nicht viel anders. Eine jubelnde Menschenmenge, bestehend aus der offiziellen ägyptischen Empfangsdelegation und zahllosen neugierigen Touristen, die sich die Chance, einen Blick auf den geflohenen Helden zu werfen, nicht entgehen lassen wollte, säumte das Ufer. In Luxor warteten unzählige Gratulationstelegramme auf Slatin, darunter auch zwei aus Wien. Die Wiener Stadtverwaltung gratulierte ihm offiziell zu seiner erfolgreichen Befreiung, und seine Geschwister steuerten mit ihrem Glückwunschtelegramm die persönliche Note bei. Am 19. März fuhr Slatin um 6 Uhr früh mit dem Zug im Hauptbahnhof von Kairo ein. Dem Empfangskomitee unter der Leitung des österreichischen Missionschefs Baron Heidler war der Tag nicht zu jung, um den ankommenden Helden zu ehren. Der gesamte Stab der österreichisch-ungarischen Mission in Kairo stand Spalier, als der nur mit „einer abgetragenen Khakiuniform und schäbigen Tennisschuhen“ bekleidete Ex-Mudir von Darfur aus dem Zug stieg. Jubel brauste auf, Ohrwalder und Rossignoli waren dabei, um den früheren Mitgefangenen willkommen zu heißen, und viele

Pressefotografen schossen neugierig die ersten Bilder vom Mann der Stunde. Reporter aus aller Welt bedrängten ihn, und Slatin begegnete auch jenem Mann, dessen unermüdlichen Bemühungen es zuzuschreiben war, daß er sich jetzt in Sicherheit befand und als gefeierter Held auf dem Bahnhof von Kairo stehen konnte. Als er Major Francis Reginald Wingate die Hand schüttelte und seinem Retter in (immer noch) gebrochenem Englisch dankte, ahnte er wohl kaum, daß diese Begegnung am Bahnsteig des Hauptbahnhofs von Kairo der Beginn einer großen, vierzig Jahre währenden Freundschaft sein würde, daß er hier einem Mann die Hand schüttelte, den er in späteren Jahren liebevoll „Rex" nennen würde, daß die „sudanesischen Zwillinge" soeben geboren worden waren.

Da Francis Reginald Wingate, der uralt wurde und den Wiener viele Jahre überlebte, dessen loyalster Freund in Freud und Leid blieb und ihn niemals im Stich ließ – auch dann nicht, als sich die beiden Freunde nach Ausbruch des Ersten Weltkrieges als Feinde gegenüberstanden –, ihm bei der Herausgabe seines Buches *Feuer und Schwert im Sudan* (das faktisch schon ein vorprogrammierter Bestseller war) entscheidend und mit hilfreicher Hand zur Seite stand und als sein großer Mentor bezeichnet werden muß, ohne dessen Mitwirkung Slatins Leben wohl eine ganz andere Richtung eingeschlagen hätte, sei es uns erlaubt, die Person und den Hintergrund von „Wingate Bey" kurz zu streifen.

Major Wingate entstammte wie General Gordon einer schottischen Familie. Im Gegensatz zu Gordons Vorfahren waren Wingates Ahnen allerdings keine Kämpfer, sondern biedere Kaufleute gewesen. Reginald Wingate selbst wurde 1861 geboren, zu einem Zeitpunkt, als es nicht sehr gut um die Geschäfte seines Vaters stand. Die Existenz der Wingate-Familie war bedroht, als das Textilgeschäft von Reginald Wingates Eltern ein Jahr nach seiner Geburt zusammenbrach. Sein Vater war zum Bankrotteur wider Willen geworden und verstarb bald darauf an den Auswirkungen einer verschleppten Lungenentzündung. Wingates Mutter verließ nun zusammen mit ihren Kindern das kalte Klima Schottlands und zog auf die Kanalinsel

Jersey, vor allem auch deshalb, weil dort die Lebenshaltungskosten wesentlich niedriger waren als in ihrer Heimat. Slatins stolzer Freund „Rex" wuchs also ebenso wie der Wiener in relativ bescheidenen Verhältnissen auf. 1880 trat der junge mittellose Mann aus Jersey als Offizier der Artillerie in die britische Armee ein. Er war ehrgeizig und wollte schnell Karriere machen – ein weiteres Charaktermerkmal, das er mit Slatin teilte. Drei Jahre lang verdiente sich Wingate in Indien und Aden seine Sporen, ehe er 1883, mittlerweile zum Major avanciert, seine Versetzung zur Ägypten-Armee beantragte. Wingate saß in Kairo, als der Mahdi-Sturm losbrach, und erlebte das Gordon-Drama mit der ungeduldigen Haltung eines nach dem Einsatz dürstenden jungen Offiziers, dem die zögernde Haltung seiner Regierung in dieser Frage unverständlich war.

1884 war Wingate Stabsoffizier in der Entsatzarmee von Lord Wolseley, die – wie wir erfuhren – zu spät eintraf (weil sie zu spät aufgebrochen war), obwohl ihr Oberbefehlshaber Lord Wolseley öffentlich erklärt hatte, er wolle nicht die Mitverantwortung dafür tragen, „Charlie Gordon im Stich zu lassen". Nach dem Tod des einsamen Märtyrers in Khartum und dem Scheitern dieser Aktion ließ sich Wingate wieder nach England zurückversetzen und bekleidete den Posten eines Adjutanten im Stab von General Sir Evelyn Wood. Der tapfere Offizier war immer noch weitgehend mittellos und verliebte sich in ein reizendes Waisenkind, das ebenso arm wie er selbst war. Um die Frau seines Herzens heiraten (und auch ernähren) zu können, blieb ihm nur die Möglichkeit, an den Nil zurückzukehren, denn in Ägypten ließ es sich wesentlich billiger leben als in England. So übernahm Wingate Anfang Juli 1886 die Stelle beim militärischen Geheimdienst in Kairo und bewährte sich ausgezeichnet. Die Vorbereitungen für die Rückeroberung des Sudan – die vor allem von einem anderen, sehr energischen Armeeoffizier, den wir noch genauer kennenlernen werden, Sir Herbert Kitchener, entscheidend vorangetrieben wurden – waren in vollem Gang, als Major Wingate mit der Befreiung Slatins sein bisher größter Coup gelang.

Rudolf Slatin wohnte als Ehrengast Baron Heidlers in der

österreichischen Mission und wurde bereits zwei Tage nach seinem Eintreffen in Kairo zum Khediven befohlen. Tewfik dankte und gratulierte ihm, ließ sich eine genaue Beschreibung seiner Gefangenschaft und Flucht geben und verlieh ihm jenen Titel, der ihn unsterblich machte und der für immer mit seinem Namen verbunden bleiben würde. Am 21. März des Jahres 1895 wurde in Kairo, im Abdin-Palast des ägyptischen Khediven Tewfik, Slatin Pascha geboren. Diese große Auszeichnung barg jedoch auch ein militärisches Rangproblem in sich. Seit seiner Ernennung zum Mudir von Darfur hatte Slatin den ägyptischen Titel eines Bey getragen. Dieser war gleichbedeutend mit dem Dienstrang eines Oberstleutnants in der regulären ägyptischen Armee. Der frisch ernannte Pascha mußte nun zum General oder Generalmajor befördert werden – zumindest nach den Vorstellungen des Khediven –, denn General war der militärische Rang, der dem Titel eines Paschas entsprach. Dieser sehr hohe Rang war noch niemals zuvor einem Ausländer und Nicht-Engländer verliehen worden, und die britische Generalität – allen voran General Sir Herbert Kitchener – legte prompt ihr Veto gegen diese Beförderung ein. Kitchener erklärte dem Khediven, daß Slatin, der so unvermutet aus der Wüste aufgetauchte Flüchtling, dessen nachrichtendienstlicher Wert zwar unbestritten war, niemals einen so hohen Rang bekleiden durfte, der ihn zum Vorgesetzten der ranghöchsten britischen Offiziere, einschließlich des Generalstabschefs der anglo-ägyptischen Armee (der Kitchener selbst war) gemacht hätte. Widerwillig stimmte Kitchener schließlich zu, daß Slatin Pascha zum Oberst befördert wurde. Damit waren 800 ägyptische Pfund jährlich und eine Gehaltsnachzahlung in der beträchtlichen Höhe von 16.500 ägyptischen Pfund verbunden. Slatins „Geldangelegenheit", um die er sich sogar als Gefangener gesorgt hatte, war also bestens geregelt worden. Obwohl Oberst Slatin Pascha nicht zum Generalmajor ernannt worden war, stellte seine Beförderung eine Auszeichnung besonderer Art dar. Er war der erste und einzige Ausländer, der einen derartigen Rang innerhalb der anglo-ägyptischen Armee innehatte, denn alle höheren Dienstränge in der ägyptischen Armee waren bisher

Aus dem Wiener Seidenfärbersohn wurde der weltberühmte Slatin Pascha. Hier in abgerissener Beduinentracht.

exklusiv den Offizieren Ihrer Majestät vorbehalten gewesen. Slatin mußte sich im Gegenzug dazu verpflichten, seine Ambitionen zu zügeln und niemals Anspruch auf ein höheres Truppenkommando zu erheben. Es gab allerdings auch bei diesem Übereinkommen eine Ausnahmeregel. Falls es tatsächlich zur Rückeroberung des Sudan kommen sollte, standen Slatin Pascha alle Posten offen.

Er war nun wieder Mitglied der ägyptischen Armee des Khediven und wurde dem nachrichtendienstlichen Büro von Major Reginald Wingate zugeteilt, wo er für spezielle Sondereinsätze zur Verfügung zu stehen hatte. Wingate Bey ging bald daran, den Ruhm seines neu gewonnenen Freundes zu mehren. Der erste Schritt in diese Richtung war die Herausgabe eines Buches, für das bereits jetzt alle renommierten europäischen Verlage reges Interesse bekundeten. Dies war nur allzu verständlich, denn die abenteuerliche Geschichte Slatins hatte alle Ingredienzien eines Bestsellers. Der Wiener war zwar ein glänzender „Erzähler", aber kein begnadeter Schriftsteller, und es bereitete ihm daher auch erhebliche Schwierigkeiten, sein einziges Buch *Feuer und Schwert im Sudan,* das er mit seiner Flucht im Jahr 1895 abrupt enden läßt, zu schreiben.

Reginald Wingate hatte im Jahr 1891 selbst eine Studie über das Phänomen des Mahdismus publiziert. Slatins Landsmann, Pater Joseph Ohrwalder, hatte mit seinem Buch *Zehn Jahre im Lager des Mahdi,* das 1892 in London erschienen und von Wingate übersetzt worden war, einen unglaublichen Erfolg gelandet. England lag im Mahdi-Fieber und verschlang gierig die ungeheuerlichen Exzesse des grausamen Wüstenheiligen. Die Queen las Ohrwalders Buch mit ebenso brennendem Interesse wie der einfache Mann von der Straße, denn das Interesse am Sudan war schlagartig wieder erwacht. Trotz des überwältigenden Erfolges von *Zehn Jahre im Lager des Mahdi* war sein Autor nur ein gewöhnlicher Priester, ein mehr oder weniger durch Zufall in Gefangenschaft geratener Missionar. Slatin hingegen war Gordons ehemaliger Gouverneur, und sein Buch mußte Ohrwalders Augenzeugenbericht zwangsläufig in den Schatten stellen.

Slatin, der seinen vielen Einladungen und gesellschaftlichen Verpflichtungen in der Nilhauptstadt kaum nachkommen konnte, wurde von Reginald Wingate regelrecht gedrängt, seine Erlebnisse so schnell wie möglich zu Papier zu bringen. Da er, wie bereits erwähnt, kein besonderes Talent zum Schreiben hatte, wurden später öfters Spekulationen angestellt, ob er überhaupt der alleinige Verfasser von *Feuer und Schwert im Sudan* war. Manche Beobachter vermuteten, daß sich Slatins Freund „Rex" Wingate hier als „Ghostwriter" betätigt hatte. Doch der Major versichert in einem Brief an den Privatsekretär seiner Monarchin, daß Slatin der alleinige Verfasser war.

> Sie fragen mich, wer das Buch geschrieben hat – es war Slatin. Wir wohnten während des größten Teils seiner Entstehungszeit zusammen, und ich konnte ihm hinsichtlich der Daten usw. und des allgemeinen Aufbaus viel helfen: So wie er es (auf deutsch) niederschrieb, wurde es von einem Syrer ins „Englische wie sie wird gesprochen" übertragen. Ich habe den Text dann umgeschrieben und in die heutige Form gebracht, und anschließend wurde er aus dem Englischen ins Deutsche rekonstruiert. So also war der etwas mühsame Vorgang.[1]

Im April 1895, als Slatin Pascha bereits hart an seinem Buch arbeitete, trafen zu seiner Freude seine beiden Schwestern Leopoldine und Marie in der Nilhauptstadt ein. Aus den Briefen können wir entnehmen, daß der „Autor" seine plötzliche Berühmtheit sichtlich genoß und Wingate ihm hart zusetzte, sein Buch schnell zu Ende zu bringen, da es seinen Berühmtheitsgrad wesentlich erhöhen würde. Marie Slatin schrieb an ihren Bruder Heinrich in Wien:

> Da das Buch anscheinend sehr viel Politik enthält und der englischen Kontrolle untersteht, wird die deutsche Ausgabe nicht nach Rudolfs Entwurf gedruckt, sondern durch einen Vertrauensmann aus dem Englischen ins Deutsche übersetzt, was die ganze Arbeit etwas kompliziert und die Vollendung des Werkes für hier nötig macht. Ob dies nur eine vertrauliche Mitteilung war … weiß ich nicht.[2]

Auch Slatin Pascha beklagte sich bei seinem Bruder Heinrich, daß ihm die Arbeit an seinem Buch großes Kopfzerbrechen bereite. Er erklärte dem österreichischen Regierungsbeamten, daß er faktisch von „morgens bis abends" an dem Werk schreibe, aber nur sehr langsame Fortschritte erziele, da er den Stoff aus seinem angegriffenen, „von der afrikanischen Hitze halb ausgetrockneten" Gehirn herausfiltern müßte.

Der berühmt gewordene Mann sah sich nun auch erstmals mit dem Problem konfrontiert, Diener zweier Herren zu sein. Der innere Zwiespalt, der damals in Slatin entstand, sollte ihn sein ganzes weiteres Leben begleiten. Einerseits war er treuer Untertan Seiner Apostolischen Majestät, des greisen Habsburgerkaisers Franz Joseph, andererseits war er ein hochdekorierter Offizier der anglo-ägyptischen Armee und damit auch Diener der Königinwitwe Victoria. Slatin würde bis an sein Lebensende diese Dichotomie spüren, würde hin- und hergerissen sein zwischen seiner österreichischen Heimat und dem Land, das ihm am nächsten stand und dem er seinen Aufstieg verdankte – England. Er schlüpfte nun in die Rolle eines privaten „balancer", der sich bemüht, beiden Monarchien auf seine Weise am besten zu dienen, und gleichzeitig die Ehrungen und Auszeichnungen beider Reiche erwartet. Das geht bereits aus einem Brief vom 17. April 1895 hervor, in dem Slatin seinem Bruder Heinrich durch ihre gemeinsame Schwester Marie ausrichten läßt, ihm eine bestimmte Medaille zu schicken, da sich seine Brust so „nackt" anfühle. Marie Slatin bat Dr. Heinrich Slatin, dem „hart schriftstellernden Bruder" außer einer „Miniaturkriegsmedaille" noch eine Auszeichnung „normalen Formats" zu senden, damit die neu geschneiderte Uniform nicht völlig auf den Glanz der ohnehin bald zu erwartenden Ornamentierungen und Orden, auf die der Wiener solch gesteigerten Wert legte, verzichten müsse.

Die Schwestern nahmen das arabische Gewand, das Slatin bei seiner Flucht getragen hatte, als wertvolles „Souvenir" mit nach Wien, und am 7. Juli 1895 traf Slatin selbst in der Kaiserstadt ein. Er hatte seine Heimatstadt an der Donau 17 Jahre nicht mehr betreten, als absoluter Niemand war er in die sudanesische Wildnis aufgebrochen und als Slatin Pascha kehrte er nun zurück. Die Stadt lag im Slatin-Taumel, die Regierung bereitete ihm einen überwältigenden Empfang, die Presse feierte den Heimkehrer enthusiastisch, und eine Flut von Einladungen regnete auf ihn nieder. Er blieb jedoch nur zwei kurze Wochen in der Kaiserstadt, denn in London, der Hauptstadt des britischen Weltreiches, erwartete ihn sein Verleger Edward Arnold bereits sehnsüchtig, und die renommierte *Royal Geographical Society* organisierte ihm zu Ehren einen Galaempfang.

In Wien war Slatin derart überlastet gewesen, daß er es gerade noch schaffte, eine Audienz bei Seiner Majestät dem Kaiser in seinen übervollen Terminkalender aufzunehmen. Er hatte als überzeugter Monarchist große Hochachtung vor dem ehrwürdigen Greis in der Hofburg und fürchtete sich fast vor der Audienz im Kaiserschloß, wie er seinem Neffen gestand: „Vor dieser Audienz fürchte ich mich mehr als damals vor meiner Flucht. Du bist zu jung, um zu verstehen, was es bedeutet, vor dem Kaiser Franz Joseph zu erscheinen." Slatin bemühte sich zweifelsohne sehr, gute Figur beim Kaiser zu machen. Wir wissen nicht, ob sich der greise Monarch bei dieser ersten Audienz beeindruckt vom „österreichischen Pascha" zeigte oder nicht; Königin Victoria jedenfalls verfiel völlig dem Zauber des meisterhaften Erzählers Slatin, der selbst den grimmigen Khalifa nicht kalt gelassen hatte. Als er der „Großmutter Europas" im August 1895 in ihrem Sommersitz Osborn House auf der Insel Wight präsentiert wurde, ahnte Slatin Pascha nicht, daß er zum erklärten Liebling der großen alten Dame werden würde. Dennoch schrieb er am Morgen nach der Audienz überglücklich nach Wien: „Als Gast der Königin sitze ich in einem eleganten Schlafgemache neben meinem eben verlassenen Himmelbette und berichte Euch, daß Dinner und Audienz sehr gut verlaufen."[3]

Slatins besonderes Freundschaftsverhältnis zur englischen Königin – das in jeder Hinsicht als außergewöhnlich anzusehen war – darf an dieser Stelle einer kurzen Analyse unterzogen werden. Ein Teil des riesigen Erfolges, den Slatin bei der alten Königin hatte, lag sicher darin begründet, daß der Pascha einer von Gordons Paladinen war. Die Herrscherin hatte Gordon – wie die Mehrzahl ihrer Untertanen auch – für einen heldenhaften Märtyrer und heiligmäßigen Mann gehalten, und der Tod des genialen, aber unberechenbaren Exzentrikers in Khartum war von der Monarchin als nationale Tragödie betrachtet worden. Als die Queen in Windsor die Nachricht vom Ableben jenes Mannes erfuhr, über den der Hofdichter, Lord Alfred Tennyson, bald schreiben sollte, daß sein „Leben Englands Ruhm und sein Tod Englands Stolz" gewesen waren, marschierte die (wie fast immer) in Schwarz gekleidete alte Dame in das Gemach ihrer Kammerzofe Mary Ponsonby und sagte mit kreidebleichem Gesicht und Grabesstimme: „Gordon ist tot!"

Nicht nur die Königin, sondern ganz Großbritannien trauerte damals um den General, und auch in den Schaufenstern von Berlin, Paris und New York konnte man schwarzumrandete Fotografien des britischen Märtyrers sehen. Das gesamte Empire – mit Königin Victoria an der Spitze – stimmte in die nationale Trauerklage ein, jedermann betrauerte den englischen Mystiker, und ein anderer Koloß des britischen Weltreiches, Cecil Rhodes, bedauerte Freunden in Südafrika gegenüber immer wieder, daß es ihm nicht vergönnt gewesen war, an Gordons Seite zu stehen. Gordons Tod wurde von der Queen als persönlicher Verlust angesehen, und die tieftraurige Monarchin sandte Gordons unverheirateter Schwester einen handgeschriebenen Kondolenzbrief, in dem sie sich fast dafür entschuldigte, daß die Entsatzarmee nicht rechtzeitig in Khartum eingetroffen war, um Gordon zu befreien und seinen Tod zu verhindern, obwohl sie selbst immer wieder gedrängt hatte, dem eingeschlossenen General so schnell wie möglich zu Hilfe zu kommen. Die Königin litt „furchtbar" unter dem unersetzlichen Verlust, wie sie Gordons Schwester wörtlich schrieb, und erklärte, daß nun ein Schandfleck Großbritanniens Ehrenschild beflecke. Gordons Schwester sandte ihrer Königin darauf eine der Bibeln ihres Bruders, die diese in einem gesonderten Glasbehälter in Schloß Windsor aufbewahren ließ. Die Königin vergab ihrem Premierminister William Gladstone, der zu lange gezögert hatte, niemals und machte ihn indirekt für Gordons Tod verantwortlich. Selbst nach dem Tod des großen Staatsmannes verzieh sie nicht und konnte sich nicht verkneifen, darauf hinzuweisen, daß es Gladstone gewesen war, der General Gordon im Stich gelassen hatte.

Dieses Schuldgefühl, Gordon seinem Schicksal überlassen zu haben, das die ganze Nation erfaßt hatte, ließ auch die Königin nicht los. Es verstand sich deshalb von selbst, daß sie einem ehemaligen Gouverneur und Freund Gordons wohlwollend gegenüberstand. Der andere Grund für Slatin Paschas kometenhaften Aufstieg am Hof Königin Victorias lag in seinem angenehmen Wesen begründet. Slatin Pascha war ein charmanter Erzähler, der zu schmeicheln wußte, und rührte einfach das versteinerte Herz der großen alten Dame, die in ihrem letzten Lebensabschnitt nochmals einen harmlosen, platonischen „Flirt" mit einem faszinierenden Mann erlebte.

Slatin Pascha hatte schon von Kairo aus an die englische Monarchin geschrieben. Aber es war wiederum Reginald Wingate, der dem Wiener ein eigentliches Entree bei seiner Herrscherin verschaffte. Als Wingate anläßlich des Geburtstages der Königin am 24. Mai auf der sogenannten Honours List aufschien (er erhielt die Auszeichnung „Order of the Bath" verliehen), schlug er in seinem Dankschreiben an den Privatsekretär Königin Victorias, Colonel Bigge, einen möglichen Besuch Slatins bei der Monarchin vor.

> Falls Ihre Majestät sich für die Flucht Slatin Paschas interessieren sollte, wird Sie vielleicht geneigt sein, das beigefügte kleine Andenken an eine sehr ereignisreiche Periode seines Lebens anzunehmen. Das scheinbar unbeschriebene, schmutzige Stück Papier ist Slatins letzter Brief, den er einen Monat vor seiner Flucht aus Omdurman geschrieben hat, und zwar mit unsichtbarer Tinte, die wir ihm durch zuverlässige Araber schicken konnten, welche die Tinte ganz offen in einem Fläschchen mitführten, die das Etikett eines Apothekers mit der arabischen Inschrift „Fiebermedizin, dreimal täglich einzunehmen" trug. Der Brief ist auf deutsch geschrieben, und der Text wird lesbar, wenn er ans Feuer gehalten wird. Ich füge eine Rohübersetzung bei.[4]

Wingate lobte Slatins Mut und Tapferkeit und hob dessen Charakter hervor. Wie beiläufig erwähnte er, daß Slatin sich aller Wahrscheinlichkeit nach im Juli in London aufhalten würde. Zweifellos war es Wingate gelungen, mit diesem „Geheimbrief" Slatins das Interesse Königin Victorias zu wecken. Seine fürsorgliche Maßnahme, eine Rohübersetzung beizufügen, war jedoch im Fall der Queen, die fließend Deutsch sprach und zeitlebens die englische Sprache durch Germanismen bereicherte[5], vollkommen unnötig.

Als die beiden Freunde „Rex" (= Wingate) und „Rowdy" (= Slatin), wie sie sich mittlerweile bereits nannten, in London wieder aufeinandertrafen, dauerte es nicht lange, und Slatin dinierte im Marlborough House als Gast des Prinzen von Wales. Der spätere König Edward VII., „Uncle Teddy", dem eine Zeitlang der Beiname „der Onkel von Europa" anhaftete, konnte sich der Faszination Slatins nicht entziehen, und berichtete zweifelsohne auch seiner gestrengen Mutter von seinem überaus interessanten Treffen mit dem gutaussehenden, außergewöhnlichen Österreicher, der ein solch bewegtes Schicksal hinter sich hatte. Die Queen war nun begierig, den romantischen Helden und Freund Gordons ebenfalls persönlich kennenzulernen. Bis zu seinem Tod bewahrte Slatin die offizielle Einladungskarte der würdigen alten Monarchin auf und zeigte sie stolz seinen Freunden und Bekannten. Darauf konnte man lesen, daß Slatin Pascha eingeladen sei, „in Osborn zu Abend zu essen ... und bis zum folgenden Tage zu bleiben". Der österreichische Pascha schlug Königin Victoria sofort in seinen Bann, wie aus den Tagebuchaufzeichnungen der Queen hervorgeht:

> Slatin Pascha, der vor drei Monaten aus seiner langen Gefangenschaft beim Mahdi geflohen ist, und Major Wingate, der ihm zur Flucht verholfen hat, sind angekommen. ... Nach dem Dinner ein ausführliches Gespräch mit ihm und Slatin Pascha, das sehr interessant war. Der Letztere ist ein charmanter und bescheidener kleiner Mann, und niemand würde glauben, daß ein so wechselvolles Schicksal hinter ihm liegt. Aber das durchlebte Leid hat seine Spuren auf seinem Gesicht hinterlassen. ... Slatin Pascha gab mir eine kurze persönliche Schilderung von seinem

> Entkommen. Major Wingate ist ein sehr intelligenter, verdienter Offizier und eng mit ihm befreundet. Im allgemeinen sprechen sie Arabisch miteinander, da Slatin die englische Sprache gar nicht und das Französische nur sehr unvollkommen beherrscht, während Major Wingate kein Deutsch spricht.[6]

Wie Gordon Brook-Shepherd richtig feststellt, wäre es ein unverzeihlicher Fauxpas und eine grobe Verletzung der Hofetikette gewesen, in Gegenwart der Königin Arabisch zu sprechen. Außerdem waren Slatins Französischkenntnisse zu dieser Zeit bereits recht passabel und auch sein Englisch hatte sich verbessert. Major Wingate, der Herausgeber von Slatins Buch, sprach sicher auch etwas Deutsch. Wir können daher nur annehmen, daß „Rex" und „Rowdy", die wahrscheinlich vom Hang der Königin für alles Mysteriöse und Geheimnisvolle wußten, ab und zu eine arabische Bemerkung einfließen ließen, um Slatins Besuch bei der Monarchin eine noch interessantere Note zu verleihen. Die Audienz war ein voller Erfolg für Slatin Pascha, und Colonel Bigge schrieb Reginald Wingate bald darauf: „Ihr und Slatins Besuch hat die Königin entzückt und sehr interessiert, und Ihre Majestät möchte den Letzteren wiedersehen, bevor er England verläßt. Das wird seine Reise nach Balmoral notwendig machen."[7] Bigge fuhr fort, indem er den unzweifelhaft großen Eindruck schilderte, den der Pascha auf die Queen gemacht habe, und schloß sein Schreiben mit dem Wunsch der Königin (dem sich auch die beiden Prinzessinnen Louise und Beatrice anschlossen), in Bälde ein Foto von Slatin Pascha zu erhalten. Einige Wochen später wandte sich der Privatsekretär der Königin wieder in der Angelegenheit Slatin Pascha an Major Wingate. Diesmal kam der Brief aus dem schottischen Königsschloß Balmoral, und Wingate erhielt den Auftrag, den mittlerweile wieder in Wien weilenden Slatin Pascha zu bitten, sich vom berühmtesten Porträtmaler der Kaiserstadt malen zu lassen und das Bild Ihrer Majestät schnellstens zukommen zu lassen. Die Queen hatte sogar genaue und klare Vorstellungen, wie der Hofmaler Angeli das Bild zu malen hatte. Das Porträt sollte Slatin in Lebensgröße und in Derwischtracht zeigen. Die große alte Dame jenseits des Kanals schien also tatsächlich einen Narren an Slatin Pascha gefressen zu haben.

Die damals 75jährige Monarchin, die immer eine besondere Vorliebe für Deutschland gehabt hatte und den späteren deutschen Kaiser Wilhelm II. als ihren Lieblingsenkel betrachtete (als die Königin starb, war der deutsche Kaiser noch vor ihrem Sohn Edward am Totenbett seiner geliebten Großmutter), was auch dadurch zu erklären war, daß ihr verstorbener Prinzgemahl, der von Victoria abgöttisch geliebte Albert von Sachsen-Coburg-Gotha, in ihren verständlicherweise nicht ganz objektiven Augen die ideale Verkörperung des deutschen Volkes und der deutschen Kultur war, muß es genossen haben, sich mit dem gutaussehenden und wortgewaltigen Slatin Pascha, dem bei jeder Gelegenheit das passende Bonmot auf der Zunge zu liegen schien und der ein so charmanter Gentleman war, in jener Sprache zu unterhalten, die bis zu ihrem neunten Lebensjahr ihre Muttersprache gewesen war. Der Pascha bezauberte die alte Königinwitwe, die, wie wir schon erwähnten, eine besondere Vorliebe für alles Exotische an den Tag legte, eine Preokkupation, die sich mit zunehmendem Alter steigerte und am besten durch das Beispiel des „Munshi" der Königin illustriert wird. Dieser war ein junger Inder namens Abdel Karim, dessen exotische Ausstrahlung die Königin so sehr begeisterte, daß sie noch in hohem Alter Hindustani zu lernen begann und ihren „Munshi" auch gelegentlich in Regierungsangelegenheiten, welche seine Heimat Indien, das „Juwel der Krone", betrafen, zu Rate zog. Geburtsadel war keine automatische Voraussetzung dafür, am Hof der englischen Königin Karriere zu machen. Die strenge Hofetikette bot der greisen Herrscherin nicht sehr viel Abwechslung, und das aufwendige Hofzeremoniell erschien ihr – im Gegensatz zu Kaiser Franz Joseph, der großen Wert auf Etikette legte – oft grenzenlos langweilig. Der schlagfertige, stets gut gelaunte Slatin Pascha, der (noch dazu in der Sprache ihres geliebten Albert) so packend zu erzählen wußte, fiel wie ein Frühlingssonnenstrahl in die steife Atmosphäre, die die alte Queen umgab.

Der Schalk, der dem Wiener auch im Sudan öfters im

Nacken gesessen war – wie die geschilderte Episode um die Verwechslung mit Dr. Zurbuchen belegt –, ließ ihn nie ganz los, auch im Palast der Königin nicht. Slatins schelmische, koboldhafte, jedoch stets gutmütige Streiche machten gelegentlich auch vor gekrönten Häuptern nicht halt, wenn es der Pascha auch niemals an den nötigen Respektsbekundungen fehlen ließ. Und die alte Herrscherin in Schloß Windsor tolerierte Slatins harmlose Streiche nicht nur wohlwollend, sondern fand Gefallen an diesen seltenen Auflockerungen ihres eintönigen Hoflebens. Als die beiden unzertrennlichen Freunde Major Reginald Wingate und Slatin Pascha schließlich in Balmoral eintrafen, verlieh die Königin ihrem Günstling aus Österreich nur wenige Stunden nach der offiziellen Begrüßung den C. B.-Orden, die militärische „Order of the Bath"-Auszeichnung, welche Wingate bereits zuteil geworden war. Der Pascha schenkte der Königin – gewissermaßen als Gegenleistung – einen Chronometer, der aus dem persönlichen Besitz des Mahdi stammte. Slatin stieg nun in die Rolle eines privaten „Sonderberichterstatters in Sudanfragen" auf, und Balmoral sollte ihn noch oft wiedersehen.

Wann immer der Pascha in den Jahren bis zum Ausbruch des Ersten Weltkriegs nach Großbritannien kam, stand ein Besuch in Balmoral auf dem Programm. Der Liebling Königin Victorias wurde auch zum Freund und Vertrauten ihres Sohnes Edward VII. und dessen Nachfolgers. Das herrliche Balmoral, das für Slatin wie ein Märchenschloß im fruchtbaren Dee-Tal lag, war jener Ort, an dem der Pascha die glücklichsten Momente seines Lebens erfuhr. Balmoral war sein persönlicher „Glückshort", hier hielt die ihm so gewogene Matriarchin des britischen Weltreiches hof, hier fühlte er sich wohl und geborgen, und wann immer er in den folgenden Jahren in seine „erwählte Heimat" England kam, fieberte er einem weiteren Besuch im schottischen Königsschloß entgegen.

Obwohl Balmoral, das „Märchenschloß" Slatins, den Zeitumständen entsprechend, nicht sehr bequem und weitgehend ungeheizt war, konnte Slatin Pascha immer nur schwärmerische Worte für diesen bevorzugten Ansitz „seiner" Königin finden. In Balmoral gingen im Lauf der Jahre aber nicht nur Wingate und Slatin Pascha ein und aus, auch Minister und Botschafter sahen sich oft gezwungen, die weite Reise zum 655 Kilometer von London entfernten Schloß in Schottland anzutreten und nach Balmoral hinaufzupilgern. Der Tagesablauf Königin Victorias in Balmoral war streng vorprogrammiert und begann mit dem Frühstück um 9.45 Uhr. Anschließend erledigte die Monarchin bis zur Mittagsstunde die offiziellen Posteingänge und ihre Korrespondenz. Bis zum Lunch, der um 14 Uhr serviert wurde, unternahm die Königin sehr gerne kurze Spaziergänge im Freien. Nach dem offiziellen Lunch nahm man im Billardzimmer den Kaffee zu sich, und das gesamte Schloß begab sich zur Ruhe, ehe die Königin, präzise um 15.30 Uhr, Befehl gab, ihren kleinen Ponywagen anzuspannen, und zu einer Fahrt in die umliegende Moorlandschaft aufbrach. Um 17.30 Uhr wurde der Tee serviert, und um 21 Uhr nahm die hohe Frau schließlich ihr Dinner ein. Der Tages- und Wochenablauf in Balmoral wurde von der alten Königin persönlich genauestens festgelegt. Das Leben im Schloß verlief nach einem Ritual, das sich in ständiger Monotonie wiederholte. Manchmal ließ die Herrscherin jedoch ihre Lieblingsstücke aufführen und betätigte sich bei den Proben als Bühnenschriftstellerin. Gefiel ihr zum Beispiel der Ausgang eines Stückes nicht, so schrieb sie ihn kurzerhand nach eigenem Gutdünken um. Auch etliche Hofbälle mußten zwangsläufig in Balmoral stattfinden. Das steife Ritual wurde nur einmal im Jahr unterbrochen, als der sogenannte „Ghillies"-Ball, der Ball der schottischen Jagdaufseher, den die Monarchin besonders genoß, Leben und Abwechslung in die steife Schloßatmosphäre brachte.

Dieser Ball war eine Pflichtveranstaltung für die greise Herrscherin, den sie sich um keinen Preis der Welt entgehen ließ, weder Empfänge noch Minister konnten sie jemals von diesem schottischen Großereignis fernhalten. Wenige Jahre bevor Slatin Pascha zum ersten Mal in Balmoral auftauchte, hatte die Königin noch selbst den „Reel-Dance", den schottischen Rundtanz, mitgemacht. Gewöhnlich floß bei solchen Anlässen – in bester schottischer Manier und Tradition – auch der Whisky in Strö-

Slatin Pascha wurde zum Liebling der englischen Königin Victoria (1819–1901): Hier mit dem russischen Zaren Nikolaus II. und dessen Gattin Alexandra sowie mit dem späteren englischen König Edward VII.

men, allerdings erst nachdem sich die Königin zurückgezogen hatte. Der „Ghillies"-Ball war jedenfalls einer der Höhepunkte eines Aufenthalts in Balmoral, und der ausgezeichnete Tänzer Rudolf Slatin brachte es bald auch in der Kunst dieses schottischen Tanzes zu großer Perfektion. Er genoß seine Zeit in Balmoral, bemühte sich, das für ihn neue Golfspiel zu erlernen, und fing mit großer Begeisterung Lachse. Am meisten begeisterte den Pascha freilich die Jagd, die die Schotten besonders gestalteten. Zu Beginn der Pirschjagd überreichten die Ghillies nämlich jedem Teilnehmer eine randvoll gefüllte Whiskyflasche. Das Ende des Jagdtages war der Anfang eines bacchanalischen Festes, und die Schotten tanzten im Fackellicht mit fliegenden Kilts um die ausgelegte Strecke. Slatin Pascha liebte Balmoral und die alte Königin nicht nur abgöttisch, sondern wußte auch genau, daß ihm die Tatsache, daß er ein gerngesehener Gast war, auch die Türen zu anderen europäischen Fürstenhöfen öffnete.

Die erste Auswirkung seines Balmoral-Besuches im Oktober 1895 zeigte sich in der Verleihung des Franz-Joseph-Ordens in seiner österreichischen Heimat. Wien und der Hof hatten reagiert, und der Kaiser zeichnete seinen treuen Untertan, dem das Wohlwollen der englischen Königin in so hohem Maß zuteil geworden war, ebenfalls aus. Major Wingate berichtete aus Afrika, wie sehr sich der Pascha über diese Dekoration seines Kaisers gefreut hatte, und schrieb an Colonel Bigge:

> Slatin geht es sehr gut. ... Sie wissen, daß er mit dem Franz-Joseph-Orden mit Stern ausgezeichnet worden ist, eine, wie ich glaube, hohe Ehre. Er weiß genau, daß die allergnädigste Verleihung des C. B. durch die Königin ihm diese zweite Ehrung eingebracht hat, und er ist außerordentlich dankbar dafür. Immer wieder spricht er mit tiefer Genugtuung von seinen Besuchen in Balmoral und Osborne.[8]

Slatin Pascha hatte in der Tat allen Grund, mit sich und der Welt zufrieden zu sein. Sein Buch *Feuer und Schwert im Sudan* versprach ein Bestseller zu werden, in allen großen Städten Europas feierte man den Sohn des Seidenfärbers, und auch in seiner österreichischen Heimat war ihm der lang herbeigesehnte Aufstieg endlich gelungen. Er war umschwärmter Gast an den zwei wahrscheinlich prunkvollsten Königshöfen Europas gewesen, die alte Königin Victoria schätzte und verehrte ihn. In einem Zeitraum von weniger als einem Jahr war der zerlumpte Flüchtling, der mit blutenden Füßen in der Wüstengarnison von Assuan aufgetaucht war, zum begehrten Salonlöwen und „Liebkind" der feinen Gesellschaft Europas geworden.

Sein Aufstieg war märchenhaft und traumhaft gewesen, wenngleich sich nun auch kriegerische Mißtöne einschlichen, denn die Rückeroberung des Sudan stand bevor, und Slatin Pascha brannte – wie seine britischen Offiziersfreunde – begierig darauf, den Tod General Gordons endlich zu rächen.

DER SIEG DES SIRDARS – DIE RÜCKEROBERUNG DES SUDAN

1895, im selben Jahr, als Slatin Pascha auf der Insel Wight und in Balmoral Erfolge feierte, kam es in Großbritannien zu einem Regierungswechsel. Die konservative Partei, die immer für eine harte Linie in der Sudanfrage plädiert hatte, löste die liberale Partei ab. Die Zeit, den entscheidenden vernichtenden Schlag gegen den Khalifa vorzubereiten, schien gekommen. Auf das Eintreten dieser Konstellation hatte der Sirdar, der Oberbefehlshaber der anglo-ägyptischen Streitkräfte und Lord Cromers (Sir Evelyn Baring, der die wahre Macht am Nil ausübte, war mittlerweile zum Lord gemacht worden) stolzer Protegé, General Sir Herbert Kitchener, lange gewartet. Kitchener war der Archetypus des unbeugsamen und siegreichen britischen Feldherrn der Viktorianischen Zeit, der schon allein durch sein imperiales Gehabe, seine Körpergröße und sein hoheitsvolles Auftreten, seinen berühmten martialischen Schnurrbart und seinen Helm wie ein reinkarnierter Mars des 19. Jahrhunderts wirkte.

Er war der geborene Eroberer, der Name Kitchener stand für Sieg, und das Wort Niederlage existierte nicht im Wortschatz des Sirdars, der im Jahr 1896 gerade 48 Jahre alt geworden war. Der ungewöhnlich ehrgeizige General war – wie Charles Gordon – unverheiratet. Doch dies war wohl die einzige Gemeinsamkeit zwischen den beiden berühmtesten Generälen der Viktorianischen Ära. Kitchener war kein religiöser Mystiker, der täglich in seiner Bibel las, sondern durch und durch Soldat, ein kompromißloser, leidenschaftsloser Mann, der kaum eine Gefühlsregung zeigte. Obwohl Frauen den „Eroberergeneral" im großen und ganzen nicht interessierten, wirkte er sehr attraktiv auf die Damenwelt. 1883 zum Beispiel hatte sich die bildhübsche sechzehn Jahre alte Tochter von General Valentine Baker in den stattlichen und hünenhaften Offizier verliebt, doch es bleibt für immer ungeklärt, ob Kitchener Mary Baker jemals geheiratet hätte, denn das Mädchen starb bereits ein Jahr später, als der Mann ihrer Träume, der damalige Major Herbert Kitchener, im Stab der Entsatzarmee Lord Wolseleys in Richtung Khartum marschierte.

Kitcheners Weg führte steil nach oben, und Gordon hatte prophetische Voraussicht bewiesen, als er den damals noch weitgehend unbekannten Major Kitchener, der dieselben stahlblauen Augen wie er selbst besaß, zu seinem Nachfolger als Generalgouverneur des Sudan vorschlug. Major Herbert Kitchener machte die brillanteste Karriere, die in der britischen Armee möglich war, und es sollte dieser willensstarke, energische, kompromißlose und gefühlskalte Mann sein, der den Tod des Märtyrers rächte.

In Kairo hielt man den Sirdar für einen Snob. Es war bekannt, daß der General in den besten Kreisen und Häusern Englands verkehrte, während er in Ägypten die Gesellschaft von reichen Juden und Türken der seiner eigenen Stabsoffiziere vorzog. Keinem dieser Stabsoffiziere erlaubte der Sirdar zu heiraten, und jede Zuwiderhandlung gegen seine Befehle und Anordnungen wurde drakonisch und gnadenlos bestraft. Des Sirdar Wille und Wort waren Gesetz in der anglo-ägyptischen Armee. Widerspruch gab es nicht, Insubordination war ein Ding der Unmöglichkeit. Das persönliche Wohlbefinden seiner Soldaten schien den gefürchteten General kaum zu interessieren, es existierte niemals ein Nahverhältnis zwischen dem Sirdar und den Männern der kämpfenden Truppe. Aus „wirtschaftlichen Überlegungen", wie sich Kitchener ausdrückte, erlaubte er nur sehr wenigen Ärzten, seine Expeditionen zu begleiten, und behandelte auch den berühmtesten aller Äskulap-Jünger, der sich ihm dennoch anschloß, den Sherlock-Holmes-Erfinder Sir Arthur Conan Doyle, mit herablassender Überheblichkeit.

Noch schlimmer verfuhr der Sirdar mit Vertretern der

Presse, der Berufsstand des Kriegsberichterstatters erschien ihm völlig unnötig, und ursprünglich hatte er sogar verboten, daß sich solche Reporter seiner Armee anschlossen. Erst das Einschreiten der Regierung Ihrer Majestät brachte ihn zu einem Umdenken in dieser Frage. Als sich aber die Pressevertreter kurz vor der Entscheidungsschlacht vor dem Zelt des Sirdar versammelten, um ihn zur Abgabe einer Lagebeschreibung zu bewegen, ließ sie der General endlos lange warten. Als er schließlich sein Zelt verließ, schenkte er den versammelten Berichterstattern keine Beachtung, sondern schritt lediglich majestätisch an ihnen vorbei und rief den Wartenden die wenig freundliche und schmeichelhafte Aufforderung „Aus dem Weg, ihr besoffenen Scheuerlappen!" entgegen.

Kitchener verkörperte glasklaren Verstand, hundertprozentige Effizienz und stahlhartes Durchsetzungsvermögen. Dennoch bewunderten viele seiner Soldaten den überharten General und ehrten den martialischsten aller Offiziere im britischen Heer auf ganz besondere Art. Ihre Bewunderung wurde dadurch zum Ausdruck gebracht, daß sie den lang herabhängenden Schnurrbart ihres Oberbefehlshabers kopierten und sich „Kitchener-Schnurrbärte" wachsen ließen. Der Sirdar war eine Kampfmaschine, die, erst einmal in Betrieb gesetzt, kaum zu stoppen war, ehe sie nicht ihr Ziel erreichte, und von Freund und Feind gefürchtet wurde. Dieser unbeugsame energische Mann also stand – einem sprungbereiten, gereizten Löwen gleich – in Ägypten bereit, den Sudan zu erobern und dem Khalifa (und den Kräften des Islams) die schrecklichste Niederlage des 19. Jahrhunderts zuzufügen. „Rex" und „Rowdy", die beiden Freunde Reginald Wingate und Rudolf Slatin, waren dabei, als es schließlich soweit war. An ihrer Seite werden wir dem großen Sirdar in der Stunde seines Triumphes wieder begegnen.

Den eigentlichen Anstoß zur Rückeroberung des Sudan gaben allerdings nicht die Bemühungen des grimmigen Sirdar in Kairo, sondern internationale Komplikationen. 1896 kam es zu einem Eroberungskrieg der Italiener gegen Äthiopien. Die aus Eritrea, ihrem Stützpunkt am Roten Meer, vorstoßenden Italiener hatten jedoch nicht mit der harten Entschlossenheit der Äthiopier gerechnet und ihren Gegner Negus Menelik unterschätzt. Der äthiopische Kaiser schlug die Nachfahren der römischen Eroberer am 1. März 1896 bei Adua in die Flucht. Die geschlagenen Italiener fürchteten nun, daß der Khalifa die günstige Gelegenheit nützen könnte, um sich mit den Truppen Meneliks zu verbünden und der italienischen Armee in die Flanke zu fallen. Die Befürchtung der italienischen Heeresleitung lief darauf hinaus, daß ihre Armee durch das Auftauchen der Derwische auf dem Kriegsschauplatz in die Zange genommen werden konnte. Dieses drohende Fiasko sollte um jeden Preis verhindert werden. Die Regierung in Rom erbat daher die Schützenhilfe Londons.

Großbritannien sollte von Ägypten aus in den Sudan vorstoßen, um die Mahdi-Truppen zu binden und davon abzuhalten, in die Flanke der italienischen Armee zu fallen. Diese Bitte der italienischen Regierung war äußerst ungewöhnlich, vor allem angesichts der Tatsache, daß kein Bündnis zwischen England und Italien bestand. In dieser Zeit der alles beherrschenden Bündnis- und Paktsysteme war Italien bereits Mitglied des sogenannten Dreibundes – als Partner von Deutschland und Österreich –, aus dem es erst 1915, ein Jahr nach Kriegsausbruch, wieder austreten sollte (um auf der Seite der Alliierten gegen seine ehemaligen Verbündeten vorzugehen). Dennoch kam dieser Wunsch der Regierung in Rom den Intentionen des britischen Premierministers Lord Salisbury entgegen, der die Rückeroberung des Sudan ins Auge gefaßt hatte und deshalb grünes Licht für die Aktion gab.

Schon drei Wochen nach der schlimmen Niederlage der Italiener bei Adua verlegte der Sirdar sein Hauptquartier von Kairo nach Wadi Halfa. Die Expedition konnte starten. Vorerst sollte allerdings nur Dongola, die Nordprovinz des Sudan, rückerobert werden. Wingate und Slatin Pascha ritten an Kitcheners Seite und gaben in ihren zahlreichen Briefen einen ausgezeichneten Augenzeugenbericht dieses in zwei Etappen verlaufenden Rückeroberungsfeldzuges. Die Freunde und jetzigen Waffenbrüder hatten Slatins Buch *Feuer und Schwert im Sudan* bewußt als Flaggschiff eines gezielten Propagandafeldzuges gegen das grausame Khalifa-Regime einsetzen wollen und befanden sich nun in einem echten, langerwarteten Feldzug. Der Zufall wollte es, daß Slatin Paschas Buch gerade in jenem Augenblick auf den Markt kam, als Kitchener mit seinem Eroberungsheer nach Wadi Halfa abrückte. Die Auflagenzahl von Slatins Buch wurde durch diesen Umstand natürlich beträchtlich erhöht.

Die englische Ausgabe von *Feuer und Schwert im Sudan* erschien gleichzeitig in London und New York. Brockhaus in Leipzig brachte die deutsche Fassung heraus. Der Sudan war durch das Vorrücken des Sirdar nach Wadi Halfa erneut in die Schlagzeilen der Weltpresse geraten, und nun erschien – gewissermaßen als Krönung der Sudan-Affäre – auch noch Slatins Buch, ein Buch, das jener Mann geschrieben hatte, der den Sudan wohl am besten kannte, der Held und Langzeitgefangene von Omdurman, Slatin Pascha, der die Exzesse und Folterpraktiken der Derwische in eindrucksvollen Bildern zu schildern wußte und zudem bereits wieder im Sattel saß, um an der Seite des großen Sirdars einen längst fälligen Rachefeldzug gegen seine ehemaligen Peiniger zu führen. Eine bessere Werbung für ein Buch gab es nicht, und Slatins Verleger Edward Arnold hatte richtig erkannt, daß der Zeitpunkt für die Herausgabe des Abenteuerberichtes seines neuen Autors geradezu ideal war.

Feuer und Schwert im Sudan, das Slatins Abenteuer und Leiden auf 630 Seiten schildert, ist zwar nicht unbedingt völlig „literarisch unbedeutend", wie der Historiker Gordon Brook-Shepherd vermeint, aber natürlich auch kein literarisches Meisterwerk wie Thomas Edward Lawrences *Sieben Säulen der Weisheit;* es ist das Buch eines brillanten Partyerzählers, eines „raconteurs" par excellence. Natürlich erkennt man sofort, daß hier keine literarische Größe am Werk war, doch Slatin gab auch niemals vor, ein echter Schriftsteller zu sein. Außerdem interessierte es den damaligen Leser kaum, ob das Buch literarisch wertvoll oder nicht war, ihm ging es vor allem darum, so viel

Rudolf von Slatin in ägyptischer Uniform mit zahlreichen Orden, auf die er besonders stolz war.

wie möglich über dieses mysteriöse und grausame Wüstenland, das die Medien wieder beherrschte, zu erfahren. Der lesende viktorianische „Schaukelstuhlgeneral" war hauptsächlich an einem verläßlichen Augenzeugenbericht über die Greueltaten der Derwische interessiert, die ihn an die Schrecken einer barbarischen Vorzeit erinnerten und zu einem patriotischen Racheschrei inspirierten.

Slatin Paschas Buch ist trotz (und vielleicht gerade aufgrund) aller seiner offenkundigen Mängel wie häufiger Wiederholungen und unnötigem verwirrenden Abschweifen vom Haupthandlungsstrang lesenswert – auch für den kritischen Leser der neunziger Jahre unseres Jahrhunderts. Das spätviktorianische Leserpublikum verschlang es natürlich mit großem Genuß, und der Pascha zögerte nicht, dieses Buch als zusätzliche Aufstiegsleiter zu benutzen, was aus seinem komplizierten „Widmungsritual" hervorgeht.

Die englische Ausgabe hatte er seiner Gönnerin Königin Victoria mit „Genehmigung untertänigst" gewidmet, die deutsche Ausgabe war dem österreichischen Kaiser Franz Joseph zugeeignet, der die Widmung ebenfalls huldvoll akzeptierte. Doch Slatin schien nun das Wohlwollen sämtlicher europäischer Herrscher gewinnen zu wollen. So eignete er eine deutsche Prachtausgabe gemeinsam dem deutschen Kaiser und Prinz Heinrich von Preußen zu. Wilhelm II. ließ ihm dann auch über seinen Botschafter in Wien, den Grafen Eulenburg, wissen, daß er das Buch mit großem Interesse gelesen habe und dem Verfasser herzlich dafür danke, es ihm zugesandt zu haben. In seiner „Herrschereuphorie" wollte Slatin Pascha sogar seinen Bruder Heinrich überreden, dem zu einem Staatsbesuch in Wien weilenden russischen Zaren eine weitere Prachtausgabe von *Feuer und Schwert im Sudan* zu überreichen. Heinrich Slatin war klug genug, dieses Ansinnen zurückzuweisen, er tat dies wahrscheinlich auch deshalb, weil er wußte, daß sowohl der belgische König als auch der König von Italien bereits mit einem solchen Geschenk bedacht worden waren, und verhindern wollte, daß sein berühmter Bruder sich durch allzu viele „Anbiederungsversuche" dieser Art in Mißkredit brachte.

Die propagandistische Wirkung des zeitgleich mit Kitcheners Feldzug erscheinenden Buches war jedoch unbestritten.

Die zahlreichen Briefe, die Slatin Pascha und Reginald Wingate im Laufe der Expedition an ihre Monarchin (bzw. im Falle Wingates an deren Sekretär Colonel Bigge) sandten, vermitteln uns ein lebhaftes und interessantes Bild der Geschehnisse und Kampfhandlungen. Dennoch wollen wir nicht dem Beispiel des verdienten Slatin-Biographen Gordon Brook-Shepherd, der fast alle dieser Schreiben zitiert, folgen, sondern uns lediglich auf die wesentlichsten und interessantesten Epistolate konzentrieren. Slatin Pascha schrieb alle seine „Gefechtsbriefe" an die Königin in deutscher Sprache und eröffnete den langen Briefreigen mit einem Schreiben vom 12. Mai 1896, in dem er die Königin in unterwürfigstem Tonfall für ihr lebhaftes Interesse an seiner Person und seinem Wohlbefinden dankt, was der Anfang seines Briefes dokumentieren mag, in welchem er Ihrer Majestät in „tiefer Ehrfurcht" einige Zeilen zur „gnädigen Durchsicht" vorlegte, da die Queen „huldvollst geruhte", ihn durch ihre „allerhöchste Teilnahme" an seinem Geschick auszuzeichnen.

Slatin Pascha, der in diesem Schreiben hauptsächlich politische Fragen aufwirft und nicht zögert, Frankreich als den historischen „Erbfeind" des britischen Weltreiches zu brandmarken, berichtet der Monarchin auch von der ausgezeichneten Moral der kämpfenden Truppe und erörtert die überaus wichtige strategische Position des Sudan. Slatin erläuterte „seiner Queen" die Notwendigkeit, daß Großbritannien das Wüstenland unter Kontrolle bringen müsse, ehe es potentiellen Rivalen, wie Frankreich oder dem „Kongostaat", gelang, im Südsudan „Fuß zu fassen". Die von ihm gewählte Formulierung, daß die „Expedition vorläufig nur als rein ägyptische" gelte, verriet zudem den unterschwelligen Wunsch des Paschas, daß Großbritannien dieses „Provisorium" beenden möge und die Kitchener-Armee durch ein zusätzliches britisches Truppenkontingent verstärken sollte.

Am Schluß seines Briefes, den Slatin mit seiner Hoffnung, daß der Königin Gesundheit und ein langes Leben beschieden sein mögen, beendet, appelliert er auch an das Mitgefühl der Monarchin für sein persönliches Schicksal, indem er darauf hinwies, daß er den Sommer eigentlich in Europa verbringen hatte wollen, um sich an den so lang entbehrten „Segnissen der Zivilisation" erfreuen zu können, während er nun, „nach Gottes Ratschluß", neuerlich in jenes Land vorrückte, das ihm die elf besten Jahre seines Lebens gestohlen hatte.

Die Reaktion kam in Form eines persönlichen Handschreibens, das Balmoral am 5. Juni 1896 verließ und in dem die Herrscherin neuerlich ihre große Zuneigung für den österreichischen Pascha bekundet.

Wingate zog es vor, an den Privatsekretär der Königin zu schreiben, wie er es schon so oft getan hatte. Sein erstes Schreiben dieser Art sandte er aus Firket ab, einem Ort, der nach kurzem Gefecht in die Hände der Sirdar-Armee gefallen war. Wingate benützte auch diese Gelegenheit, um erneut Slatins Loblied zu singen, und behauptete, daß die unendlich wertvolle Arbeit des Paschas für den Geheimdienst zu einem wesentlichen Teil zum Sieg beigetragen habe. Interessanter ist für uns die militärische Bedeutung, die Wingate diesem kleinen Triumph im Hinblick auf den weiteren Verlauf des gesamten Feldzuges zumaß.

> Aus den spärlichen Nachrichten, die uns aus Dongola erreicht haben, entnehmen wir, daß die Auswirkungen dort beträchtlich sind und der Emir Wad Bischara dringend auf weitere Anweisungen des Khalifa wartet. Wenn der letztere ihm Verstärkung schicken kann (was zweifelhaft ist), dann wird er wahrscheinlich versuchen, solange dort zu bleiben, bis wir ihn vertreiben, wenn der Wasserstand im Fluß gestiegen ist und wir unsere Dampfer haben. Wenn aber keine Verstärkungen aus Omdurman geschickt werden können, dann glaube ich nicht, daß sie stark genug sein werden, sich uns entgegenzustellen, und deshalb werden sie sich vielleicht zurückziehen. Sie können sich also vorstellen, wie gespannt wir den Pegelstand beobachten, der jetzt ein bis zwei Zoll täglich steigt. Der Wasserspiegel liegt immer noch sehr tief, und ich glaube, es wird mindestens ein Monat vergehen müssen, ehe wir daran denken können, mit den Dampfern flußaufwärts zu fahren.[1]

Slatins persönlicher Gefechtsbericht an Königin Victoria ergänzt Wingates Schreiben in vortrefflicher Weise. Der Pascha vergaß auch nicht, neuerlich an die Gefühlswelt der Monarchin zu appellieren, indem er ihr von seinen eigenen Emotionen berichtete, die er empfand, als er das Schlachtfeld nach dem Sieg zu Pferd überquerte und die Gesichter mancher ihm einstmals wohlgesonnener Emire unter den Toten erblickte. Obwohl ihm einige der Gefallenen durchaus freundschaftliche Gefühle entgegengebracht hatten, erklärte Slatin Pascha der Königin, daß ihn die Mehrzahl der Emire des Khalifa im Grunde nur immer gedemütigt hätte und nun ihren religiösen Eifer, mit dem sie kompromißlos für eine ungerechte Sache eingetreten waren, mit dem verdienten Tod bezahlt hatten. Am Ende seines Schreibens lobte Slatin neuerlich die hohe Kampfmoral der Soldaten und brachte seine Bewunderung für die untadelige Haltung der britischen Offiziere zum Ausdruck.

Ganz „privat und persönlich" überreichten „Rex" und „Rowdy" der Königin auch noch ein Geschenk besonderer Art und schickten die blutbefleckte Dscheba eines gefallenen Emirs nach Balmoral. Wieder einmal hatten die „sudanesischen Zwillinge" die Hofetikette verletzt, doch die Sendung vom Schlachtfeld beeindruckte die alte Monarchin. Ebenso natürlich war es, daß sich die alte Dame um ihre beiden Vertrauten, die in der sudanesischen Wüste am gerechten Kampf der Christenheit gegen die heidnischen „Derwischmonster" teilnahmen, sorgte, und es ist auch verständlich, daß sie am Schicksal und Wohlergehen ihres „Lieblings" Slatin Pascha besonderen Anteil nahm. Die Königin sandte ein chiffriertes Telegramm an Lord Cromer in Kairo, in dem sie ihm fast befahl, persönlich dafür Sorge zu tragen, daß Slatin Pascha nicht einem möglichen Attentat der Derwische zum Opfer falle. Gehorsam wandte sich Lord Cromer mit dieser Bitte seiner Königin an den Sirdar persönlich. General Kitchener war nicht sehr erbaut über diese „allerhöchste Intervention", diese ihm unnötig erscheinende Einmischung in seinen Feldzug. Hinzu kam, daß ihm Slatin Pascha, der Günstling seiner Königin, nicht sonderlich sympathisch war. Beim eisenharten Sirdar verfing der Wiener Charme Slatins offenbar überhaupt nicht. Indigniert und seinen Groll nur mühsam verbergend, wahrte Kitchener dennoch die Form und antwortete Lord Cromer: „Ich glaube nicht, daß Grund zur Sorge um Slatins Sicherheit besteht. Jeder Neuankömmling aus dem Lager des Feindes wird sorgfältig untersucht, ehe er ins Lager kommt, und solange bewacht, bis der Anlaß seines Kommens festgestellt ist.“[2] Toleranz und Nachsicht waren nicht unbedingt Kitcheners herausragendsten Charaktermerkmale, und die beiden bei Hof so beliebten und erfolgreichen Freunde Wingate und Slatin sollten bald ins Schußfeld des Sirdar geraten.

Ungerührt vom steigenden Unmut Kitcheners schrieb Slatin indessen auch an den Missionschef Österreich-Ungarns in Kairo, Baron Heidler. Slatin wußte sicherlich genau, daß der österreichische Geschäftsträger seine Berichte nach Wien weiterleiten würde, und rechnete wahrscheinlich sogar damit. Wieder einmal spielte er die Rolle des treuen Dieners zweier Herren. Der Außenminister Österreich-Ungarns, Graf Goluchowski, erfuhr Mitte Juli 1896 von der prekären Lage, in der sich Slatin als „designierter inoffizieller Sonderberichterstatter“ der Königin im Stab General Kitcheners befand. Baron Heidlers Bericht las sich so:

> Seit dem Beginne der Sudankampagne führt die Königin teils eigenhändg in deutscher Sprache, teils Englisch durch ihren Privatsekretär Colonel Bigge eine angelegentliche Korrespondenz mit Slatin. Ihre Majestät forderte ihn unter anderem auf, ihr persönlich in deutscher Sprache über den Fortgang des Feldzuges und über die Vorgänge im Truppenlager regelmäßig und in vollster Offenheit zu berichten. ... Ich entnehme brieflichen Andeutungen Slatin Paschas die große Verlegenheit, in welcher er sich durch diesen königlichen Auftrag direkter Berichterstattung, dem er sich nicht wohl entziehen konnte, versetzt sieht. Er scheint auch einigen diplomatischen Geschickes zu bedürfen, um die Eifersucht seiner englischen Kameraden aus Anlaß dieser akzentuierten persönlichen Sympathie und Fürsorge ihrer Herrscherin für ihn, den einzigen nicht englischen (sic!) Offizier in der ägyptischen Armee zu beschwichtigen und zu überwinden.[3]

Die Kitchener-Armee bereitete sich nun auf eine lange Warteperiode in einem Ort namens Koscheh vor, die Slatin ausgiebig nutzte, um Königin Victoria eine Vielzahl von geistreichen und aufheiternden Briefen zu schreiben. Darin berichtet er hauptsächlich über berührende Schicksale und Szenen, wie etwa die Geschichte eines kleinen Mädchens, das von seiner Mutter getrennt worden war. Das vierjährige Mädchen Kalduma sollte von Slatin an seine in Wadi Halfa wartende Mutter übergeben werden, und der Pascha schildert in berührender Weise, wie die Kleine so enthusiastisch auf ein Geschenk in Form eines einfachen Zuckerstückchens reagierte, daß es ihm schwerfiel, sie davon zu überzeugen, daß sie zu ihrer Mutter zurückmüsse und nicht bei ihm bleiben könne. Natürlich vergaß Slatin niemals, auf sein brennendes Heimweh nach England und dem Königsschloß Balmoral hinzuweisen, und beschrieb den krassen Unterschied zwischen den „sandigen Hügeln der Provinz Dongola" und London, dem „Zentrum der Zivilisation", wie er es ausdrückte. Mit diesen amüsanten Briefen, die der alten Königin eine willkommene Abwechslung zu den militärisch trockenen offiziellen Berichten boten, gelang es dem Wiener, sich bei der Monarchin noch beliebter zu machen. Die weniger erfreulichen Schilderungen grausamer Ereignisse, wie etwa einer Choleraepidemie, überließ er „Rex" Wingate, der Colonel Bigge das neuerliche, durch höhere Gewalt hervorgerufene Erschwernis der Expedition in klaren Worten berichtete.

> Sie (die Cholera) griff allmählich weiter um sich. Eine Station nach der anderen wurde infiziert, am schlimmsten Halfa, aber glücklicherweise lagen hier keine starken Truppenverbände, und die Zivilisten und Ehefrauen der schwarzen Soldaten hatten am meisten zu leiden. ... Sehr bald wurde auch unser Lager davon ergriffen ... wir verlegten das Lager vom Flußufer in die Wüste. ... Am Samstag brach die Cholera unter den Truppen aus, die an der Eisenbahnstrecke arbeiteten, die jetzt das Schlachtfeld bei Firket, etwa elf Kilometer von hier, erreicht hat. Solange die Soldaten in der Wüste arbeiteten, ging es ihnen ausgezeichnet, aber als sie am Fluß ankamen, war ihre Freude so groß, daß sie

> sich sofort ins Wasser stürzten, das zweifelsohne an dieser Stelle infiziert war. Sechs Mann erkrankten unmittelbar danach. ...[4]

Am 25. August erlaubte es der inzwischen gestiegene Wasserstand des Nil, daß sich die Dampfer Koscheh nähern konnten. Wingate schrieb Bigge von der Freude, die er über den neuen Heckschraubendampfer empfand, der ihm wie ein Wal, wie „ein Leviathan“ im Vergleich zu den kleinen Kanonenbooten erschien und die feindlichen Derwische von Dongola mit seinen „zwölf- und sechspfündigen Schnellfeuergeschützen und Maxims“ das Fürchten lehren werde. Eindringlich beschreibt Wingate auch einen überstandenen Sandsturm; die Königin muß wahrscheinlich vor Aufregung gezittert haben, als ihr der Privatsekretär von der neuerlichen Gefahr, in der sich ihre Vertrauten Slatin Pascha und Wingate befunden hatten, erzählte. Man kann sich fast vorstellen, wie die Herrscherin ihre Hände über dem Kopf zusammenschlug und aufgeregt flüsterte: „Nach den Derwischen und der Cholera nun auch noch ein Sandsturm!“

Reginald Wingates Schilderung des überfallsartig hereingebrochenen Sandsturmes fiel auch wirklich sehr dramatisch aus:

> Alles stürzte hinaus, und wir ergriffen die Leinen, damit das Zelt nicht fortgeweht wurde, doch während wir das taten, sahen Slatin und ich zu unserem Schrecken, wie der Wind unser großes Schlafzelt in die Höhe hob, es dann wieder auf den Boden schleuderte und unsere Habseligkeiten durcheinanderwirbelte. Nach einer halben Stunde ließ der heftige Sturm etwas nach ..., und wir gingen zum Fluß hinunter, um nachzusehen, was aus den Dampfern geworden war. Kaum waren wir dort angekommen, als sich der Wind, der bisher aus westlicher Richtung geweht hatte, plötzlich nach Norden drehte und zu dem schlimmsten Sandsturm entwickelte, den ich je erlebt habe. Wir versuchten, dorthin zurückzugehen, wo wir glaubten, daß unser Lager sei. Aber die dichten Staubwolken ließen es ringsum nachtdunkel werden, und wir mußten eine halbe Stunde stehen bleiben und die ganze Wildheit des Unwetters über uns ergehen lassen. Dann wurde es einen Augenblick still, und wir stellten fest, daß die

Zelte des Hauptquartiers kaum zehn Schritte von der Stelle entfernt waren, wo wir gestanden hatten. Wir hatten gerade noch Zeit, hinzulaufen, als der Orkan sich mit noch größerer Heftigkeit von neuem erhob. Es regnete in Strömen, und dazu blitzte und donnerte es unaufhörlich. Bis auf die Haut durchnäßt blieb uns nichts übrig, als uns mit aller Kraft an den Zeltleinen festzuhalten. Endlich ließ der Sturm ein wenig nach, und wir konnten zum Feldlager des Nachrichtendienstes zurückgehen, das sich auf einer kleinen Anhöhe befindet. Das Bürozelt war umgeworfen, und unsere Papiere und Karten in Richtung auf Dongola davongeweht worden. Wir retteten, was zu retten war, sammelten dann unsere durchnäßten Mannschaften, gaben ihnen Chinin, etwas zu essen und zu trinken und richteten uns so gut es gehen wollte zur Nacht ein.[5]

In diesem sehr langen Bericht schildert Wingate auch, daß Slatin von einem Brief des Khalifa überrascht worden war. Das an Abdel Kader Slatin (sic!) adressierte Schreiben nahm Bezug auf dessen eigenen Abschiedsbrief an den Khalifa, der den Pascha nun aufforderte, die Ungläubigen, an deren Seite er wieder ins Land gekommen war, mittels einer gut ausgetüftelten Kriegslist in eine Falle zu locken. Vielleicht hatte der Khalifa den Beteuerungen Slatins, er würde ihn nur aufgrund seines Heimwehs im Stich lassen (die der Flüchtende nur abgegeben hatte, um eine harte Bestrafung seiner Mitgefangenen zu verhindern, wie wir zeigen konnten), tatsächlich geglaubt und versprach sich etwas von seinem seltsamen und eigentlich unerklärlichen Schreiben an den Mann, den er nach eigener Aussage immer wie einen Sohn behandelt hatte. Am 11. September setzte sich die Armee Kitcheners endlich in Marsch nach Dongola. Sie kam nur unter großen Schwierigkeiten voran, die brütende Hitze, die Auswirkungen der schrecklichen Choleraepidemie und das nur langsam steigende Wasser des Nil hatten den Vormarsch lange verzögert. Der von Wingate so sehr bewunderte Heckschraubendampfer gab bereits bei seiner Probefahrt den Geist auf. Ein Zylinder platzte und mußte repariert werden, was Kitchener veranlaßte, den Aufbruch neuerlich zu verschieben. Aber am 23. September stand der Sirdar vor den

Toren von Dongola und gab den Angriffsbefehl auf die Stadt, die schon nach fünf Stunden eingenommen werden konnte. Am selben Tag telegrafierte Major Reginald Wingate offiziell und im Namen des Sirdar nach London, daß sich „die Derwische auf dem Rückzug befänden", viele „mächtige Emire kapituliert" hätten, Geschütze und beachtlich große Munitionsvorräte erbeutet worden wären und „zahlreiche Gefangene" in der Hand der Briten wären.

Der Sirdar stieß im nächsten Monat bis zum vierten Nilkatarakt vor, wo er den bisher letzten Vorposten errichten ließ. Dann allerdings trat eine lange Pause ein, die erste Phase seines Feldzuges gegen den Khalifa war vorbei und erfolgreich abgeschlossen, die Provinz Dongola war ohne größere Schwierigkeiten erobert worden. Nun machte man sich daran, die Versorgungswege in einen brauchbaren Zustand zu versetzen, damit es keine Nachschubprobleme beim folgenden eigentlichen Kriegsmarsch auf Omdurman geben würde. Reginald Wingate wurde nach der siegreichen Schlacht von Dongola zum Oberst befördert. Doch auch Slatin Pascha sollte neuerlich ausgezeichnet werden. Als der Sirdar Anfang Dezember 1896 von einem Heimatbesuch (in dessen Verlauf er natürlich zur Berichterstattung nach Windsor beordert worden war) nach Dongola zurückkehrte, hatte er eine besondere Auszeichnung für Rudolf Slatin im Handgepäck: einen persönlichen und (wie üblich) sehr langen Brief der Königin und – was für den ordenssüchtigen Wiener Oberst sicherlich noch wichtiger war – den Victoria-Orden, einen von der Queen gestifteten Orden, mit dem Kitchener in seiner Eigenschaft als Oberbefehlshaber nun den Günstling Ihrer Majestät im Auftrag seiner Königin auszeichnen mußte. In seinem ausführlichen Antwortschreiben an die ihm so sehr gewogene Monarchin erklärte Slatin Pascha, daß er – obwohl die Kraft seiner Feder nicht ausreiche, jene Dankbarkeit und Wertschätzung, die er für seine Königin empfand, in Worte zu kleiden – dennoch einen schwachen Versuch unternehmen würde, ihr seine Dankbarkeit zu beweisen.

Nach der Besetzung Dongolas finden wir Slatin Pascha und (den nunmehrigen) Colonel Reginald Wingate in Kairo wieder, wo sich der „Salonlöwe“ Slatin sofort ins Ballgeschehen stürzte und dabei nicht vergaß, seine „andere“ Heimat Wien auf dem laufenden zu halten. Diesmal schreibt er seiner Schwägerin, und wir erlauben uns, diesen Brief anzuführen, da er anschaulich illustriert, wie amüsant der Pascha zu erzählen vermochte.

> Hier geht es uns miserabel. Jeden Tag Diners, Einladungen, nie Ruhe. Vor einigen Tagen gab der Cercle Khedivale in Alexandrien dem Sirdar und dessen Staff zu Ehren ein Diner mit darauf folgendem Ball. Nach der Abfütterung, die zweieinhalb Stunden dauerte und nach Beendigung einiger unvermeidlicher Toaste wurden wir in den Tanzsaal geschleppt. Der Aufenthalt in einer Folterkammer im Vergleich zu dieser Unterhaltung muß geradezu paradiesisch genannt werden. Im Saale waren meist nur alte Levantinerinnen, deren Töchter wahrscheinlich noch in Europa, Konstantinopel oder irgendwo anders weilten oder auch aus anderen Gründen nicht mitgebracht wurden. Der Sirdar hatte sich in schlauer Weise beizeiten aus dem Staube gemacht, und so wollte man mir als „Überbleibsel“ die Ehre antun, mich als Kuriosität zu betrachten. Man schleppte mich von einer Alten zur anderen, um mich vorzustellen. Jede dieser frisch angestrichenen Grazien lächelte mich an und sagte, „Oh, wir haben viel von Ihnen gehört“ oder „in den Zeitungen gelesen“ oder „Ihr Bild gesehen“. Die ganze Bande machte auf mich den Eindruck einer frisch bemalten Wohnung. Ich war wütend, wollte nach vorne beißen und nach hinten ausschlagen, mußte mich aber gezwungen anständig benehmen (Du weißt, wie mir das schwerfällt). Doch ich, der an Flucht gewohnt, verschwand plötzlich vom Schauplatze meiner Leiden und erreichte schweißtriefend mein Hotel, wo ich Gott dankend für meine Rettung aus den Händen von gierigen alten Schachteln in einen Stuhl sank. ... Nun hast Du einen kleinen Begriff, wie es Deinem armen Schwager geht – in Dongola war es mir langweilig, jetzt zurückgekehrt komm ich vom Regen in die Traufe. ...[6]

Seinem Bruder Heinrich schreibt Slatin aus der Nilhauptstadt, daß er nicht ganz sicher sei, ob man eine beträchtliche Anzahl von erbeuteten Turbanen, Kettenhemden, Dschebas, Waffen und anderen „Derwischsouvenirs“, die er in die Kaiserstadt geschickt hatte, der kaiserlichen Sammlung übergeben sollte oder nicht. Slatin Pascha äußerte die Befürchtung, daß ein offizieller Schenkungsakt sicherlich seinen Niederschlag in den Zeitungen finden und unter Umständen Museumsexperten in Großbritannien erzürnen würde, da er der Königin Victoria nur „Privatgeschenke“ gemacht hatte.

Der Pascha, der sich – mitten in einem Feldzug – überlegte, auf welche Weise er sich dem greisen Kaiser in der Hofburg am besten und am unauffälligsten wieder ins Gedächtnis rufen könnte, ohne gleichzeitig britische Musealbehörden vor den Kopf zu stoßen, balancierte wieder auf einem Hochseil, wie er es als Gefangener in Omdurman getan hatte. Der Balanceakt war zwar ungefährlicher geworden, aber dennoch fiel es Slatin Pascha nicht immer leicht, beiden europäischen Königshöfen, denen er sich verbunden fühlte, gleichermaßen zu dienen. In der Mitte des Jahres 1897 rückte die Expeditionsarmee endlich weiter vor. General Kitchener drang in südlicher Richtung nach Abu Hamad vor und eroberte am 7. August die zwischen dem vierten und fünften Nilkatarakt gelegene Stadt, die sich zwar verzweifelt wehrte, aber im Grunde chancenlos war. Die Armee des Sirdars legte nun ein sehr schnelles Tempo vor. In nur drei Wochen hatte die anglo-ägyptische Armee 240 Kilometer hinter sich gebracht, und bereits am 31. August konnte Kitchener in die Stadt Berber, das eigentliche Zentrum der Provinz, einreiten. Nun trennten den Sirdar nur noch 400 Kilometer von Khartum und dem Khalifa. Colonel Reginald Wingate und Slatin Pascha bemühten sich in dieser Phase der Expedition sehr eindringlich darum, den Sirdar zu bewegen, weitere Unterstützung durch reguläre britische Truppen anzufordern. Das geht sehr deutlich aus einem weiteren langen Schreiben Slatins an die Queen hervor, in dem der Pascha – wie üblich – auch eine persönliche Note anklingen läßt und beschreibt, wie er erneut – und unter völlig anderen Umständen, in der Pose des kommenden Siegers sozusagen – auf einen seiner ehemaligen Führer und Lebensretter traf.

> Wir werden außergewöhnlich eintretende Umstände (wie Tod des Khalifa, Meuterei, etc. etc.) abgesehen, nicht imstande sein, Omdurman ohne Unterstützung europäischer Truppen zu neh-

men. Da leider eine derartige Hilfe den herrschenden Verhältnissen nach im Laufe des Winters wohl kaum zu erwarten ist, so können wir möglicherweise in die Lage kommen, unsere Stellungen gegen einen angreifenden Feind verteidigen zu müssen. Die Stimmung der ägyptischen Armee, die im letzten Jahr durch Reservisten und Rekruten bedeutend verstärkt wurde, ist im allgemeinen eine noch gute, doch macht sich infolge der langen Dauer der Kampagne eine leichte Ermüdung bemerkbar. Die Armee im großen und ganzen wünscht (da die meisten der ägyptischen Soldaten verheiratet, jetzt von Weib und Kind getrennt leben) die Beendigung der Kampagne. ... Wohl erinnere ich mich an all diese Vorgänge bis ins kleinste Detail (gemeint sind die Vorgänge von Slatins Flucht, die durch das Zusammentreffen mit einem seiner damaligen Führer wieder lebhaft in Slatins Gedächtnis drangen; Anm. d. V.). In der Erinnerung ziehen die Tage der Gefahr an mir vorüber – ich danke Gott, der mich aus allen Gefahren glücklich errettet, und bitte ihn auch um seinen ferneren Schutz. Ist die Zeit auch eine wenig gefahrvolle, so ist das Leben im Sudan, von Geschwistern, Freunden und der Heimat entfernt, doch kein angenehmes zu nennen. Alle hier fühlen dies, und ich, der die besten seiner Lebensjahre gezwungen in diesen Ländern zubrachte, vielleicht mehr als andere, doch werden alle, hoch und nieder, ihre Pflicht erfüllen und ausharren bis zum Ende.[7]

Auch „Rex" Wingate meldete sich aus Berber und beschrieb die Lage der Expeditionsarmee ebenfalls als sehr schwierig. Es schien, als hätten sich die beiden Freunde auf ein gemeinsames „briefliches Vorgehen" geeinigt. Colonel Wingate läßt keinen Zweifel daran, daß die Unterstützung durch neue, unverbrauchte britische Truppen zur unumgänglichen Notwendigkeit geworden war.

Hätte man sich früher dazu entschlossen, britische Truppen zu entsenden, dann könnten wir jetzt vielleicht schon in Omdurman sein. ... Vom strategischen Gesichtspunkt und, da wir wissen, daß die Entscheidung nicht in diesem Jahr fallen kann, glaube ich, es wäre besser gewesen, unsere Front weiter rückwärts bei Abu Hamad einzurichten. Es ist möglich, daß die Derwische ruhig in ihren bisherigen Stellungen bleiben werden. Gelingt es ihnen aber, genügend Begeisterung zu wecken, um zur Offensive überzugehen, dann müssen wir uns um unsere vorgeschobenen Stellungen ernste Sorgen machen. ... Man könnte sagen, der zweite Akt sei jetzt vorüber, und wenn der Vorhang sich wieder hebt, werde die Schlußszene des sudanesischen Dramas über die Bühne gehen.[8]

Wingate befürchtete, daß die Armee Kitcheners, die eine so große Fläche abzudecken hatte, von den zahlenmäßig überlegenen Khalifa-Truppen angegriffen werden könnte, ehe das britische Hilfskontingent am Kriegsschauplatz eintraf. Tatsächlich sammelte der Khalifa – wie aus Berichten von Spionen hervorging – alle zur Verfügung stehenden Streitkräfte in Omdurman, um sie von seiner Hauptstadt aus gegen Berber in Marsch zu setzen und die ägyptischen Soldaten des Sirdars wieder aus ihren Stellungen zu verjagen. Am 31. Dezember 1897 sprach der Chef des militärischen Nachrichtendienstes persönlich beim Sirdar vor. Wingate bestürmte den sichtlich nervösen Kitchener, der an den Auswirkungen einer starken Erkältung litt, endlich aktiv zu werden und britische Verstärkungstruppen anzufordern. Nach einer sehr langen, manchmal überaus heftig geführten Diskussion gab der Sirdar Oberst Wingate schließlich recht und kabelte nach Kairo und London. Die Reaktion erfolgte prompt. Bereits im Februar des neuen Jahres ergänzten zwei vollständige britische Brigaden die anglo-ägyptische Armee. Nun flatterte der Union Jack stolz zwischen den ägyptischen Regimentsfahnen. Großbritanniens offizielles Engagement im Sudan war Wirklichkeit geworden.

Im April des Jahres traf General Kitchener, dessen Armee sich mittlerweile auch ein Mann angeschlossen hatte, der ihn an Berühmtheit noch weit übertreffen sollte – ein junger Soldat namens Winston Churchill –, am Karfreitag, auf die Derwischtruppen. Die Schlacht am Atbara-Fluß sollte zu einem großen Triumph für den Sirdar und zu einem Vorboten des nahenden Untergangs für den Khalifa werden. Doch Slatin Pascha war bei diesem Triumph nicht dabei, denn Kitchener hatte ihn – wahrscheinlich, weil er dem Wiener seine einflußreiche Stellung bei Hofe neidete und die ständigen „Privatbriefe", die dieser an die

Queen sandte und in denen er auch die eine oder die andere Bemerkung über den Oberbefehlshaber der Expeditionsarmee fallen lassen konnte, als störend und unangenehm empfand – einfach in Wadi Halfa (das 640 Kilometer vom Kriegsschauplatz entfernt lag) zurückgelassen und ihn dort mit routinemäßigen Verwaltungsaufgaben betraut. Es schien, als ob der Sirdar den Günstling der Königin nicht länger dabeihaben wollte und deshalb vorschützte, um die Sicherheit Slatin Paschas besorgt zu sein. Wir werden noch auf diese „Reibereien" zwischen Slatin und Kitchener zurückkommen. Konzentrieren wir uns jedoch für den Moment auf die Schlacht von Atbara, die für die Expeditionsarmee so glänzend verlief.

Die fähigsten Feldherren des Khalifa, der altbewährte Osman Digna und der junge, draufgängerische Emir Mahmud Achmed, traten Kitchener an der Spitze ihrer Truppen am Atbara-Fluß entgegen. Der Emir Mahmud war wahrscheinlich der tapferste und aggressivste Derwischgeneral, den der Khalifa Kitchener entgegenwerfen konnte. Dies nun war ein anderer Krieg, als ihn die Derwische gewohnt waren. Mit der ganzen Schlagkraft ihrer modernst ausgerüsteten Artillerie stürzte sich die Armee Kitcheners, begleitet vom Klang der schottischen Dudelsäcke, englischen Trommeln und Trompeten, auf die in ihren Barrikaden den Angriff erwartenden Araber. Nachdem die britische Artillerie die feindlichen Stellungen der Mahdisten eineinhalb Stunden lang beschossen und schwerste Verluste unter den Wüstenkriegern hervorgerufen hatte, begannen die Briten ihre Attacke. An der Spitze der britischen Brigade stürmten die gefürchteten Cameron-Hochländer unaufhaltsam auf die Derwische zu und trieben sie wie Vieh vor sich her. Der Infanterienahkampf dauerte kaum zwei Stunden, und die Hochländer wüteten furchtbar unter den Derwischen. Kitchener verlor nicht einmal 500 Mann, während die Ausfälle der Derwische verheerend waren, 2000 Gefallene und mehr als 5000 Verwundete und Gefangene waren das Resultat dieses ersten größeren Zusammentreffens der Derwische mit einer modern geführten Armee.

Der junge Winston Churchill beschreibt, wie Kitchener über

das Schlachtfeld ritt und die lauten Jubelrufe seiner Soldaten, die die blutbefleckten Bajonette zum Gruß gegen den Himmel hoben, entgegennahm.

> Der Sirdar ritt entlang der Kampflinien, und die britischen Brigaden steckten ihre Helme auf die dunkelroten blutigen Bajonette und jubelten ihm mit jenem lauten Enthusiasmus zu, den eine siegreiche Schlacht erzeugen kann. Für einen Augenblick schien sogar Kitchener eine menschliche Regung zu zeigen. Er war, wie ein Offizier, der sich in seiner unmittelbaren Nähe befand, später sagte, für eine Viertelstunde fast menschlich geworden. Und falls diesen harten Mann tatsächlich etwas aus der Reserve locken konnte, so waren es die lauten Beifallsrufe seiner Soldaten, die die Atbara-Zariba gestürmt hatten.[9]

In der Nachbarstadt Berber ließ der Sirdar seine Siegesparade abhalten und ritt hoheitsvoll auf einem Schimmel durch die Reihen der jubelnden Soldaten und nahm ihre Hochrufe und Ovationen entgegen. An der Spitze der Parade schleppte man den geschlagenen Emir Mahmud mit. Eine schwere Kette fungierte als Halskrause für den stolzen Sohn der Wüste, und man hatte seine Hände auf den Rücken gebunden. Manchmal stolperte Mahmud, denn die Fußketten erschwerten ihm das Gehen, unsanft wurde er wieder hochgerissen oder einfach mitgeschliffen. Die Einwohner der befreiten Stadt Berber bewarfen den Gefangenen mit Kot, Schmutz und Steinen, während der große Sirdar, unnahbarer denn je, mit stolzem, nach vorne gerichtetem Blick das triumphale Ende der Siegesparade bildete.

Slatin, dem Schreibtischarbeiten nie besonders behagt hatten und der zweifelsohne verärgert war, nicht an die Front kommen zu dürfen, hatte seinen Freund Wingate unzählige Male aufgefordert, beim Sirdar zu intervenieren und ihn endlich von seiner „Schreibtischtäterrolle“ zu befreien. Wingate bemühte sich nach Kräften, aber Kitchener blieb hart und befahl Slatin, auf seinem Posten in Wadi Halfa auszuharren. Am 14. März hatte Wingate seinem immer unsicherer und ungeduldiger

Lord Horatio Herbert Kitchener (1850–1916), der „Große Sirdar“: 1898 zwang Kitchener den Sudan wieder unter englischen Einfluß. Hier in türkisch-ägyptischer Uniform.

werdenden Freund in einem halboffiziellen Schreiben, mit dem er ihn sicherlich beruhigen wollte, mitgeteilt, daß der Sirdar zwar davon überzeugt sei, daß Slatins Anwesenheit beim endgültigen Marsch auf Omdurman und Khartum sehr wertvoll sein würde, zum gegenwärtigen Zeitpunkt aber kein unnötiges Risiko eingehen wollte. Die Queen hatte ihm aufgetragen, Slatins Wohl im Auge zu behalten, und er wolle ihn nicht durch eine verirrte Kugel verlieren, daher sei es besser und vor allem sicherer für Slatin, wenn er vorerst in Wadi Halfa bliebe. Diesem dienstlichen Brief Wingates folgte eine private Benachrichtigung an seinen in Wadi Halfa schmollenden Freund, in welchem er seinem „lieben alten Rowdy" mitteilte, daß er sehr darunter litt, daß sein bester Freund nicht an seiner Seite ritt. Wingate appellierte auch an Slatin, den Ton seines „halboffiziellen Briefes" nicht ganz ernst zu nehmen und dessen wahre „Bedeutung" zu erkennen, da des Sirdar Sorge für die Sicherheit des Österreichers aufrichtig sei.

Slatin ahnte natürlich die wahren Beweggründe des Sirdar, ihn nicht an die Front zu lassen, und auch Wingate, der Colonel Bigge in einem Schreiben seine Betroffenheit darüber zum Ausdruck brachte, daß der „Chef" Slatins hervorragende Eigenschaften nicht genügend anerkenne und schätze, wußte wahrscheinlich genau über die wahren Gefühle, die Kitchener für den Österreicher empfand, Bescheid. Slatin Paschas Zorn muß groß gewesen sein, als es ihm durch diese Maßnahme Kitcheners unmöglich gemacht wurde, seiner allerhöchsten Gönnerin in Schloß Windsor einen erstklassigen Augenzeugenbericht von der Schlacht bei Atbara zu liefern.

Doch dem endgültigen Marsch nach Omdurman, den der Sirdar jetzt in Angriff nahm, durfte sich der österreichische Pascha wieder anschließen. Die beiden Freunde „Rex" und „Rowdy" waren wieder vereint und sollten gemeinsam am endgültigen Triumph über die Mahdisten teilhaben. In einem Brief vom 21. August schilderte Wingate Colonel Bigge seine Freude über das Eintreffen Slatins und wagte eine Prognose über die bevorstehende Schlacht mit dem Khalifa.

... Er (Slatin) ist sehr dankbar für all das Interesse, das man an ihm nimmt, und es ist, wie ich Ihnen schon einmal gesagt habe, diese Tatsache, die seinen gegenwärtigen Einsatz der britischen Regierung nach besten Kräften zu dienen, weit angenehmer macht, als dies sonst der Fall unter den gegebenen Umständen wäre (zweifelsohne eine Anspielung auf Slatins sich verschlechterndes Verhältnis zu Kitchener; Anm. d. V.), ich habe ihn noch nie wohler und besserer Laune erlebt ... und das Wissen, daß seine Arbeit für dieses Land in Kürze beendet sein wird, hat wesentlichen Anteil daran. ... Fast alle Truppen und der ganze Nachschub sind jetzt aus Atbara abgezogen worden ... wenn nichts dazwischenkommt ... wird die Entscheidung in den ersten Septembertagen fallen. ... Alles deutet darauf hin, daß der Khalifa sich entweder in Omdurman oder bei Kerreri zur Schlacht stellen wird. ... Um einer raschen Befriedung des Landes willen, wäre es das beste, wenn das feindliche Heer kämpfen wollte und geschlagen würde.[10]

Wingate sollte recht behalten. Am 1. September 1898 lag Kitchener mit einer Streitmacht von 25.000 Mann, mehreren Kanonenbooten der Royal Navy, 100 Geschützen und einer riesigen Nachschubkolonne vor Omdurman. Die Nacht zuvor hatte es heftige Regenfälle gegeben, und der Sirdar und seine Stabsoffiziere konnten in der klaren vibrierenden Luft in der Ferne die sich zum Himmel erhebende Kuppel des riesigen Mahdi-Grabmales erblicken. Unweit davon sahen sie eine lange, schattenhafte Linie, die an eine sudanesische Befestigungszariba erinnerte. Winston Churchill schilderte seine Impressionen vor der Schlacht so:

Plötzlich setzte sich die gesamte schwarze Linie, die eine Zariba zu sein schien, in Bewegung. Sie bestand aus Menschen und nicht aus Büschen. Hinter ihr strömten immense Massen und tauchten dann über dem Hügel auf, und während wir noch staunend und verwundert diesen Aufmarsch betrachteten, verwandelte der Hang sein Antlitz in einen schwarzen Haufen ausschwärmender Wilder. Die vier Meilen lange Heeresschlange, die, wie es schien, in fünf Divisionen unterteilt war, näherte sich uns nun schnell. Die ganze Seite des Hügels schien in Bewegung geraten zu sein. Zwischen den marschierenden Massen galoppierten Reiter, die Ebene vor ihnen war übersät mit vielen Patrouillen, über denen Hunderte Banner flatterten, und die Sonne, deren glitzernder Glanz auf vielen tausend Speerspitzen zu vernehmen war, zerteilte eine funkelnde Wolke.[11]

Obwohl die Armee des Khalifa doppelt so viele Kämpfer als Kitcheners Expeditionstruppe zählte, hatte sie keine wirkliche Chance. Die meisten der 50.000 Derwischkrieger waren lediglich mit Speeren bewaffnet, die Geschütze der Araber veraltet und kaum noch funktionstüchtig. Die zwei uralten Dampfschiffe, die der Wüstendespot zum Einsatz brachte, waren den modernen britischen Kanonenbooten an Effizienz und Schlagkraft weit unterlegen. Die einzige Chance des Khalifa wäre gewesen, eine Art Guerillataktik anzuwenden und bei Nacht anzugreifen oder sich weiter in die Wüste zurückzuziehen und die Schlacht außerhalb der Reichweite der britischen Artilleriegeschütze zu schlagen. Doch der Khalifa verwies auf Allah, der ihm, wie er sagte, befohlen hatte, den Ungläubigen bei Omdurman entgegenzutreten.

In der Morgendämmerung des 2. September 1898 begann die Schlacht von Omdurman mit dem frontalen Massenangriff der Derwische, der geradewegs in das Verderben und den Untergang führte. Die wilden und tapferen Wüstenkrieger rannten direkt ins britische Artilleriefeuer. „Keine einzige weiße Armee hätte diesem reißenden Todesstrom auch nur fünf Minuten standgehalten", kommentierte G. W. Steevens, einer von Kitcheners vielgeschmähten Kriegsberichterstattern. Steevens weiter: „Das war keine Schlacht, sondern eine Hinrichtung!"[12]

Kitchener ließ die heranstürmenden Krieger des Khalifa eine Bodenwelle überqueren, und als sie ein paar tausend Meter vor den britischen Stellungen auf Sichtweite herangekommen waren, eröffnete er den schrecklichen Feuerreigen. Die britischen Batterien, die ägyptische Artillerie und die Kanonenboote begannen gleichzeitig mit ihrem Bombardement. Der junge Churchill, der sich auf einige aufeinandergeschichtete Zwiebackkisten gestellt hatte, um das blutige Schauspiel besser beobachten zu können, registrierte, wie die Derwische dutzendweise niedergemäht wurden. Fachmännisch stellte der spätere Staatsmann und Premierminister fest, daß bei jedem „Granatschlag durchschnittlich mehr als fünf Mann" ihr Leben einbüßten. Lediglich an der linken Flanke, wo Churchills Regiment, die 11. Lancers, einen zwar tapferen und wagemutigen, aber völlig sinnlosen Ausfall unternahmen, konnten die Derwische einen kleinen Achtungserfolg erzielen und bis auf ein paar hundert Meter an die britischen Linien herankommen. Die unter der hellgrünen Fahne des Propheten kämpfenden Truppen des Khalifa rannten blind ins Verderben. Sie wurden von den Gewehrsalven der nun in Aktion tretenden Infanterie Kitcheners förmlich durchlöchert, die unaufhörlich feuernden Cameron-Highlanders mußten ihre Gewehre austauschen, da die Läufe vom permanenten Feuern beinahe zum Glühen gebracht worden waren. Auch die modernen Maxim-Maschinengewehre glühten, aber die Hochländer lösten dieses Problem, indem sie den Inhalt ihrer Wasserflaschen auf die brennend heißen Maschinengewehre gossen. Nachdem die wilden Krieger des Dschihad in selbstmörderischer Verzweiflung zwei Stunden lang gegen das mörderische Sperrfeuer der Briten angerannt waren, lagen ca. 10.000 Mann in ihrem Blut auf dem schrecklichen Wüstenschlachtfeld. Tausende Verwundete strömten in wilder, ungeordneter Flucht nach Omdurman zurück. Die Schwerverwundeten, die nicht mehr laufen konnten, blieben zusammen mit ihren toten Kameraden auf dem Schlachtfeld liegen. General Kitchener, der Sirdar, beobachtete die wilde Flucht, auf seinem Pferd sitzend, durch einen Feldstecher. Die Offiziere seines Stabes standen um ihn herum, und über seinem Kopf flatterte die ägyptische Fahne. Um 11.30 Uhr warf Winston Churchill einen Blick auf den britischen General, der in diesem Moment seinen Feldstecher absetzte und trocken bemerkte, daß er der Ansicht sei, daß der Feind „ordentlich Prügel bezogen hatte". 12.000 Derwische waren gefallen, Tausende in Gefangenschaft geraten. Kitchener hatte dem Spuk des Mahdismus ein für allemal ein Ende bereitet. Nur 28 Briten, die Churchills allzu schneidigem 11. Lancer-Regiment entstammten, hatten ihren Einsatz mit dem Leben bezahlen müssen.

Der Sirdar, der kurz vor dem Mittagessen noch seinen Unmut darüber zum Ausdruck brachte, daß man unnötig Munition vergeude, indem man verwundete Derwische erschoß, wo es seiner Ansicht nach doch viel ökonomischer war, sie einfach auf dem Schlachtfeld sterben zu lassen, aß in aller Ruhe seinen Lunch und ritt in die Hauptstadt des geschlagenen Khalifa. Dieser meditierte inzwischen am Grabmal des Mahdi und schwang sich kurz vor dem Eintreffen des Sirdar auf einen Esel, nahm eine griechische Nonne als Geisel mit und floh. Sein Ziel war es, seine Heimat in Kordofan zu erreichen, das Stammesgebiet der Baggara, das sich am Oberlauf des Blauen Nil befand.

Kitchener ritt majestätisch in Omdurman ein, die erbeutete, schwarze Flagge des Khalifa flatterte neben der ägyptischen. Im Gefolge des Sirdars ritt auch Slatin Pascha, der zurückgekehrte Ex-Mudir von Darfur, der von vielen Einheimischen erkannt wurde. Die Bewohner jubelten, als sie erfuhren, daß man sie nicht töten wollte, und viele winkten Slatin zu. Der Wiener muß damals ein unheimliches Gefühl der Genugtuung verspürt haben, als er an Kitcheners Seite als Eroberer in jene Stadt zurückkehrte, in der er so viel gelitten hatte. Am frühen Nachmittag machte sich Kitchener persönlich auf die Suche nach dem Khalifa, den er immer noch in Omdurman vermutete. Statt dessen traf er im Stadtgefängnis auf Karl Neufeld, den abgemagerten deutschen Kaufmann, der so viele Jahre der Folter überlebt hatte, und befreite ihn zusammen mit ca. 30 anderen noch in Ketten schmachtenden europäischen Gefangenen. Kitchener schlug sein Hauptquartier an der Moschee auf, und hier überbrachte ihm Slatin Pascha die Nachricht von der Flucht des Khalifa. Bevor wir uns aber dem endgültigen Schicksal von Abdullahi, dem Khalifa, zuwenden und damit das Ende des sudanesischen Dramas beschreiben, schließen wir uns noch für eine Weile dem großen Sirdar an, auf den in Khartum eine besondere Aufgabe wartete.

Das Grabmal des Mahdi war bereits durch das Bombardement der britischen Artillerie (an einem der Geschütze war Gordons Neffe gekauert und hatte sicher mit besonderem Genuß auf die Grabstätte des Mörders seines Onkels gefeuert) schwer beschädigt worden, doch nun befahl Kitchener die

Exhumierung des Leichnams des Mahdi und ließ ihn anschließend in den Nil werfen. Zuvor jedoch hatte er den Kopf des längst verwesten Leichnams entfernen lassen und ihn vorerst als „Kriegstrophäe" an sich genommen. Es scheint, daß der General daran dachte, den Schädel entweder zu behalten (es grassierten Gerüchte, wonach Kitchener das makabre Relikt als Trinkschale oder Tintenbehälter verwenden wollte) oder aber ihn dem Londoner Royal College of Surgeons als besondere Kuriosität verehren wollte. Der Schädel des Mahdi landete zunächst in Kairo. Als Kitcheners „Trophäenpläne" in Großbritannien publik wurden, gab es einen Aufschrei der Entrüstung, obwohl man den General nach seinem Sieg von Omdurman als neuen Helden der Nation feierte. Die Queen war schockiert und stellte empört fest, daß die ganze Angelegenheit viel zu sehr „nach Mittelalter rieche". Kitchener mußte der erzürnten Herrscherin zwangsläufig einen Beschwichtigungsbrief schreiben und gab seine ursprünglichen Pläne, den Mahdi-Schädel betreffend, auf. Lord Cromer sandte das makabre Relikt schließlich nach Wadi Halfa, wo der Schädel in einer Nacht-und-Nebel-Aktion auf dem dortigen moslemischen Friedhof der Erde wiedergegeben wurde. In Khartum jedoch erfüllte Kitchener eine letzte Pflicht an einem Toten, die viel eher nach dem Geschmack der britischen Öffentlichkeit war. Er besiegelte seinen großen Sieg mit einem Requiem für Gordon.

Die Trauerfeier fand in der Palastruine statt, die einst Gordons Residenz und Regierungssitz gewesen war. Die Fenster des ehemaligen Gouverneurspalastes waren immer noch verbarrikadiert, und hier in den zerfallenen Gemäuern dieser fast heiligen Ruine wurde nun im Andenken an den großen Märtyrer des Empire der Union Jack gehißt (zusammen mit einer viel kleineren ägyptischen Fahne). Vier Priester lasen die Gedenkmesse, und alle Anwesenden – die britischen Offiziere, allen voran der siegreiche Sirdar selbst, die ägyptischen Offiziere und Soldaten in der Tracht ihres Regimentes, die schottischen Dudelsackpfeifer in ihren Kilts und mit ihren Sonnen helmen in der Hand und die Kavalleristen von Churchills 11. Lancer-Regiment, die abgestiegen waren und ihre Lanzen gesenkt hatten – sangen lautstark den Choral „Abide with Me“, Gordons Lieblingschoral. Viele Berühmtheiten des britischen Weltreiches waren in der Palastruine versammelt und gaben Gordon die allerletzte Ehre. Colonel Reginald Wingate, der geniale Chef des militärischen Nachrichtendienstes, sang ebenso kräftig mit wie der zu Tränen gerührte Oberst Slatin Pascha, der ehemalige Gouverneur und Freund Gordons, Oberst John Maxwell, der kommende Mann in der ägyptischen Armee, hatte den Choral intoniert; Brigadier „Andy“ Wauchope, der „Stolz Schottlands“ und gefeierte Kommandeur der berühmten Eliteeinheit der „Black Watch“, stand in einer Reihe neben Lord Edward Cecil, dem Sohn des Premierministers; Charles Townshend, der jugendliche Held der Belagerung von Chitral in Indien, stand in vorderster Reihe, während sich in den hinteren Rängen der anmaßendste aller subalternen Offiziere der britischen Armee, Winston Churchill persönlich, der am berühmtesten von allen werden sollte, seinen Weg nach vorne bahnte, um das Geschehen besser verfolgen zu können.

An der Spitze seiner Männer stand, hochaufgerichtet wie immer, der Sirdar, einen Fuß auf einen Felsblock gestützt und genauso bewegt wie jeder seiner Männer, vielleicht sogar noch mehr als sie. Der überharte Mann wurde zum ersten Mal in seinem Leben von seinen Emotionen überwältigt, und man konnte Tränen in seinen Augen sehen. Ein Berichterstatter, der Zeuge dieser ungewöhnlichen und seltenen Gefühlsanwandlung des Sirdars wurde, schrieb, daß ihn „all seine Härte und Unbeugsamkeit für einen Moment lang zu verlassen schien“ und er „sanft wie eine Frau“ geworden sei. Der Sirdar war so bewegt, daß er es seinem Stabschef überlassen mußte, die Parade aufzulösen. Nach der Trauerfeier spazierte Kitchener lange allein im Palastgarten herum, vorbei an der Stelle unter den Stufen des Palastes, wo Gordon seinen Tod gefunden hatte. Als die ehrwürdige alte Monarchin in Schloß Windsor von dieser alle berührenden Feier erfuhr, konnte sie beruhigt und mit Genugtuung in ihr königliches Tagebuch schreiben: „Nun ist er (Gordon) wirklich gerächt!“

Was aber war aus dem flüchtigen Khalifa geworden? Slatin

Slatin Pascha auf seinem Pferd „Plum Pudding".

Paschas Wunschtraum, seinen früheren allmächtigen Herrn und Kerkermeister selbst zu fangen, ging nicht in Erfüllung. Er erfuhr erst ein Jahr später in seiner österreichischen Heimat vom Tod des Khalifa. Abdullahi war die Flucht nach Kordofan gelungen. Dort hielt er sich noch über ein Jahr lang und hatte sogar wieder eine beachtliche Streitmacht um sich versammeln können, als ihn Slatin Paschas bester Freund Reginald Wingate schließlich stellte. Dieser war mehr oder weniger durch Zufall auf das Lager der Khalifa-Truppen gestoßen. Am 23. November 1899 besiegte er die letzte Streitmacht der Mahdisten, etwa 5000 Mann, in der Nähe eines kleinen Ortes in Nordkordofan. Wie schon in Omdurman entschieden die bessere Ausrüstung und die Maxim-Maschinengewehre den Kampf, und die wiederum im Morgengrauen angreifenden Derwische erlebten (in verkleinertem Maßstab) eine Neuauflage der Niederlage von Omdurman. Diesmal lag auch der Khalifa, zusammen mit zwei von seinen Brüdern und einem Sohn des Mahdi, tot auf dem Schlachtfeld. Einem Gerücht zufolge soll er mit seinen Verwandten und engsten Vertrauten Selbstmord verübt haben, als sich die Niederlage nicht mehr abwenden ließ und er erkennen mußte, daß ihn Allah und der Geist des Mahdi verlassen zu haben schienen. Wingate äußerte sich niemals zu diesem Gerücht und stellte lediglich den Tod des im Staub liegenden Khalifa fest. Der allerletzte Akt war vorbei, und der Vorhang des Sudandramas fiel. Der ehemalige Gefangene des toten Khalifa, Oberst Slatin Pascha in Wien, konnte der Königin Englands nur ein Gratulationstelegramm zum großartigen Sieg seines Freundes Wingate über seinen ehemaligen Peiniger übersenden.

DER „SUDANESISCHE SALONLÖWE"

In den folgenden 15 Jahren pendelte Slatin Pascha zwischen dem Wüstenland, das sein Schicksal bis ins Alter bestimmen sollte, und den europäischen Fürstenhöfen hin und her. Er wurde Freund und Vertrauter zahlreicher Monarchen und Berühmtheiten, vielumjubelter Gast der Hocharistokratie und feinen Gesellschaft, ehe die Katastrophe des Ersten Weltkrieges auch über ihn hereinbrach und den erfolgreichen Traum seines Lebens wie eine Seifenblase zerplatzen ließ.

Nach der Besetzung des besiegten Landes schien sich das Verhältnis zwischen Kitchener und Slatin ein wenig zu bessern, denn der Ex-Mudir von Darfur erwies sich tatsächlich als unentbehrlich, wie es sein Freund Colonel Wingate immer vorausgesagt und betont hatte. Slatin Pascha war einfach der rechte Mann am rechten Ort, er war am besten mit den Gegebenheiten im Sudan vertraut, kannte sowohl Omdurman wie auch Khartum wie kein anderer und bemühte sich nach Kräften, die neuen, britischen Herren des Sudan zu unterstützen, wobei ihm nun oft die undankbare Rolle eines Mittlers zwischen Siegern und Besiegten zufiel. Er kannte natürlich alle mächtigen Emire und Scheichs unter den Gefangenen, die dem „abtrünnigen" Moslem Abdel Kader immer noch mehr Vertrauen entgegenbrachten als ihren stolzen britischen Eroberern, die – mit Ausnahme von Colonel Wingate, der Kitchener als Generalgouverneur ablösen sollte – kaum Erfahrung im Umgang mit den Sudanesen hatten und naturgemäß wenig Verständnis für die Sorgen und Probleme der ihnen zurückgeblieben und barbarisch erscheinenden Wüstensöhne aufbrachten.

Slatin Pascha zeigte sich nun auch dankbar, vor allem jenen gegenüber, die ihm einst, in Zeiten der Not und Gefangenschaft, geholfen hatten. Dies wird durch den folgenden Auszug aus einer von der Königin verfaßten Denkschrift, in der die Monarchin einen Bericht des Sirdar über die Lage in Omdurman nach der Schlacht zusammenfaßt und kommentiert, belegt.

> Die Frauen (der Derwische) werden nicht so wie die anderen mohammedanischen Frauen eingesperrt, sondern sie laufen frei herum wie eine Herde Vieh. ... Sie ... reden unaufhörlich und sind nur spärlich bekleidet. Slatin Pascha übernahm die Verantwortung für sie, denn er ... kannte viele von ihnen. Die erste Frau des Khalifa, die dieser bei seiner Flucht zurückließ, war recht hübsch, 40 Jahre alt und 6 Fuß groß. Slatin kannte sie, und da sie sich ihm in der Zeit seiner Gefangenschaft freundlich gezeigt hatte, als er in Gefahr war, durch die Grausamkeit des Khalifa zu leiden, wollte er sich jetzt für diese Freundlichkeit erkenntlich zeigen. Er verschaffte ihr ein Haus in Omdurman. ...[1]

Doch die Antipathie, die General Kitchener von Anfang an für den österreichischen Pascha empfunden hatte, kam bald wieder zum Vorschein. Der Sirdar und neu ernannte Generalgouverneur des Sudan ärgerte sich immer mehr über Slatins sicherlich gutgemeinten und berechtigten Ratschläge und Anregungen. Die ständigen Verbesserungsvorschläge des „besten Sudankenners" in seinem Stab wurden ihm lästig. Die Friktionen zwischen den beiden ungleichen Männern, dem unnachgiebigen Eroberergeneral und dem Wiener Charmeur, wurden stärker, und Kitchener ging schließlich gar nicht mehr auf Slatins Wünsche und Anregungen ein, sondern ignorierte sie einfach. Bereits zwei Monate nach dem großen Sieg von Omdurman beklagte sich Slatin bitter bei Baron Heidler darüber, daß die Beziehungen zwischen ihm und Kitchener äußerst gespannt seien und, um es mit den Worten des österreichisch-ungarischen Missionschefs zu sagen, „eine längere Zusammenarbeit" mit den Engländern „nicht recht möglich" sei. Slatin kritisierte besonders, daß Kitchener einen großen Fehler machte, indem er eine allzu schnelle Umorganisierung des rückständigen Landes in einen Musterstaat nach britischem Vorbild anstrebte. Eine „Umorganisierungsmaßnahme" störte den Pascha am meisten: Kitchener rekrutierte erbarmungslos neue Mitglieder für die anglo-ägyptische Armee, ohne dabei irgendwelche Standesunterschiede zu machen. Die Söhne einflußreicher Scheichs versahen ihren Dienst zusammen mit davongelaufenen Dienern, Sklaven und Bauern. Die mächtigeren Scheichs protestierten natürlich gegen diese Zwangsrekrutierungen des Sirdar, während die unbewirtschafteten Felder brachlagen. Auch Slatin Pascha legte lautstark Protest gegen diese Maßnahmen des „Chefs" ein. Doch Kitchener nahm Slatins Kritik unkommentiert zur Kenntnis und setzte die Rekrutierungen fort. Eine neuerliche Auszeichnung der Queen entschädigte den Wiener zwar für viele Unannehmlichkeiten, die ihm der Sirdar bereitete, doch er wußte, daß seine Tage in der ägyptischen Armee gezählt waren.

Die alte Monarchin belohnte die Sieger von Omdurman wahrhaft königlich. General Kitchener wurde zum Lord gemacht und erhielt – zusammen mit einer Dotation in der beachtlichen Höhe von 25.000 Pfund – das Großkreuz des Bath verliehen, und Oberst Wingate und Slatin Pascha wurden in den Adelsstand erhoben. Der österreichisch-ungarische Missionschef Baron Heidler konnte stolz nach Wien vermelden:

> Slatin Pascha, welcher bereits zwei englische Orden besitzt, erhielt das Kommandeurkreuz mit dem Sterne des St. Michael und St. George, welche Dekoration bekanntlich für englische Staatsangehörige den Titel Sir und für deren Gattinnen den Titel Lady impliziert.[2]

Auch Lord Cromer gratulierte Sir Slatin Pascha, der in seinem Dankschreiben an den britischen Geschäftsträger in Kairo darauf hinwies, daß er Ihrer Majestät persönlich für diese neuerliche Auszeichnung danken wollte, da diese den Wunsch geäußert hätte, ihn bald wieder bei Hof zu sehen. Am 28. Februar war Slatin wieder in Schloß Windsor zu Gast und dinierte mit Königin Victoria. Auch diesmal hatte er zwei „einmalige Geschenke" für die Herrscherin mitgebracht. Nach dem Tee überreichte er der alten Dame ein Steinstück, das von jener Palaststufe stammte, auf der General Gordon getötet worden war, zusammen mit einem alten Rahmen, in dem sich eingetrocknete Rosen aus Gordons Palastgarten befanden. Nach dem Tee tauschten die Königin und „ihr Pascha" Fotografien aus. Das Einverständnis zwischen der Queen und Slatin war nach wie vor ausgezeichnet.

Kurz vor seiner Abreise nach England hatte Slatin eine wichtige Entscheidung bezüglich seines weiteren Dienstes in der anglo-ägyptischen Armee gefällt. Obwohl er erst 41 Jahre alt war, beschloß er, seine Pensionierung zu beantragen, wobei ihn die von seinen Vorfahren ererbte „pekuniäre Ader" dazu veranlaßte, diesen Schritt sorgfältig zu planen und durch eine besondere Vorkehrungsmaßnahme abzusichern. Er blieb bis zum Ende des Jahres offiziell im Dienst, so daß seine Pension nach dem gegen Jahresende neuerlich erhöhten Gehalt festgesetzt werden konnte, und ließ gleichzeitig die Möglichkeit einer „temporären Reaktivierung" offen. Der Pascha befand sich wieder einmal in einer schwierigen Lage, die ihm diesen Schritt sicher erleichterte oder diktierte. Der frischgebackene Sir Rudolf Slatin Pascha bekleidete nun auch den hohen Posten eines Brigadegenerals der ägyptischen Armee, doch niemand, am allerwenigsten Lord Kitchener, hätte jemals daran gedacht, dem Österreicher das Kommando über eine Gefechtsdivision zu übertragen. Sein neuer militärischer Rang verlangte jedoch eine entsprechende Honorierung im Stab des Sirdars, und Kitchener hätte Slatin Pascha – wie es seinem hohen Rang entsprach – wohl zum Stabschef machen müssen. Dies war ein Ding der Unmöglichkeit, und Lord Kitchener hätte einer solchen Berufung nie und nimmer zugestimmt. Slatin wußte das, es gab einfach keinen Posten in der anglo-ägyptischen Armee, der seinen vielen Titeln und seinem militärischen Rang entsprochen hätte. Es schien ihm daher angebracht – nicht zuletzt aufgrund der immer stärker werdenden persönlichen Differenzen zwischen ihm und Kitchener –, seinen Abschied zu nehmen. Wie wir sahen, tat er dies jedoch nicht ohne kleine Rückendeckung. Seine Geldangelegenheiten, an die er stets dachte, sahen allerdings zum Zeitpunkt seiner Pensionierung recht günstig aus. Seine Pension betrug 600 ägyptische Pfund pro anno, und dies zu einer Zeit, da ein ägyptisches Pfund ungefähr zwanzig deutsche Mark wert war. Hinzu kamen Tantiemen, die ihm der beträchtliche Verkaufserfolg seines Bestsellers *Feuer und Schwert im Sudan* garantierte, Honorare für Presseartikel und Vortragsreisen. Der 41 Jahre alte Brigadegeneral Sir Rudolf Slatin Pascha hätte also durchaus ein angenehmes Zivilistendasein führen können, wenn er sich nicht mittlerweile in einen Salonlöwen verwandelt hätte, der sich als Mitglied der internationalen High-Society empfand. Als Gast an Königs- und Fürstenhöfen, als umschwärmter Partymittelpunkt der feinen Gesellschaft und Hocharistokratie mußte sich der österreichische Pascha einen gehobenen Lebensstil aneignen, den ihm seine Pension allein wohl nicht ermöglichen konnte. Dieser neue Lebensstil verursachte beträchtliche Kosten und erforderte standesgemäßes Auftreten. Der Wiener Sir verfügte bald über ein Arsenal von Maßanzügen, legte sich eine erstklassige und dementsprechend teure Golfausrüstung zu, kaufte Reitpferde und die allermodernsten Jagdgewehre. Er war Mitglied einer internationalen Gesellschaftsschicht geworden, die wir heute als „Jet-Set-Society" bezeichnen. Allein seine Ausgaben für das Jahr 1899 stellten ein kleines Vermögen dar, da Sir Slatin dieses Jahr hauptsächlich dazu benützte, häufig zwischen seiner eigentlichen Heimat Österreich und seiner Wahlheimat Großbritannien hin und her zu reisen.

Den warmen Sommer verbrachte er zwar in Wien, aber am 19. August war er bereits wieder zusammen mit seinem Freund Sir Reginald Wingate Gast der Königin in Osborne House auf der Insel Wight. Zwei Monate später fand er sich erneut in Balmoral ein, wo er der Monarchin versicherte, er sei jederzeit bereit, „sein Blut in ihren Diensten zu vergießen". Im November erfuhr er in seiner Heimatstadt Wien vom Tod des Khalifa. Der Sudan hatte sich wieder in Erinnerung gerufen, und Slatin Pascha unternahm eine neuerliche Reise in das Land, das ihm „seine besten Jahre gestohlen hatte". Er tat dies hauptsächlich deshalb, um seine Finanzlage (die zwar niemals ganz so prekär war, wie es der ewig jammernde Slatin darstellte, aber dennoch durch seinen aufwendigen Lebensstil etwas in Mitleidenschaft gezogen worden war) entscheidend zu verbessern.

Slatin Pascha begann das neue Jahrhundert als Schatzsucher und traf im Februar 1900 in den Nuba-Bergen der Sudanprovinz Kordofan ein, wo er wertvolle Bodenschätze, Gold, Silber, aber auch Erdöl- und Kohlevorkommen zu entdecken hoffte. Slatin agierte im Auftrag einer internationalen Gesellschaft, deren Hauptgeldgeber ein enger Vertrauter des Prinzen von Wales war. Sir Ernest Cassel, der dem Prinzen öfters größere Geldsummen vorstreckte, hatte Slatin Pascha dazu ausersehen, im Namen dieses von ihm ins Leben gerufenen internationalen Konsortiums mit den Lokalbehörden von Kordofan Schürfrechte für eventuell vorhandene Bodenschätze auszuhandeln. Doch die Schatzsuchexpedition Sir Rudolf Slatins erwies sich als totaler Fehlschlag und Reinfall. In den Nuba-Bergen erwarteten den österreichischen Pascha weder Gold- noch Silbervorkommen, sondern lediglich Wüstensand und Steine. Wieder nach Kairo zurückgekehrt, begründete Slatin das Scheitern der Expedition damit, daß immer noch chaotische Zustände und Verhältnisse in Kordofan herrschten und man ständig mit Überfällen einzelner kriegerischer Stämme zu rechnen hatte, was eine systematische Vorgangsweise und eine langandauernde Suchaktion unmöglich machte. Er war zwar felsenfest davon überzeugt, so Slatin weiter, daß es Gold in den Nuba-Bergen gab, aber zum gegenwärtigen Zeitpunkt und unter den gegebenen Voraussetzungen war eine Schatzsuche sinnlos.

Dennoch erkannte Slatin Pascha, daß seine Zukunft nur im Sudan liegen konnte. Für die meisten der einflußreichen Scheichs war er immer noch Gordons Gouverneur, der berühmte Freund des großen Gordon Pascha, dessen Autorität unbestritten war. Vor allem in Darfur, seiner ehemaligen Provinz, fragte man ihn ständig um Rat, und der junge Sultan der Region, der Slatin als Kind bewundert hatte, konnte – wie viele andere Scheichs und Würdenträger auch – kaum verstehen, daß Slatin Pascha nur noch Zivilist war und merkwürdige Grabungsarbeiten durchführte. Die ungeheure Popularität, die dem österreichischen Pascha entgegenschlug, wo immer er auftauchte, und die ständigen Sympathiekundgebungen der Sudanesen für den pensionierten General der anglo-ägyptischen Armee waren natürlich auch den Briten nicht entgangen. Daß sie jedoch sehr schnell darauf reagierten, war einem besonderen Umstand zu verdanken. In Südafrika tobte der Burenkrieg. Das allmächtige britische Empire mußte sich gegen einen tapferen und erbitterten Gegner zu Wehr setzen, in einem Krieg, der in vieler Hinsicht als Vorbote des Ersten Weltkriegs zu verstehen war. Dieser blutige, mit modernen Waffen geführte Krieg sollte drei lange Jahre dauern und war für die Briten damals wohl das, was Algerien später für die Franzosen werden sollte. Die Buren waren wahrscheinlich die beste Guerillaarmee der Welt, und der alte General Sir Redvers Buller, der Oberbefehlshaber der britischen Truppen in Südafrika, schien nicht so recht mit den halsstarrigen Nachfahren holländischer Bauern fertigzuwerden. Erfolge ließen auf sich warten, und so blieb der britischen Regierung nichts übrig, als den härtesten und fähigsten ihrer Heerführer, den siegreichen Helden von Omdurman, Lord Kitchener von Khartum, an den Kriegsschauplatz zu beordern. Kitchener büßte in diesem blutigen Aufeinandertreffen zweier moderner „europäischer" Armeen viel von seiner Reputation ein und zeichnete sich unter anderem dadurch aus, jene Art von Lagern zu erfinden oder ihnen wenigstens den Namen zu geben, durch den sie im Zweiten Weltkrieg traurige und schaurige Berühmtheit erlangten. Kitcheners Nachfolger als Generalgouverneur des Sudan war Sir Reginald Wingate, Slatins Freund „Rex", und es war deshalb nur verständlich, daß der neue Beherrscher des Sudan auf seinen altbewährten Freund zurückgreifen sollte. Das bizarre Wüstenland hatte die beiden Männer einst zusammengeführt und nun, da Slatins Mentor die Geschicke des Sudan dirigierte, durfte der zweite Teil des „sudanesischen Zwillingsbrüderpaares" nicht fehlen. „Rex" Wingate handelte am 25. September 1900, und Sir Rudolf Slatin Pascha wurde zum neuen Generalinspekteur des Sudan bestimmt. Beim alljährlichen Balmoral-Besuch der beiden Freunde zeigte sich die alte Königin natürlich begeistert über diese Entwicklung, und Lord Cromer in Kairo versagte seine Zustimmung ebenfalls nicht und gab sein „Placet". Slatin

Pascha und Reginald Wingate, „Rex“ und „Rowdy“, wachten wieder gemeinsam über die Belange des Sudan.

Der Pragmatiker Lord Cromer hatte mittlerweile einen Sonderstatus für den Sudan erfunden. De jure war das Land ein sogenanntes „Condominium“ Anglo-Ägyptens, in Wirklichkeit wurde der Sudan der immer länger werdenden Liste britischer Protektoratsstaaten beigefügt. Der absolute Herrscher dieses „Condominiums“ war der Generalgouverneur, der es mit denselben Vollmachten regierte, wie sie der Raj, der britische Vizekönig in Indien, ausübte. Sir Reginald Wingates Wort war nun Gesetz im Sudan, und der österreichische Pascha war sein Stellvertreter. Es gehörte jedoch zu den Merkwürdigkeiten der besonderen Stellung des Wieners in der „Verwaltungsarmee“ des Sudan, die zunehmend von aufstrebenden jungen Männern einer anderen Art und Generation, Absolventen von Oxford und Cambridge, snobistischen „Public School-Jüngern“, die unverbrüchlich an Cecil Rhodes Diktum, daß „als Brite geboren zu sein“ bedeutete, „den ersten Preis in der Lotterie des Lebens gewonnen zu haben“, festhielten und es in ihr Gebetbuch schrieben, bevölkert wurde, daß er den Generalgouverneur in den 14 Jahren seiner Tätigkeit niemals wirklich vertrat. Slatin Paschas Pflichten waren nicht genau umrissen. Seine Hauptaufgabe bestand scheinbar darin, dem Generalgouverneur in beratender Funktion zur Seite zu stehen und ihm Verbesserungsvorschläge zu unterbreiten, welche unterschiedlichste Belange wie Steuerschwierigkeiten oder Probleme religiöser Natur betrafen. Obwohl er der beste Freund des Generalgouverneurs war und, technisch gesehen, ein sehr hohes Amt bekleidete, blieb Slatin Pascha dennoch ein Fremder, ein „outsider“, dessen eigentlicher Kompetenzbereich den meisten britischen Offizieren und Verwaltungsbeamten unklar war.

Drei Jahre vorher hatte die britische Monarchin ihr „Diamond Jubilee“, ihr diamantenes Krönungsjubiläum, gefeiert. Das britische Weltreich umfaßte zu Beginn des 20. Jahrhunderts ein Viertel der Erdoberfläche, und die Sonne „ging niemals über dem Empire unter“, wie es der Dichter Christopher North beschrieb. Die ganze Nation lag im Empire-Fieber, handelte, dachte und träumte damals in imperialistischen Farben. Niemand zog die Berechtigung des britischen Weltreiches in Zweifel, und die Briten wurden mehr und mehr von ihrer zivilisatorischen Mission durchdrungen. Es war deshalb nur allzu verständlich, daß die neuen Männer im Sudan, die weder Gordon gekannt hatten noch Gefangene des Mahdi gewesen waren, den österreichischen Generalinspekteur mit einem milden Lächeln bedachten, denn wer war er schon? Eigentlich nur der beste Freund des Generalgouverneurs. Was hatte dieser Mann schon groß zu sagen? Sie aber waren die Söhne und Nachfahren jener wagemutigen Helden, die Lucknow und Rangoon, Singapur und Hongkong für die Krone erobert hatten, die Indien und Jamaika, Gibraltar und Malta, Zypern, Australien, Neuseeland und die kanadischen Weiten kolonisiert hatten. Es war die Hochblüte und vorletzte Phase des britischen Imperialismus, und Rudyard Kipling, der „Hofdichter" des Empire, verherrlichte die Präsenz der Briten in Indien, während Sir Henry Rider Haggard, sein afrikanisches Pendant, forderte, daß sich die Briten noch stärker in Afrika engagierten, und sein Schriftstellerkollege W. E. Henley von den „Anglo-Normannen, den Erbauern des Empire und Herren der Welt" sprach. Auch die neuen, immer jünger werdenden Beherrscher des Sudan waren in diesem Geist erzogen worden und glaubten wahrscheinlich dem Polemiker Arnold White, der in seiner um die Jahrhundertwende erscheinenden Studie *Effizienz und Empire* die vier goldenen Axiome verkündete, die den Charakter des durchschnittlichen Empire-Erbauers ausmachten. Sie lauteten:

1. Das Britische Empire ist das größte Weltreich, das die Welt je gesehen hat, und, da es frei vom Militarismus ist, auch gefeit gegen jede Art von Untergang.
2. Die britische Armee kann – obwohl sie nicht sehr groß ist – alles erreichen und überall hin gelangen.
3. Ein Engländer kann jederzeit zwei Ausländer besiegen.
4. Wir sind das aufgeklärteste Volk des ganzen Erdballes.[3]

Die Wirklichkeit sah natürlich anders aus. Großbritannien und sein Weltreich ähnelten einem angeschlagenen, schwankenden Titanen. Doch dieser „Koloß auf tönernen Füßen“ sollte erst 14 Jahre später zu Fall gebracht werden (um sich allerdings nach dem Ersten Weltkrieg neuerlich und zum letzten Mal in einem gewaltigen Aufbäumen zu erheben; nach dem Zweiten Weltkrieg blieb er endgültig am Boden liegen und zerbrach unaufhaltsam). In den Jahren von 1900 bis 1914 aber, in denen Slatin Pascha Generalinspekteur des Sudan war, wurde der imperiale Traum noch geträumt und die „wachend träumenden Baumeister des Empire“, die nun das neue Staatsgebilde des Sudan konstruierten, billigten dem österreichischen Pascha keinerlei Exekutivgewalt zu. Slatin Paschas Pflichten waren lediglich repräsentativer Natur.

Der Österreicher kam nie hinter die Geheimnisse des englischen Verwaltungsapparats, und auch das komplizierte, auf einer Vielzahl von Ausschüssen basierende System der Verwaltung durchschaute er nie völlig. Eine kurze Zeit lang fungierte er als Vorsitzender des Generalgouverneurrats, legte diese Funktion jedoch bald zurück, da ihm einfach die nötige Autorität fehlte, um sich den britischen „Overlords“ gegenüber (welche ihm zwar rangmäßig unterstellt waren) durchzusetzen. Wann immer Reginald Wingate eine Auslandsreise unternahm, vertrat ihn nicht sein Stellvertreter Slatin Pascha, sondern der dienstälteste Provinzgouverneur. Slatin war zwar Generalinspekteur und pensionierter General der ägyptischen Armee, aber eben kein Brite.

Obwohl der Pascha also keinerlei Macht im eigentlichen Sinn ausüben konnte, verfügte er doch über einen beträchtlichen Einfluß, was vor allem daran lag, daß er den direkten Draht zum Generalgouverneur besaß, der oftmals auf seinen Freund „Rowdy“, der das riesige Land und seine Bewohner am besten von allen kannte, hörte und dessen Anregungen beherzigte. Slatin kannte die Gebräuche der Stämme aus eigener Erfahrung, war mit den religiösen Problemen vertraut und wußte, wem zu trauen war und wem man mit Vorsicht begegnen mußte. Wie unter Kitchener spielte er die Rolle eines Mittlers, eines Verbindungsmannes zwischen Briten und Sudanesen, doch diesmal war es – dank Wingates Wohlwollen – eine dankbarere Rolle. Hinzu kam, daß Slatin den snobistischen Eton- und Harrow-Absolventen seine große Lebenserfahrung voraus hatte und ein früher Weltbürger war. Obwohl er nicht die Ausbildung und den Hintergrund der jungen, oft adelsstolzen Offiziere und Beamten Ihrer Majestät genossen hatte, verfügte er über Weitblick und einen gewaltigen Horizont, der den meisten nach 1904 in den Sudan strömenden selbstsicheren Cambridge- und Oxford-Sprößlingen, die den Stolz und die Hoffnungen des Edwardianischen England verkörperten, fehlte. Slatin hatte sich seine Sporen nicht in einer teuren Eliteschule verdient, sondern als Gordons Provinzgouverneur in Darfur und als Gefangener des Khalifa. Die jungen Männer aus den gehobenen Gesellschaftsschichten, die nun die Hand am Ruder des Wüstenschiffes Sudan hatten, achteten den wesentlich älteren Generalinspekteur zwar, doch er wurde nie einer der Ihren, es bestand immer eine unsichtbare Barriere zwischen ihnen und dem Österreicher, eine Barriere der Reserviertheit, die der kleine Wiener zu durchbrechen nicht in der Lage war.

Slatins einziges großes Plus waren – wie kaum anders zu erwarten – die Freundschaft und das Wohlwollen seines Freundes Wingate, der nicht zögerte, sich sofort auf seine Seite zu stellen, als ihn einmal ein allzu hochmütiger und stolzer britischer Offizier lächerlich machen wollte. Wingate reagierte sehr zornig und feuerte den Mann auf der Stelle, und es bedurfte der Intervention von Lord Cromer, um den Mann wieder in seinen Stab aufzunehmen. Slatin, der nie nachtragend war, unterstützte Lord Cromers Bitte. Die britischen Offiziere aber hatten erfahren, daß es besser war, Sir Reginald Wingates Freund „Rowdy" nicht zu beleidigen.

Der österreichische Pascha stellte natürlich auch keine Bedrohung für die ambitionierten Offiziere des Generalgouverneurs dar, denn er hatte seine persönliche Erfolgsleiter bereits erklommen. Er konnte im Sudan nicht mehr werden, als er schon war, und fügte sich in dieses Schicksal. Es lag ihm außerdem fern, seine Vorrangstellung bei Wingate dazu zu benutzen, Intrigen zu spinnen oder ihm unfreundlich gesinnte Beamte zu diskreditieren. Solche Handlungen widerstrebten dem Pascha, der im Grunde ein liebenswerter, umgänglicher Mensch war, dem Streit und Zank fernlagen. Der Generalinspekteur erledigte seine Aufgaben, wie Wingate es wünschte, er inspizierte und erstattete Bericht und diskutierte lange und ausführlich mit dem neuen Sirdar über die Verwaltungsmethoden der Briten. Doch der Pascha war kein „Jasager", der keinen eigenen Standpunkt hatte, und sagte seinem Freund „Rex" oft ganz deutlich seine Meinung. Er war zum Beispiel der Ansicht, daß sich Wingates Beamte unnötig oft in die internen Angelegenheiten der Bevölkerung einmischten, sich allzusehr um die „Gepflogenheiten und Angelegenheiten der Landbevölkerung", wie er es nannte, kümmerten.

Wingate wußte, daß Slatin Pascha im Grunde recht hatte. Doch das Rad des Fortschritts, das auch den Sudan erreicht hatte, ließ sich nicht mehr zurückdrehen. Obwohl Slatin immer wieder eindringlich dafür plädierte, den Sudanesen mehr Zeit zu lassen, sich den neuen Verhältnissen anzupassen und die Errungenschaften der modernen Technik besser verstehen zu lernen, setzten sich letztlich doch die anmaßenden Briten durch, die an der Spitze der Herrschaftshierarchie des Sudan standen und den vielen im Grunde noch urprimitiven Stammesgemeinschaften die „Segnungen des Fortschritts" förmlich aufzwangen.

Slatin Pascha setzte sich – zusammen mit Wingate – sehr nachdrücklich für die Abschaffung des noch immer funktionierenden Sklavenhandels ein. General Gordon hatte diesen christlichen Kreuzzug gegen die menschenunwürdige Praktik begonnen, Wingate und Slatin sollten ihn beenden. Allerdings war der Pascha auch in dieser brennenden Frage der Meinung, daß der Abschaffungsprozeß langsam und kontinuierlich vonstatten gehen müsse. Obwohl Wingate der in Kairo eingerichteten Behörde zur Abschaffung der Sklaverei – welche vor allem durch die Bemühungen der „British and Foreign Anti-Slavery Society" ins Leben gerufen worden war – in der Mitte des Jahres 1912 stolz melden konnte, daß der Sklavenhandel im Sudan faktisch unterbunden sei, hielt sich die Tradition, sogenannte

„Haussklaven" zu halten, bis in die Mitte unseres Jahrhunderts. Slatin Pascha hatte also auch dieses Problem richtig erkannt und vorausgesagt.

Ein einziges Mal während der 14 langen Jahre seiner Tätigkeit als Generalinspekteur des Sudan fungierte der Wiener bei einem – wenn auch nur halboffiziellen – ausländischen Besuch einer bedeutenden Persönlichkeit als Gastgeber in Vertretung seines Freundes Wingate. Dieses einmalige Ereignis wollen wir eingehender betrachten. Im März 1910 befand sich der ehemalige Präsident der Vereinigten Staaten von Amerika, Theodore „Teddy" Roosevelt (der der Nachwelt auch dadurch unvergessen bleibt, daß er seinen Namen einem der beliebtesten Kinderspielzeuge aller Zeiten, dem „Teddybären", gab), auf einer Reise durch Afrika und besuchte auch Khartum. Der Meisterschütze Roosevelt, der eine Vorliebe für den amerikanischen Grizzlybären hatte und von unfreundlichen Kritikern „Cowboypräsident" genannt worden war (er hielt den Grizzlybären für ein viel geeigneteres Wappentier als den Adler), war damals immer noch eine der einflußreichsten Persönlichkeiten der Welt. Obwohl ihn eine enge Freundschaft mit dem britischen Bestsellerautor Sir Henry Rider Haggard[4], dessen Abenteuerromane, die vorwiegend in Afrika spielten und die er regelrecht verschlang, verband, war Roosevelt ein scharfer Beobachter und Kritiker, der nicht in allen Belangen mit der britischen Afrikapolitik übereinstimmte. Es war daher ratsam, einen möglichst guten Eindruck bei dem hohen Gast aus dem Land „Uncle Sams" zu hinterlassen. Sir Reginald Wingate mußte sich in London einer gefährlichen Operation unterziehen, als der ehemalige US-Präsident Khartum mit seinem Besuch beehrte. Die Rolle des Gastgebers wurde nun dem großen Charmeur Sir Rudolf Slatin Pascha übertragen, und er spielte sie perfekt. Er lebte förmlich auf, als er am 16. März 1910 in der Staatsbarkasse den Weißen Nil hinauffuhr, um Roosevelt und sein Gefolge willkommen zu heißen. Im Palast des Generalgouverneurs durfte Slatin bei einem kleinen inoffiziellen Diner den Vorsitz führen. Stolz präsentierte er dem Expräsidenten die Leiter der einzelnen Regierungsbehörden und fungierte in den nächsten beiden Tagen, als Roosevelt eine Besichtigungstour durch Khartum und Omdurman unternahm, als allerhöchster Fremdenführer. Er zeigte dem Amerikaner das Haus, in dem er gewohnt hatte, als er noch Gefangener des Khalifa gewesen war, und führte ihn danach in das von den Briten erbaute Zivilkrankenhaus und in die amerikanische Mission. Die Visite endete mit einem Besuch in der Gordon-Militärschule, die das Andenken an den großen Märtyrer von Khartum ehrte und seinen Namen trug. Am dritten Abend des Besuches brachte Slatin beim offiziellen großen Empfangsdinner einen Toast auf seinen hohen Besucher aus und hielt eine Tischrede, die es verdient, an dieser Stelle wiedergegeben zu werden, weil er nicht nur sehr lange an ihr gearbeitet hatte, sondern weil sie auch geradezu archetypisch für Slatins Wesensart war. Eloquent und doch bescheiden hofierte er dem großen Amerikaner in dieser Rede – genau so, wie er es auch bei der Queen getan hatte:

> … Ich muß zunächst meinem Bedauern darüber Ausdruck verleihen, daß ich anstelle Seiner Exzellenz, des Generalgouverneurs und Sirdar, hier stehe, der wegen einer Erkrankung nach Kairo abreisen mußte. … Er ist ein guter Redner und kann seine Gedanken überzeugend zum Ausdruck bringen. Ich bin es nicht. Die geringen Fähigkeiten, die ich auf diesem Gebiet besessen habe, wurden mir während meines Aufenthaltes beim lieben alten Khalifa energisch ausgetrieben.
> Dort mußte ich ständig schweigen. So wurde die Wurzel abgeschnitten und ist nicht mehr wiedergewachsen. Aber selbst der beste Redner wäre nicht in der Lage, alle die großen Charaktervorzüge unseres hohen Gastes aufzuzählen. Ich kann es nicht – aber jeder von Ihnen weiß, welch großer Staatsmann, welch tapferer Soldat, welch guter Sportsmann, welch edler Freund und welch gefürchteter Gegner er ist. Es bleibt mir daher nur übrig zu sagen, wie stolz wir darauf sind, daß er uns mit seiner Gegenwart beehrt hat. … Möge ihm ein langes Leben in guter Gesundheit beschieden sein, möge die Vorsehung ihm Kummer und Sorgen ersparen, und mögen sich all seine Wünsche erfüllen. Das ist … unser aller aufrichtiger Wunsch.[5]

Slatin war der beste Gastgeber gewesen, den Theodore Roosevelt sich wünschen konnte. Es war dem Pascha gelungen, den vielgereisten und rauhbeinigen einflußreichen amerikanischen Gast zu beeindrucken und die Arbeit der Briten im Sudan in ein vorteilhaftes Licht zu rücken. Als Roosevelt am 3. Mai 1910 in der berühmten Londoner Guildhall eine vieldiskutierte Rede hielt, ging er ausführlich auf seinen Besuch im Sudan ein und zollte der Aufbauarbeit, die die Briten dort geleistet hatten, großen und überschwenglichen Tribut. Der Sirdar Reginald Wingate las am nächsten Tag im Krankenhaus Auszüge der vielbeachteten Rede und konnte sehr zufrieden sein. Sein bester Freund „Rowdy" hatte seine Sache sehr gut gemacht und erneut bewiesen, wie sehr man sich auf ihn verlassen konnte. Die Passage der Roosevelt-Rede, die sich mit dem Sudan befaßte, lautete:

> Der Sudan ist besonders interessant, weil er das bestmögliche Beispiel dafür gibt, daß es weise ist, nicht auf die wohlmeinenden, aber unklugen sentimentalen Leute zu hören, die dagegen sind, die Zivilisation auf Kosten der Barbarei auszubreiten. Ich glaube nicht, daß man in der ganzen Welt irgendeinen Flecken Erde finden kann, der so erstaunliche Fortschritte gemacht hat wie der Sudan, wo sich ... im Lauf der vergangenen zwölf Jahre fürchterliches Elend in Wohlstand ... verwandelt hat. ... In den anderthalb Jahrzehnten, in denen der Mahdismus das Land regierte, herrschte dort eine Tyrannei, deren Grausamkeit, Blutrünstigkeit, Dummheit und destruktive Willkür alles übertrafen, was zivilisierte Menschen sich vorstellen können. ... Die Engländer machten der Unabhängigkeit und Selbstverwaltung, die diese schlimmen Zustände hervorgebracht hatten, ein Ende, stellten die Ordnung wieder her, sicherten den Frieden und gaben jedem einzelnen eine Freiheit, die in den bösen Tagen der Selbstregierung kein einziges menschliches Wesen dort besessen hatte – mit Ausnahme des blutbefleckten Tyrannen, der das Land damals beherrschte. ... In der Verwaltung, im Erziehungswesen und in der Arbeit der Polizei haben der Sirdar und seine Mitarbeiter ... eine ebenso wichtige wie schwierige Aufgabe perfekt bewältigt. Die Regierungsbeamten ... haben die Anerkennung der zivilisierten Menschheit verdient. ...[6]

Obwohl Roosevelts Lob etwas zu enthusiastisch ausfiel, ließ sich die Tatsache, daß der Sirdar und seine Männer einiges erreicht hatten, nicht leugnen. In den Jahren von 1900 bis 1910 hatten sich die Staatseinnahmen des Sudan fast verzehnfacht, der Sklavenhandel war weitgehend verschwunden, das Steuersystem funktionierte zufriedenstellend und der Wohlstand der Bevölkerung besserte sich laufend. Vereinzelt brachen alte Wunden auf, und religiöse Eiferer störten die Ruhe in Wingates Reich, der in allen religiösen Fragen auf Slatins Stimme hörte. Der österreichische Pascha befand sich zwar in relativ gutem Einvernehmen mit den „Ulemas", den islamischen Theologen der Hauptstadt Khartum. Aber viele gläubige Moslems verachteten ihn, weil er ein Apostat, ein Glaubensabtrünniger war. Ab und zu proklamierte sich jemand zu einem neuen Propheten oder zum Mahdi-Nachfolger, wie es zum Beispiel 1903 in Kordofan geschah (Wingate machte kurzen Prozeß und ließ den „Nachwuchs-Mahdi" hängen, ehe er größere Unruhe stiften konnte), doch das sporadische Aufflackern der in Wahrheit längst erloschenen Flamme des Mahdismus bedeutete keine ernstzunehmende Gefahr für den Sirdar und die Briten.

1908 allerdings zettelte ein Mann namens Wad Habuba in der Ghezira-Provinz am Blauen Nil einen Aufstand an, der die Freundschaft von Slatin Pascha und Sir Reginald Wingate auf die Probe stellen sollte. Die Regierung hatte den Besitz des Mahdisten Wad Habuba enteignet und seinem Bruder überantwortet. Daraufhin rebellierte der Mann und versammelte einige Gefolgsleute um sich. Einer jener jungen „Etonier", die die Überlegenheit der weißen Rasse für eine Selbstverständlichkeit hielten, der eben erst ins Land gekommene C. C. Scott-Moncrieff, war Provinzinspekteur von Ghezira und der Ansicht, daß er das „Problem" Wad Habuba im Alleingang lösen könnte, indem er einfach ins Lager des Dorfrebellen ging und ihm die Leviten las. Ein weißer Sahib braucht keinerlei Hilfe, um mit einem „Wilden" fertigzuwerden, dachte Scott-Moncrieff und bezahlte seine Überheblichkeit mit seinem Leben. Man erschlug ihn im Lager von Wad Habuba und warf seinen Körper auf die Straße, die mitten durch das Rebellendorf führte.

Slatin Pascha in Tropenuniform.
Nach seiner Flucht entwickelte sich der Wiener zum „Salonlöwen"
und war wiederholt Gast an den europäischen Königshöfen.

Die Briten reagierten rasch und setzten eine Kompanie nach Ghezira in Marsch, die die Aufständischen nach einem für beide Seiten verlustreichen Gefecht besiegte. Wad Habuba wurde gefangen und zum Tode verurteilt. Nachdem man ihn als Haupträdelsführer gehängt hatte, forderte der oberste Richter des Sudan auch für 25 andere Mitverschworene den Tod und klagte sie des Hochverrats und der Häresie an. Dem Sirdar jedoch erschien diese Bestrafung zu hart, vor allem, weil er glaubte, durch das Exempel einer Massenhinrichtung weitere Aufruhrbestrebungen zu fördern. Nachdem er Rücksprache mit London gehalten hatte, wandelte Wingate das Todesurteil in langjährige Haftstrafen um – allerdings ohne irgend jemanden zu konsultieren. Auch sein bester Freund Slatin wurde diesmal nicht um Rat gefragt, diese Entscheidung fällte Wingate im Alleingang. Sie war sehr umstritten unter seinen Offizieren, und mehrere ranghohe Beamte meldeten ihre Bedenken an. Der Generalinspekteur Slatin Pascha aber ging noch weiter, ohne eigentlichen Grund fühlte er sich hintergangen und verletzt. Seine in diesem Fall ungezügelte Impulsivität diktierte ihm den nächsten Schritt – er reichte sein Abschiedsgesuch ein. Jetzt zeigte Sir Reginald Wingate, daß er wirklich Slatin Paschas bester Freund war. Jeder andere Generalgouverneur hätte den Österreicher auf der Stelle entlassen, doch Wingate, der die impulsive Art und den Hang zum Theatralischen, der seinen Freund „Rowdy" manchmal auszeichnete, kannte, griff zu einer List und erklärte dem Pascha, auch er sei ursprünglich – genau wie sein Generalinspekteur – für eine exemplarische Bestrafung aller Aufständischen gewesen, aber die Regierung in London hätte ihm dann den kritisierten Gnadenakt aufoktroyiert. Diese Notlüge Wingates, daß die Idee, die Rebellen zu begnadigen, die der Regierung und nicht seine eigene war, kittete den Sprung, der die langjährige Freundschaft zu beeinträchtigen drohte, relativ schnell, zumal Reginald Wingate auch nicht vergaß, die Krone ins Spiel zu bringen, und Slatin darauf hinwies, daß er seinem König Loyalität schuldete. Wie wir in Kürze erfahren werden, bestand ein besonderes Naheverhältnis zwischen Slatin und dem Sohn seiner Gönnerin, der alten Königin, die, mitten im Burenkrieg, mit ihrem Jahrhundert gestorben war. Slatin Pascha ließ sich also erweichen und nahm sein Abschiedsgesuch auf „dringendes Ansuchen Wingates", wie er in seinem Tagebuch vermerkt, zurück.

Slatin Pascha hatte unvorsichtig und vorschnell gehandelt. Dies war einer der seltenen Anlässe in seinem Leben gewesen, wo seine Impulsivität mit ihm durchging. Diese Unbedachtheit hätte ihn seine Existenz kosten können. Es war sein Glück, in „Rex" Wingate einen so verständnisvollen Vorgesetzten und Freund zu besitzen, der dem Wiener Sir Slatin, dem Charmeur mit dem einnehmenden Lächeln, eigentlich niemals böse sein konnte.

Slatins unzweifelhafter Charme, der ihm schon so oft geholfen hatte und – von wenigen Ausnahmen abgesehen (die größte dieser Ausnahmen trug den Namen Kitchener, wie wir miterleben konnten) – niemals versagte, war auch Teil seiner ungewöhnlichen Popularität und Beliebtheit an den europäischen Fürstenhöfen und Herrenhäusern und Schlössern der Hocharistokratie. Wir haben den Generalinspekteur lange genug bei seiner nicht unbedingt nervenaufreibenden Tätigkeit beobachtet und wurden Zeugen seiner Sorgen und Probleme. Wenden wir uns also nun dem Gesellschaftsleben Slatins zu, denn als „Salonlöwe" feierte der Generalinspekteur wesentlich größere Erfolge und Triumphe als im Dienst der sudanesischen Regierung.

Sir Ronald Wingate, der Sohn von Slatin Paschas bestem Freund Reginald Wingate, beschreibt seine Impressionen vom österreichischen Pascha und kommt ebenso zum Schluß, daß der Charme des Mannes aus Wien ungewöhnlich groß und gewinnend war.

> Das erste, was an ihm auffiel, war seine ungeheure Vitalität. Er strahlte Gesundheit und Energie aus, wo immer er einen Raum betrat, und sprudelte über vor guter Laune und Humor. Aber man hatte nie den Eindruck, daß diese Haltung nicht echt oder affektiert sei. Alles, was er tat oder sagte, kam spontan. Sein Charme äußerte sich ganz natürlich und bezauberte jeden, Männer und Frauen, Weiße und Schwarze, Junge und Alte, Hohe und

Niedrige. Es war keine Spur von Aufgeblasenheit an ihm. Er wollte das Leben genießen, und jeder sollte seine Freude teilen. Er war ein großartiger Erzähler, stellte sich aber nur selten selbst in den Mittelpunkt seiner Geschichten und besaß jenen echten Sinn für Humor, auch über sich selbst lachen zu können. ... Ich bin neben ihm aufgewachsen, und in den vierzig Jahren, in denen ich als Knabe und als Mann ihn kannte, habe ich nie gehört, daß ein verächtliches Wort über irgend jemanden oder irgend etwas über seine Lippen gekommen wäre.[7]

Sir Rudolf Slatin war zweifelsohne ein gutaussehender Mann mit vollem dunkelschwarzen Haar, in das sich nach seinem 40. Lebensjahr Spuren von Grau mischten, und einem kräftigen Schnurrbart. Besonders attraktive Gesichtsmerkmale waren seine blendend weißen Zähne und seine flinken blauen Augen, die zu seiner vitalen Art paßten. Er hatte zwar nicht die imposante Größe und Statur Kitcheners, aber seine schlanke und gut durchtrainierte Figur kam immer vorteilhaft zur Geltung. Seine Uniform, die im Laufe der Zeit immer mehr Orden aufwies, stand ihm ausgezeichnet, und für jede Dame der feinen Gesellschaft war es ein ausgesprochenes Vergnügen, an der Seite des ordengeschmückten Generals, der noch dazu ein großartiger Tänzer war, durch den Ballsaal zu schweben. Der Pascha, der zuweilen auch Depressionsanfälle erlitt, spielte der Welt den fröhlich lachenden und beschwingt tanzenden Lebemann vor, den Grandseigneur und Mann von Welt, der das Leben in einem einzigen Walzerschritt zu durchmessen schien. Aber dieser lachende Partylöwe hatte auch eine andere, dunklere Seite. Seine Melancholieanfälle und traurigen Stimmungen, seine Gemütsschwankungen blieben der Öffentlichkeit verborgen, die Außenwelt kannte nur die Oberfläche, die äußere Fassade des Paschas, eine Fassade der ausgelassenen Fröhlichkeit.

Man bezichtigte den Pascha oft, ein unverbesserlicher Snob zu sein. Dies stimmt nur bedingt. Der „sudanesische“ Salonlöwe suchte natürlich immer die Gesellschaft gekrönter Häupter und fühlte sich in den abgeschotteten Zirkeln der Hocharistokratie zu Hause, obwohl (und vielleicht gerade weil) seine eigenen Wurzeln von so bescheidener Art waren. Dennoch war

Slatin Pascha kein Parasit, der im Kielwasser der Reichen und Mächtigen schwamm, der Könige und Kaiser umtanzte, um irgendwelche Vorteile aus seiner Bekanntschaft mit diesen Herrschern zu erzielen, sondern ein Mann, der wirklich an die Auserwähltheit und Besonderheit seiner königlichen Freunde und Gönner glaubte. Sir Rudolf Slatin war ein Monarchist im wahrsten Sinn des Wortes, der das Gottesgnadentum verteidigte, wo er nur konnte, und seine lebende uralte Verkörperung in der Person des greisen Kaisers, des altehrwürdigen Habsburgerherrschers in der Hofburg, erblickte. Slatin liebte den „alten Herrn" aufrichtig und ehrte ihn stets, obwohl Franz Joseph zu unnahbar erschien – sogar für ihn. Der Kaiser war majestätisch durch die Jahre seiner Regierungszeit gewandelt, und mit jedem Jahrzehnt seiner Amtszeit war seine Erhabenheit gewachsen. Der Monarch, der so viele schwere Schicksalsschläge verkraften mußte und sie in bewundernswerter Gottergebenheit ertrug, war der Garant für den Fortbestand der Monarchie, und diese sollte seinen Tod auch nur zwei kurze Jahre überleben.

Slatin Pascha verehrte Kaiser Franz Joseph zwar als unnahbaren Inbegriff des Kaisertums von Gottes Gnaden, aber ein wirkliches Naheverhältnis verband ihn mit anderen Herrschern, die nicht ganz so erhaben wirkten. Am besten verstand er sich natürlich mit Königin Victoria und ihrem Sohn, Edward VII. Der „Snob" Slatin wies noch eine andere Charaktereigenschaft auf, die nicht zu einem Großtuer im üblichen Sinn paßte: Er begegnete allen Mitmenschen und Fremden äußerst liebenswert, zuvorkommend und freundlich, er war kein Pedaltreter, der nach oben kroch, sich wurmhaft in die oberen Gesellschaftsschichten schlängelte und nach unten trat. Arroganz und Überheblichkeit waren dem österreichischen Pascha, auch in den Tagen seines größten Ruhms, unbekannt.

Slatin Pascha blieb zeitlebens ein großer Romantiker. In jungen Jahren hatte er vom Zauber der Wüste geschwärmt und von romantischen Abenteuern am Wüstenlagerfeuer geträumt, nun verband er mit dem Glanz einer Herrscherkrone die romantische Aura der Auserwähltheit und den Klang der gottgewollten Königswürde. Wie Gordon Brook-Shepherd feststellt, war Sir Rudolf Slatin Pascha, der große Romantiker und überzeugte Monarchist, eine Art „Genie“ in der Kunst, Menschen aller Alters- und Gesellschaftsschichten richtig zu behandeln.

Das Jahr des „sudanesischen“ Salonlöwen lief für gewöhnlich nach folgendem Muster ab. Die ersten fünf Monate des Jahres verbrachte er im Sudan, zumeist in seinem Haus in Khartum, unternahm aber gelegentlich Dienst- oder Kurzurlaubsreisen nach Ägypten. Sein eigentlicher Urlaub begann stets im Juni. In diesem Monat trat der Pascha seinen alljährlichen Europaaufenthalt an, der zumeist bis Oktober währte. In Österreich hielt er sich abwechselnd in der Kaiserstadt und in Traunkirchen im Salzkammergut auf. Er liebte den Traunsee, an dessen Ufer seine beiden unverheirateten Schwestern Marie und Leopoldine sich eine schmucke Villa gekauft hatten. Das Domizil seiner Schwestern am Traunsee war zwar nicht als sein Zuhause zu betrachten, denn dieses befand sich in Khartum, wurde ihm aber doch zu einem lieben Refugium, einem stillen Zufluchtshort, den der weitgereiste Weltbürger Slatin Pascha immer wieder aufsuchte. In Ungarn traf man den österreichischen Pascha gelegentlich auf der Jagd an, in Böhmen „kurte“ er in bester Hochadelstradition in den vornehmsten und nobelsten Badekurorten der Monarchie, und an den Königshöfen von Sachsen und Bayern war er genauso anzutreffen wie in Windsor oder Balmoral. Die zweite Urlaubshälfte verbrachte er in England, dem Land seiner Träume, wo er sich in der Hauptstadt bei Freunden aufhielt, die entweder auch im Dienst der sudanesischen Regierung standen oder Verwandte und Angehörige im Sudan hatten. Gern fuhr er nach Schottland und wohnte in „Rex“ Wingates Haus in Dunbar. Der gesellschaftliche Höhepunkt aller Englandurlaubsreisen war natürlich der alljährliche Besuch in den diversen Königsschlössern – Balmoral, Windsor oder Sandringham.

In Europa knüpfte er Kontakte und lud Berühmtheiten und Fürsten zu sich nach Khartum ein. Ägypten war schon lange ein bevorzugtes „Winterausweichquartier“ für reiche Europäer, und nun, da sich der berühmte Sir Slatin Pascha in Khartum befand, zog es viele Nobelurlauber auch nilaufwärts in den Sudan. Es gehörte fast zum guten Ton für jeden Ägyptenurlauber von Rang, einen Abstecher nach Khartum einzuschieben, um ihn zu besuchen und zur Jagd zu gehen. Auch Könige besuchten Slatin Pascha. Am 25. März 1901 notierte er zum Beispiel den Besuch von gleich zwei Majestäten in seinem Tagebuch:

> Am letzten Sonntag reiste König Friedrich August (von Sachsen) aus Khartum ab, und am Montag traf König Albert von Belgien ein. Zwei Könige an zwei Tagen – der Sudan macht Fortschritte. Beide Majestäten interessieren sich sehr für unsere Arbeit im Sudan. ... Beide Könige baten mich, sie bei meiner Rückkehr in Europa zu besuchen.[8]

Die Hoheiten konnten im Sudan auch der Jagdleidenschaft, einem weitverbreiteten Freizeitvergnügen der Hocharistokratie, ausgiebig frönen, denn ihr Gastgeber war selbst ein leidenschaftlicher Jäger. Es war sogar für einen europäischen König ein Erlebnis, an der Seite des gefeierten Paschas, der nicht nur im Ballsaal glänzende Figur machte, sondern auch ein ausgezeichneter „Safariguide" war, Nilpferden, Krokodilen, Elefanten oder Antilopen nachzupirschen. Slatins Haus in Khartum war bald begehrter Treffpunkt internationaler Berühmtheiten und steinreicher adelsstolzer europäischer „Jagdafficionados" wie der Kinskys, die, wie wir eingangs erfuhren, die Patronatsherren von Slatins Vorfahren gewesen waren. Aber nicht nur Mitglieder der fürstlichen Familie Kinsky, sondern auch Repräsentanten anderer berühmter österreichischer Adelsgeschlechter wie der Auerspergs und Liechtensteins waren Gäste in Slatins stattlichem Haus in Khartum, das bald den Spitznamen „Rowdy House" erhielt. „Rowdy House" war Slatin Paschas persönliches „Wüstenbalmoral", und der „Fürst" von „Rowdy House" bezauberte seine Gäste auch unter der heißen Sonne des Sudan. Als Gastgeber sorgte er stets für Abwechslung und verschickte originelle Einladungskarten, um die königliche und fürstliche Neugier seiner hohen Besucher zu wecken. Eine dieser reizenden Besuchsaufforderungen wollen wir an dieser Stelle anführen. Der „Lord of Rowdy House" lud wie folgt zum Tanz:

> Finden Sie sich bitte am nächsten Montag, abends um 9.30 zum Tanzen im „Rowdy House" ein.
>
> Es wird Gelegenheit geben:
>
> a) VIEL ZU TANZEN,
> b) GENUG ZU TRINKEN,
> c) ETWAS ZU FLIRTEN,
> d) EIN WENIG ZU ESSEN
> und
> e) KEIN BRIDGE.
>
> (Es gibt leider nur einen Tisch.)
>
> Seien Sie bitte so freundlich und kommen Sie.[9]

Gegeneinladungen seiner berühmten Gäste waren die natürliche Folge der zahlreichen Feste und Empfänge.

Glücklicherweise verstand sich Slatin Pascha mit Edward vielleicht sogar noch besser als mit Königin Victoria, die am 22. Januar 1901 gestorben war und nun für immer in ihrem herrlichen Mausoleum Frogmore im Garten von Windsor Castle an der Seite ihres geliebten Albert ruhte, so daß das Licht der Protektion des englischen Königshauses auch weiterhin über Slatins „Rowdy House" leuchtete. Der Mann, der jetzt die Königskrone Englands trug, der als Prince of Wales in ganz Europa als „the gay Prince" – der lustige Prinz – bekannt gewesen war und das Leben eines königlichen „Bonvivants" geführt hatte, versagte dem Pascha seine Gunst nicht. Im Jahr 1903, zum Beispiel, bewies Edward VII. Slatin Pascha sein Wohlwollen sogar im Rahmen eines offiziellen Staatsbesuches in Wien.

Das dritte Jahr des neuen Jahrhunderts hatte für Sir Rudolf Slatin (der mittlerweile auch vom Kaiser geadelt worden war und eigentlich Sir Rudolf von Slatin hieß) überhaupt sehr gut begonnen, zumindest was seine gesellschaftlichen Verpflichtungen und Erfolge betraf. Im schweizerischen Nobelurlaubsort St. Moritz war er – wie er seinem Tagebuch anvertraute – mit einer Anzahl von Repräsentanten des österreichischen Erzhauses zusammengekommen. Die Erzherzöge des Hauses

Österreich zeigten sich ebenso beeindruckt vom Pascha wie die englische Hocharistokratin Lady Sassoon, auf die er im Palasthotel traf und die ihn für einen „göttlichen" Tänzer und interessanten Gesprächspartner hielt. In der Kaiserstadt war Slatin Pascha Gast des Fürsten Liechtenstein in seinem herrschaftlichprunkvollen Stadtpalais.

Der Pascha hatte es natürlich der persönlichen Fürsprache Edwards VII. beim Kaiser zu verdanken, daß er beim Staatsbesuch des britischen Monarchen im September 1903 zu allen offiziellen Empfängen und Feierlichkeiten, die zu Ehren des englischen Königs veranstaltet wurden, eingeladen wurde und man ihn fast wie einen hohen ausländischen Staatsgast behandelte. Slatin, der auf das signierte Foto „seiner Königin" so stolz war, trat auch an König Edward mit einer ähnlichen Bitte heran. Zunächst bat er um ein offizielles Porträtfoto für den Gouverneurspalast von Khartum. Aus einem Brief aber, den er aus der Traunkirchner Villa seiner Schwestern an das einflußreichste Mitglied von König Edwards Gefolge schrieb, geht eindeutig hervor, daß er auch an eine Fotografie für seine „Privatsammlung" dachte.

> Ich besitze von allen Mitgliedern der königlichen Familie Photographien mit Unterschrift – von der verstorbenen Majestät, der Königin, mehrere, ebenso auch von der jetzigen Königin als Prinzessin von Wales. Könnten Sie Ihre Majestäten darum bitten, mir ihre Photographien zu widmen? Natürlich überlasse ich Ihnen zu beurteilen, ob ein solcher Wunsch angemessen ist ... wenn Sie mein Ersuchen nicht weiterleiten können ... glauben Sie bitte nicht, daß mich das kränken wird ... aber ich würde eine solche Widmung als einen besonderen Gunstbeweis ansehen. ...[10]

Natürlich bekam Slatin die gewünschten Fotos, und da Edward VII. und der Pascha sich bis zum Tod des englischen Monarchen alljährlich trafen und ihr Verhältnis ein so inniges war, daß man nicht nur von großer Verbundenheit, sondern beinahe von echter, aufrichtiger Freundschaft sprechen konnte, soll die Beziehung der beiden in vieler Hinsicht so ähnlichen Männer etwas eingehender betrachtet werden. „Uncle Teddy", der am 9. November 1841 geborene Sohn Königin Victorias, der den Thron erst im reifen Alter von 60 Jahren besteigen konnte und trotz seiner nur kurzen, neunjährigen Regierungszeit seinen Namen einer Ära gab und ein unglaublich populärer und beliebter Herrscher war, der Frauenkenner und Gourmet, der als Prince of Wales zeitweilig skandalumwittert gewesen war, erwies sich als erstaunlich umsichtiger und fähiger „Friedensmonarch", dessen Ära einem Schwanengesang der Stabilität und der Friedenssehnsucht ähnelte, dem jedoch der grausame Schrei des Kriegsadlers folgen sollte.

Was verband den König von England mit dem „Fürsten" von „Rowdy House"? Beide Männer waren leidenschaftliche „Gesellschaftstiger", echte Genießer, die wenig Interesse für Bücher und Intellektuellengespräche zeigten, dafür aber ihr Dasein in vollen Zügen genossen, die Gesellschaft von schönen und geistreichen Frauen, gutes Essen und erlesene Weine liebten, gerne ausgedehnte Reisen unternahmen und bei aller Vorliebe für „Wein, Weib und Gesang" auch die Vorzüge einer Freundschaft mit gestandenen Männern, die meist „Jagd- und Pferdesportnarren" waren und nicht zu „steif" und geziert erschienen, um diverse „Gags" und praktische Streiche zu verstehen, zu schätzen wußten. Beide Männer waren ihren Freunden gegenüber absolut loyal, und beide führten einen meist erfolgreichen lebenslangen Kampf gegen jede Art von Langeweile, und das Reisen stellte für beide, wie schon erwähnt, eine große Passion dar.

Der König von England war auch ein großer Europäer, der seinen wandelnden Hofstaat zeitweilig nach Biarritz oder Marienbad (das zu seinem Lieblingsaufenthalt auf dem „Kontinent" wurde) verlegte und für den es nicht die geringste Rolle spielte, daß sein Freund Slatin Pascha kein Mitglied der Hocharistokratie war. Der Pascha und „sein" König urlaubten von 1903 bis 1909 stets einige Tage lang gemeinsam im böhmischen Marienbad. Das Hotel „Weimar" in Marienbad war bald begehrtes Zentrum der europäischen „Residenz" König Edwards. Hier bewohnte der englische Monarch eine gewaltige Zimmerflucht, und hier besuchte ihn nicht nur der österreichische

Pascha, sondern auch der österreichische Kaiser. Staatsmänner und hochrangige Diplomaten pilgerten ebenso in das berühmte böhmische Heilbad wie bekannte französische Küchenchefs, die den verwöhnten Gaumen des englischen Königs auch in seiner „Kontinentalresidenz“ umsorgten. Jedes Jahr war Slatin Pascha einige Tage lang Gast des englischen Herrschers im Hotel „Weimar“, und diese paar Tage waren für Sir Rudolf Slatin Pascha die glücklichsten des Jahres. 1908 vertraute er seinem Tagebuch sogar an, daß er drei Tage lang fast ununterbrochen an des Königs Seite geweilt hatte. Slatins damaliger Vermerk im Tagebuch beinhaltete sein Eintreffen in Marienbad in der Frühe des 28. August, sein „Breakfast mit dem King“, welches exakt um 9 Uhr stattfand, einen gemeinsam mit Edward VII. und einer Mrs. Waddington eingenommenen Lunch, die Teilnahme am königlichen Dinner um 18.45 Uhr, einen gemeinsamen Besuch der Operette *Walzertraum* und schließlich das ebenso gemeinsam eingenommene Nachtmahl nach der Vorstellung. Die nächsten zwei Tage verliefen ähnlich wie der erste. Im August jeden Jahres gab es auch ein Monarchentreffen. Kaiser Franz Joseph besuchte Edward VII. bei diesen Anlässen zunächst in Marienbad und nahm ihn dann mit in sein geliebtes Ischl, seine bevorzugte Sommerresidenz im Salzkammergut. Slatin Pascha war in Ischl stets dabei, wohl auch deshalb, weil er eine Brückenfunktion zwischen beiden Herrschern und ihren Reichen darstellte, weil er ein lebendes Bindeglied zwischen dem britischen Weltreich und der österreichisch-ungarischen Donaumonarchie war: Er war zweifellos der renommierteste „Anglo-Austrian“ und genoß diese allerhöchsten Zusammentreffen natürlich sehr. Frohlockend stellte er fest, daß es ihm gelungen war, einmal nach dem Abendessen „ausführliche Gespräche mit Kaiser und König“ zu führen. Am allerbesten demonstrierte Edward VII. seine echte und aufrichtige Zuneigung für Slatin Pascha, als er am 16. August 1907 seinen königlichen Privatzug unplanmäßig in Traunkirchen anhalten ließ, um nonchalant mit Slatins Schwestern plaudern zu können. Stolz schrieb der berühmte Bruder in sein Tagebuch: „Viele Schaulustige, aber starker Regen.“ Obwohl König

Edward Kaiser Franz Joseph beim letzten ihrer Zusammenkünfte sogar überreden konnte, zum ersten (und einzigen!) Mal in seinem Leben einen „Benzinfiaker", ein Automobil, zu besteigen, und die beiden Herrscher sich – wie immer – blendend verstanden, lagen bereits düstere Wolken, Vorboten der nahenden Kriegskatastrophe in der glasklaren Ischler Luft, als sich Edward VII. von seinem alten Gastgeber verabschiedete. Die Flottenrivalität zwischen England und Deutschland wurde immer stärker, und der kriegerisch veranlagte Neffe König Edwards, der deutsche Kaiser Wilhelm II., begann unaufhaltsam aufzurüsten. Der greise Habsburgerherrscher fühlte sich seinem deutschen „Thronkollegen" in heiliger unauflöslicher Allianz verbunden, und das Verhängnis nahm seinen Lauf.

Doch Slatin Pascha ahnte nichts von all diesen Problemen, der bevorstehende Weltbrand warf noch keine Schatten auf seine Person. Er sonnte sich im Glanz neuerlicher Ehrungen und Auszeichnungen, die gegen Ende des ersten Jahrzehnts des neuen Jahrhunderts auf ihn niederprasselten. Bereits im März des Jahres 1899 war der Pascha von Kaiser Franz Joseph in den Ritterstand erhoben worden. Mit dieser Erhebung hatte Slatin zwar nur die unterste Sprosse der steilen Leiter der österreichischen Adelshierarchie erklommen, durfte sich aber immerhin fortan Sir Rudolf von Slatin Pascha nennen und eine fünfzackige Krone auf sein Briefpapier drucken lassen. Sieben Jahre später wurden sowohl Rudolf wie auch sein Bruder Heinrich Slatin neuerlich erhoben. Die Slatin-Brüder waren nun Freiherren und konnten ihren Kronen zwei Zacken hinzufügen. Am 27. Juni wurde das neukreierte Wappen Slatin Paschas, wohlversehen mit der nun siebenzackigen Freiherrenkrone, gemeinsam mit dem damit verbundenen Adelspatent registriert. Der Wappenspruch Slatins lautete „festina lente" – „Eile mit Weile", und das Wappen bestand aus der schon erwähnten siebenzackigen Krone, einer hohen, den Sudan markierenden Palme und einem schwertschwingenden Löwen, der eine entzweigebrochene Kette nachschliff – die Erlebnisse des ehemaligen Gefangenen von Omdurman waren nun auch auf seinem Wappenschild verewigt.

1908 ernannte König Edward Sir Rudolf von Slatin Pascha ehrenhalber zum Generalmajor der britischen Armee. (Dieser Auszeichnung war im vorigen Jahr die Verleihung des Großkreuzes des Franz-Joseph-Ordens an den Generalgouverneur des Sudan Reginald Wingate durch den österreichischen Kaiser vorangegangen.) In Marienbad verlieh der englische König dem strahlenden Slatin Pascha im selben Jahr das Ritterkreuz des Victoria-Ordens (das Kommandeurkreuz desselben Ordens hatte er schon 1904 erhalten). Der Pascha besaß nun vier Adelstitel, zwei österreichische und zwei britische, doch seine mit Orden übersäte Generalmajorsuniform wies auch preußische, italienische und türkische Auszeichnungen auf. König Edward, den Slatins überreiches Ordensangebot zum Lachen brachte, schlug deshalb scherzhaft vor, die Dekoration auf dem „noch freien" Rücken des Paschas vorzunehmen.

1909 wohnte Slatin zum letzten Mal als Gast des englischen Herrschers im Hotel „Weimar" in Marienbad. Der 69 Jahre alte König kränkelte bereits, und zudem war das neuerliche Zusammentreffen zwischen König und Pascha von einer eklatanten Mißstimmung, die sich zwischen Österreich und England entwickelt hatte, überschattet. Die vor kurzem stattgefundene Annexion von Bosnien und der Herzegowina durch die Österreicher, die diese beiden türkischen Provinzen bereits 1878 okkupiert hatten, hatte diese krasse Mißstimmung hervorgerufen. Die europäischen Großmächte (mit Ausnahme Deutschlands, das die Politik seines Bündnispartners Österreich-Ungarn verteidigte) legten scharfen Protest gegen diese Maßnahme ein, und König Edward hatte dem österreichischen Kaiser einen Brief geschrieben, in dem er ihm vorwarf, das gute Einvernehmen zwischen den beiden Staaten durch diesen in seinen Augen unnötigen Aggressionsakt untergraben zu haben, und schwere Bedenken äußerte. Es gab daher in diesem Jahr, dem letzten Lebensjahr des englischen Königs, kein Treffen in Ischl mehr, und der treueste Diener beider Monarchen, Sir Rudolf Freiherr von Slatin Pascha, befand sich in einer Zwickmühle. Die Freundschaft zwischen England und Österreich schien in die Brüche zu gehen, und der prominenteste Anglo-

Österreicher gab der in Wien erscheinenden *Neuen Freien Presse* ein ausführliches Interview, in dem er seine Betroffenheit über diese Entwicklung zum Ausdruck brachte und gleichzeitig versuchte, versöhnend zu wirken. Slatin Pascha antwortete seinem Interviewpartner:

> Sie haben ganz recht, wenn Sie annehmen, daß diese Angelegenheit mich sehr hart getroffen hat. Sie wissen sehr wohl, daß ich, obwohl ich England als General diene, österreichischer Untertan geblieben bin und großen Wert darauf lege, es zu bleiben. Es hat mir verständlicherweise leid getan, zu sehen, daß es zwischen Österreich-Ungarn und England eine öffentliche Kontroverse gibt, und es betrübt mich besonders, daß König Edward in der Hitze des Gefechts persönlich angegriffen worden ist. Ich kann Ihnen nur versichern ... daß Österreich-Ungarn in der ganzen Welt keinen aufrichtigeren Freund besitzt als den König von England und daß es auf dieser Erde niemanden gibt, der für unseren König und Kaiser Franz Joseph I. eine aufrichtigere Achtung empfände als er.[11]

Doch die Bosnien-Krise ging vorüber, und das Freundschaftsverhältnis zwischen England und Österreich blieb vorerst intakt. Das neue Jahr 1910 hielt allerdings den „denkbar schwersten Schlag" für Slatin Pascha bereit, wie er selbst zugab. Am 6. April starb Edward VII. an den Folgen einer schweren Bronchitis. Mit ihm sank eine Ära ins Grab, der unerwartete Tod des beliebten englischen Herrschers war ein weiterer Vorbote des Weltkrieges, und als die versammelten gekrönten Häupter Europas am 20. Mai 1910 dem gewaltigen Trauerkondukt in London folgten – in vorderster Reihe schritten der deutsche Kaiser Wilhelm II., die Könige von Belgien, Bulgarien, Dänemark, Griechenland, Norwegen, Portugal und Spanien, Österreich-Ungarn war durch den Thronfolger Franz Ferdinand von Habsburg-Este vertreten –, ahnten sie wohl nicht, daß einige von ihnen nur acht Jahre später entweder tot oder entthront und verbannt sein würden, daß das Zeitalter der großen europäischen Monarchien zusammen mit dem Trauerkondukt für König Edward seinem Ende zuschritt. Doch noch wankten

Der „Prince of Wales" und spätere König Edward VII. (1841-1910) in mittleren Jahren zusammen mit seiner Gattin Alexandra, Prinzessin von Dänemark.

keine Throne, vier Jahre lang sollten Europas Herrscher noch weitertanzen, und der österreichische Pascha Sir Rudolf von Slatin blieb Freund und Vertrauter des englischen Königshauses.

Bereits im September befinden sich Slatin und „Rex" Wingate wieder in Balmoral, und wir dürfen annehmen, daß es dem redegewandten Pascha sehr schnell gelang, auch die Herzen des neuen Königspaares zu erobern. Seine Tagebuchaufzeichnungen lassen diesen Schluß jedenfalls zu.

> 2. September (Freitag): Dinner mit dem König und der Königin. ... Bridgespiel mit dem König, Asquith und Wingate. ... 3. September (Samstag): Verlasse das Schloß um 11.00 vormittags mit dem König, dem Prinzen von Wales, Sir Charles Frederick und Sir Harry Legge zu einer Treibjagd auf Rehe. ... Im dritten Treiben schieße ich einen guten Bock. Wir kehren um 6.00 abends zurück. Schoß nur einmal und erlegte einen Bock. Prinz von Wales schoß zweimal vorbei. ...[12]

In Balmoral ereilte den Pascha auch ein Telegramm des kaiserlichen Obersthofmeisters Fürst Montenuovo aus Wien. Dieser teilte dem aufgeregten Slatin Pascha darin mit, daß ihn Kaiser Franz Joseph I. gerne in Schönbrunn zu sehen wünsche. Die Einladung des gestrengen „Allerhöchsten Herrn" und Kaisers, dem der Pascha stets so viel Ehrfurcht entgegenbrachte, muß den weltberühmten Sohn des Seidenfärbers besonders gefreut haben. Slatin, der auch für die neue Königsfamilie der Briten zu einem lieben alten Freund geworden war, fieberte genauso wie ganz England einem besonderen Großereignis entgegen, das zur letzten Kostprobe der Einheit des alten Europa und zur letzten und prunkvollsten Machtentfaltung des britischen Weltreiches in den Jahren vor dem Krieg werden sollte. Es handelte sich um die Krönung von König George und Königin Mary. Die Krönungsfeierlichkeiten sollten am 22. Juni 1911 offiziell über die Bühne gehen, und Slatin Pascha durfte bei der Inthronisation seines geliebten Königspaares natürlich nicht fehlen. Der Pascha reiste über Paris in die im Krönungstaumel liegende Hauptstadt des britischen Weltreiches. In der Seine-

Metropole führte er noch Gespräche mit einflußreichen Politikern und suchte die Herausgeber der beiden renommiertesten Blätter Frankreichs, *Le Matin* und *Le Temps*, auf, flirtete aber auch heftig mit adelsstolzen Gräfinnen, die ihn – nach eigenen Angaben – förmlich umlagerten.

In London angekommen, erlebte er eine Stadt im Krönungsfieber. Die Hauptstadt des britischen Weltreiches zeigte ihr strahlendstes und farbenprächtigstes Gesicht. 58 Staaten hatten ihre Delegationen an die Themse entsandt, und sogar das so unzuverlässige britische Wetter schien mitzufeiern. Die engen und altehrwürdigen Straßen Londons, der „prächtigsten Stadt seit dem Untergang von Theben", füllten sich mit Gratulanten aus allen Teilen des Empire: Braungebrannte Australier paradierten ebenso durch die Straßen wie indische Maharadschas, Sultane aus Borneo und Burma, Chinesen und Malaien – sogar eine Abordnung ehemaliger Dyak-Kopfjäger war vertreten –, südamerikanische Gauchos bereicherten die argentinische Delegation, und ein Neffe des äthiopischen Kaisers Menelik führte die ganz in Weiß gekleideten Krieger des Negus durch die Gassen. Diese Krönungsfeier ließ das Vorkriegseuropa noch einmal ein rauschendes Festspektakel erleben. An diesem 22. Juni 1911 war London wirklich Welthauptstadt, Zentrum und Mittelpunkt der Erde.

London feierte wie eine ausgelassen tanzende alte Dame, die ihren letzten Ball erlebt und ihren im Laufe eines langen Lebens angehäuften Schmuck stolz zur Schau trägt. Der Piccadilly Circus lag im Lichterglanz und war von Girlanden geschmückt, und bekränzte Kronen zierten alle Clubgebäude der berühmten Pall Mall, blau-goldene Urnen die prächtig dekorierte Oxford Street, und aus jedem sorgfältig geschmückten Schaufenster blickten einem die Konterfeis des Herrscherpaares entgegen. Die Krönungszeremonie selbst stellte alles bisher Dagewesene in den Schatten: Die Lords und Peers in ihren dunkelroten Roben standen neben den Trägern des St.-Michael-und-St.-George-Ordens, die blaue Mäntel trugen und zu denen auch Slatin Pascha gehörte, die Fürsten Indiens brachten dem Herrscherpaar die Ovationen ihrer Heimat, des

„Juwels der Krone“, entgegen. Tausende Würdenträger und Berühmtheiten des Empire sammelten sich vor der Westminster-Abtei, und aus Tausenden Kehlen erscholl der Ruf „Long live the King!“, als das Königspaar die ehrwürdige Abtei betrat und der offizielle Krönungsakt begann.

In nur drei Jahren sollte jeder Zeremonienglanz und Königsprunk an der Realität des schrecklichen Weltkrieges gemessen werden und vom Klang der donnernden Geschütze und krachenden Kanonen, vom Schreien der auf dem Schlachtfeld sterbenden Verwundeten und dem Weinen und Wehklagen der um ihre Gefallenen Trauernden übertönt werden. Der Untergang der alten Welt stand bevor, und der Glanz der Kronen sollte niemals wieder so hell erstrahlen. Doch kurz vor Beginn der verheerenden Katastrophe sollte Sir Rudolf Freiherr von Slatin Pascha in den Herbstmonaten seines Lebens noch einmal einen kurzen Frühling genießen dürfen und seine Frau fürs Leben, seine „Lady Slatin“, finden, mit der wir uns nun befassen müssen.

FRÜHLING IM HERBST

Die Frau, die als Lady Alice Slatin sieben kurze Jahre an der Seite des österreichischen Paschas verbrachte und deren Eheglück nicht nur vom Weltkrieg, sondern auch von einer heimtückischen und unheilbaren Krankheit schwer beeinträchtigt wurde, hieß mit dem Mädchennamen Alice von Ramberg. Der Bruder der späteren Lady Slatin, Victor Freiherr von Ramberg, war ein Arbeitskollege von Heinrich von Slatin beim k. u. k. Oberststallmeisteramt in Wien. Die Rambergs entstammten einer wenn auch nicht hochadeligen, so doch sehr ehrbaren österreichischen Familie, die, hierarchisch gesehen, eindeutig über den Slatins stand. Alice von Rambergs Großvater hatte sich in der Schlacht von Waterloo, in der der österreichische Berufssoldat, auf der Seite des großen englischen Herzogs Wellington kämpfend, Zeuge der letzten und vernichtenden militärischen Niederlage des Korsen wurde, besonders hervorgetan. Er wurde 1849 vom damals erst 19jährigen Kaiser Franz Joseph in den Adelsstand erhoben. Auch der Vater von Alice von Ramberg war Berufssoldat und beendete seine militärische Karriere als General der Kavallerie. Ihre Mutter stammte aus einem allerdings nicht sehr bedeutenden Zweig der gräflichen Familie von Breda, und der Onkel von Slatin Paschas Frau war ein bekannter Kunstmaler. Die von Rambergs gehörten also – eigentlich genau wie die von Slatins – zum neuen österreichischen Verdienstadel, obwohl sie eine wesentlich höhere Position in der österreichischen Adelshierarchie bekleideten.

Alice von Ramberg führte den Haushalt ihres unverheirateten Bruders Victor, und die Liebe zwischen ihr und Slatin Pascha entwickelte sich langsam und zaghaft. Seit dem Jahr 1903 korrespondierten die „Haushälterin" Alice von Ramberg und der weltberühmte „sudanesische Gesellschaftstiger" mehr oder weniger regelmäßig miteinander. Über hundert lange Briefe, die Alice von Ramberg Rudolf Slatin schrieb (und die alle erhalten geblieben sind), zeichnen ein sehr genaues Bild der Liebesbeziehung. Alice von Ramberg war eine sanfte, zartbesaitete Frau, die wahrscheinlich genau wußte, daß es nicht leicht sein würde, den legendenumrankten „Wüstenlöwen", der lange Zeit überhaupt nicht ans Heiraten dachte, zu zähmen. Es gibt einige konkrete Anhaltspunkte dafür, daß der Pascha auch noch im reiferen Alter Liebesbeziehungen mit Frauen aus der europäischen Hocharistokratie unterhielt. Und natürlich muß auch Alice von Ramberg gewußt haben, daß der Generalinspekteur des Sudan mit einer einheimischen Königstochter verheiratet gewesen war (nach mohammedanischem Ritus), einige Nebenfrauen gehabt und auch mehrere Kinder gezeugt hatte. Diese Tatsache ließ den Pascha allerdings noch interessanter und exotischer wirken. Der geheimnisumwitterte Mann, über dessen Sexualleben eigentlich niemand richtig Bescheid wußte, besaß neben seiner sehr männlichen Ausstrahlung auch noch den Reiz, Dinge getan und erlebt zu haben, die den meisten reichen Europäern niemals widerfahren würden. Obwohl der Pascha selbst seine Sexualabenteuer stets für sich behielt, war es in Khartum ein offenes Geheimnis, daß er sich – auch noch in seiner Zeit als Generalinspekteur – einen schwarzen Harem hielt. Ein verläßlicher Zeuge, der britische Nachbar Slatins – ein gewisser Mr. Wheatley –, berichtet über diese schwarzen Frauen, die zwar immer dezent im Hintergrund gehalten wurden und in einem abgelegenen Teil des Gartens von „Rowdy House" in Lehmhäusern hausten, aber deren Präsenz dennoch ein Faktum war. Der Nachbar spricht von „zwei oder drei seiner früheren Frauen oder Konkubinen", aber es kann durchaus sein, daß es mehr waren.

Viel schwerer war es, eine Affäre mit einer der wenigen in Khartum ansässigen (und zumeist verheirateten) Europäerinnen zu vertuschen, und es deutet auch nichts darauf hin, daß sich Slatin Pascha jemals auf eine solchermaßen gewagte Beziehung einließ. Im kosmopolitisch angehauchten Kairo und in

Europa lag die Lage natürlich anders, hier mußte Sir Rudolf Slatin nicht ganz so diskret sein. Dennoch behielt er fast alle seine Amouren sorgsam für sich. Nur ganz selten findet man in seinem Tagebuch Anzeichen dafür, daß ihm eine der erwähnten Damen besonders nahestand. Schon wenige Wochen nach seiner Flucht aus Omdurman wurde dem verdutzten, immerhin bereits auf die 40 zugehenden Slatin in Kairo die Frage gestellt (von einer Dame, die ihr Interesse an dem entkommenen Helden nur schwer verbergen konnte), ob er denn nicht daran denke, sich zu verehelichen. Die Antwort des Paschas war typisch für seine Grundeinstellung der Ehe gegenüber (einer Einstellung übrigens, an der sich mehr als 15 Jahre lang nichts ändern sollte): „Heiraten? Ich? Nein, nein! Ich bin schon 14 Jahre Gefangener gewesen – nie wieder!"[1]

Trotzdem war Slatin Pascha im Grunde ein Familienmensch und „Kindernarr", und aus den zahlreichen Briefen, die er damals der Frau seines Bruders Heinrich schrieb – die sich in Wien als eine Art Brautwerberin für ihren berühmten Schwager betätigte, allerdings ohne großen Erfolg –, geht eindeutig hervor, daß er der Institution der Ehe nicht von vornherein negativ gegenüberstand oder sie gar ablehnte, sondern sich gelegentlich selbst mit dem Gedanken an eine eventuelle Verheiratung trug. Einer der heitersten Briefe wurde während des Omdurman-Feldzuges geschrieben und zeigt einen lockeren, gelösten Slatin, der die „Eheanbahnungsversuche" seiner Schwägerin nicht ganz ernst zu nehmen scheint.

> Also Du bist auf der Suche für (sic!) einen neuen Kerkermeister, der mich in Banden schlagen soll! Und eine Bisguhre (= urwienerisch für Xanthippe, ein ewig nörgelndes, ständig Streit suchendes Weib; Anm. d. V.) soll es sein – Oh (sic!) contrair im Gegenteil – ich akzeptiere nur ein recht armes Hascherl – verstanden vous Madama. Braucht nicht armes Hascherl an Moneten zu sein – armes Hascherl in bezug auf Widerspenstigkeit – Eigensinn, unnötige Ansprüche und anderen Leibschaden, die wie Du weißt so häufig bei Damen vorkommen. Da Du, Herminka und Schwestern alle in meinem Interesse tätig seid – so werdet ihr eine solche Masse „brautfähiger Madeln" zusammenbekommen,

daß diese dann unter einander eine sogenannte Stichwahl werden abhalten müssen. ...[2]

Aus der Nilhauptstadt verzeichnete der Pascha in einem weiteren Brief den beträchtlichen Rückgang der Anstrengungen des familiären Wiener „Heiratsbüros" und stellte scherzhaft fest, daß die passende „Kerkermeisterin in spe" immer noch auf sich warten ließ. Manchmal äußerte er in dieser Zeit auch den (sicherlich nicht ernstgemeinten) Wunsch, das harte Orientleben aufzugeben und sich in der Traunkirchner Villa seiner Schwestern zur Ruhe zu setzen. Anfang 1898 wunderte er sich noch darüber, daß keine Fotos aus Wien eingetroffen sind, die ihm die Wahl seiner zukünftigen Braut erleichtern hätten können. Doch in den kommenden Jahren ist sein Interesse an einer dauerhaften Bindung überraschend schnell wieder verflogen, und er informierte seine Wiener Verwandtschaft, daß vorläufig „keine ernste Gefahr in puncto Heirat" bestünde. Diese ernste Gefahr tritt erst mit dem Auftauchen von Alice von Ramberg auf, obwohl der Pascha und die Baronin in den ersten sieben oder acht Jahren ihrer Bekanntschaft auch nur platonische Freunde waren, die sich allerdings im Lauf der Jahre immer mehr zu sagen hatten. 1910 ist aus dem Gefühl der Freundschaft und echten Zuneigung, die Alice von Ramberg für den Pascha empfand, bereits mehr geworden. Baronin von Ramberg behandelt den Pascha nun wie einen zweiten Bruder und tituliert ihn in ihren Briefen mit „liebes Bruderl". Gegen Ende desselben Jahres urlaubt sie in der an der dalmatinischen Küste gelegenen Stadt Gravosa und schreibt Slatin einen besorgten Brief, in dem sie sehr bedauert, daß es ihnen unmöglich sein wird, das kommende Weihnachtsfest gemeinsam zu verbringen, da der Generalinspekteur wieder seine Pflichten im Sudan wahrnehmen muß. Immer noch bleibt die Baronin beim förmlichen „Sie", doch ihre Besorgnis ist wahr und aufrichtig, und Töne eines aufkeimenden intensiveren Gefühles werden spürbar. Aus diesem interessanten Brief geht auch hervor, daß Slatin Pascha zu diesem Zeitpunkt etwas amtsmüde geworden zu sein scheint oder diesen Eindruck zumindest bei seiner langjährigen (noch) platonischen Freundin Alice von Ramberg erweckt hatte. Die bekümmerte Baronin schrieb:

> Ich finde es schrecklich traurig, daß Sie sich auch noch weiter in Ägypten plagen müssen. ... Ihr Leben muß sehr faszinierend und tausendmal interessanter sein als das eines „Europäers", aber ... warum müssen Sie daran festhalten? ... Sie schulden weder England noch dem Sirdar etwas. Auch wenn man Sie mit Ehrungen und Auszeichnungen überschüttet hat, dann ist das nur in Anerkennung Ihrer Dienste geschehen, oder weil der egoistische *John Bull* Sie braucht. (Kursiv des Verfassers; der Mann, der diese meist abschätzige Bezeichnung für die Engländer oder den Engländer schlechthin prägte, hieß J. Arbuthnot; Anm. d. V.) Aber wenn es sein muß ... möge Gott Sie auf Ihrem Wüstenschiff schützen. ...[3]

Slatin Pascha, der sich stets bemühte, seine guten Kontakte dazu auszunützen, um Freunden behilflich sein zu können, schien seine Amtsmüdigkeit jedoch bald vergessen zu haben, unternahm einen unerklärlichen Versuch, dem Bruder seiner Freundin einen Posten in der sudanesischen Kolonialverwaltung zu verschaffen. Dieses aussichtslose Unterfangen war in vieler Hinsicht typisch für die Naivität des Paschas und beweist, daß er den Einmaligkeitscharakter seiner eigenen Position nie ganz durchschaute und zu würdigen wußte. Er war einfach der Meinung, daß es nur eines Interventionsversuchs seinerseits bei seinem Freund, dem Sirdar, bedurfte, um den k. u. k. Hofbeamten Victor Freiherr von Ramberg anstandslos in den sudanesischen Verwaltungsdienst (der Nicht-Engländern nicht offenstand!) aufzunehmen. Diese unrealistische Vorstellung ist von einer völligen Verkennung der tatsächlichen Zustände im Bereich der britischen Kolonialverwaltung gekennzeichnet und demonstriert auch, wie wenig Slatin Pascha im Grunde von der Mentalität seiner vielgepriesenen „Wahllandsleute" verstand. Der Sirdar Sir Reginald Wingate wußte genau, daß sein bester Freund einen aussichtslosen Kampf kämpfte, daß die Chancen für eine Verwendung des österreichisch-ungarischen Freiherrn im sudanesischen Kolonialdienst gleich Null waren, wahrte aber (in bester britischer Gentlemanmanier) Slatin zuliebe die

Form und erkundigte sich beim britischen Kolonialamt in London. Das höfliche Antwortschreiben von Lord Harcourt, dem Chef des Kolonialamtes (der damit ebenso nur die Form wahrte), ließ keinen Zweifel daran offen, daß man nicht im entferntesten daran dachte, einen weiteren Österreicher in sudanesisch-britische Dienste zu nehmen. Sir Slatin Paschas Intervention zugunsten von Victor von Ramberg war – so gut sie auch gemeint gewesen sein mag – einfach grotesk und lächerlich. Reginald Wingate hatte sich bei Slatins Ernennung zum Generalinspekteur besonders exponiert und die Bestellung des Paschas mit der Kraft seiner gesamten Autorität und seines Ansehens durchgedrückt, obwohl der Pascha ein Sonderfall war, der sein halbes Leben in sudanesischen Diensten (und in Gefangenschaft!) verbracht hatte, als er diese Funktion übernahm.

Alice von Ramberg nahm das Scheitern von Slatins Interventionsversuch unkommentiert zur Kenntnis. Im Jahr 1910 – als Slatin diesen katastrophalen Fauxpas beging – änderte sich der Ton zwischen den Briefschreibern. Man ist zwar immer noch nicht beim vertrauten „Du" angelangt und siezt sich nach wie vor, aber es läßt sich nun nicht länger verleugnen, daß der Generalinspekteur des Sudan eine immer größere Rolle im Leben der Alice von Ramberg spielte. In einem Brief vom 29. September dieses Jahres behandelt sie das Thema Ehe und kommt auch auf das Gefühl der wahren und aufrichtigen Liebe zu sprechen:

> Glauben Sie wirklich, daß man zur alten Jungfer wird, weil man leidenschaftlich danach verlangt? … Nicht jedes junge Mädchen, das den Mann nicht heiraten kann, den es liebt, kann sich dazu überwinden, einen anderen zu nehmen. Und ich glaube wirklich, ohne aufrichtige Liebe zu heiraten ist das Schlimmste, was man sich selbst und dem betreffenden Mann antun kann. Erinnern Sie sich noch an den Ball in Kairo, auf dem ich nicht tanzen wollte? Ich wußte damals schon seit zwei Jahren (und das waren recht traurige Jahre), daß die Zeit des Tanzens und der Liebe für mich vorbei war.[4]

Aus diesen traurigen und auch etwas vorwurfsvollen Worten spricht eine gewisse Frustration, die sich aber mit Slatins nächstem Antwortbrief wieder gelegt haben muß. Denn bald schreibt die Baronin wieder an den Pascha und erwähnt zum ersten Mal andere Gefühle, die weit über den Freundschaftsbegriff hinausgehen. Diesmal schrieb sie dem Generalinspekteur des Sudan, daß sie niemals der Ansicht gewesen wäre, er hätte sich durch seine Freundschaftsbekundungen „andere Gefühle" erkaufen wollen. Sie pries seinen „edlen Charakter", der eine solche Handlungsweise niemals zugelassen hätte, und bat ihn um Verzeihung für ihre vielleicht allzu freimütigen, verletzenden Zeilen.

Auch der Pascha, der sich seiner wahren Gefühle der „altjungferlichen" Wiener Baronin gegenüber lange Zeit nicht klar geworden war, begann seine Brieffreundin im fernen Österreich immer mehr zu schätzen, und das so lange gereifte Gefühl der Liebe stellte sich schließlich in einem Jahr ein, das nicht nur für Slatin, sondern für ganz Europa zu einer Zäsur werden sollte, nämlich 1914. Im März dieses europäischen Schicksalsjahres schreibt Slatin fast zärtlich in sein Tagebuch: „Morgen wird es zwölf Jahre sein, daß ich Alice Ramberg kennengelernt habe." Drei Monate später ist aus dem freundlichen „Sie" ein liebevolles „Du" geworden, und das „Bruderl" wird von Alice von Ramberg durch „Liebling" ersetzt. Amors Pfeil, der über zehn lange Jahre gebraucht hatte, um sein Ziel zu erreichen, saß nun mitten in den Herzen der beiden reifen Menschen. Im Juni 1914 fand die Verlobung des 57 Jahre alten Sir Rudolf von Slatin Pascha mit der 41jährigen Alice Baronin von Ramberg statt. Der Frühling der Liebe war im Schatten des vor der Tür stehenden Weltkriegs in Rudolf von Slatins Leben, das sich doch schon in den Herbstmonaten befand, eingezogen.

Bis zum Zeitpunkt ihrer Hochzeit schrieb die Baronin dem Mann ihrer (langjährigen) Träume täglich einen und manchmal sogar zwei Briefe. Diese glühenden Liebesbriefe an ihren ergrauten „Traummann" zeugen von der stürmischen Heftigkeit der nun lichterloh brennenden Kerze der Liebe. Diese Schreiben Alice von Rambergs an ihren Verlobten spiegeln aber auch gewisse Ängste und Bedenken wider, die man innerhalb der Familie der Braut über die bevorstehende Verehelichung geäußert hatte. So ließ die alte Gräfin von Breda, Alice von Rambergs Großmutter, ihrem Unmut darüber, daß Slatin Pascha plante, seine Frau nach der Hochzeit vorerst in Europa zu lassen, um die allerletzten Brücken (und wahrscheinlich auch Spuren) seines langjährigen Junggesellendaseins in Khartum allein abreißen (und beseitigen) zu können, freien Lauf. Vielleicht war auch der Großmutter Alice von Rambergs der Umstand bekannt, daß der Pascha in der Sudanhauptstadt einen Harem unterhielt, und sie reagierte deshalb so indigniert auf die bevorstehende Hochzeit ihrer Enkelin – wir wissen es nicht. Alice von Ramberg jedenfalls schrieb ihrem Verlobten:

> Sie (die Großmutter) sagt, wir sollen entweder heiraten oder nicht. Wenn wir es tun, gehörten wir zusammen. Ich solle wenigstens in Khartum warten, wo wir einander erreichen können. ... Sie ist ... nicht damit einverstanden, daß ich die Rolle einer demütigen, gehorsamen Sklavin übernehme. Ich glaube, sie fürchtet, ich würde Dich nicht fest genug an den Zügel nehmen – Du weißt die schöne Dame aus Darfur (damit kann wohl nur Hassanieh, die Königstochter der alten Herrscherfamilie von Darfur, gemeint sein, die, wie wir erfuhren, Slatin Paschas erste Ehefrau war; Anm. d. V.).[5]

Aber auch andere Probleme trübten plötzlich das Glück der Verlobten. Die stolze Gräfin von Breda ließ sich nun unvermutet und mit schonungsloser Offenheit über Slatins niedrige Geburt und Herkunft aus und erweckte den Eindruck, daß sie nur sehr widerwillig bereit sei, über ihren „gräflichen Schatten" zu springen und Slatins „bürgerlichen Ursprung" zu tolerieren – vor allem angesichts seiner jetzigen „gesellschaftlichen Position" aber würde sie, wie sie ihrer Enkelin herablassend mitteilte, einer Verbindung dennoch – mit Vorbehalt – zustimmen. In dieser entscheidenden Phase seines Lebens bekam Slatin Pascha jene Standesdünkel zu spüren, die schon seine Jugend bestimmt hatten, und die überhebliche Art der alten Gräfin wird den General der britischen Armee, den viermal geadelten Sir Slatin, wohl kaum in helle Begeisterungsstürme versetzt haben. Für den alteingesessenen Hochadel (dem die Gräfin Breda zwar nicht angehörte, sich aber trotzdem zugehörig fühlte) zählte der Pascha trotz aller seiner Vorzüge und Leistungen und all den Wohlwollensbekundungen, die ihm die mächtigsten Vertreter dieser höchsten Gesellschaftskaste erwiesen hatten, und sogar trotz der Protektion des englischen Königshauses zur Kategorie der Neureichen. Freiherren und Barone galten im Bereich der etablierten Hocharistokratie als suspekt, sofern ihr Adel nicht durch Jahrhunderte hindurch vererbt worden war und man die „Baronie" nicht erkauft oder durch Verdienste erworben hatte (wie es bei den Slatins der Fall war), sondern durch großen Landbesitz untermauern konnte. Auch die Grafen (bei denen der Hochadel an sich begann) wurden in diesen allerhöchsten und erlauchtesten Zirkeln nicht so ohne weiteres akzeptiert. Als Graf war man in einer erheblich besseren Position, wenn man auf einen Titel verweisen konnte, der bereits mehrere Jahrhunderte auf „dem Buckel" hatte. Kaiser und Könige konnten es sich zwar leisten, in dieser Hinsicht großzügig zu sein – wie es das Beispiel der Königin Victoria, aber auch von Kaiser Franz Joseph eindrucksvoll demonstriert – und Standesunterschiede zu ignorieren, die Repräsentanten der etablierten Hocharistokratie nicht.

Dennoch stellten die Standesbedenken der alten Gräfin von Breda weder für den österreichischen Pascha noch für seine Braut eine ernste Gefahr dar. Ein schwierigeres Problem, das von Alice von Ramberg auch prompt aufs Tapet gebracht wurde, ergab sich aus der Frage der Religion. Sie entstammte einer streng religiösen Familie, für die der römisch-katholische Glaube mehr als nur ein Wort war. Sie ging jungfräulich in den Ehestand, während ihr Auserwählter ein Apostat war, der noch dazu viele Jahre lang nach mohammedanischem Eheritus gelebt hatte und es – nach eigenen Angaben – nicht allzu genau mit seiner Religion nahm. Sein Glaubensabfall war ihm zwar von den widrigen Umständen und der aussichtslos erscheinenden Lage diktiert worden, haftete ihm aber in gewissen Kreisen immer noch als unentschuldbarer Makel an. Obwohl es dem österreichischen Pascha im Vorjahr gelungen war, „allerhöchste Absolution" für diesen Fehltritt zu erlangen – Papst Benedikt XV. hatte ihn in einer Privataudienz empfangen und ihm seinen persönlichen Segen nicht versagt –, beschäftigte die Frage seines Religionsempfindens auch seine Braut Alice von Ramberg, wie sie in einem Brief vom 3. Juli 1914 bekennt:

> Ich glaube, unsere Religion ist im ganzen die gleiche, auch wenn ich noch an Praktiken festhalte, die Du glaubst, für Dich nicht zu brauchen. Beichte und Kommunion haben mir in sehr schweren und traurigen Zeiten geholfen ... und ich möchte beides jetzt nicht aufgeben, da ich glücklich bin und dieser Dinge vielleicht weniger bedarf. Lieber Rudolf, Du weißt, daß Du vor unserer Trauung zur Beichte wirst gehen müssen. Wäre es Dir recht, wenn wir ohne alle Sentimentalität gemeinsam zur Kommunion gingen? ... Wenn Du es aber lieber nicht tun willst, sage es mir ganz offen. Mein geliebter, mein einzig geliebter Mann. ...[6]

Die Braut sorgte sich ebenso darum, ob Slatins Liebe zu ihr wohl stark genug sein würde, um ihn dazu zu bewegen, all seine langjährigen Lebensgewohnheiten der neuen, veränderten Sachlage anzupassen und auch „Langzeitfreundinnen" aufzugeben. In diesem Brief erwähnte sie eine mysteriöse Dame namens Stella (deren Namen man vergeblich in Slatins Tagebüchern sucht), die augenscheinlich eine langjährige Intimbeziehung mit dem Pascha unterhalten haben mußte. Alice von Ramberg bedauerte diese Frau und erlaubte ihrem Zukünftigen großzügig, der „armen Stella" auch als verheirateter Mann als platonischer Freund zur Seite stehen zu dürfen, machte aber gleichzeitig eindeutig klar, daß Sir Rudolf von Slatin Pascha von nun an ihr allein gehören müsse und sie absolute Loyalität von ihm erwarte.

Es gab zu diesem Zeitpunkt allerdings auch noch ein anderes „familiäres" Problem, mit dem sich die Baronin auseinanderzusetzen hatte. Diese Schwierigkeit kam aus den Reihen der Familie des Bräutigams und trug den Namen der beiden unverheirateten Schwestern Slatin Paschas, die in ihrer Traunkirchner Villa ziemlich ratlos und konsterniert zur Kenntnis nehmen mußten, daß ihnen ihr berühmter Bruder in Kürze nicht mehr allein gehören würde. Die altjungferlichen Villenbesitzerinnen hatten ihr beträchtliches gesellschaftliches Ansehen, dem sogar der englische König Edward VII. auf ungewöhnliche Weise Tribut gezollt hatte, wie wir erläutern konnten, vor allem der internationalen Reputation ihres Bruders zu verdanken, dessen alljährlicher zweiwöchiger Besuch am Traunsee zu ihren Höhepunkten zählte. Die Slatin-Schwestern hatten ihre schmucke Villa am See liebevoll in eine Art Schrein verwandelt. Hier lagerten Slatin-Memorabilien aus der ganzen Welt, hier befanden sich die Kleidungsstücke, die er auf seiner Flucht in den Ruhm getragen hatte, hier standen zahlreiche wertvolle Prachtausgaben seines Buches *Feuer und Schwert im Sudan* und unzählige Fotos, die den Pascha zusammen mit gekrönten Häuptern und Persönlichkeiten des öffentlichen Lebens zeigten. Die Welt der beiden altgewordenen Schwestern hatte sich zwei Jahrzehnte lang ausschließlich um den vergötterten Bruder gedreht, und nun, da auch er alt wurde und seinem wohlverdienten Ruhestand entgegensah und vielleicht sogar für immer zu ihnen in die idyllische Villa am Traunsee gezogen wäre, zerschnitt eine fremde Frau dieses besondere Geschwisterband, zerstörte eine nicht einmal mehr ganz junge Baronin alle Wunschträume der beiden Schwestern, ihren Bruder zu umhegen und zu umsorgen und gemeinsam die Freuden des Alters zu genießen.

Alice von Ramberg muß die (auf Eifersucht basierende) Antipathie der ältlichen Fräuleins, die ihr zwar höflich, aber reserviert und zurückhaltend begegneten, gespürt haben, als sie die beiden zukünftigen Schwägerinnen in ihrer Villa in Traunkirchen besuchte. Dieser Umstand geht sehr deutlich aus einem Brief hervor, den die Baronin ihrem zukünftigen Mann am 9. Juli aus dem Salzkammergut schrieb, wo sie ihn noch viel stärker zu vermissen schien als anderswo.[7] Dies lag vor allem an der Tatsache, daß sie sich vor seinen zwei ihr mit freundlicher Herablassung begegnenden Schwestern zu fürchten begann. Alice von Ramberg hatte offenbar das Gefühl, daß es ihr unmöglich sein würde, vor den gestrengen Augen der Slatin-Schwestern zu bestehen, da diese wohl der Meinung waren, daß die „Frau, auf die Rudolf so lange gewartet hatte", eine „Verschwendung" darstellte.

Doch die Reserviertheit der beiden ältlichen Schwestern, die ihre Enttäuschung über die bevorstehende Hochzeit ihres geliebten Bruders nur schwer verbergen konnten, plagte die Baronin Ramberg längst nicht so sehr, wie ihre eigenen Ängste, daß sie nicht schön und begehrenswert genug für den legendenumrankten Pascha, den General der britischen und ägyptischen Armee und das Mitglied des vornehmen Wiener Jockey Clubs, den gefeierten „sudanesischen" Partylöwen Sir Rudolf von Slatin Pascha, sein könnte. Das sanfte Wesen der späteren Lady Slatin kommt am besten und berührendsten in einem sehr langen und intimen Brief zum Ausdruck, in dem sie auf alle diese quälenden Zweifel eingeht und immer nur das Wohl des geliebten Mannes im Auge hat.

> Und nun, mein einzig Geliebter, Deine letzte Frage, ... Du fragst mich, ob ich mich entschlossen hätte, Dich zu heiraten, wenn ich angenommen hätte, Deine Liebe zu mir sei nur „platonisch". Darling, ich glaube nicht, daß ich eine sinnliche Frau bin. Ich bin es wohl nie gewesen. Liebe hat für mich vielleicht mehr die Bedeutung von Freundschaft gehabt, und ich habe mir eher gewünscht, Freundin, Kamerad und Gefährtin zu sein. Nach dem anderen habe ich nie verlangt. Im Gegenteil – seit ich von diesen Dingen wußte, habe ich eher das Gefühl gehabt, eine Ehe müsse etwas Fürchterliches sein. Natürlich wußte ich, daß es das, wenn ich heirate, würde geben müssen. Ich habe nie davon geträumt, nicht die Frau des Mannes zu sein, den ich heiraten würde, aber es erschreckte mich. Ich sage Dir ganz offen, daß ich noch letztes Jahr bei diesem Gedanken geschaudert habe. Als Du mir diesen Winter so oft über Dein Alter und über die nur freundschaftlichen Gefühle zu mir schriebst, glaubte ich, Du wolltest mir zu verstehen geben, ich solle nur Deine Freundin, Deine Kameradin und die Frau sein, die für Dich sorgt. Aber ich finde nicht, daß dieses „nur" die Bedeutung eines „weniger" hat. Verstehst Du mich, mein einzig geliebter Rudolf?[8]

Die liebende und sexuell vollkommen unerfahrene Frau, die ihrem Bräutigam so offen all ihre Ängste und Sorgen beichtete, dieses sanfte und reine Wesen Alice von Ramberg brachte wirklich den klaren und unverbrauchten Duft des Frühlings in Slatin

Paschas Leben. Doch „jeder Frühling hat nur einen Mai", um es mit dem Operettenfürsten Franz Lehár zu sagen, und der „Mai" von Alice von Ramberg und Rudolf Slatin ging nur allzuschnell vorbei. Die Baronin, die sich in den Wochen vor ihrer Hochzeit auch Gedanken über eventuellen Nachwuchs machte und bestrebt war, ihre bescheidene Mitgift bestmöglich anzulegen, damit das Eheglück durch nichts getrübt werden würde, traf ihre Hochzeitsvorbereitungen leider zur denkbar schlechtesten Zeit, im ungünstigsten Monat eines Jahres, das das Gesicht Europas und der Welt verändern sollte. Am 28. Juni fielen die Schüsse von Sarajewo, deren Echo vier Jahre lang über die grausamen Schlachtfelder Europas hallte.

Gavrilo Princips Wahnsinnstat zerstörte die alte Ordnung endgültig, doch davon ahnten weder Alice von Ramberg, die sich damals in Ungarn befand, noch Sir Rudolf von Slatin Pascha etwas, der die Nachricht vom geglückten Attentat auf den österreichisch-ungarischen Thronfolger Franz Ferdinand und seine morganatische Ehefrau, die gebürtige Gräfin Chotek und spätere Herzogin von Hohenberg, in London erfuhr. An der Themse feierte man ausgelassen, die Ballsaison, die Slatin Pascha wieder einmal ausgiebig genoß (vielleicht auch, um endgültig Abschied von seinem langen Junggesellendasein zu feiern), ging gerade ihrem Ende zu, und niemand dachte an einen möglichen Weltkrieg. In Österreich-Ungarn empfand man die politische Nachwirkung des Mordanschlags deutlicher, wie auch aus einem Brief hervorgeht, den Alice ihrem Bräutigam einen Tag nach dem Attentat aus ihrem ungarischen Urlaubsdomizil schrieb:

> Geliebter, ist das nicht schrecklich, dieses furchtbare Unglück in Sarajewo? Wir kennen noch nicht die Einzelheiten. Das Telegraphenamt in Tallya hat nur bekanntgegeben, daß der Erzherzog und die Hohenberg von einer Bombe getötet worden sind. (In Wirklichkeit wurden sie erschossen, Alice von Ramberg war damals sicherlich noch nicht über alle Details der Ermordung des Thronfolgerpaares informiert; Anm. d. V.) Die schrecklichen Serben! Es waren sicher nicht nur Anarchisten, sondern die Serben … und immer noch bilden sich die Leute in Wien ein,

unsere Südslawen seien loyal. Wir sind alle erschüttert, und Gusti (dies war der Spitzname ihres Bruders Victor; Anm. d. V.) empfindet es als besonders hart, denn er stand sich so gut mit dem Erzherzog ... der ihm so wohlgesonnen war. Es ist ein Segen für das arme Paar, daß auch sie getötet wurde. Man sagt, sie habe den Erzherzog aufrichtig geliebt und sich sehr um ihn bemüht. Die armen Kinder! – und der arme Kaiser, dem kein Kummer erspart bleibt. ... Ich weiß, Du mochtest den Erzherzog Franz nicht, und er hat sich Dir gegenüber nicht besonders freundlich verhalten. Vielleicht ist es auch für Österreich besser so, denn jetzt stellt die Nachfolge kein Problem mehr dar. ...[9]

Der alte Kaiser hatte sich stets nur sehr schlecht mit seinem energischen Thronfolger, dessen Ehe mit der nach dem strengen Ehegesetz des Hauses Habsburg unstandesgemäßen Gräfin Chotek er niemals gebilligt hatte, verstanden. 1903 hatte er Franz Ferdinand gezwungen, den sogenannten Renunziationseid zu leisten, durch den sich der Thronfolger verpflichtete, dafür Sorge zu tragen, daß keiner seiner Nachkommen jemals Anspruch auf die Kaiserkrone erhob. Das Verhältnis zwischen Kaiser und Thronfolger war also immer ein sehr gespanntes gewesen, und es ist daher auch nicht allzu verwunderlich, daß Slatin Pascha, der den greisen Kaiser wie einen Heiligen verehrte, nicht sehr gut auf Franz Ferdinand, der ihm zudem einmal bei einem offiziellen Anlaß ziemlich hochmütig die kalte Schulter gezeigt hatte, zu sprechen war und seinen Verlust nicht übermäßig betrauerte. Immerhin sagte er, nachdem er zuvor mit der österreichischen Botschaft Rücksprache gehalten hatte, seine Teilnahme an einem hochoffiziellen Ball im Buckingham-Palast ab. Im privaten Kreis aber floß der Champagner weiter, der Pascha hatte schließlich eine großartige Neuigkeit für alle seine zahlreichen britischen Freunde parat. Ursprünglich hatten Slatin und Alice von Ramberg beschlossen, ihre Hochzeit nicht an die große Glocke zu hängen und in aller Stille zu feiern. Doch der Pascha konnte zumindest den ersten Teil dieses Übereinkommens nicht erfüllen, denn sein Bedürfnis, seine elitären Freunde mit dieser Sensationsmeldung zu überraschen, war einfach zu groß. Außerdem war der Wiener Sir auch stolz auf die vornehme Herkunft seiner zukünftigen Frau. In seiner Begeisterung und Hochzeitseuphorie übertrieb Slatin allerdings sehr und ging sogar so weit, auch Männer, die ihm nicht unbedingt wohlgesonnen waren, mit der Meldung zu überraschen, daß er in Kürze eine Frau heiraten werde, deren Großvater an der Seite des großen englischen Nationalhelden, des Herzogs von Wellington, gegen Napoleon I. gekämpft hatte. Slatin Pascha zögerte nicht einmal, Lord Kitchener von seiner bevorstehenden Hochzeit in Kenntnis zu setzen, der jedoch – wie Slatin es eigentlich erwarten hätte müssen – nur mürrisch reagierte und ihm ein schnelles „Gratuliere" engegenbrummte, um ihn dann stehen zu lassen. Slatin Pascha hatte seine „stille Hochzeit" so laut hinausposaunt, daß ganz London darüber Bescheid wußte. Vielleicht war dies sogar seine Absicht gewesen, denn er erwartete sicherlich Gratulationsschreiben aus ganz Europa.

Der ursprüngliche Hochzeitstermin – es war ausgemacht, am 24. Juli zu heiraten – wurde vorverlegt, da dieser Tag (es handelte sich um einen Freitag, und die Baronin Ramberg war an einem Freitag zur Welt gekommen) der Braut als unglückliches Omen erschien. So standen Sir Rudolf von Slatin Pascha und Alice Baronin von Ramberg am Dienstag, dem 21. Juli 1914, in der Wiener Votivkirche vor dem Traualtar und gaben sich das Jawort. In Wien herrschte Staatstrauer, und das Hochzeitsfest des weltberühmten Mannes und seiner gerade angetrauten Frau fiel tatsächlich sehr bescheiden aus. Das Hochzeitsmahl fand im Volksgarten-Restaurant in der Nähe der Ringstraße statt, und die Zahl der Gäste war wahrhaft gering. Lediglich die Mutter der Braut, Baronin Ottilie von Ramberg, ihr Bruder Victor und Slatins jüngerer Bruder Adolf, der Rechtsanwalt im Dienste der fürstlichen Familie Kinsky, waren anwesend. Weder Heinrich von Slatin noch die Schwestern aus Traunkirchen waren erschienen. Bereits zwei Stunden nach dem Mahl trat das frischvermählte Paar seine Hochzeitsreise an.

Die Reise ging nach Cortina d'Ampezzo in Südtirol, wo das Ehepaar im Hotel „Tre Croce" seine eigentliche Hochzeitsnacht verbrachte. Alles war wirklich sehr schnell und still – ja beinahe heimlich – vonstatten gegangen, aber Europas Monarchen hatten den österreichischen Pascha nicht vergessen. Am nächsten Tag trafen Glückwunschtelegramme aus ganz Europa ein. König George V. etwa schrieb dem langjährigen Vertrauten: „Die Königin und ich wünschen Ihnen und Lady Slatin alles Gute für die Zukunft." Auch Kaiser Franz Joseph sandte ein Telegramm, ebenso wie König Don Alfonso von Spanien und der Herzog und die Herzogin von Cumberland. Mehrere Mitglieder des österreichischen Erzhauses gratulierten ebenfalls telegrafisch.

In den folgenden Tagen genossen Slatin Pascha und seine Frau den Aufenthalt in Cortina d'Ampezzo, obwohl der Schatten des Krieges immer länger wurde. Glücklich berichtete Slatin seinem sich damals in seinem Haus im schottischen Dunbar aufhaltenden Freund und Vorgesetzten Sir Reginald Wingate von seiner Freude und Zufriedenheit. Der Generalinspekteur des Sudan befaßte sich in diesem Schreiben aber auch mit der drohenden Kriegsgefahr und stellte Zukunftsüberlegungen an. Auch der Pascha warf nun die Frage eines unausweichlich scheinenden großen europäischen Krieges auf. Empört erklärte er Wingate, daß er inbrünstig hoffe, daß die serbischen „Mordgesellen" zur Rechenschaft gezogen werden würden, wie immer sich die explosive Lage auch entwickeln sollte. Interessant ist, daß er offenbar nicht an eine Gefährdung seiner Position im Sudan dachte, sondern sich sogar erbötig machte, früher als erwartet nach Khartum zurückzukehren, falls „europäische Komplikationen" seine vorzeitige Abreise nach sich ziehen sollten.

Die Tatsache, daß Slatin gegen Schluß dieses Briefes ausführlich auf den Umbau von „Rowdy House" eingeht, beweist eindeutig, daß er nicht im Traum daran dachte, daß er seinem besten Freund und langjährigen Vorgesetzten bald als Feind gegenüberstehen und er den Sudan sehr lange nicht mehr wiedersehen würde. Am 3. August erreichte die Nachricht vom Ultimatum des Deutschen Reiches an das neutrale Belgien Cortina d'Ampezzo, und die Slatins packten schleunigst ihre Koffer und kehrten nach Wien zurück. Als das Ehepaar zwei

Tage später in der Kaiserstadt eintraf, brannte die Lunte, die zur Kriegsexplosion führen würde, zwar schon fast einen Monat, doch die schreckliche Detonation ließ noch zwei Wochen auf sich warten. Slatin Paschas Ehe war ganze drei Wochen alt, als die Welt in Flammen aufging.

DIE WELT IN FLAMMEN

Der August 1914 zerschlug alle Hoffnungen Slatin Paschas, mit Alice von Ramberg als Lady Slatin in „Rowdy House“ einziehen zu können. In London hatte der Anglo-Österreicher noch an allerhöchster Stelle um Sympathie für die Lage Österreich-Ungarns geworben, König George V. verdammte die Ermordung des Thronfolgers der Donaumonarchie ebenso wie der Pascha und erklärte dem treuesten Freund Englands und langjährigen Vertrauten seiner Familie, daß er nur tiefste Verachtung für die serbischen Mordgesellen empfinden könne. Doch Slatin hatte die Hauptstadt des britischen Weltreiches vor drei Wochen verlassen und befand sich nun – zusammen mit Lady Slatin – in Wien, einer Stadt, in der die Kriegsvorbereitungen in vollem Gange waren. Eine Welle des ungezügelten Patriotismus fegte über die Kaiserstadt hinweg, und Slatin Pascha, der sich trotz aller Vorliebe für Großbritannien immer wieder stolz als treuer Untertan des österreichischen Kaisers deklariert hatte, stand erneut zwischen zwei Lagern, nur war seine Lage diesmal fatal, es war unmöglich geworden, zwei Herren gleichzeitig zu dienen. Er würde sich entscheiden müssen, auf welcher Seite er stand, und seine Entscheidung sollte zugunsten seiner Heimat Österreich ausfallen. Die tödliche Kettenreaktion hatte am 28. Juli mit der Kriegserklärung Österreich-Ungarns an Serbien ihren Anfang genommen. Die Generalmobilmachung Rußlands zwei Tage später hatte die Kriegserklärung Deutschlands an das Zarenreich zur Folge, die am 1. August überreicht wurde. Am 3. August erklärte Deutschland auch Frankreich den Krieg, ohne die von seinem einstigen „eisernen Kanzler“ Fürst Bismarck stets an die Wand gemalte Katastrophe eines Zweifrontenkrieges sonderlich ernst zu nehmen. Einen Tag später standen die Deutschen bereits im neutralen Belgien, der verhängnisvolle Schlieffen-Plan wurde gnadenlos in die Tat umgesetzt und die Neutralität des kleinen Landes mit Füßen getreten. Die Kriegserklärung Großbritanniens an Deutschland war die natürliche und unvermeidliche Folge dieses Willküraktes, der Krieg ließ sich nicht mehr aufhalten, und Österreich-Ungarn hatte kaum eine andere Option, als auf der Seite seines Bündnispartners Deutschland in den Weltkrieg einzutreten. Das muß auch Rudolf Slatin geahnt haben, aber dennoch bemühte er sich noch am 6. August um einen Paß für sich und seine Frau und unternahm alle Anstalten, sich dem Sirdar in Khartum anzuschließen und ihm weiterhin als Mitarbeiter und Freund zur Verfügung zu stehen.

Slatin Pascha war zwar österreichischer Patriot, doch noch lag keine Kriegserklärung Englands an die Donaumonarchie vor, und Wingate hatte den Pascha offiziell zurückbeordert, wie aus einer Denkschrift hervorgeht, die der Generalgouverneur des Sudan nach dem Krieg schrieb, um Slatin, dem Illoyalität vorgeworfen worden war, zu entlasten. Der Brite wies darauf hin, daß sich sein bester Freund auf Heimaturlaub in Wien befunden hatte, als Großbritannien dem Deutschen Reich am 4. August 1914 den Krieg erklärte. Der damals noch nicht zum Kriegsminister ernannte Lord Herbert Kitchener, so der Sirdar weiter, plante, sogleich nach Ägypten aufzubrechen, um seine Pflichten als britischer Generalkonsul wiederaufzunehmen. Wingate besprach Slatins Fall offenbar mit Kitchener und bat den Wiener darauf, in Marseille zu ihm und dem fähigsten General des Empire zu stoßen. In dieser französischen Hafenstadt hätten alle drei Männer an Bord eines britischen Kreuzers gehen sollen, um nach Alexandria zu gelangen.[1] Es wäre für Slatin einfacher gewesen, Wingates Aufforderung Folge zu leisten. Er hätte seine komplizierte Lage entschärfen können, indem er die Kriegsexplosion in der relativen Sicherheit des Sudan abgewartet hätte, doch er sollte den Dienst an seinem Vaterland (das nicht allzuviel mit dem 57 Jahre alten General der ägyptischen Armee anfangen konnte) vorziehen und sich als echter Patriot erweisen. Doch damals dachte Slatin noch daran, dem Sirdar zu folgen, und machte sich zusammen mit seiner Frau – nachdem er endlich und mit erheblichen Schwierigkeiten einen Paß erhalten hatte – auf den Weg nach Triest. Seine Lage war merkwürdig und kompliziert. Als er in der Hafenstadt eintraf, dauerte der (Welt-)Krieg bereits eine Woche, und der von einer englischen Monarchin zum Ritter geschlagene österreichische General der britischen und ägyptischen Armee, der im Begriff war, sich wieder in die Dienste jenes Landes zu begeben, das man in Kürze als zusätzlichen Feind betrachten würde, muß bei den Verwaltungsbeamten der österreichisch-ungarischen Hafenstadt Triest einen merkwürdig unpatriotischen Eindruck hinterlassen haben. Am 12. August, als die Kriegserklärung Großbritanniens an Österreich-Ungarn erfolgte, sprach der Pascha beim amerikanischen Konsulat in Triest vor und bat darum, eine Nachricht an die britische Botschaft in Rom weitergeben zu dürfen, in der er dem Sirdar mitteilen ließ, daß er sich ihm, „wenn möglich", anschließen werde. Doch einen Tag später war die Nachricht von der englischen Kriegserklärung auch in Triest in aller Munde, und Slatin vergaß sofort alle ihm gestern noch so aktuell erschienenen Pläne, in den Sudan zurückzukehren. Nun scheint es den Generalinspekteur des Sudan nicht mehr zu geben, weggehext vom Gespenst des Krieges, verläßt er in Triest Slatins Lebensbühne. Jetzt handelt nur noch der österreichische Patriot Rudolf von Slatin. Noch am selben Tag besichtigt er zusammen mit einem Flottenadmiral ein Lazarettschiff der kaiserlich-königlichen Marine, und am 15. August sitzt er schon im Zug zurück nach Wien. Er schreibt in sein Tagebuch: „Ich bin überzeugt, richtig gehandelt zu haben. Zuerst einmal bin ich Österreicher, und noch dazu Wiener. Als solcher ist es für mich unmöglich, einem England zu dienen, das sich mit meinem Vaterland im Kriege befindet."[2]

Die alles beherrschende Kriegseuphorie, die die Kaiserstadt in einen Hexenkessel des begeisternden Hurrapatriotismus verwandelt hatte, ergriff nun auch Besitz von Slatin Pascha. Unmittelbar nach seinem Eintreffen in der Hauptstadt des habsburgischen Vielvölkerstaates faßte er den Entschluß, dem

General Sir Rudolf von Slatin Pascha.
Die Anzahl der Orden war so groß, daß sie auf seiner Uniform kaum mehr Platz fanden.

Kaiser seine Dienste – in welcher Stellung auch immer – anzubieten. Der österreichische Dichter Stefan Zweig, der sich kurz vor dem Einmarsch der deutschen Truppen in Belgien noch als Urlauber in diesem Land befunden hatte und bis zuletzt nicht an das Verhängnis glauben wollte, berichtet in seiner Autobiographie *Die Welt von Gestern,* daß er seinen zahlreichen belgischen Freunden damals erklärte, sie könnten ihn an einem Laternenpfahl aufknüpfen, falls die Deutschen wirklich in Belgien einmarschieren würden, und er beschreibt die ersten Kriegsstunden in Wien auf meisterhafte Weise. Der große Formulierer Zweig zeichnet das Bild einer Wahnsinnseuphorie, das Bild eines Volkes, das geschlossen und hocherhobenen Hauptes auf den Abgrund zujagte, besser als jeder andere Beobachter.[3]

Aber nicht nur in Wien und Berlin war die Kriegseuphorie groß. Auch in Paris und London tanzte man fröhlich in das Fiasko hinein. Kriegsparolen dröhnten laut durch Londons Straßen, denn in diesem verhängnisvollen August 1914 zog das gesamte britische Weltreich mit seinen 450 Millionen Untertanen in den Weltkrieg. Wie wir schon erfuhren, war der härteste und berühmteste aller britischen Heerführer, Lord Kitchener, mit sofortiger Wirkung zum Kriegsminister ernannt worden, der zur Generalmobilmachung im ganzen Empire aufrief. Obwohl es in Irland und Indien Gegenstimmen gab, stellte sich das Weltreich unerwartet schnell und geschlossen hinter das englische Mutterland. Australien und Neuseeland entsandten sofort Truppen an den europäischen Kriegsschauplatz, und bereits zwei Monate nach Kriegsausbruch lagen 31.000 Kanadier in den Schützengräben von Frankreich. Sogar die Südafrikaner unter ihrem fähigen Präsidenten General Jan Smuts schienen die Niederlage im Burenkrieg vergessen zu haben und kämpften Seite an Seite mit dem einstigen britischen Gegner gegen den gemeinsamen Feind Deutschland. Einen Krieg solchen Ausmaßes hatte selbst das britische Empire noch nie geführt. Sogar der gefürchtete Lord Kitchener war entsetzt über den furchtbaren Stellungskrieg in Frankreich, die Zustände in den Schützengräben und den Einsatz von Giftgas.

„Das ist kein Krieg!" sagte sogar der Kriegsminister Englands, der im Jahr 1916 eine wichtige Mission in Rußland erfüllen sollte und samt seinem Schiff von den Wellen der Nordsee verschluckt wurde. Als die Söhne und Ehemänner ihre Haut auf den blutigen Schlachtfeldern Westeuropas zu Markte trugen (und vielfach verloren), vergaß man die Jubelschreie zu Beginn des schrecklichen Wütens sehr schnell.

Blenden wir aber nochmals in das Wien des August 1914 zurück, wo Slatin Pascha sein offizielles Rücktrittsgesuch als Generalinspekteur des Sudan beim amerikanischen Geschäftsträger Frederic Penfield, mit dem ihn aus der Zeit, als dieser noch in Kairo stationiert gewesen war, eine gewisse Freundschaft verband, einreichte und dem formellen Schreiben auch einen Privatbrief an seinen Freund Wingate beifügte. In seinem in sehr knappen Worten gehaltenen Rücktrittsgesuch begründet Slatin sein Ausscheiden aus dem sudanesischen Verwaltungsdienst mit der gegenwärtigen politischen Lage, die durch die Kriegserklärung Großbritanniens an sein Heimatland Österreich hervorgerufen wurde. Das persönliche Schreiben an den Sirdar zeigt einen innerlich zerrissenen Menschen, der sich schweren Herzens und unter dem Druck der Kriegssituation dazu durchgerungen zu haben scheint, seinem ältesten Gefährten und langjährigen Mentor, dem er den größten Teil seines Weltruhms verdankte, seinem treuesten und liebsten Freund „Rex", Lebewohl zu sagen.

1. Reichsratstraße 7
18. VIII. 14

Mein lieber alter Rex,
Es ist sehr traurig, aber wir wollen sagen, es ist das Schicksal, und es mußte kommen. Ich habe nie im Traum daran gedacht, meine Beziehungen zum Sudan aus politischen Gründen lösen zu müssen, aber es hat keinen Sinn, dem nachzutrauern.
Bis zur Kriegserklärung habe ich mein bestes getan, mich Dir anzuschließen, aber infolge der Mobilmachung war es mir unmöglich, dieses Land früher zu verlassen. ...
Jetzt glaube ich, es ist besser so, denn welchen Sinn sollte es haben, unter derart veränderten Umständen unter guten Freun-

den zu sein? Ich, der Österreicher, als Gefangener der Briten – mit denen und für die ich die besten Jahre meines Lebens verbracht habe! Meine persönliche Freundschaft zu Dir, mein lieber alter Rex, soll nicht leiden, obwohl ich die Entscheidung Deiner Regierung, gegen Österreich, den traditionellen Freund Englands, zu kämpfen, verdamme – möge der Allmächtige das gerechte Urteil sprechen. ...
Ich überlasse es ganz Dir, über das Schicksal meiner Dienerschaft zu entscheiden und über mein persönliches Eigentum zu verfügen. Wenn der Allmächtige es will, dann werden wir uns vielleicht auf neutralem Boden wiedersehen – so friedlich wie in alten Zeiten als gute Freunde. Meine Frau läßt Dich herzlich grüßen.
Lebe wohl, mit herzlichen Grüßen,

Dein alter Rowdy.[4]

Beide Briefe erreichten Sir Reginald Wingate gegen Ende des Monats in der Nilhauptstadt Kairo. Noch zwei Wochen vorher hatte der Sirdar Sir Rudolf Slatin neuerlich mitteilen lassen, daß er dessen baldige Rückkehr nach Ägypten wünschte. Mit den beiden Schreiben aus der Wiener Reichsratstraße 7 aber war das Band zwischen Slatin Pascha und dem anglo-ägyptischen Sudan endgültig und für immer zerschnitten. Das Ungeheuerliche war eingetreten, die langjährigen „Busenfreunde", der Sirdar „Rex" Wingate und sein Generalinspekteur „Rowdy" Slatin, waren zu Feinden geworden und von der Macht des Schicksals dazu ausersehen, sich zu bekämpfen. Der Weltkrieg nahm keine Rücksicht auf alte Freundschaften, und Slatin handelte danach, als er dem österreichischen Außenminister eine Reihe von Vorschlägen unterbreitete, wie es gelingen könnte, die Position der Briten im Sudan zu schwächen. Der Außenminister behandelte diese Vorschläge Slatins in einem chiffrierten Telegramm, das an den österreichischen Botschafter in Konstantinopel abging. Die Pforte war auf der Seite der Mittelmächte Österreich-Ungarn und Deutschland in den Krieg eingetreten, und, wie aus dem Telegramm des Außenministers, des Grafen Berchtold, hervorgeht, die Türken sollten – zumindest nach den Vorstellungen von Slatin Pascha – auch Infiltrationsversuche im Sudan unternehmen.

> ... Slatin Pascha, der hier von jeder Verbindung mit Ägypten abgeschnitten, meint, die Nachricht, daß er, Slatin, den Dienst Englands verlassen und nicht mehr in den Sudan zurückkehre, weil er England nicht mehr dienen wolle, sollte durch die Türken in Ägypten und im Sudan verbreitet werden; hierzu können türkische Verwandte ägyptischer Offiziere benutzt werden. Er verspricht sich hiervon einige Wirkung auf die Sudanesen. Ganz unzweifelhaft könnte aber die Türkei auf Ägypten und den Sudan stark einwirken. Die Entsendung einiger weniger türkischer Bataillone nach Suez würde den Engländern, die in Ägypten nur einige tausend Mann, im Sudan nur einige hundert Weiße stehen haben, nicht geringe Verlegenheiten bereiten. Die Sperrung des Suezkanals wäre für England eine Katastrophe. Bei den Mohammedanern schwarzer Rasse hätte das Wort des Khalifen größte Bedeutung. Eine kluge und vorsichtige Ausnutzung des Einflusses des Khalifates den Mohammedanern Indiens gegenüber, könnte auch dort den Engländern sehr peinlich werden. ...[5]

Slatin Paschas Vorschläge waren zweifelsohne interessant und wurden auch an Said Pascha, den türkischen Großwesir, herangetragen. Dieser aber hatte zu jener Zeit wohl andere Sorgen und Aufgaben zu bewältigen, als daß es ihm seine Zeit erlaubt hätte, einen großangelegten englandfeindlichen Propagandafeldzug im Sudan zu lancieren, denn vor den Dardanellen ankerte die britische Flotte. An diesem geschichtsträchtigen kleinen Kanal, dessen Name seit jeher mit den Helden der Antike und der griechischen Mythologie verbunden gewesen war – Troja befand sich in unmittelbarer Nähe –, trug sich eine der blutigsten Schlachten des Ersten Weltkrieges zu. Hier fand später die blutige Invasion und Schlacht von Gallipolli statt, bei der besonders viele Australier und Neuseeländer, Männer der sogenannten „ANZAC-Forces", ihr Leben lassen mußten. Diese Schlacht grub sich für immer in das Gedächtnis der Briten und Türken ein, wurde zu einem Synonym für ein scheußliches und grausames patthaftes Fiasko, das für beide

Seiten gleich große Verluste brachte. Doch weder der Großwesir noch Slatin Pascha konnten damals etwas von dieser Entwicklung ahnen, sie waren beide mit anderen Problemen konfrontiert. Zudem mußten die kühnen Vorschläge eines Mannes, der noch vor kurzem in den Diensten der Engländer gestanden hatte, dem türkischen Großwesir etwas merkwürdig, wenn nicht gar suspekt erscheinen. Diese vorsichtige Haltung des Großwesirs dem österreichischen Pascha gegenüber wurde unvermutet verstärkt, als sich Abbas Hilma, der von den Briten abgesetzte und ins Exil nach Konstantinopel verbannte Ex-Khedive Ägyptens, an den Großwesir wandte und ihn regelrecht warnte, dem doppelzüngigen Slatin Pascha zu vertrauen. Abbas Hilma zögerte auch nicht, an die deutsche Botschaft in Konstantinopel heranzutreten und die Vertreter des Deutschen Reiches in der Türkei gleichermaßen zur Vorsicht zu mahnen. Natürlich erfuhr man auch in der österreichischen Botschaft bald vom Vorpreschen des Ex-Khediven, und der österreichische Geschäftsträger übermittelte Wien ein streng vertrauliches Telegramm, in dem er auf diese Problematik einging. Konsterniert las Außenminister Graf Berchtold: „Khedive hat den deutschen Botschafter vor Slatin warnen lassen. Es wäre dessen genaue Überwachung ratsam, da nicht ausgeschlossen, daß er ein Doppelspiel treibt."[6]

Obwohl Außenminister Berchtold indigniert auf diesen „Anschwärzungsversuch" reagierte und ihn als Verleumdung eines „charakterlosen hohen Herrn" zurückwies, ist es interessant festzustellen, daß von nun an keine Vorschläge von Slatin Pascha mehr beim Außenamt eingehen. Man zog ihn auch nicht mehr zu Rate. Irgendwie hatte der verleumderische Ex-Khedive am Bosporus es doch geschafft, den Pascha zu diskreditieren, wenn man ihn selbst auch nie über dieses ominöse Telegramm aus Konstantinopel informierte.

Slatins Einsatz mußte naturgemäß böses Blut bei seinen ehemaligen britischen Freunden hervorrufen, die erstaunlich schnell über seine Aktivitäten informiert worden waren. Kaum ein Monat war seit Kriegsausbruch vergangen, als der britische Botschafter in St. Petersburg, Sir George Buchanan, schon London informierte, daß vom österreichischen Pascha Gefahr drohen könne. Der Botschafter meldete seinem Außenminister Sir Edward Grey, daß er aus gut unterrichteter Quelle (damit war der russische Nachrichtendienst gemeint) erfahren habe, daß im feindlichen Lager Pläne bestünden, einige türkische Divisionen an den Nil zu verlegen, um den Flußverkehr lahmzulegen und die ägyptischen Truppen zu binden. Der Urheber all dieser Pläne, wetterte der Botschafter weiter, sei Sir Rudolf Slatin Pascha. Großbritanniens Außenminister Grey, der Slatin von vielen Gesellschaftsveranstaltungen her kannte, nahm diese Meldung konsterniert zur Kenntnis und weigerte sich zunächst, ihr Glauben zu schenken. Dennoch ließ sich nicht leugnen, daß der russische Geheimdienst in dem Ruf stand, sehr effizient zu sein; seine Zuverlässigkeit hatte er erst vor drei Jahren im Zusammenhang mit der sogenannten „Redl-Affäre" bewiesen. Dieser Spionagefall hatte damals die ganze österreichisch-ungarische Monarchie aufhorchen lassen. Oberst Alfred Redl, ein hoher österreichischer Generalstabsoffizier und Geheimnisträger, der jahrelang für die Russen Spionagedienste geleistet hatte, war aufgrund seiner homosexuellen Neigungen unvorsichtig geworden und konnte enttarnt werden. Um einen Skandal zu vermeiden, zwang man Redl auf Anordnung des Oberbefehlshabers der österreichischen Heeresleitung Conrad von Hötzendorf, sich eine Kugel in den Kopf zu jagen. Doch der Vertuschungsversuch schlug fehl, als die Presse Wind von dieser Angelegenheit bekam und der berühmteste Sensationsreporter seiner Zeit, Egon Erwin Kisch, genannt der „rasende Reporter", die leidige Affäre aufdeckte. Diese „Redl-Affäre", die nicht nur in der Donaumonarchie, sondern in ganz Europa heftige Wellen geschlagen hatte, hatte die Gefährlichkeit des russischen Nachrichtendienstes unter Beweis gestellt. Sir Edward Grey konnte den Einwand seines Botschafters in Rußland also trotz aller Freundschaft für Slatin nicht so ohne weiteres vom Tisch fegen. Als das diskriminierende Telegramm aus St. Petersburg in London eintraf, wußte der Außenminister allerdings noch nicht, daß Slatin Pascha seinen Dienst in der sudanesischen Verwaltung quittiert hatte. Als der Außenminister aber von dieser Demission erfuhr, änderte er seine Haltung schlagartig und ordnete an, daß sofort Ersatz für Slatin gefunden werden müsse.

Slatins Freunde in Kairo und Khartum weigerten sich natürlich hartnäckig, zu glauben, daß „Rowdy" sie hintergangen haben könnte. Schließlich waren es die Engländer gewesen, die ihn aus den Klauen des Khalifa befreit hatten, er hatte jahrelang an ihrer Seite seinen Beruf ausgeübt, und sie waren oftmals seine Gäste im „Rowdy House" gewesen. Nun sollte sie dieser Mann, der beste Freund des Sirdar, verraten haben. Das war einfach undenkbar. Vor allem Wingate erklärte standhaft, daß es sich hier nur um niederträchtige Verleumdungen handeln könne. Er betrachtete Slatin Pascha immer noch als seinen besten Freund und wollte ihn immer noch überreden, sich ihm erneut anzuschließen. Am 1. September, nachdem der Sirdar Slatins Rücktrittsgesuch bereits in der Hand hatte, unternahm er einen letzten Versuch, „Rowdy" in den Sudan zurückzuholen. Er schrieb ihm aus Kairo, daß er sein Rücktrittsansuchen zwar erhalten habe, aber es momentan noch nicht akzeptieren könne. Wingate verwies auf eine Sonderregelung, die es den „Untertanen von kriegführenden Staaten" erlaube, ihr Amt im Sudan auch in Kriegszeiten auszuüben, und beschwor Slatin Pascha eindringlich, seine Entscheidung nochmals sorgfältig zu überdenken. Bis eine Antwort eintreffen würde, wäre Slatin lediglich bis zur Wiederaufnahme seiner „offiziellen Dienstpflichten" beurlaubt. Auch der Sirdar fügte dem offiziellen Brief ein persönliches Schreiben bei, in dem er an das Freundschaftsgefühl Slatins appelliert und in bezeichnender Weise demonstriert, wie viel ihm an seinem geschätzten Wiener Freund lag.

> … Der Sudan ohne Dich ist undenkbar – ganz abgesehen von dem tiefen und aufrichtigen Kummer, mit dem ich persönlich die Lösung Deiner Verbindung von unserer Arbeit und von mir selbst, Deinem ältesten und besten Freunde in diesem Land – und vielleicht in der Welt –, betrachten würde. … Als Soldaten können wir beide es uns leisten, bis der Krieg vorbei ist, jede Erörterung über die Schuldfrage zu vermeiden, und ich kann Dir versichern, daß wir es nach Deiner Rückkehr in den Sudan alle

vermeiden werden, auf dieses Thema zu kommen. ... Überlege deshalb, lieber alter Rowdy, genau, was ich in diesem und meinem offiziellen Brief gesagt habe. Ich behandle die ganze Sache absolut vertraulich. ... Selbstverständlich will ich deshalb auch hier nicht „good-bye" sagen, denn ich hoffe nach wie vor, daß wir noch viele Jahre zusammenarbeiten werden – zum Wohle des Sudan und seiner Bevölkerung, die ebenso wie ich den Gedanken, ihren geliebten alten „Slatin" zu verlieren, für unerträglich halten würde.[7]

Dieser bemerkenswerte Brief Wingates, der den Sirdar einmal mehr als den besten Freund, den ein Mann nur haben konnte, auswies, enthielt – obwohl dies auf den ersten Blick nicht ganz ersichtlich erscheint – viel Vernünftiges und Wahres. Technisch gesehen standen nämlich beide, Slatin Pascha wie auch der Sirdar und Generalgouverneur Reginald Wingate, auf der Lohnliste der Ägypter, sie erhielten ihr Gehalt vom Khediven in Kairo ausbezahlt und nicht von der Londoner Zentralregierung. Ägypten befand sich nicht im Krieg mit Österreich-Ungarn, also würde Slatin, wiederum rein formell gesehen, auch nicht im Dienst einer feindlichen Macht stehen. Hinzu kam der Faktor, daß sich der Krieg erst in seiner Anfangsphase befand und man noch die Hoffnung hegen konnte, daß er vorzeitig beendet sein würde. War es deshalb nicht besser für Slatin, muß Sir Reginald Wingate wohl argumentiert haben, nicht sofort alle Brücken zu seiner Vergangenheit abzubrechen? War es nicht vernünftiger, wieder in den Sudan zurückzukehren und die weitere Entwicklung dort abzuwarten, an einem Ort, der doch sehr, sehr weit vom europäischen Schlachtengetöse entfernt war?

Die Problematik, die Wingate damals einfach nicht durchschauen und verstehen konnte, bestand darin, daß Slatin Pascha, der fast zwanzig Jahre lang einen komplizierten Hochseilbalanceakt zwischen seiner Wahlheimat und seiner eigentlichen Heimat, dem Land seiner Geburt, vollführt hatte und seine Loyalität fein säuberlich in zwei Hälften geteilt hatte, einfach nicht länger die Rolle des Dieners zweier (noch dazu kriegführender) Herren spielen konnte und wollte. Seine endgültige

Entscheidung zugunsten seines Vaterlandes war bereits in Triest gefallen. Sein Patriotismus, den er nie verleugnet hatte, verlangte ganz einfach, daß er nun für sein Heimatland optierte. Er war schließlich Österreicher, Wiener noch dazu, wie er es einmal formuliert hatte, und kein britischer Untertan. Dennoch muß ihm „Rex" Wingates Brief sehr ans Herz gegangen sein; er war immer ein sehr impulsiver, gefühlsbetonter Mensch gewesen, der sogar einen Hang zu pathetischen Anwandlungen hatte, und die eindringlichen und an seine Gefühle appellierenden Worte seines besten Freundes können ihn nicht kalt gelassen haben. Slatin war zweifellos innerlich aufgewühlt und zerrissen, aber er konnte dem Sirdar trotzdem nur mitteilen, daß sein Entschluß unabänderlich war. Er tat es allerdings auf eine nicht ganz verständliche und nicht unbedingt sehr angemessene Weise. Vor allem sein offizieller Antwortbrief an den Sirdar wirkt unglaublich überladen, gespreizt und schwülstig, und Wingate hatte wirklich etwas Besseres verdient als das folgende Schreiben Slatins. Allerdings spricht hier nicht der beste Freund des Generalgouverneurs des Sudan, nicht der impulsive, gefühlsbetonte Mensch Rudolf Slatin, der liebenswerte alte „Rowdy", sondern der überzeugte österreichische Patriot, der im Kriegsfall sogar eine langjährige und bewährte Freundschaft seinem Vaterland zuliebe opfert. Es muß jedoch gesagt werden, daß diese offiziellen Schreiben nicht nur von den Behörden in Kairo gelesen und aktenkundig vermerkt wurden, sondern auch von den kaiserlich-königlichen Stellen in Wien, welche ebenfalls Aktennotizen darüber anlegten. Trotzdem ist Slatins Ton, den er in seinem offiziellen Antwortschreiben Wingate gegenüber an den Tag legt, wie wir bereits feststellten, nur sehr schwer verständlich und muß seinen besten Freund zwangsläufig verletzt und gekränkt haben. Denn der Hurrapatriotismus des Paschas war unverkennbar. Als „österreichischer Untertan und tauglicher Mann" mußte Slatin, wie er Wingate eröffnete, dem Ruf des Vaterlandes folgen, bei seiner Regierung vorstellig werden, und als „Baron des Kaiserreiches" war es für ihn schlicht ein Ding der Unmöglichkeit, so der Wiener weiter, jene Konditionen gutzuheißen und zu unterschreiben, „denen die Untertanen kriegführender Staaten unterworfen sind, die im Dienst der sudanesischen Regierung stehen".

Wingates Zorn über Slatins Hurrapatriotismus und seinen übersteigerten Drang, seinem Vaterland seine Loyalität zu beweisen, wurde vielleicht etwas gemindert, als er das zweite persönliche Schreiben „Rowdys" las. Hier spricht wieder der Mensch Slatin, der wahre Slatin, der in ergreifenden und berührenden, gelegentlich fast allzu pathetischen Worten Abschied von seinem besten Freund „Rex" und seinem Leben im Sudan nimmt.

> Du weißt nicht, mein lieber alter Rex, wie sehr es mich betrübt, daß unsere beiden geliebten Länder gegeneinander Krieg führen und daß ich mich von Dir, meinem ältesten und besten Freunde, trennen muß, daß ich vom Sudan und seinen Bewohnern Abschied nehmen muß, die für mich soviel bedeuten, als seien sie ein Stück von mir. ... Aber dennoch – wir alle müssen durchhalten, und wir können nur hoffen, daß unsere Länder und ihre Herrscher in nicht allzu ferner Zukunft wieder Frieden schließen werden. Wenn es mir die Lage dann erlaubt, in den Sudan zurückzukehren, u*nd wenn ich dann noch gebraucht werde*, dann werden wir uns vielleicht wiedersehen.[8]

Trotz seiner überschwenglichen patriotischen Gefühle und seiner Tauglichkeit fiel es dem „Baron des österreichischen Kaiserreiches", zumindest im ersten Kriegsjahr, unsagbar schwer, seinem Vaterland zu dienen. Nachdem seine Bemühungen im Außenministerium zu keinem sichtbaren Erfolg geführt hatten, wandte sich der Pascha nun an den Generaladjutanten Seiner Majestät des Kaisers, den Grafen Paar – mit welchem er recht gut befreundet war –, und bat ihn, bei General Freiherrn von Krobatin, dem österreichisch-ungarischen Kriegsminister, vorstellig zu werden und eine Bestellung irgendeiner Art zu erwirken. Graf Paar tat sein Bestes, konnte aber nur erreichen, daß man Slatin Pascha auf eine bestimmte Freiwilligenliste setzte. Hier handelte es sich um eine Sonderliste der Militärkanzlei des Kaisers, und die dort angeführten Personen waren zwar alle Männer von Rang und Namen, wurden jedoch aus gewissen, nicht näher definierten Gründen für frontuntauglich befunden. Nun warteten die hochgestellten Freiwilligen – zu denen unter anderen der portugiesische Thronanwärter, Herzog Dom Miguel von Braganza, und Fürst Alfred Windisch-Graetz gehörten – auf einen Sondereinsatz im „In- oder Auslande für die Dauer des gegenwärtigen Krieges", wie es in ihrer Registrierung hieß. Als britischer und ägyptischer General nahm Slatin Pascha natürlich den militärisch höchsten Rang unter all diesen „Sonderfreiwilligen" ein, wurde jedoch in gesellschaftlicher Hinsicht einfach aufs Abstellgleis geschoben, denn wie hätte er mit Grafen, Fürsten oder gar einem Herzog und Thronanwärter konkurrieren können? Obwohl das österreichisch-ungarische Außenministerium dem wiederholt vorsprechenden Pascha erklären mußte, daß sich innerhalb des diplomatischen Korps keine passende Stelle für ihn finden ließe, hatte Slatin es den Anstrengungen Graf Berchtolds zu verdanken, daß er in den Genuß einer neuerlichen Ehrung kam. Der Außenminister unterbreitete seinem Ministerpräsidenten Graf Stürgkh den Vorschlag, den verdienten österreichischen Pascha durch eine Auszeichnung, ein „Zeichen der Allerhöchsten Gnade", wie Berchtold formulierte, zu ehren, da dieser nicht gezögert hatte, seinen ausgezeichneten Posten als Generalinspekteur des anglo-ägyptischen Sudan zu quittieren, und mit diesem bewundernswerten Schritt seinen „loyalen patriotischen Gefühlen in hervorragend selbstloser und aufopfernder Weise" Ausdruck verliehen hatte.

Graf Berchtold hatte Slatin Pascha zwar auch aufs (außenpolitische) Abstellgleis geschoben, ihm aber – gewissermaßen als Entschädigung dafür – die Würde eines „Geheimrats" verschafft, die Ministerpräsident Stürgkh Slatin bald darauf verlieh. Was aber waren die Pflichten des neuen Geheimen Rats? Er besaß keine, und ebensowenig stand ihm ein Gehalt zu. Der einzige unmittelbare Vorteil dieser neuerlichen Auszeichnung bestand darin, daß sich der ordens- und titelsüchtige Slatin Pascha nun mit „Exzellenz" ansprechen lassen konnte.

Im Dezember 1914 versuchte der österreichisch-ungarische Außenminister allerdings nochmals, für den Pascha aktiv zu werden. Die Türken bereiteten damals eine Invasion der Sinaihalbinsel vor, und sie sollten mit dieser Aktion nicht nur eine blutige Niederlage erleben, sondern auch mit einem anderen genialen und charismatischen Mann konfrontiert werden, der die Wüste als sein zweites Zuhause betrachtete: mit Thomas Edward Lawrence, der als „Lawrence of Arabia" in die Annalen der Geschichte einging (und von Erich Feigl in seinem Buch *Musil von Arabien* aus unerklärlichen Gründen ständig als E. T. Lawrence bezeichnet wird[9]). Berchtold ließ bei der Pforte anfragen, ob man dort keine sinnvolle Verwendung für den österreichischen Pascha hätte. Dem Außenminister schwebte der Posten eines Generaladjutanten des Sultans für Slatin vor. Aber Berchtold wurde schnell ernüchtert, als man ihm ziemlich unverblümt mitteilte, daß der Herrscher des Ottomanischen Reiches Slatin nicht unbedingt bewundere. Nach dieser kalten Dusche aus Konstantinopel unternahm der Außenminister keine weiteren Vorstöße zugunsten des vom Ex-Khediven verunglimpften Slatin Pascha.

Im Frühling 1915 witterte Slatin erneut eine Chance, doch noch zu einem militärischen Einsatz zu kommen. Das „wortbrüchige" Italien trat im ungünstigsten Augenblick für die Mittelmächte Österreich-Ungarn und Deutschland aus dem Dreibund aus und auf der Seite der Westmächte England und Frankreich und ihres Verbündeten Rußland in den Weltkrieg ein. Die Italiener waren nach wie vor in Afrika präsent, und Slatin Pascha war wohl der Meinung, daß nun seine Stunde gekommen war und er als altgedienter Afrikaveteran die besten Voraussetzungen für einen neuerlichen Einsatz mitbrächte. Diesmal wandte sich der Pascha persönlich an den General von Krobatin und schrieb dem Kriegsminister am 3. Juni 1915:

> … Ohne aufdringlich sein zu wollen, erlaube ich mir, meinen Namen Eurer Exzellenz in Erinnerung zu bringen. Unter den jetzigen Verhältnissen ist es vielleicht doch möglich, mich zu irgendeiner Dienstleistung, sei es an der Front oder direkt unter dem Befehl Eurer Exzellenz, heranzuziehen. …

Gegen Ende seines Ansuchens gibt Slatin Pascha seiner Hoffnung Ausdruck, daß es nun unter Umständen doch eine Arbeitsaufgabe geben könnte, die „ich während des Krieges dauernd ausfüllen, respektive auszuführen imstande wäre, und ich dadurch die Genugtuung hätte, in dieser schweren Zeit auch etwas für mein Vaterland, in das ich ohne Zögern aus der Fremde zurückkehrte, getan zu haben".[10]

General Freiherr von Krobatin brachte Slatins Bitte zwar bei Seiner kaiserlichen Hoheit Erzherzog Friedrich, dem Armeeoberkommandanten, vor, der jedoch nicht auf Slatins Dienstleistung „reflektierte", wie der Kriegsminister dem Pascha mit dem Ausdruck des „lebhaften Bedauerns" mitteilte. Der österreichische Patriot Rudolf Slatin hatte sich nun über ein Jahr lang bemüht, eine angemessene Position in der Armee seines Heimatlandes zu bekommen. Um seinem Vaterland zu dienen, hatte er sogar seine Freundschaft mit „Rex" Wingate aufs Spiel gesetzt, doch im k. u. k. Heer ließ sich augenscheinlich keine Verwendung für den hochdekorierten Mann finden. Der „sudanesische" General war in der k. u. k. Armee nur ein kleiner Leutnant der Reserve gewesen und es auch geblieben, er verfügte über keinerlei Kampferfahrung in Europa, hatte nie an einer Schlacht der k. u. k. Truppen teilgenommen, und auf den Schlachtfeldern dieses schrecklichen Vernichtungskrieges lauerten keine Derwische auf den mittlerweile schon 58jährigen Wüstenhaudegen.

Dennoch wurden die schon fast verzweifelten Anstrengungen Slatins 1915 honoriert. Auf Anregung des Kriegsministers General Freiherr von Krobatin wurde Slatin Pascha im September 1915 zum „Vizepräsidenten des Kriegsgefangenenausschusses des Österreichischen Roten Kreuzes" ernannt. Damit verbunden war seine gleichzeitige Bestellung zum „stellvertretenden Direktor des zentralen Informationsbüros für Kriegsgefangene". Diese Lösung des „Problems" Slatin erschien nicht nur General Krobatin ideal. Mit dieser Ernennung hatte man allen Spekulationen, Slatin könne in einer verantwortungsvollen Position zu einem Sicherheitsrisiko werden, endgültig ein Ende bereitet. Der „englische" Hintergrund des Paschas war nicht unbedingt die beste Empfehlung für die oberste Heeresleitung Österreich-Ungarns und mußte dem Armeeoberkommando etwas suspekt erscheinen, wenn auch niemand daran dachte, Slatins Loyalität ernsthaft in Zweifel zu ziehen oder ihn gar als Verräter zu betrachten. Seine einstige Kapitulation in Dara und der unmittelbar davor erfolgte Übertritt zum Islam, Slatins „Glaubensabfall", sowie seine langjährigen Bemühungen, die Beziehungen zwischen England und Österreich zu festigen und zu verbessern, haben bei der Entscheidung der obersten Heeresleitung, Slatin nicht an maßgeblicher Stelle zum Einsatz zu bringen, sicherlich eine Rolle gespielt. Der Pascha, der wieder einmal bereit gewesen war, „sein Blut" in den Diensten eines Monarchen „zu vergießen", empfand das lange Zögern der maßgeblichen Behörden seines Vaterlandes als Kränkung und akzeptierte die neue Aufgabe anfangs nur widerwillig.

Seine neue Position barg allerdings einen besonderen Vorteil in sich. Seine Arbeit für das Rote Kreuz ermöglichte es ihm, alle neutralen Hauptstädte Europas zu bereisen, und er konnte über die britischen Vertretungen von Bern oder Oslo regelmäßig mit seinen alten Freunden im Lager des Feindes korrespondieren, und zwar für die gesamte Dauer des Krieges. Das Jahr 1915 hatte also doch eine Wendung zum Besseren für Slatin Pascha gebracht. Es bereitete ihm aber auch gleich zu Anfang eine böse Überraschung.

Ein anonymer Verfasser attackierte den Österreicher und langjährigen Freund Englands in der in englischer Sprache erscheinenden Zeitschrift *Near East* als bravourösen „Wendehals", um diesen in der letzten Zeit so in Mode gekommenen Ausdruck zu verwenden. Der Schreiber sprach von Slatins langjähriger „Karriere der Wandlungsfähigkeit und des Opportunismus" und stellte am Schluß seines Schmähartikels die geradezu lächerliche Behauptung auf, Slatin habe sein „Wendehalsdasein" damit gekrönt, freiwillig auf alle Auszeichnungen und Orden zu verzichten, die ihm die britische Krone verliehen hatte. Dieser Vorwurf war grotesk, jeder, der den ordenssüchtigen Wiener auch nur ein bißchen kannte, wußte genau, daß er sich wahrscheinlich eher die Hand abgehackt hätte, als einen Orden oder eine andere Auszeichnung des englischen Königshauses zu retournieren. „Rex" Wingate reagierte sofort auf diese Anschuldigung und schrieb dem Herausgeber der Zeitschrift *Near East* einen empörten Entgegnungsbrief, den dieser auch promptest abdruckte. Doch der Sirdar ging noch weiter und informierte Slatin Pascha im gegnerischen Wien über diesen sinnlosen und lächerlichen Vorwurf. Der ohnehin frustrierte Slatin, der bereits über ein Jahr vergeblich auf irgendeinen Einsatz wartete, reagierte zornig und postwendend. Sein Dementi aus Wien traf im Februar 1915 ein und lautete:

> Meine Dekorationen sind mir alle von Souveränen verliehen worden, mein C. B. und mein K. C. M. G. von Königin Victoria, mein K. C. V. O. von König Edward VII. und mein G. C. V. O. von König George V. – alles persönliche Erinnerungsstücke, und so etwas gibt man nicht zurück. Sie befinden sich noch in meinem Besitz, wenn ich sie auch nicht trage, solange zwischen den beiden Ländern noch kein Frieden herrscht.[11]

Sir Reginald Wingate, der das Ansehen und die Reputation seines Freundes „Rowdy" auch in Kriegszeiten wie ein Löwe verteidigte, unterrichtete einen gemeinsamen Freund, Lord Stamfordham, von Slatins Dementi und ersuchte diesen, es auch Seiner Majestät dem König vorzulegen. Lord Stamfordham war ebenfalls empört über diese „häßlichen Gerüchte", die über den „lieben alten Freund Slatin" grassierten, und versicherte Wingate, daß er den Aussagen dieses verleumderischen und anonymen Schwätzers nicht eine Sekunde lang Glauben geschenkt hätte, genausowenig wie Seine Majestät König George V. Der Empörungsschrei von Slatins Freunden war zwar laut, aber es ließ sich trotzdem nicht verleugnen, daß der britische Außenminister, Sir Edward Grey, den unwiderlegbaren und stichhaltigen Beweis dafür in Händen hielt, daß der beste Freund des Sirdar und treue Diener Englands Slatin Pascha ein antibritisches Komplott in Ägypten und im Sudan geplant hatte. So leicht man diese verleumderische (und im Grunde unnötige und sinnlose) Attacke abwehren hatte können, so schwer sollte es Slatins Freunden und ihm selbst nach dem Krieg fallen, dieses viel schwerwiegendere und belegbare Argument der antibritischen Agitation zu entkräften oder gar zu widerlegen.

Slatin Pascha stürzte sich mit dem ganzen Elan eines Mannes, der ein Jahr lang untätig auf seinen Einsatz gewartet hatte, in seine neue Tätigkeit. Der Geheimrat versuchte sich auch in seiner neuen Rolle als Repräsentant des Österreichischen Roten Kreuzes zu profilieren und hatte tatsächlich sehr viel zu tun, denn, ob er es zugeben wollte oder nicht, er war der ideale Mann für diese Aufgabe. Seine weitreichenden internationalen Beziehungen und Kontakte zu allerhöchsten Kreisen erwiesen sich jetzt von unschätzbarem Wert, nicht nur für ihn persönlich, sondern vor allem für die vielen österreichischen Kriegsgefangenen, die in den Lagern Sibiriens einem ungewissen Schicksal entgegenharrten. So gelang es ihm zum Beispiel, auf den norwegischen Monarchen Haakon VII., mit dem er öfters in Windsor zusammengetroffen war – in jener guten alten Zeit, als noch niemand an den Wahnsinn eines Weltkrieges dachte –, einzuwirken und ihn dazu zu bewegen, sich vehement für die darbenden österreichischen Kriegsgefangenen in Rußland einzusetzen. Das Resultat dieses von Slatin Pascha initiierten Vorstoßes des norwegischen Königs war die Freigabe von ca. 150.000 Paar Stiefeln für die in Sibirien inhaftierten Österreicher. Diese lobenswerte Rolle Slatins, im Dienste des Österreichischen Roten Kreuzes durch Europa zu reisen und alles in seiner Macht Stehende zu unternehmen, um den österreichischen Gefangenen Linderung in ihrer Not zu verschaffen, ist vom modernen Österreich erstaunlicherweise nie besonders gewürdigt worden, obwohl viele Erfolge Slatins nicht nur auf seinen unermüdlichen Einsatz, sondern besonders auch auf das hohe Ansehen, das die Person des Paschas international immer noch genoß, zurückzuführen waren.

Das erste untätig verbrachte Kriegsjahr hatte Slatin auch zu einem Umdenken in der Kriegsschuldfrage bewogen. Hatte er zu Beginn des Krieges – wie alle überzeugten Patrioten seiner

Heimat – lautstark die Kriegsarie geschmettert und die Schuld beim „perfiden Albion“ gesucht, so kam er nun, in der Mitte des Jahres 1915, zur Schlußfolgerung, daß es keinen wirklichen Schuldigen gab. Seiner Meinung nach war der tobende Krieg eine schreckliche europäische Tragödie, und der in zwei feindliche und kriegführende Lager gespaltene mächtige Kontinent konnte nur dann gerettet werden, wenn die allerhöchsten „Staatslenker“, die Herrscher Europas, wieder zusammenfänden. Slatins Hurrapatriotismus war einer aufrichtigen Friedenssehnsucht gewichen, der Geheimrat im Dienst des Roten Kreuzes wuchs bereits nach Beendigung des ersten Kriegsjahres in eine Rolle hinein, an die sich heute kaum jemand erinnert und die man auch nicht mit seinem Namen assoziiert: die Rolle des Friedensstifters. Wie wir noch sehen werden, unternahm er tatsächlich eine allerdings nicht von Erfolg gekrönte Friedensmission auf höchster Ebene. Wahrscheinlich überschätzte er jedoch seine eigene Bedeutung und Machtbefugnis. Ein Brief aus dem Jahr 1915, der an „Rex“ Wingate gerichtet war, unterstreicht diese Behauptung. Slatin Pascha teilte Wingate darin wörtlich mit, daß er überzeugt sei, daß man sehr bald zu einer vernünftigen und zielführenden Lösung des Konflikts kommen würde, wenn er, Wingate und der hochbetagte Fürst Metternich die Monarchen „in der Hand hätten“. Auch wenn aus diesem Schreiben Slatins krasse Selbstüberschätzung hervorgeht, dürfen wir dennoch annehmen, daß seine Friedenssehnsucht echt war, genau wie sein aufrichtiges Bestreben, alles in seiner Macht Stehende zu tun, um möglichst schnell einen Frieden herbeizuführen. Ein weiterer Brief, den der Pascha Wingate im Februar 1916 schrieb, belegt dies auf eindrucksvolle Weise. Denn in diesem sprach Slatin von seinem „letzten Ehrgeiz“, der darin bestünde, nach England zu reisen und alte Freunde nach den Voraussetzungen zu fragen, unter welchen das Völkermorden, das allen Beteiligten nur Unglück brächte, endlich zum Stillstand gebracht werden könnte.

Der seelische Zwiespalt des Österreichers wurde immer größer. Das pathetische und überschwengliche Gefühl eines Vaterlandsverteidigers wich nun einem Gefühl des Bedauerns und der Trauer darüber, daß er verdammt war, Staatsbürger eines Landes zu sein, das sich im Krieg mit seiner wahren geistigen „Heimat“ Großbritannien befand. Immerhin hielt ihn seine innere Zerrissenheit nicht davon ab, weiterzudenken und sich bereits wieder Sorgen über seine finanzielle Lage zu machen und – mitten im Krieg – eine höchst pekuniäre, persönliche Frage aufzuwerfen, die Frage seiner Pensionszahlungen. Ausdrücklich betont er Wingate gegenüber, daß seine derzeitige Tätigkeit beim Österreichischen Roten Kreuz ehrenamtlich und mit keinerlei Gehaltszahlungen verbunden sei, und schreibt im Mai 1916 mit Bezug auf seine Pensionsansprüche an den Sirdar:

> Ich kenne nicht die gesetzlichen Bestimmungen, nach denen man den Anspruch auf Pensionen geltend machen kann. Da es keine offiziellen Verbindungen gibt, kann ich auch keinen Antrag stellen. Wie Du weißt, habe ich seit Mai 1914 keine Pension (Gehalt?) bekommen, und ich weiß, daß ich auch jetzt nichts erhalten werde. Ich hoffe aber, daß die rückständige Pension nach dem Friedensschluß zwischen unseren beiden Ländern festgesetzt werden wird. …[12]

Vielleicht ahnte Slatin auch, daß er von österreichischer Seite nach Kriegsende nicht allzuviel erwarten konnte, und wollte deshalb und mit Rücksicht auf seine Frau, die in ihrem dreiundvierzigsten Lebensjahr Mutterfreuden entgegensah, seine Altersversorgung sicherstellen. Die Geburt einer Tochter am 12. November 1916 war für den – nach eigenen Angaben – „wie der ewige Jude“ herumreisenden „Rotkreuzexperten“ Slatin Pascha die Erfüllung eines Herzenswunsches, obschon er eher einen „kleinen Rowdy“ erwartet und ersehnt hatte, wie er Wingate im Mai gebeichtet hatte. Das Mädchen, das auf den Namen Anna Marie Helene getauft wurde, sollte niemals etwas davon spüren, daß sich Slatin einen Sohn gewünscht hatte. Wie wir später noch sehen werden, war Slatin Pascha ein zärtlicher und vorbildlicher Vater, wie man ihn nicht besser haben konnte. Überglücklich berichtete der „Geheimrat des Roten Kreuzes“ seinem Freund „Rex“ von der Geburt seiner Tochter: „Mutter und Kind sind wohlauf. Das kleine Mädchen sieht aus wie ein Affe, und jeder behauptet, sie sähe mir sehr ähnlich."[13]

Der November 1916 war aber nicht nur für Slatin Pascha, sondern für ganz Österreich-Ungarn ein besonderer Monat, für die Monarchie sogar ein Schicksalsmonat. Denn nur neun Tage nach der Geburt von Slatins Tochter Anna Marie Helene, am 21. November 1916, starb im Schloß von Schönbrunn jener Mann, den der frischgebackene und stolze Vater Rudolf Slatin stets als Inbegriff der Erhabenheit und des Monarchentums verehrt hatte. Kaiser Franz Joseph I., der noch an seinem Sterbetag bis sieben Uhr abends an seinem Schreibtisch gestanden war und seine Akten bearbeitet hatte, obwohl er an einer beidseitigen Lungenentzündung litt, verstarb im Alter von 86 Jahren, und mit dem alten Herrn in der Hofburg sank auch die Donaumonarchie ins Grab. Sie überlebte ihren langjährigen Herrscher zwar um zwei Kriegsjahre, doch der Garant für den Zusammenhalt des habsburgischen Vielvölkerstaates, der die vielen rivalisierenden Nationen Österreich-Ungarns fast allein durch das Ansehen seiner ehrwürdigen Person geeint hatte, war für immer dahin. Sein Nachfolger, der junge Kaiser Karl, konnte nur noch das Requiem auf die 650 Jahre alte mächtigste und stolzeste Monarchie Mitteleuropas schreiben. Der alte Kaiser starb, und der Krieg tobte weiter. Slatin Paschas Sehnsucht nach England wurde im dritten Jahr des Krieges immer stärker, und immer öfter berief er sich bei offiziellen Anfragen, die er im Namen des Österreichischen Roten Kreuzes in London vorbringt, auf alte Freunde wie Lord Stamfordham. Im Juni 1917 bittet er seinen „lieben Lord und Freund", ein Ansuchen an die britische Regierung zu unterstützen. Slatin Pascha ersuchte um dringend benötigte Blechlieferungen, die man in Kopenhagen dazu benutzen wollte, um stabile Lebensmittelkisten für die österreichischen Kriegsgefangenen in Sibirien anzufertigen. Lord Stamfordham konnte seinem Freund leider nicht behilflich sein, da Wirtschaftssanktionen zur bedingungslosen Kriegführung gehörten und Whitehall Slatins Ansuchen natürlich ablehnte. In seinem Schreiben hatte der Pascha den britischen Lord auch an gemeinsam verbrachte Tage in der verlorenen glücklichen Vergangenheit erinnert. Die beiden Männer waren oftmals gleichzeitig Gäste des englischen Königshofes gewesen und hatten sich immer ausgezeichnet verstanden. Slatin Pascha hatte sich in Dänemark vor kurzem im königlichen Schloß Bernsdorff aufgehalten, das der Geburtsort der Frau von König Edward VII., Alexandria, war, und zweifelsohne hatte dieses Ambiente den Pascha an seine Zeit mit Edward VII. erinnert.

Im Mai 1917 benutzte Slatin Pascha seine wertvollen Kontakte dazu, etwas viel Wichtigeres als die Umgehung von Wirtschaftssanktionen zu erreichen. Rudolf Slatins jetzt folgender Versuch, Geheimverhandlungen zwischen Österreich und England einzuleiten, die auf einen Separatfrieden zwischen seiner „Wahlheimat" und seiner eigentlichen Heimat hinausliefen, findet in den Geschichtsbüchern ebensowenig Erwähnung wie der kühne Plan von Feldmarschall Svetozar von Boroević von Bojna, im November 1918 mit seiner intakt gebliebenen Isonzo-Armee Wien zu besetzen und somit dem bereits abgesetzten Kaiser Karl die Handlungsfreiheit wiederzugeben[14], obwohl beide Aktionen, Slatins geheime Friedensverhandlungen und der geplante Marsch auf Wien des „Löwen vom Isonzo" Boroević, den Ablauf der Weltgeschichte entscheidend beeinflussen und sogar verändern hätten können.

Aus einem Telegramm, das der britische Geschäftsträger in Dänemark, Sir Robert Paget, am 7. Mai 1917 an seinen Außenminister sandte, läßt sich klar erahnen, was der Pascha damals im Schilde führte:

> Slatin Pascha ist hier bei Prinz Waldemar (= der dänische Kronprinz; Anm. d. V.). Er sagt, Österreich müsse Frieden haben, es habe keinen Streit mit England, während die Österreicher die deutsche Tyrannei als unerträglich empfänden. ... Prinz Waldemar möchte versuchen, die Österreicher und uns zusammenzubringen, fürchtet jedoch, die Deutschen würden Dänemark dafür zur Rechenschaft ziehen.[15]

Der britische Historiker Gordon Brook-Shepherd erwähnt die merkwürdige zeitliche Aufeinanderfolge der Friedensinitiative des letzten Habsburgerkaisers Karl, die in der sogenannten, in allen Geschichtsbüchern nachzulesenden „Sixtus-Affäre" gipfelte und kläglich scheiterte, und Slatin Paschas Vorstoß in dieser Richtung. Kaiser Karl hatte schon anläßlich seiner Thronbesteigung angekündigt, in „ehester Frist" den Frieden herbeiführen zu wollen. Die Friedensoffensive des österreichischen Kaisers aus dem Jahr 1917 bestand darin, die Brüder seiner Frau, der Kaiserin Zita, die Prinzen Sixtus und Xavier von Bourbon-Parma, damit zu beauftragen, Verbindung mit Frankreich aufzunehmen und dem französischen Ministerpräsidenten ein geheimes briefliches Versprechen des habsburgischen Monarchen zu übermitteln, beim deutschen Bündnispartner für eine Abtretung Elsaß-Lothringens an Frankreich einzutreten, falls Frankreich einem Separatfrieden mit Österreich-Ungarn zustimmen würde. Die leidige Affäre endete sehr unrühmlich, da Kaiser Karl seinen Außenminister Graf Czernin nicht über die Aktion und den diskriminierenden Brief in Kenntnis gesetzt hatte. Im April 1918 brachte der französische Ministerpräsident Georges Clemenceau, der spätere „Tiger von Paris", der seit jeher ein Erzfeind der Donaumonarchie gewesen war, die Angelegenheit in der französischen Kammer zur Debatte und wurde daraufhin vom österreichischen Außenminister Graf Czernin öffentlich der Lüge bezichtigt. Die Reaktion Clemenceaus bestand darin, den Brief Kaiser Karls zu veröffentlichen, was einen Skandal provozierte und Österreichs Verhältnis zum deutschen Bündnispartner schwer belastete. Doch die „Sixtus-Affäre" soll hier nicht weiter Gegenstand unserer Betrachtungen sein.

Wir müssen uns mit der Frage beschäftigen, ob Slatin Pascha von der Geheimmission der Schwäger des österreichischen Kaisers gewußt hatte und vielleicht sogar beauftragt worden war, diese zu unterstützen. Aufgrund seiner ausgezeichneten Kontakte zu führenden und hochgestellten britischen Persönlichkeiten und seiner einzigartigen Möglichkeit, im Rahmen seiner Tätigkeit für das Österreichische Rote Kreuz in den neutralen Hauptstädten Europas über verschiedenartigste Kanäle an die Briten heranzutreten, wäre der Pascha geradezu prädestiniert für eine solche Aufgabe gewesen. Es läßt sich jedoch nicht mehr nachprüfen (und vor allem nicht beweisen!), ob Slatin Pascha von allerhöchster Stelle dazu animiert worden war, in Kopenhagen Friedensfühler auszustrecken oder nicht. Brook-Shepherd, der die letzte Kaiserin Zita zu diesem Thema befragte, schreibt, daß diese überzeugt gewesen sei, daß ihr kaiserlicher Gemahl Slatin encouragiert hätte. Wir können uns aber hier nicht von der Überzeugung einer zugegebenermaßen verläßlichen Zeitzeugin leiten lassen. Obwohl der Kaiser Slatin oft zur Audienz befahl und sein Bruder Heinrich als Sektionschef sicherlich auch engste Beziehungen zum Hof unterhielt, läßt sich kein einziger eindeutiger und belegbarer Beweis dafür finden, daß die Überzeugung der letzten Kaiserin der Realität entsprach. Fest steht hingegen, daß der Monarch niemals mit seiner Gattin über diese Angelegenheit gesprochen hat und daß Slatin Pascha, der einen solchen allerhöchsten Auftrag wohl kaum in seiner nach dem Krieg verfaßten Denkschrift unterschlagen hätte, zu diesem Thema ebenfalls Stillschweigen bewahrt.

Slatins Friedensgespräche in Kopenhagen fruchteten nichts, obwohl der britische Premierminister, der walisische Schustersohn David Lloyd George, Bereitschaft bekundete, das Friedensangebot Österreich-Ungarns in ernsthafte Erwägung zu ziehen. Der Einspruch von Frankreich und Italien verhinderte den Erfolg von Slatins geheimgehaltenen Bemühungen. Der Pascha ließ sich aber vom Scheitern seines Versuches nicht abschrecken und fand bald eine andere Möglichkeit, neuerlich Friedensfühler nach London auszustrecken. Diesmal bediente sich der Friedensstifter Rudolf Slatin eines „Kuriers". Henry Napier, ein britischer Oberstleutnant, war in österreichische Gefangenschaft geraten und im Lager Salzerbad interniert worden. Dort hatte ihn Slatin bereits Ende Oktober 1916 aufgesucht. Ein Jahr später gelang es dem Pascha, den Austausch Napiers gegen einen gefangenen Österreicher zu bewerkstelligen und ihn als seinen persönlichen „Friedenskurier" einzusetzen. Slatin beschloß, Oberstleutnant Napier nicht zum britischen Außenminister, sondern direkt zu „seinem" König George V. zu schicken, der ihm immer noch wohlgesonnen war.

Weiters bat er Henry Napier, über seinen langjährigen Freund Lord Stamfordham an den König heranzutreten. In einer Denkschrift vom 31. Januar 1918, die Lord Stamfordham für seinen König anfertigte, läßt sich exakt nachlesen, was Slatin Pascha Oberstleutnant Napier aufgetragen hatte:

> Untertänigst vorgelegt.
> Heute habe ich Oberstleutnant Hon. Henry Napier, den Sohn des verstorbenen Lord Napier of Magdala, besucht, der kürzlich aus österreichischer Gefangenschaft entlassen worden ist, hauptsächlich durch die Hilfe und Vermittlung von Sir Slatin. Er traf auf der Durchreise in Wien mit Slatin zusammen, der ihn bat, mir mitzuteilen, er betrachte sich noch als britischen General und treuen Diener des Königs George – und er sähe keinen Grund, warum er nicht zugleich auch ein loyaler und treuer Untertan seines Kaisers sein könne. In dieser seiner Doppelrolle wäre er vielleicht in der Lage, an der friedlichen Beilegung des Krieges mitzuarbeiten. Er sagte zwar, ein Separatfrieden zwischen England und Österreich käme nicht in Frage, er glaube jedoch, die elsaß-lothringische Frage könne sich regeln lassen, wenn dieses Gebiet unter deutschem Schutz die Autonomie erhielte. Auch über Triest könnte man sich einigen. Oberstleutnant Napier sagte, er habe mir zwar diese Botschaft übermitteln wollen, bäte jedoch, auch Lord Hardinge melden zu dürfen, was Slatin gesagt habe. Das hat er getan. Ich werde mit Lord Hardinge sprechen.[16]

Wie Brook-Shepherd richtig bemerkt, hallte das Echo der „Sixtus-Affäre" – besonders der Hinweis auf einen nicht mehr in Frage kommenden Separatfrieden ist hier sehr auffällig – durch diese Denkschrift. Elsaß-Lothringen war sicherlich das größte und begehrenswerteste „Zuckerl", das der Kaiser den Franzosen anzubieten hatte. Was Slatin Pascha aber nicht wissen konnte, als er seinen „Kurier" nach England schickte, war, daß der Habsburger im vergangenen Jahr sogar noch weiter gegangen war und angedeutet hatte, er wäre auch bereit, einige Teile der italienischen Provinzen Österreich-Ungarns aufzugeben, falls dieser Schritt zu einem baldigen Friedensschluß führen würde. Wir wissen außerdem, daß sich Slatin Pascha – kurz bevor er Henry Napiers Austausch erwirken hatte können – etwa eine Woche lang im direkten kaiserlichen Gefolge befunden hatte.

Wir verdanken diesen Hinweis einem aktenkundigen, herrlich kakanisch anmutenden Vorfall, der ohne weiteres aus der Feder des Humoristen Sandór Rosenfeld – besser bekannt unter seinem Pseudonym „Roda-Roda" – stammen könnte, sich aber dennoch zugetragen hat. Diese wahre Humoreske ereignete sich an der italienischen Front, und ihre Hauptdarsteller waren der österreichische Kaiser Karl, ein General namens Arz, Prinz Felix von Bourbon-Parma, der im Gegensatz zu seinen Brüdern Sixtus und Xavier in der kaiserlich-königlichen Armee diente, und zwei Gefreite, die in bezug auf ihre Größe und Statur kakanische Vorläufer von Laurel und Hardy gewesen sein müssen. In einer Nebenrolle war Slatin Pascha zu bewundern. Die Nachwelt hätte niemals von diesem „Frontkabarett" erfahren, wenn Karl Werkmann, der Pressesekretär des jungen Kaisers, nicht gewesen wäre und diese Komödie – zum Heldenepos umfunktioniert – nicht veröffentlicht hätte. Der kaiserliche Konvoi fuhr eine Zeitlang neben dem Torre-Fluß her, der aufgrund heftigster Regenfälle – die Episode ereignete sich am 10. November 1917 – Hochwasser führte. Der Wagen kam beim Überqueren einer schadhaften Brücke vom eigentlichen Weg ab und landete im Fluß. Doch der Kaiser und sein Mitfahrer Generalstabschef Arz wurden nicht einmal naß, da lediglich die Räder des Automobils unter Wasser standen. Der Kaiser sah das Komische an der Situation und lachte hell auf. Sein Lachen sollte sich aber verstärken, als er sah, wie dramatisch seine Entourage auf diesen harmlosen Vorfall reagierte. Ein Lastwagen, der den kaiserlichen Wagen aus dem Fluß ziehen sollte, wurde schnellstens herbeigeschafft, doch die Kette, die benötigt wurde, um das kaiserliche Gefährt am Lastwagen zu befestigen, erwies sich als zu kurz, und der „Rettungslastwagen" konnte vorerst nicht in Aktion treten. Nun beschloß der kleingewachsene Offiziersbursche des Kaisers, das Problem auf unkonventionelle Art und Weise zu lösen, watete zusammen mit einem riesenhaften Wachsoldaten in den Fluß und forderte den Kaiser auf, sich von seinen beiden „Rettern" ans

Flußufer tragen zu lassen. Karl Habsburg weigerte sich zunächst, zollte aber dann dem übergroßen Eifer der beiden Soldaten dennoch Tribut und erlaubte ihnen, ihn an Land zu tragen.

Aufgrund des unterschiedlichen Körperbaus der beiden „Träger" konnte sich der Herrscher aber nur sehr schwer halten und plumpste schließlich von den Schultern der beiden „Helden" ins kalte Wasser des Torre-Flusses. Der oberste Kriegsherr fing sich sehr schnell und lachte neuerlich – bis zum Bauchnabel im Wasser stehend – schallend auf. Die Lage war grotesk und wurde durch einen weiteren unbeabsichtigten „Gag" eines Hofbeamten nur noch lächerlicher. Dieser wackere Mann warf dem Kaiser seinen Mantel zu, doch da die Entfernung zu groß war und eine leichte Strömung herrschte, trieb das Kleidungsstück in entgegengesetzter Richtung davon. Der Schwager des Kaisers, Prinz Felix von Bourbon-Parma, rettete die Situation, indem auch er in den Fluß hineinwatete und die nachströmenden Männer eine Kette bilden ließ, an der sich der Habsburger schließlich an Land zog. Slatin Pascha saß in einem der letzten Wagen der Autokolonne des Kaisers und verfolgte die gelungene „Rettungsaktion" nicht ohne Schwierigkeiten, sein Lachen im Zaum zu halten. Denn während der oberste Kriegsherr indessen sicher „gelandet" war, saß Generalstabschef Arz immer noch in dem bis zu den Rädern im Flußwasser stehenden kaiserlichen Wagen und wartete gelassen ab, bis ihn der Lastwagen (mittlerweile war das Kettenproblem gelöst worden) tatsächlich an Land zog. Auf seiner makellosen Generalsuniform fand sich kein einziger Wasserspritzer.

Daß die Welt überhaupt von diesem grotesken Ereignis erfuhr, war, wie schon erwähnt, Pressesekretär Karl Werkmann zuzuschreiben, der überzeugt davon war, das „nasse Abenteuer" Seiner Majestät propagandistisch ausschlachten zu können. Die Meldung, die Werkmann verbreiten ließ, war freilich ungleich dramatischer und hatte mit dem hier geschilderten Vorfall fast nichts mehr zu tun.[17] Ganz Österreich-Ungarn atmete am nächsten Tag auf, als publik wurde, daß Kaiser Karl nur knapp dem Ertrinkungstod entronnen war. Dankgottesdienste wurden in den Kirchen des Kaiserreiches abgehalten – man feierte die „wundersame Errettung" des Herrschers. Der junge Kaiser Karl hatte keine Wahl und mußte diese Propagandakomödie mitmachen, deren Krönung eine feierliche Zeremonie war, die im Speisewagen des kaiserlich-königlichen Sonderzuges abgehalten wurde. Am 12. November 1917 wurden die „Lebensretter" des Allerhöchsten Kriegsherrn von ihrem nur mühsam die Form wahrenden Herrscher persönlich ausgezeichnet. Der Schwager des Monarchen wurde mit der goldenen Tapferkeitsmedaille dekoriert, ebenso die frühen österreichischen Vorläufer von „Stan Laurel und Oliver Hardy", die wohl die einzigen Soldaten des Ersten Weltkrieges gewesen sein dürften, die diese hohe Tapferkeitsauszeichnung erhielten, weil sie ihren Kaiser ins Wasser fallen lassen hatten! Sogar Slatin Pascha wurde „ehrend erwähnt", obwohl er nur unbeteiligter Zuschauer dieser schamlos propagandistisch ausgeschlachteten „Wasserkomödie" war, ohne die wir allerdings niemals von seinem damaligen Aufenthalt an der Isonzo-Front erfahren hätten.

Wir können nur vermuten, warum sich der Pascha zum damaligen Zeitpunkt im kaiserlichen Gefolge befunden hatte. Im Oktober hatte Slatin als Vertreter des Österreichischen Roten Kreuzes an einer internationalen Konferenz in Oslo teilgenommen, bei der es hauptsächlich um den Kriegsgefangenenaustausch gegangen war. Im Oktober 1917 war der russische Zar bereits seit sechs Monaten gestürzt, die Bolschewiken hatten die Provisorische Regierung Kerenski aber noch nicht abgelöst, obwohl der berühmteste plombierte Zug der Welt schon am 9. April aus der Schweiz in Richtung Rußland abgedampft war und jener Mann, der in diesem neutralen Land als unscheinbarer Mietgast eines Flickschusters einige Jahre lang ein eher erbärmliches Dasein gefristet hatte, Wladimir Iljitsch Uljanov, den die Geschichte nur als Lenin kennt, bereits in seinem Heimatland war und kräftig an den Zeigern der Weltuhr drehte. Im Oktober 1917 saßen jedoch noch die Rotkreuzvertreter der provisorischen Regierung Rußlands an einem Tisch mit ihren internationalen Kollegen aus Österreich-Ungarn, der Türkei und

Bulgarien in der Hauptstadt von Norwegen. Hauptinhalt der Gespräche war das Problem der Gefangenenversorgung und des Gefangenenaustausches.

Wahrscheinlich war der eigentliche Grund der Teilnahme Slatins am kaiserlichen Frontbesuch der, dem Monarchen über den Ausgang der Osloer Konferenz Bericht zu erstatten. Slatin Pascha muß seine Sache gut gemacht haben, sowohl in der norwegischen Hauptstadt als auch beim Kaiser. Denn Ende November wurde er für seine erfolgreiche Teilnahme an der internationalen Rotkreuzkonferenz in Oslo, in deren Verlauf es dem Pascha gelungen war, „ausgleichend" auf die verschiedenen Delegationen einzuwirken, wie Kriegsminister General Freiherr von Krobatin ausführte, mit dem Ehrenzeichen Erster Klasse ausgezeichnet.

Als der Weltkrieg in sein viertes und letztes Jahr ging, traf Slatins besten Freund Reginald Wingate ein furchtbarer Schlag, der auch dem Wiener sehr naheging und seine Kriegsmüdigkeit ihren Höhepunkt erreichen ließ. Der 24jährige Major Malcolm Wingate fiel im Februar 1918 als hochdekorierter tapferer Offizier in den Schützengräben Frankreichs. Besonders Lady Wingate konnte den Verlust ihres geliebten Sohnes nur schwer überwinden und zeigte sich in späteren Jahren auch dem besten Freund ihres Mannes gegenüber sehr reserviert, ja fast feindselig. Sie konnte Slatin Pascha augenscheinlich einfach nicht verzeihen, daß er auf der Seite der Feinde ihres gefallenen Sohnes Malcolm gestanden war. Slatin schrieb dem gebrochenen Wingate damals einen Kondolenzbrief, in dem er den Krieg verdammte und seinem Freund „Rex" versicherte, daß er um dessen Sohn ebenso trauere, als hätte er ein eigenes Kind verloren. Der österreichische Pascha haßte den Krieg nun mehr als alles andere auf der Welt. Der Krieg war nicht länger seine Sache, er wollte nichts mehr mit diesem mörderischen Ringen zu tun haben – dies geht klar und unzweifelhaft aus seinem Beileidschreiben hervor.

> Mein lieber alter Freund, mein Kummer ist größer als ich es ausdrücken kann. Der arme Malcolm ist für immer von uns gegangen, so ein guter, intelligenter, tapferer Junge, so ein guter

Sohn. Wie deutlich erinnere ich mich an ihn; der kleine blonde Bursche, er war damals drei oder vier Jahre alt, stand auf einem Stuhl und hielt uns eine Predigt. Dir und Lady Wingate mein tiefstes und aufrichtigstes Mitgefühl. Dieser unselige Krieg soll unsere freundschaftlichen Gefühle nicht beeinträchtigen, und keine tausend Kriege könnten mich veranlassen, auch nur ein Atom der Zuneigung zu verlieren, die ich für Dich und Deine Lieben empfinde.[18]

Doch das Ende des Krieges (und der Donaumonarchie) ließ nicht mehr lange auf sich warten. Am 25. September 1918 kapitulierte Bulgarien und riß mit seinem Zusammenbruch die südöstliche Flanke Österreich-Ungarns gefährlich auf. Das Auseinanderfallen des habsburgischen Vielvölkerstaates zeichnete sich immer deutlicher ab. Elf Tage vorher hatte Kaiser Karl ein „Friedensangebot an Alle" gerichtet und damit eine letzte verzweifelte Geste gesetzt, die den Untergang der ältesten Monarchie Europas allerdings nur kurz hinauszögern konnte. Am 16. September 1918 proklamierte man in der französischen Hauptstadt Paris den selbständigen tschechoslowakischen Staat, am 27. September, zwei Tage nach dem chaotischen Zusammenbruch Bulgariens, handelte der tschechische Nationalausschuß in Prag und erklärte sich zum unabhängigen und selbständigen Staat. Die Ereignisse überstürzten sich, und Kaiser Karls Manifest an „Seine Völker", das er am 16. Oktober erließ und das die Umwandlung der Monarchie in einen Bundesstaat zum Inhalt hatte, erreichte die verschiedenen Nationalitäten des zerfallenden Habsburgerreiches nicht mehr. Fünf Tage später bildeten die deutschen Parteien – unter der Federführung der Christlichsozialen und Sozialdemokraten – die Provisorische Nationalversammlung für den neuen Staat Deutsch-Österreich. Das Bündnis mit dem deutschen Kaiserreich wurde wenige Tage später gelöst, und am 27. Oktober erging ein Sonderfriedensangebot des de facto nicht mehr existierenden Österreich-Ungarn an die Westmächte. Der letzte Kaiser, Karl von Habsburg-Lothringen, erklärte am 11. November in einem allerletzten Manifest formell, auf die Ausübung aller Staatsgeschäfte zu verzichten. Einen Tag später wurde in

Wien die Republik Deutsch-Österreich ausgerufen. Das alte Österreich, an dem auch der Baron Rudolf von Slatin mit einem großen Teil seines zerrissenen Herzens hing, hatte aufgehört zu existieren, aus dem Riesenreich war ein kleiner, kaum lebensfähiger Rumpfstaat geworden, und die Landkarte des europäischen Kontinents trug bald ein völlig neues, verändertes und arg zerstückeltes Gesicht.

IM DIENST DER REPUBLIK

Als die alte Welt unterging, der Kaiser vom Thron gestoßen und die Monarchie in Stücke geschlagen wurde, befand sich Slatin Pascha in seiner Heimatstadt Wien. Für einen Mann, der implizit an das Gottesgnadentum der Habsburgherrscher geglaubt hatte wie kaum ein anderer Untertan der Krone, muß die Absetzung des erlauchten Kaisers wie ein Schwerthieb gewesen sein. Die Welt, die er gekannt und geliebt hatte, existierte nicht mehr, war in kürzester Zeit ins Dunkel der Geschichte gesunken, und der überzeugteste aller Monarchisten Rudolf Slatin mußte nun dem noch nicht einmal von den Siegermächten anerkannten Nachfolgestaat, der neuen Republik Deutsch-Österreich, in seiner Funktion als Rotkreuzvertreter zur Verfügung stehen. In Slatins Augen war es kein Treuebruch dem Kaiser gegenüber, wenn er seine so erfolgreiche Arbeit für das Rote Kreuz zu einem guten Ende brachte. Außerdem wurde er gebraucht, Hunderttausende von Kriegsgefangenen würden in Kürze aus den Gefangenenlagern in die Heimat zurückkehren. Sie alle waren Untertanen des Kaisers gewesen, sie alle hatten ein Anrecht darauf, die Hilfe des Roten Kreuzes in Anspruch nehmen zu dürfen, und Slatin war damals mehr oder weniger das Rote Kreuz und die Kriegsgefangenenhilfe des untergegangenen Österreich-Ungarn.

Wenige Tage nach Eintritt des Waffenstillstandes fuhr Slatin Pascha, zusammen mit seiner Frau Alice und seiner zwei Jahre alten Tochter Anna Marie, deren Geburtstag durch eine Laune des Schicksals auf den Ausrufungstag der Republik fiel, in die Schweiz, wo er in Bern seine Aufgabe zu beenden hoffte. Er verließ eine Stadt, die nicht länger Kaiserstadt war, eine Stadt, die ihm fremd und leer erschien, ein Wien, in das der Hunger, die Not und die Kälte Einzug hielten. In Bern erkrankte der Pascha unmittelbar nach seinem Eintreffen und mußte sich in eine Klinik einliefern lassen, wo man eine schwere Bronchitis, gekoppelt mit Herzschwäche, feststellte. Slatin war krank, müde und ausgebrannt. Doch er sollte sich nicht lange erholen können, denn sein Krankenzimmer in der Berner Klinik „Victoria" wurde bald zu einer inoffiziellen Außenstelle der provisorischen Regierung in Wien. Dr. Karl Renner, der sozialdemokratische Kanzler, der die Regierungsgeschicke leitete, amtierte in der frierenden und ausgehungerten ehemaligen Hauptstadt eines Riesenreiches, das nun zu einem nur noch sieben Millionen Einwohner zählenden Kleinstaat zusammengeschrumpft war, und muß sich wohl in höchster Not an die ausgezeichneten Verbindungen und Beziehungen des österreichischen Paschas erinnert haben, als er seinen Staatssekretär für Auswärtige Angelegenheiten, Dr. Otto Bauer, anwies, den auf dem Krankenbett in der Berner Klinik darniederliegenden Geheimrat der Monarchie einzuschalten. Am 9. Dezember 1918 traf Bauers Telegramm, das auch die Unterschrift des damaligen Wiener Bürgermeisters trug, in der „Victoria"-Klinik ein.

> ... Lage in Wien infolge Kohlenmangels katastrophal. Flehe Eure Exzellenz an, sofort mit amerikanischer und britischer Gesandtschaft Verbindung aufzunehmen, um auf die tschechoslowakische Regierung einzuwirken, sie möge Kohlen nach Wien liefern. Das ist nicht eine Frage von Tagen, sondern von Stunden. Die Bevölkerung einer Zweimillionenstadt kann nicht in Hunger und Kälte im Dunkeln bleiben. Wie soll ich unter solchen Umständen in Wien für Ordnung und Ruhe sorgen? Bei äußerster Sparsamkeit werden die Lebensmittelvorräte bis Ende dieses Monats reichen.[1]

Der kranke Pascha befand sich wieder einmal in einem seelischen Zwiespalt. Neurepublikaner wie Bauer und Renner, die schließlich den Kaiser abgesetzt hatten, waren Slatin als Erzmonarchist zwar zuwider, doch durfte er die hungernden und frierenden Menschen seiner Heimatstadt im Stich lassen, wenn er ihnen vielleicht helfen konnte? Die Wiener Bevölkerung hatte Vorrang und nichts mit seinen rein persönlichen Antipathiegefühlen für die neue republikanische Regierung zu tun. Deshalb trat der Patient Slatin Pascha sofort in Aktion und schrieb an seinen langjährigen Freund Lord Stamfordham in England. Er bat den Freund der „glücklichen alten Tage", den englischen König und die Regierung Seiner Majestät auf die katastrophale Lage Wiens und Österreichs hinzuweisen. Slatin handelte sehr klug, indem er das Schreckgespenst einer drohenden „Bolschewikisierung" Österreichs an die Wand malte und prophezeite, daß sich Österreich früher oder später in ein „Miniaturrußland" verwandeln würde. Auch einen möglichen Bürgerkrieg schloß der Pascha nicht aus, da es, wie er ausführte, unmöglich sei, ein Land zu regieren, wenn nicht einmal die allernotwendigsten Voraussetzungen wie Lebensmittel und Stromversorgung vorhanden waren. Der zweite Brief, den Slatin von seinem Krankenbett aus schrieb, war noch wichtiger als das Schreiben an den britischen Lord. Am 10. Dezember 1918 wandte er sich an den einflußreichen Berater des amerikanischen Präsidenten Woodrow Wilson, Colonel House, und schilderte erneut die mißliche und verzweifelte Lage der Hauptstadt Deutsch-Österreichs. Seinen flehentlichen Hilfsappell koppelte er auch in diesem Schreiben mit der drohenden Gefahr eines bolschewistischen Umsturzes:

> Wien wurde bisher aus Mähren und Böhmen mit Kohle versorgt ... und diese Kohlenbergwerke liegen fast alle in den Teilen Böhmens, die von einer deutschstämmigen Bevölkerung bewohnt werden. Seit unserem katastrophalen Zusammenbruch erlaubt die tschechoslowakische Regierung, obwohl die Kohle dort im Überfluß vorhanden ist, keine Lieferungen nach Wien. Es wird unausweichlich, wenn keine Hilfe gewährt wird, zu schweren Unruhen „à la bolschewiki" kommen, und das wird nicht nur für die Stadt, sondern auch für das ganze Land und später vielleicht sogar für die Nachbarländer tödliche Folgen haben. Colonel House, ich flehe Sie deshalb im Namen der Menschlichkeit an, Mittel und Wege zu finden, um die tschechoslowakische Regierung zur Erteilung der Erlaubnis zu veranlassen. ... Es liegt in den Händen der Alliierten, uns vor dem Bolschewismus zu retten und Österreich, d. h. Wien, seine alte Hauptstadt, wieder aufzubauen, oder die Stadt der Vernichtung preiszugeben. ...[2]

Beide Briefe verfehlten ihre Wirkung nicht. Der kranke Mann in der Berner Klinik hatte seinem Vaterland, oder vielmehr der neuen Republik, die er eigentlich gar nicht mehr als sein Vaterland empfand, und ihren Bewohnern einen unschätzbaren, heute kaum mehr gewürdigten Dienst geleistet. Das geht aus einem erhalten gebliebenen „Generalbericht des Österreichischen Roten Kreuzes" für das Jahr 1918 hervor, in welchem Slatins Brief an den amerikanischen Colonel House als Hauptgrund dafür angegeben wird, daß Präsident Woodrow Wilson bei den Alliierten für die Sache Österreichs eintrat und dezidiert Lebensmittellieferungen für das verarmte und am Boden liegende Land forderte. Colonel House scheint Slatin Pascha auch einen recht freundlichen Antwortbrief aus Washington geschrieben zu haben, in dem er ihm Hilfeleistungen für Österreich zusicherte, doch dieser Brief ist nicht erhalten. Wir wissen aber deshalb von seiner wahrscheinlichen Existenz, weil Slatin die Antwort des Präsidentenberaters in seinem Tagebuch erwähnte. In einem Brief von Lord Stamfordham, der das Datum vom 19. Dezember 1918 trägt und im Buckinghampalast geschrieben wurde, ist hingegen nachlesbar:

> ... Ich habe mich vergewissert, daß die Tschechoslowaken aufgefordert worden sind, Wien mit jeder Menge Kohlen zu versorgen, die sie entbehren können. Die Frage der Lebensmittelversorgung ist sehr dringend, und wir werden von allen Seiten gedrängt, denen zu helfen, mit denen wir uns erst kürzlich im Kriege befunden haben. Die Angelegenheit liegt in den Händen des Comité Internationale de Ravitaillement. Man hat großes Mitgefühl mit den Leiden besonders der ärmeren Bevölkerungsschichten. ...[3]

Slatin Pascha hatte alles in seinen Kräften Stehende getan, um die Notlage seiner Heimatstadt Wien zu lindern. Nun konnte er die Aufgabe in Angriff nehmen, sich um seine eigenen Angelegenheiten zu kümmern und vor allem die Frage seiner Pension zu klären. Wie wir in Kürze erfahren werden, hielt aber auch der neue Staat Deutsch-Österreich noch eine sehr ehrenvolle Aufgabe für ihn bereit, der er sich nicht gut entziehen konnte.

Vielleicht ahnte Slatin, daß der Beweis für seine antibritischen Agitationsversuche, die er zu Beginn des Krieges in seinem (hurra-)patriotischem Übereifer unternommen hatte, sicher verwahrt in den Akten des britischen Außenministeriums lag, vielleicht plagte ihn auch eine Art Schuldgefühl, jedenfalls schrieb er sowohl seinem Freund Lord Stamfordham wie auch General Reginald Wingate unaufgefordert je einen „Entlastungsbrief". Beiden Schreiben, die in bezug auf Form und Inhalt fast identisch waren, fügte er eine sehr umfangreiche Denkschrift bei, die nur als großangelegter Verteidigungsfeldzug verstanden werden konnte. Er beginnt beide Briefe mit einer Schilderung seiner derzeitigen prekären und tristen finanziellen Lage und wirft die Frage auf, ob man ihm den monatlichen Pensionsscheck der sudanesischen Regierung in der Höhe von 50 Pfund nicht bereits jetzt nach Bern überweisen könnte, ohne den Friedensschluß abzuwarten. Unmittelbar darauf beginnt er sein langes Verteidigungsplädoyer (ironischerweise gerade jenen beiden Freunden gegenüber, die seine Loyalität nicht nur niemals in Zweifel gezogen, sondern ihn vehement gegen alle Vorwürfe verteidigt hatten), das zu umfangreich ist, um hier Wort für Wort wiedergegeben zu werden. Die Quintessenz dieser Aussagen Slatins muß jedoch trotzdem analysiert werden.

Gleich am Anfang seiner unverlangten Rechtfertigung weist er darauf hin, daß er bei Kriegsausbruch alle möglichen Positionen, die man ihm angeboten hatte, sowohl im militärischen Bereich wie im Zivilsektor, bewußt abgelehnt hatte, um unentgeltlich für das Österreichische Rote Kreuz tätig werden zu können. Diese Behauptung stellt leider nicht einmal eine Halbwahrheit, sondern eine glatte Lüge dar. Wie wir demonstrieren konnten, hat sich der Pascha ein ganzes Jahr lang krampfhaft um irgendeine militärische Verwendung bemüht und anfänglich sogar gekränkt reagiert, als man ihn aufs Abstellgleis des Roten Kreuzes schob. Als nächsten wichtigen Punkt erwähnt Slatin, daß der abgesetzte Khedive Abbas Hilma im Dezember

1914 Wien einen Besuch abstattete und ihm eine gutdotierte Position in seinem persönlichen Stab angeboten hätte. Er habe jedoch kein Interesse an einer solchen Aufgabe gezeigt, da er als „entlassener, allerdings immer noch mit England sympathisierender Pascha" keine Allianz mit einem „entlaufenen" Khediven eingehen habe wollen. Leider war kein Zeuge zugegen, als Abbas Hilma Slatin dieses Angebot unterbreitete, so daß sich der Wahrheitsgehalt dieses Entlastungsarguments des Paschas auch nicht klären läßt. Einerseits würde die Abfuhr, die Slatin dem Ex-Khediven in Wien angeblich erteilte, dafür sprechen, daß er später in Konstantinopel – gewissermaßen aus einem Gefühl des Zorns und der Rache heraus – versuchte, Slatin zu diskreditieren, und somit Slatins Argument in die Nähe der Wahrheit rücken, andererseits verstanden sich Abbas Hilma und der Wiener bereits in den Jahren vor dem Ausbruch des Krieges nur sehr schlecht, und es war bekannt, daß der Khedive Slatin für einen Knecht der Briten hielt. Warum also hätte er ihm ein solches Angebot unterbreiten sollen? Die Richtigkeit dieses Slatin-Arguments läßt sich jedenfalls nicht klären. Man kann dem Pascha Glauben schenken oder nicht.

Das dritte Hauptentlastungsargument behandelt ein angebliches Angebot des Sultans, Slatin als technischen Sonderberater zu engagieren. Slatin erklärt, er sei hier erst gar nicht in irgendwelche Verhandlungen eingetreten, sondern habe das Angebot des ottomanischen Herrschers sofort abgelehnt. Wir aber haben gezeigt, daß sich der österreichische Außenminister Graf Berchtold zwar bemühte, Slatin eine Position im Stab des Sultans zu verschaffen, daß man aber – im Gegensatz zu Slatins Aussagen – von ottomanischer Seite her kein gesteigertes Interesse an einer Beschäftigung des Wieners bekundete. Das letzte Entlastungsargument kreist um ein Angebot des deutschen Kaisers Wilhelm II., Slatin in seine Dienste zu nehmen, da der deutsche Herrscher damals der Meinung gewesen sei, Slatins besondere Fähigkeiten würden von Österreich-Ungarn nicht ausgenützt. Der Pascha führt weiter aus, daß er sich mit zwei Vorbehalten bereit erklärte, in Vorverhandlungen einzutreten. Der erste bestand darin, daß Slatin ein solches Angebot nur akzeptieren würde, falls Kaiser Franz Joseph I. einem solchen Einsatz zustimmte, ihn begrüßte und wünschte. Zweitens wollte Slatin genauestens über diesen neuen Aufgabenbereich unterrichtet werden, damit er sich seine Meinung darüber bilden konnte, ob es sich um ein „faires Spiel" handle. Die Reaktion Kaiser Wilhelms auf diese Vorbehalte sei jedoch eher unwirsch gewesen, und als der deutsche Monarch erklärte, Slatin müsse sich ihm bedingungslos anschließen, habe er das Angebot abgelehnt. Auch für dieses letzte Verteidigungsargument gibt es weder eine Bestätigung noch ein Dementi. Die Akten schweigen, und wir können bestenfalls annehmen, daß die ganze Angelegenheit deshalb nicht aktenkundig wurde, weil sie sich bereits in ihrer Anfangsphase zerschlug.

Neun Monate später erhielt Slatin Pascha bereits den ersten seiner Pensionsschecks, die von jetzt an regelmäßig und bis zu seinem Tod an jedem Monatsersten eingehen sollten. Auf Slatins ausführliches Verteidigungsplädoyer reagierten weder General Wingate noch Lord Stamfordham, sie erwähnten es in keinem ihrer Briefe und hielten es wohl für besser, schlafende Hunde nicht zu wecken. Beide Männer verhielten sich Slatin gegenüber überaus fair und kollegial und ließen ihn nie spüren, daß er mit seiner heftigen und überhasteten Verteidigungsschrift eigentlich ein Schuldbekenntnis abgelegt hatte. Nachdem die Pensionsfrage gelöst war, konnte sich der Pascha nun wieder seinem Heimatland zuwenden, das ihn dringender denn je brauchte und sehr bald an ihn herantrat.

Das neue Österreich, dem nun die gigantische Last der Kriegsschuld auf die schwachen Schultern gelegt wurde, meldete sich bereits am 3. Mai 1919 bei dem Pascha. Renners Staatssekretär für Auswärtige Angelegenheiten, Dr. Otto Bauer, sandte dem immer noch kränkelnden Slatin ein Telegramm in die Schweiz, das darauf hinauslief, daß der pensionierte Generalinspekteur des Sudan, dessen weitreichende Beziehungen für das neue Österreich nur einen Gewinn darstellen konnten und welcher der Hauptstadt bereits einmal aus einer schlimmen Versorgungskrise geholfen hatte, als Mitglied der österreichischen Delegation an der Pariser Friedenskonferenz teilnehmen sollte. Dr. Bauer telegrafierte:

> Ich würde den größten Wert darauf legen, wenn Sie sich bereit erklären würden, sich der am 12. Mai in Paris eintreffenden Friedensdelegation als Referent für Kriegsgefangenenfragen anzuschließen. Ich weiß in ganz Deutsch-Österreich niemand, der so geeignet wäre wie Sie, die Führung dieser Verhandlungen zu übernehmen. Ich kenne wohl Ihren Standpunkt, daß Sie eine politische Mission nicht übernehmen wollen. ... Wenn Sie die Führung der Verhandlungen über die Kriegsgefangenen übernehmen, so ist Ihre Aufgabe rein humanitärer Natur. Selbstverständlich wäre es mir auch außerordentlich wertvoll, wenn Sie Ihre weitreichenden Beziehungen nicht nur für diese Zwecke verwenden, sondern auch dazu benutzen würden, um die Stellung unserer Delegation zu erleichtern. ...[4]

Slatin zögerte zunächst, das Angebot Renners anzunehmen, und verwies auf seinen angegriffenen Gesundheitszustand, erklärte sich aber dann bereit, kurzzeitig nach Paris zu fahren – unter der Bedingung, daß er von „beiden Seiten als Vermittler in strittigen Punkten" gewünscht würde. Am 5. Mai folgte ein neuerliches Telegramm Dr. Bauers, in welchem er den Pascha bat, seine Entscheidung nochmals zu überdenken, und ihm versicherte, daß man seine Gesundheit nicht dadurch belasten wolle, indem man ihm nervenaufreibende Detailverhandlungen zumutete, sondern daß man vor allem seine großartigen Beziehungen zu den Siegermächten ausnutzen wolle, um Fragen grundsätzlicher Art zu diskutieren und zu klären. Bauer schloß seinen Appell mit der Bemerkung, daß der Pascha nicht extra nach Wien zu kommen brauche, sondern sich der Delegation einfach bei ihrer Durchreise in der Schweiz anschließen könne. Slatin stimmte zu und schloß sich der österreichischen Kommission an – gegen den Rat seines Arztes, wie er nicht zu betonen vergaß –, um, wie er sagte, seinen „guten Willen" zu demonstrieren und da er augenscheinlich dringend benötigt wurde.

Slatin blieb bis zum August in St. Germain, also für die gesamte Dauer der Aushandlung des Friedensvertrages zwischen

Die österreichische Friedensdelegation in St. Germain 1919:
Slatin Pascha in der ersten Reihe (zweiter von links).

der Entente und Restösterreich. Seine Hauptaufgabe war es, sich für die schnellstmögliche Entlassung der österreichischen Kriegsgefangenen aus den sibirischen und italienischen Lagern einzusetzen. Diese Aufgabe war keineswegs leicht, wie aus einem Brief hervorgeht, den der Pascha im Juli 1919 an seine Frau Alice schrieb und in welchem er ihr mitteilte, daß ihm bisher kein Erfolg beschieden gewesen wäre, er sich in einer unglücklichen Stimmung befände und eine „Menge kleinlicher Intrigen" die Kriegsgefangenenabteilung dominierten. Einen Monat später beklagte er sich auch bei seinem Freund Wingate über den geringen Erfolg seiner Bemühungen. „Rex" mußte erfahren, daß man Slatins Forderung, die Gefangenen sofort zu repatriieren, abgeschlagen hatte und dem sich redlich bemühenden Pascha auch nicht gestattete, einige Vertreter des Österreichischen Roten Kreuzes nach Sibirien zu entsenden, um den gefangenen Soldaten Österreichs wenigstens Trost zu spenden. Slatins vielgepriesene Beziehungen zu führenden englischen Persönlichkeiten waren in diesem Jahr der Friedensverträge längst nicht mehr so viel wert, wie man ursprünglich gehofft hatte. Allerdings lag dies auch an einigen Indiskretionen, die der Pascha beging, als er sich außerhalb des gebräuchlichen Dienstweges an englische Freunde wandte. So schrieb er zum Beispiel an den in Bern akkreditierten Lord Acton aus St. Germain und verstieß damit gegen die Vorschriften. Slatin tat alles, um die Freilassung der österreichischen Kriegsgefangenen zu bewerkstelligen, aber sein Freund Lord Acton mußte sich damals von seinem Außenminister, dem unnachgiebigen Lord Curzon of Keddleston, dessen einzige Lebensambition es gewesen war, entweder britischer Premierminister oder Vizekönig von Indien zu werden (der zweite Wunsch ging tatsächlich in Erfüllung, Curzon wurde bereits im Alter von 39 Jahren Vizekönig von Indien), kräftig tadeln lassen, weil er „direkt mit einem feindlichen Ausländer" korrespondiert hatte.

Dennoch hatte Slatin aufgrund seines unermüdlichen Einsatzes einen ausgezeichneten Eindruck auf den Leiter der österreichischen Delegation, Staatskanzler Dr. Renner, hinterlassen, so daß dieser sogar auf die Idee kam, dem Pascha den Posten, die österreichische Republik nach dem Friedensschluß als neuer Missionschef in London zu vertreten, anzubieten. Wieder überließ es der Kanzler seinem Staatssekretär Dr. Bauer, sein Angebot Slatin mitzuteilen. Bauers diesbezüglicher Brief verdient zitiert zu werden:

> Herr General!
> Nach Abschluß der Friedensverhandlungen dürfte wohl sofort die Wiederaufnahme der diplomatischen Beziehungen zu den Ententemächten erfolgen, und ich muß es mir daher schon jetzt angelegen sein lassen, Umschau nach jenen Männern zu halten, die geeignet erscheinen, an die Spitze der Missionen zu treten, welche unser junger Staat zu seiner Vertretung in das bisher feindliche Ausland entsenden wird. Bei der besonderen Wichtigkeit, die der Londoner Posten besitzt, wüßte ich keine bessere Wahl als Sie. Ich verkenne nicht, daß dessen Annahme bei Ihrem vorgerückten Alter für Sie ein Opfer bedeutet, ich bin aber ebenso überzeugt, daß Sie dasselbe zu bringen bereit sein werden in der Erkenntnis, Sie seien wie kein anderer in der Lage, durch Ihre persönlichen Beziehungen zu wirken und dem Vaterlande hierdurch in einer Weise zu dienen, die ihm in der ersten Zeit dieser Wiederaufnahme der Beziehungen über manches Mißtrauen und vielleicht auch über noch geringeres Wohlwollen hinweghelfen … und das so wünschenswerte gute Verhältnis zu England anbahnen könnte. …[5]

Erstaunlicherweise zögerte Slatin Pascha, der schon in Paris brieflich bei seinem Freund Wingate angefragt hatte, ob er der Meinung sei, man würde ihm nach Abschluß der Friedensverhandlungen erlauben, sein geliebtes London als „Privatmann" wieder zu besuchen, das Angebot der österreichischen Regierung anzunehmen, und antwortete ausweichend, um das Ansinnen schließlich abzulehnen. Wahrscheinlich tat er dies deshalb, weil er ernste Zweifel hatte, ob man ihn am Hof von St. James tatsächlich so willkommen heißen würde, wie dies die Regierung Renner vermutete. Die spätere Entwicklung zeigte, daß Slatins Zweifel berechtigt waren. Der Pascha begründete seine Absage damit, daß er sich nicht zum Politiker eigne. Uns erscheint es jedoch wesentlich wahrscheinlicher, daß seine

Ablehnung deshalb zustande kam, weil er der Meinung war, daß seine Ernennung der britischen Regierung nicht allzu genehm sein würde, wie er seinem Freund Wingate in einem Brief verriet. Der Grund dieser Haltung war darin zu suchen, daß er am 10. September 1919 ein Ansuchen an das britische Außenministerium gestellt hatte, England als Privatmann besuchen zu dürfen, und einen negativen diesbezüglichen Bescheid erhalten hatte. Lord Curzon schmetterte das Ansuchen Slatins kaltlächelnd ab und begründete seine ablehnende Haltung damit, daß überhaupt nichts gewonnen sei, wenn man dem pensionierten Generalinspekteur des Sudan erlaube, Großbritannien wieder zu betreten. Das kurze Ablehnungsschreiben der britischen Regierung, das keine Unterschrift trug und vom Innenministerium abgeschickt worden war, traf den Pascha wie ein Schlag mit der Nilpferdpeitsche. Man teilte „Mr. Slatin" lediglich mit – in zweieinhalb unpersönlichen Zeilen –, daß man ihm keine Erlaubnis geben könne, England zum gegenwärtigen Zeitpunkt zu betreten. Sir Rudolf Slatin Pascha, der zweifache englische Ritter, wurde behandelt wie irgendein Herr XY von der Straße. Seine Wahlheimat Großbritannien schien ihn endgültig verstoßen zu haben. Der Mann, der stets einen solch gesteigerten Wert auf seine Titel und Auszeichnungen gelegt hatte, war nun wieder in die Rolle eines namenlosen Niemands zurückgeschleudert worden. In seinem Heimatland Österreich wurden alle Adelstitel offiziell abgeschafft, es gab also keinen Baron von Slatin Pascha mehr. Der Baron des Kaiserreiches, der Günstling von Kaisern und Königen, war nun einfach der Herr Rudolf Slatin, pensionierter Generalinspekteur des anglo-ägyptischen Sudan, ein verbitterter Mann, der sich in seinem eigenen Land als Fremder empfand und in dem Land seiner Wahl, in England, nicht mehr willkommen war. Es ist nur allzu verständlich, daß ein Mensch wie Slatin, der so lange und sorgfältig an seinem sozialen Aufstieg gearbeitet hatte, den Verlust aller seiner Titel wie einen Weltuntergang hinnahm und in eine tiefe Depression verfiel. Die unglückliche Lage des heimatlosen Weltbürgers Slatin wurde zudem noch dadurch verschlimmert, daß seine Frau Alice im Herbst des Jahres 1919 schwer erkrankte und sich einer gefährlichen Darmoperation unterziehen mußte, die – obwohl es die Slatins damals nicht ahnten – als drohender Vorbote einer unheilbaren Krebserkrankung, die Alice Slatin später das Leben kosten sollte, über die Familie des Paschas hereinbrach.

Eine andere Katastrophe, die sich in diesem Unglücksherbst einstellte, war, daß Slatin der Sudan endgültig entglitt. Dies war ihm auf schmerzliche Art und Weise bewußt geworden, als er erfahren hatte, daß sein Freund „Rex" Wingate nicht länger die Geschicke des Sudan leiten würde. Man pensionierte auch den Sirdar, und über den Sudan wachte nun ein anderer Mann, der neue britische Hochkommissar in Ägypten, der Weltkriegsfeldmarschall Lord Allenby. Tieftraurig und am Boden zerstört, schrieb der all seiner Titel beraubte Pascha seinem besten Freund aus der Schweiz:

> Für mich war es ein schwerer Schlag, aus den Zeitungen zu erfahren, daß Du zurückgetreten bist, und Lord Allenby zum Hochkommissar für Ägypten ernannt wurde. Ich kann meinen Kummer gar nicht mit Worten ausdrücken, und ich halte es für politisch falsch, daß England Dich aus Ägypten abberuft, das Du besser kennst als sonst jemand. ... In gewisser Weise ist mein Kummer auch egoistisch. Solange Du in Ägypten warst, gab es für mich noch eine Verbindung dorthin. Jetzt ist nur noch die jüngere Generation da, mit der ich keinen Kontakt habe. ...[6]

Die glorreiche glückliche Vergangenheit war nun endgültig verloren. Mit der Pensionierung des Sirdar General Reginald Wingate waren alle Bindungen zum Sudan dahin, die „sudanesischen Zwillinge" von einst waren nicht nur getrennt, sondern ins Ausgedinge geschickt worden. In der neuen furchtbaren Welt des Nachkriegseuropas schien es keinen Platz mehr für Gordons ehemaligen Provinzgouverneur und den langjährigen Gefangenen von Omdurman zu geben. Alle Städte, die er gekannt und geliebt hatte, hatten sich vollkommen verändert und wandten ihr Angesicht von ihm ab. Es gab weder das alte London der rauschenden Feste noch das alte kosmopolitische Kairo mit seinen Gesellschaften mehr. Für den pensionierten General der britischen und ägyptischen Armee, für den einstigen „sudanesischen Salonlöwen" schien sogar Khartum in unerreichbare Ferne gerückt und verloren zu sein, untergegangen wie die alte Kaiserstadt Wien. Slatin Pascha stand wahrhaft vor den Trümmern seines ereignisreichen Lebens.

In der zweiten Dezemberwoche des Jahres 1919 gab es endlich wieder eine gute Nachricht für den Pascha, die ihm wohl wie ein verfrühtes Weihnachtsgeschenk erschienen sein muß. Man erlaubte ihm nach langem Hin und Her, sein geliebtes England zu besuchen! Seine Aufenthaltsdauer war zwar auf sechs Wochen befristet, und gemäß den britischen Auslandsgesetzen für Bürger ehemaliger Feindstaaten mußte er Scotland Yard über alle seine Schritte in Kenntnis setzen. Aber alle diese Unannehmlichkeiten konnten seine Freude darüber nicht trüben, endlich sein Wunschland und seine Freunde wiederzusehen. Nach viereinhalb Jahren der Trennung trafen sich die „sudanesischen Zwillinge" im Haus eines befreundeten Ehepaares, der Talbots, die in dem Ort Hartham Park in der englischen Grafschaft Wiltshire wohnten. Slatin umarmte seinen „liebsten und treuesten Freund seit 25 Jahren", wie er später schrieb, innig. Dennoch mußte er bald feststellen, daß der Schatten des Todes von Wingates Sohn Malcolm über diesem Treffen lag und die gegenseitige Wiedersehensfreude ein wenig trübte. Er muß auch gemerkt haben, daß ihm die Frau seines besten Freundes immer noch nicht verziehen hatte, daß er auf der Seite der „Mörder" ihres Sohnes gestanden hatte. Sie hatte ihm niemals auf sein Kondolenzschreiben geantwortet oder ihm gar dafür gedankt. Obwohl sich Wingate bemühte, Entschuldigungsgründe für das unfreundliche Verhalten seiner Gattin zu finden, und seinem Freund „Rowdy" betont liebenswürdig und unbeschwert begegnete, schien das Wiedersehen mit Wingate doch nicht ganz jene hochgestellten Erwartungen zu erfüllen, die dieser in das Treffen gesetzt hatte.

Was Wingate und die Talbots damals nicht wissen konnten, war, daß der Privatmann Slatin auch eine halboffizielle Mission zu erfüllen hatte. Es ging neuerlich um die Repatriierung von österreichischen Kriegsgefangenen. Unmittelbar nach seiner

Rückkehr in die Schweiz berichtete Slatin Staatskanzler Renner in einem sechsseitigen Brief über den Verlauf seiner Englandreise. Der Pascha war – wie damals bei seiner Teilnahme an den Krönungsfeierlichkeiten – über Paris nach London gereist und hatte bereits in der französischen Metropole Sondierungsgespräche mit maßgeblichen Persönlichkeiten vom Quai d'Orsay geführt, ebenso war es ihm gelungen, mit den britischen Politikern Bonar Law und David Lloyd George, die sich beide in Paris aufhielten, zusammenzutreffen. In London brachte er die Kriegsgefangenenfrage in allen Gesprächen mit Persönlichkeiten von Einfluß und Rang zur Sprache. So sprach er etwa mit dem Präsidenten des britischen Roten Kreuzes, Sir Arthur Stanley, oder dem Erzbischof von Canterbury über dieses Thema. Mit besonderer Freude suchte er einen Veteranen des Omdurman-Feldzuges unter Kitchener auf: den jetzigen Kriegsminister Sir Winston Churchill, der ihm mit großer Freundschaft begegnete. Seine Gespräche trugen dazu bei, daß die Ententemächte im März 1920 Österreich die offizielle Ermächtigung gaben, die Repatriierung ihrer in Sibirien gefangenen Landsleute vorzubereiten – allerdings unter der für das arme Österreich schmerzlichen Voraussetzung, daß der Monarchienachfolgestaat selbst für die Kosten dieses Unternehmens aufkam. Slatin schrieb Renner, daß er sich bei allen Gesprächen mit namhaften Politikern lebhaft für Österreich eingesetzt und immer wieder den Wunsch vorgebracht hätte, Österreich baldmöglichst die Mitgliedschaft im Völkerbund zu gewähren. Seine Botschaft an Staatskanzler Renner lautete, daß die Ententemächte wünschten, daß es ihm gelingen möge, die Lage zu stabilisieren, und daß die Wiener Regierung stark genug sein würde, etwaige Putschversuche von Extremisten aller Art gefahrlos zu überstehen und niederzuschlagen. Slatin hatte also bei seinem ersten Englandbesuch nach einer kriegsbedingten Absenz von vier Jahren einiges erreicht. Trotzdem waren ihm nicht alle hochrangigen Politiker, mit denen er im Lauf seines Besuches zusammengekommen war, freundlich begegnet, manche hatten ihn auch absichtlich ignoriert. Dies war an sich nicht weiter verwunderlich, denn wer war dieser

Österreicher Slatin Pascha am Anfang des Jahres 1920? Nichts anderes als ein ehemaliger feindlicher Ausländer ohne politische Stellung oder entsprechende Finanzmittel. Aber sein immer noch wirksamer Charme und seine – nach außen hin – stets zur Schau getragene ansteckende Fröhlichkeit öffneten dem mittellosen Privatmann im (halboffiziellen) Dienst der österreichischen Regierung dennoch viele Türen. Sein Gesellschaftsbericht an Wingate vom 3. Februar 1920 liest sich fast wie eines seiner heiteren und beschwingten Schreiben aus der Vorkriegszeit. Er erzählte von einem Zusammentreffen mit dem einflußreichen und mächtigen Exdiplomaten Maurice de Bunsen, der Wingates Aufbauarbeit im „Land der Pharaonen" offenbar sehr schätzte, und sprach in heiterem Plauderton von gesellschaftlichen Verpflichtungen, wie einem Lunch bei Winston Churchill oder einem Galadiner bei Sir Ernest Cassel, dem berühmten Bankier.

In derselben Woche gelang es dem Pascha auch, mit seinem langjährigen Freund, dem Privatsekretär des Königs, Lord Stamfordham, zusammenzutreffen. Es ist geradezu archetypisch für Slatin, daß sich dieser vor kurzem noch so kranke und enttäuschte Mann jetzt, wo er sich auf einem Rückeroberungsfeldzug besonderer Art befand und sein Selbstvertrauen von Dinner zu Dinner stieg, sofort daranmachte, im Interesse seines Freundes „Rex" beim einflußreichen Lord Stamfordham zu intervenieren. Bereits kurz nach der Begrüßung sprach er den Sekretär des Königs, seinen „lieben alten Freund und Lord", auch schon darauf an, daß es eine krasse Fehlentscheidung gewesen sei, Wingate zu pensionieren. Wingate muß sicherlich gerührt gewesen sein, als er erfuhr, daß der Pascha, der wahrlich genug eigene Probleme hatte, unaufgefordert und wie ein Löwe um die Rechte seines besten Freundes kämpfte, dessen Überstellung in den Ruhestand er fast als persönliche Desavouierung empfand. Wie Reginald Wingate dem Schreiben entnehmen konnte, war es Slatin gelungen, in Erfahrung zu bringen, daß der Ex-Sirdar nicht nur eine öffentliche Anerkennung, sondern auch eine Sonderpension erhalten würde. Vielleicht, argumentierte der frohgemute Slatin weiter, würde Wingate sogar durch das Angebot einer „weiteren Verwendung im Staatsdienst" überrascht werden. Slatin, der seine Rolle wieder einmal stark überschätzte, bat seinen Freund auch, die ganze Angelegenheit vorerst vertraulich zu behandeln, damit man seinen Brief nicht als Indiskretion auslegen könne.

Slatin Paschas Hauptfeind saß im britischen Außenministerium und hieß Lord Curzon of Keddleston. Doch da der Österreicher als Privatperson, sozusagen als Tourist, in Großbritannien eingereist war, ließ es sich arrangieren, eine Privataudienz bei König George V. zu erwirken, ohne daß Curzon Wind davon bekam. Lord Stamfordham tat wiederum sein Bestes, und am 20. Februar 1920 war es soweit. Der englische Monarch erklärte sich bereit, den österreichischen Pascha in einer Privataudienz zu empfangen. Der überglückliche Slatin bekam damit ein Erinnerungsgeschenk besonderer Art überreicht, denn, wie er Lord Stamfordham später mitteilte, war der 20. Februar haargenau der 25. Jahrestag seiner Flucht aus Omdurman.

Auch bei König George V., der über den Slatin-Besuch lediglich in seinem Tagebuch vermerkte, daß der Pascha „tiefunglücklich über alles Geschehene" gewesen wäre, vertrat Slatin sofort die Sache Wingates, ohne von diesem dazu ermuntert worden zu sein. „Rowdy" kämpfte auch jetzt noch – wie in seinen besten Tagen, wie in der Zeit seiner Triumphe bei Königin Victoria und König Edward VII. – um das Ansehen und die gerechte Behandlung seiner Freunde. Am 24. Februar berichtete er dem (sicherlich) überraschten Wingate von seiner (sich selbst zugedachten) Interventionsmission an allerhöchster Stelle:

> … Und jetzt eine streng vertrauliche Sache. Der König wünschte mich zu sehen, und am Freitag um 6.30 brachte mich Stamfordham zum Buckinghampalast, wo ich fast eine Stunde mit Seiner Majestät zusammen war. Er war freundlich wie in alter Zeit und sprach ganz zwanglos über die verschiedensten Dinge. … Ich … teilte ihm mit, was Du über Deine erzwungene Pensionierung denkst und welches meine Meinung darüber

ist. ... Ich erlaubte mir die Bemerkung, ich hoffte, Du würdest „ausreichende Satisfaktion" bekommen, und er sagte, er „hoffe das auch". Wie ich Dir schon vorher geschrieben habe, hat Lord Stamfordham mir gesagt, Deine Freunde seien dabei, etwas für Dich zu tun. ...[7]

Falls der Pascha tatsächlich geglaubt hatte, diese in den Hofnachrichten nicht veröffentlichte Privataudienz würde dazu führen, daß man ihn nun wieder überall als Freund des Königs anerkannte und die vier Jahre Krieg, über die er sich König George V. gegenüber so tiefunglücklich gezeigt hatte, einfach vergessen und ihm erlauben würde, sein Gesellschaftsleben dort fortzuführen wo er es 1914 hatte enden lassen, wurde er schnell eines Besseren belehrt. Der Schandfleck auf Slatins persönlichem Ehrenschild schien sich nicht wegradieren zu lassen. Dies merkte er besonders deutlich, als sich der renommierte Marlborough Club weigerte, den ehemaligen feindlichen Ausländer wieder in seine Reihen aufzunehmen. Auch die Tatsache, daß der Marlborough Club von Slatins Gönner Edward VII. persönlich ins Leben gerufen worden war und dieser die Aufnahme des Wieners seinerzeit eigenhändig befürwortet hatte, spielte für manche Club-Mitglieder, die Slatins Wiederaufnahme verhinderten, keine Rolle. Der Pascha verhielt sich auch nicht besonders klug in dieser Angelegenheit. Anstatt das Unabänderliche zu akzeptieren und in Abwarteposition zu gehen, brachte er das leidige Thema der Verweigerung seiner Wiederaufnahme in den Club, den sein langjähriger „Urlaubspartner" Edward VII. gegründet hatte, bei fast jeder Gelegenheit zur Sprache, was seine Position allerdings nicht verbesserte, sondern erheblich verschlechterte.

Für gewisse einflußreiche Kreise der britischen High-Society war Slatin Pascha einfach kein Thema mehr. Leider agierte Slatin – auf die Waffe seines selten versagenden Charmes setzend – wie ein Elefant im Porzellanladen, als er trotz all dieser ungünstigen Zeichen einen Versuch unternahm, die Erlaubnis zu erhalten, seine englischen Vorkriegsorden wieder tragen zu dürfen. Selbst Lord Stamfordham hatte ausweichend auf eine diesbezügliche Anfrage des Paschas reagiert, und der mächtigste und unnachgiebigste Feind Rudolf Slatins, der britische Außenminister Lord Curzon, zögerte nicht eine Minute, den Slatin-Akt von seinem Schreibtisch zu fegen, obwohl sogar Winston Churchill einen Unterstützungsantrag einbrachte. Curzon lehnte es kategorisch ab, sich nochmals mit dem „Fall" Slatin zu befassen, und verwies auf „gewisse unverzeihliche Verstöße". Zweifelsohne hatte der Außenminister die Akten seines Vorgängers Grey konsultiert und war darin auf den unwiderlegbaren Schuldbeweis Slatins gestoßen. Seine unglücklichen antibritischen Agitationsversuche zu Kriegsbeginn waren dokumentiert, und damit war die Angelegenheit für Lord Curzon, der Slatin zudem persönlich nicht leiden konnte, endgültig erledigt.

Während Slatin vergeblich um seine englischen Auszeichnungen stritt, kämpfte seine Frau Alice ihren eigenen, letzten Kampf gegen den unversöhnlichsten aller Gegner, den Tod. In nur zwei Jahren hatte die unheilbar krebskranke Frau drei schwere und leider erfolglose Operationen über sich ergehen lassen müssen, und am 26. Juni 1921 verlor die sanfte und zarte Frau den aussichtslosen Kampf. Alice Slatin starb in Territet an Krebs, und die Zukunft verdunkelte sich erneut für Rudolf Slatin. Der leidenschaftliche Slatin hatte die – nach eigenen Angaben – nicht sehr sinnliche Frau mehr geliebt, als ihm selbst bewußt gewesen war, und ihr Verlust traf ihn deshalb umso schwerer.

Sein kurzer, vom Krieg und den Nachkriegswirren überschatteter Herbstfrühling war vorbei, nun war der Winter unaufhaltsam und grausam in sein Leben eingezogen. Aus einem Brief, den der Pascha einer langjährigen, viel jüngeren platonischen Freundin (die ihr Inkognito niemals aufgab[8]) schrieb, geht eindeutig hervor, wie schmerzlich er den Verlust seiner Alice empfand.

> Nun liegt sie an einer idyllischen Stelle an einem sonnigen Berghang auf dem kleinen Dorffriedhof von La Péanche, an einem Ort, den sie besonders liebte, als sie noch am Leben war. … Und so hat dieses geduldige Wesen, das auf der Welt ein solches Martyrium durchmachen mußte, seine letzte Ruhe-

stätte gefunden. Möge die Erde, die sie bedeckt, nicht zu schwer auf ihr lasten. ...[9]

Alice Ramberg hatte sich nie bei ihrem Mann beklagt und ihre Krankheit mit bewundernswertem Mut und großer Tapferkeit ertragen. Niemals war ein Wort des Jammerns oder der Klage über ihre Lippen gekommen, deren Ehe, objektiv gesehen, ein Trauerspiel gewesen war: Alice Ramberg war geradewegs in den Weltkrieg „hineingeflittert", hatte viereinhalb Jahre lang miterleben müssen, wie der Krieg ihren geliebten Mann innerlich zerriß. An der Seite ihres Mannes hatte sie den Untergang der auch von ihr geliebten alten Welt betrauern müssen und ihr Leben schließlich, fern der Heimat, von einer gefährlichen und erfolglosen Operation zur anderen taumelnd, in der Schweiz beenden müssen. Daß Slatin Pascha ein Juwel verlor, als das Herz dieser sanftmütigen Frau zu schlagen aufhörte, geht in berührender Weise aus ihrem Abschiedsbrief an ihre minderjährige Tochter hervor, in dem sie dem kleinen Kind zu erklären versuchte, wie man den Schmerz und in letzter Instanz auch den Tod leichter bewältigen kann. Man müsse sich in Gottes weisen Ratschluß fügen, schrieb die auf dem Totenbett liegende Baronin, und sich mit dem Bewußtsein trösten, daß alle menschlichen Leiden nur geringfügig im Vergleich zu jenem Schmerz und Kummer sein müssen, den die Gottesmutter empfand, als sie ohnmächtig dem Leiden und Sterben ihres Sohnes Jesus zusehen mußte. Buchstäblich in letzter Sekunde gibt Lady Slatin ihrem Töchterlein auch einen Ratschlag fürs Leben mit.

Die Todkranke trug ihrer Tochter auf, nicht stolz auf ihre Geburtsrechte zu sein, die „Gnade, in einen höheren Stand hineingeboren zu sein", war in den Augen der Sterbenden keine Entschuldigung dafür, auf die Gebote der Nächstenliebe zu vergessen und auf andere ärmere minderbemittelte Menschen herabzusehen. Es sei eine Aufgabe der „Höhergeborenen", so Lady Slatin weiter, sich in besonderem Maß um ihre Mitmenschen zu kümmern. Außerdem könne man Leid immer nur dann ertragen, wenn man bereit war, anderen Menschen ihren Kummer abzunehmen. Die Lebensmaxime der Baronin lautete:

Sei niemals selbstgefällig und egoistisch, sondern bemühe dich, „Deines Bruders Bürde zu tragen". Leider sollte das kleine Mädchen die großen Erwartungen, die seine an der Schwelle des Todes stehende Mutter in die Tochter setzte, nicht erfüllen und sich zu einem eingebildeten und herzlosen jungen Wesen entwickeln, das seinem alten Vater oft großen Kummer bereitete.

Der trauernde Witwer Slatin Pascha war nun ein grauhaariger kleiner Mann von 63 Jahren, der nach dem Tod seiner Frau nur noch einen einzigen Lebensinhalt hatte: seine kleine Tochter Anna Marie. Sie war alles, was ihm geblieben war. Unmittelbar nach dem tragischen Hinscheiden seiner Frau faßte der Pascha den Entschluß, zusammen mit seiner Tochter für immer nach England zu ziehen. Doch sein Versuch, die britische Staatsangehörigkeit zu erwerben, scheiterte, denn, wie man ihm erklärte, kam seine langjährige Tätigkeit im Dienst der Briten im Sudan keinem Dienst an der Krone gleich, da der Sudan, rechtlich gesehen, nicht den Status eines britischen Dominiums bekleidete. Die strengen Bestimmungen erlaubten daher nicht die Verleihung der britischen Staatsbürgerschaft an den Pascha. General Sir Reginald Wingate, Slatins bester Freund „Rex", hatte Slatins Einbürgerungsantrag als einzige namhafte Persönlichkeit unterstützt und damit erneut bewiesen, daß „Rowdy" immer auf ihn zählen können würde, doch der pensionierte Sirdar konnte seinem alten Freund diesmal auch nicht aus der Patsche helfen. Als Slatin Pascha am 2. März 1922 den negativen Bescheid der britischen Regierung erhielt, gab sich sogar dieser Mann, der ein Leben lang niemals kampflos das Feld geräumt hatte, geschlagen und kämpfte nicht länger um seine Einbürgerung. Der Wiener, der immer wieder im Laufe seines ereignisreichen Lebens mit allen möglichen Schwierigkeiten konfrontiert worden war und sie elegant zu umschiffen gewußt hatte, der immer wieder in den Genuß irgendeiner Sonderregelung gekommen war, der das lebende Beispiel dafür gewesen war, daß die Ausnahme die Regel bestätigt, war alt und müde geworden und resignierte.

Jetzt begann er, nach einem neuen Heim für sich und seine

Tochter Anna Marie zu suchen, einen letzten Anlegeplatz, an dem das Schiff seines außergewöhnlichen Lebens ruhig vor Anker gehen konnte. Er fand ihn in einem besonders schönen Teil seiner verlorenen Heimat, im ehemaligen Südtirol und jetzigen Alto Adige, in einem kleinen Ort namens Obermais in der Nähe von Meran.

EIN STÜCK VOM ALTEN ÖSTERREICH

Es mag eigenartig erscheinen, daß sich Slatin für einen Ort in Südtirol entschied, das die Feinde seiner alten Heimat, die „wortbrüchigen Italiener", mittlerweile in Alto Adige umgetauft hatten. Als überzeugtem Monarchisten muß es Slatin Pascha sehr schwer gefallen sein, die unübersehbare Präsenz der Italiener in der seiner Ansicht nach unrechtmäßig und mit unsauberen Mitteln erkämpften ehemaligen Provinz Österreich-Ungarns zu akzeptieren, doch nach einem Jahr hatte er sich bereits recht gut eingelebt. Er fand neue Freunde und empfand Meran, das nun den italienisierten Namen Merano trug, immer noch als ein Stück des alten verlorenen Österreich, auch wenn jetzt die italienische Fahne die österreichisch-ungarische auf den Dächern der Amtsgebäude ersetzte. In der Schweiz war er lediglich Dauerhotelgast gewesen und hatte sich eigentlich immer wie ein Mann auf der Durchreise gefühlt, wie ein Fremder, dessen Koffer stets gepackt waren und der jederzeit abrufbereit war. Sein neues Heim, sein „letzter Flirt", wie er es scherzhaft nannte, war die Villa „Mathilde" in Obermais oder Maia Alta, die er mietete, um sich und seiner Tochter Anna Marie ein richtiges Zuhause zu schaffen. Der Weltenwanderer Slatin hatte mit der Villa „Mathilde" sein erstes und auch sein letztes Heim gefunden.

Im Frühling des Jahres 1923 zogen Slatin Pascha und seine Tochter in die Villa ein. Das milde Klima Merans war dem alten pensionierten Generalinspekteur des Sudan, der in jungen Jahren eine ungewöhnlich robuste Gesundheit und die Konstitution eines Pferdes besessen hatte und dem damals sogar gefährlichste Tropenkrankheiten nichts anhaben konnten, sehr angenehm, denn er entwickelte sich in seinem letzten Lebensjahrzehnt mehr und mehr zum Hypochonder, der überall Gefahren für seinen (in Wirklichkeit gar nicht so) angegriffenen Gesundheitszustand witterte und aus jeder harmlosen Erkältung eine schwere Erkrankung machte. In Meran ging überhaupt eine Änderung in Slatin vor. Der einst so lebensfrohe Mann, der eine unbändige Vitalität ausgestrahlt hatte und dem Gesellschaftsfeste über alles gegangen waren, spielte nun nicht nur die Rolle des eingebildeten Kranken, sondern auch den Part eines Eremiten. Der Pascha zog sich zurück in seine eigene innere Welt, in die Welt der Erinnerungen, der Triumphe und Erfolge, der rauschenden Feste und Hofbälle, die zu diesem Zeitpunkt nur noch in seinem Kopf stattfanden. Er durchlebte wieder eine seiner – vor der Außenwelt stets erfolgreich verborgenen – depressiven Phasen. Der Eremit in der Villa „Mathilde" schien sich plötzlich überhaupt nicht mehr für gesellschaftliche Ereignisse zu interessieren und errichtete sogar eine Art „Schutzwall" um sein Haus, damit unliebsame Eindringlinge und unerwartete Besucher seine Ruhe nicht stören konnten. Aber er wäre nicht Slatin Pascha gewesen, wenn es sich bei diesem Schutzwall nicht um etwas Besonderes, um eine typische Slatin-Idee gehandelt hätte, die einem der letzten Streiche eines seinem Ende entgegenreitenden Eulenspiegels gleichkam. In London hatte sich der Pascha einen stabilen eisernen Briefkasten besorgt, der mit einem eigenartig beschaffenen Schlitz versehen war, der Besuchern signalisierte, daß der Pascha entweder nicht zu Hause war oder niemanden empfangen wollte. Der Schlitz ließ sich nämlich verschieben, und hinter ihm wäre, wenn es nach den Intentionen der Hersteller der „Letter-box" gegangen wäre, dann entweder das Wort „In" oder das gegenteilige Wort „Out" zum Vorschein gekommen. Doch der Pascha hatte eigene Vorstellungen von der Funktion dieses Briefschlitzes und ließ ihn so präparieren, daß nur die Bezeichnung „Out" abzulesen war. Obwohl der Einsiedler in der Villa „Mathilde" für Freunde immer zu sprechen war, wie er feststellte, war es ihm mit dieser schelmenhaften Maßnahme gelungen, sein zurückgezogenes Dasein auch nach außen hin wirkungsvoll zu demonstrieren. In der Villa „Mathilde" ging es nicht

Die Villa „Mathilde" in Obermais bei Meran.
Slatin Paschas letztes Heim, sein allerletzter „Flirt".

mehr so fröhlich und ausgelassen zu wie einst im lustigen „Rowdy House", und Obermais war auch nicht Khartum. Neben seiner Hypochondrie plagte den „Einsiedler von Maia Alta" noch ein anderes Gebrechen oder vielmehr eine Angst, die ihn sein Leben lang begleitet hatte: die Furcht zu verarmen oder in bedenkliche Geldverlegenheiten zu geraten.

Wir haben gesehen, daß er sogar in Zeiten, als akute Lebensgefahr für ihn bestand – wie etwa während der langen Jahre seiner Gefangenschaft in Omdurman –, niemals darauf vergaß, sich den Kopf über Finanzprobleme zu zerbrechen, daß er seine „Geldangelegenheiten" stets im Vorhof seiner Gedankenburg kreisen ließ. Obwohl sein Lebensstandard vergleichsweise hoch war und er sich im Grunde nie ernsthafte Sorgen darüber zu machen brauchte, einmal in ärmlichen Verhältnissen dahinvegetieren zu müssen, ließ ihn diese unbegründete Angst nie los und vergrößerte sich mit zunehmendem Alter. Einer der Hauptgründe dieser im Alter ansteigenden Furcht war die Sorge um seine Tochter. Sein erklärtes Lebensziel war es nun, seinem Kind ein gewisses Vermögen zu hinterlassen, das ihm nach seinem Tod ein sorgenfreies und finanziell weitgehend unabhängiges Dasein ermöglichen würde.

Anfang 1920 war es General Wingate gelungen, mit Slatins Verleger eine Neuauflage von *Feuer und Schwert im Sudan* auszuhandeln, was den über ständige Geldsorgen klagenden Pascha sicherlich sehr gefreut haben muß. Er erhielt – genau wie Wingate selbst – 15 Prozent vom Verkaufserfolg zugesichert, was mehr als angemessen war. Da Slatin Wingate auch immer wieder vorgejammert hatte, wie prekär seine finanzielle Lage sei, schlug „Rex" vor, zugunsten „Rowdys" auf seine Tantiemen zu verzichten. Auf diese Weise wäre Slatins Honorar auf 30 Prozent der Gesamteinnahmen erhöht worden. Dieses großherzige Angebot lehnte sogar der in Geldangelegenheiten so penible Pascha ab, der für gewöhnlich nicht lange zögerte, Geldzuwendungen von Freunden zu akzeptieren, und dabei natürlich vor allem an die Ausbildung seiner Tochter dachte, die er zur feinen Dame erziehen lassen wollte, da es ihm undenkbar erschien, seine erfolgreiche und über 25 Jahre andauernde „Buchpartnerschaft" mit Wingate aufzulösen. Auf dieses Angebot Wingates hin gab er seinem Freund eine Übersicht über seine finanzielle Position (die, wie wir bald erfahren werden, im Grunde sehr passabel war), wahrscheinlich, um ihm zu demonstrieren, daß er sich keine ernstlichen Sorgen um ihn zu machen brauchte. Aus diesem Brief des ständig von irgendwelchen (niemals gravierenden) Geldsorgen geplagten Pensionisten erfuhr der britische General folgendes:

> Ich muß natürlich sparsam leben ... aber im Vergleich mit anderen geht es mir gut. Ich habe meine Pension von 600 Pfund ... für die kleine Anna Marie habe ich 6000 Pfund zurückgelegt, so daß sie nicht in Not geraten wird, wenn mir etwas zustoßen sollte. (Mit den Zinsen dieser Summe bestreite ich zum Teil die laufenden Ausgaben für sie.) Dann habe ich noch ein gewisses Guthaben in Ägypten im Wert von 3000? Pfund und etwas Geld in Österreich, das im Augenblick jedoch nichts wert ist. Dann besitze ich Möbel, Silber etc. und kann, wenn ich Geld brauche, etwas davon verkaufen. Schließlich ist, wie Du weißt, Mrs. Penfield katholisch und kennt die kleine Anna Marie seit ihrer Geburt in Wien. Sie hat mir mehrmals Geldbeträge geschickt, um mir zu helfen, die für Anna Marie notwendigen Ausgaben zu bestreiten. Mrs. Penfield ist ungeheuer reich. ... Du siehst also, alter Junge, Du brauchst Dir wegen meiner finanziellen Lage keine Sorgen zu machen.[1]

Wie stand es tatsächlich um die Finanzen des Paschas? Waren seine Ängste begründet, oder malte er hier einen Teufel an die Wand, der gar nicht existierte, zumindest nicht in jener Form, wie er ihn darstellte? In den zwanziger Jahren war die Pension der sudanesischen Regierung, die Slatin bezog, von 50 auf 60 Pfund monatlich angehoben worden und stellte zweifelsohne die Haupteinnahmequelle für ihn dar. Es muß gesagt werden, daß hier von ägyptischen und nicht von englischen Pfund die Rede ist, doch das spielte für Slatin keine sonderlich große Rolle, da der Wert des ägyptischen Pfunds den des britischen damals sogar ein wenig übertraf. Ein ägyptisches Pfund entsprach um die Mitte der zwanziger Jahre unseres Jahrhunderts ungefähr 27 österreichischen Schilling, wobei hinzukam, daß der Wechselkurs des ägyptischen Pfunds gegenüber der italienischen Staatswährung, der Lira, erfreulicherweise für Slatin, äußerst günstig war. Seine Pension war zwar Slatins Haupteinnahmequelle, aber er verfügte auch noch über andere Mittel. Der Ex-Generalinspekteur des Sudan hatte nach Beendigung des Krieges von der sudanesischen Regierung eine Gratifikation in der beachtlichen Höhe von 4175 Pfund erhalten. Davon waren ihm 1000 Pfund im voraus ausbezahlt worden. Wingate hatte diese Geldsumme in Slatins Namen behoben und seinem Freund im Lauf des Jahres 1919 überwiesen. Mit 175 Pfund wurde die Belegschaft von „Rowdy House", Slatins Dienerschaft in Khartum, abgefunden. Als der Pascha 1923 in die Villa „Mathilde" einzog, besaß er also immerhin noch ungefähr 3000 Pfund aus der ursprünglichen Abfindungssumme. Zieht man dazu in Betracht, daß die Miete für die Obermaiser Villa damals 170 Pfund pro anno betrug, so muß man zur Schlußfolgerung gelangen, daß Slatin Pascha ein sehr begüterter, wenn auch nicht übermäßig reicher Pensionist war. Im März 1932, sieben Monate vor seinem Tod, kam er dann noch in den Genuß einer beachtlich hohen Erbschaft. Die Witwe des ehemals in Wien akkreditierten amerikanischen Geschäftsträgers Frederic Penfield, die Slatin und seine Tochter über die Jahre hinweg finanziell unterstützt hatte, hinterließ ihm 50.000 Dollar. Der Pascha führte über all seine Einnahmen und Ausgaben genauestens Buch und seine Hauptsorge galt stets seiner Tochter Anna Marie.

Für sie durfte nichts gut genug (und vor allem auch nicht teuer genug) sein. Anna Marie Slatin mußte die besten Eliteschulen besuchen und schon in frühen Jahren, zum ehestmöglichen Zeitpunkt, in die englische Hochgesellschaft eingeführt werden (was dem Pascha auch tatsächlich gelang, wie wir noch erfahren werden), um alle Voraussetzungen dafür mitzubringen, nach seinem Tod nicht nur ein sorgenfreies, unbeschwertes Leben führen zu können, sondern auch eine ausgezeichnete Partie darzustellen, die jeder Mann von internationaler Reputation und gesellschaftlichem Ansehen (und den nötigen Finanzmitteln) gerne zur Ehefrau nehmen würde. Es war hauptsächlich der Sorge um die Zukunft seiner Tochter zuzuschreiben, daß der Pascha so sorgsam über seine Finanzen wachte, wobei allerdings ein Grund für seine „Geldpreokkupation", die er auch schon an den Tag gelegt hatte, als er ein unverheirateter Gefangener im Lager des Khalifa gewesen war, wohl in dem ererbten Blut seiner kaufmännischen Vorfahren zu suchen war.

England hatte Slatin Pascha zu seinem kometenhaften Aufstieg verholfen, England hatte ihn weltberühmt gemacht, und England würde auch seiner Tochter den Weg in die internationale Gesellschaft ebnen. Der Pascha besaß immer noch gute – wenn auch nicht mehr so ausgezeichnete – Beziehungen zum englischen Königshof. Natürlich waren jene herrlichen Zeiten, als er alljährlich nach Balmoral pilgern und mit dem König auf Pirschjagd gehen konnte, endgültig vorbei. Er hatte sowohl das echte schottische „Königsbalmoral" wie auch sein „Wüstenbalmoral", sein geliebtes „Rowdy House" in Khartum, für immer verloren. Doch im Gegensatz zum Mutterland des intakten und nach dem Krieg sogar erweiterten britischen Weltreiches war das Österreich der Nachkriegszeit ein verarmtes, winziges und vollkommen unbedeutendes Land, in dem der Pascha so gut wie nichts tun konnte, um einen gesellschaftlichen Aufstieg seiner Tochter zu gewährleisten. Obwohl die alte Baronin Ottilie von Ramberg, Anna Maries Großmutter, noch lebte und der Pascha und seine Tochter sie alljährlich in Graz besuchten, war es Slatin klar, daß in dieser neuen österreichischen Republik keine Möglichkeit bestehen würde, sein „Baby" in eine gesellschaftliche Position, wie er sie erträumte, zu hieven.

Im Unterschied zu seinen beiden alten Schwestern, die zum Verkauf ihrer schönen Villa am Traunsee, dem „interfamiliären Slatin-Museum", gezwungen worden waren, überstand Slatin Pascha die Inflationsjahre sehr gut und konnte sich jedes Jahr einen zweimonatigen England-Abstecher leisten. So sehr er England und Großbritannien auch liebte, der wirkliche Grund für diese Sommerreisen, die dem kränkelnden Pascha oft beschwerlich erschienen, war nicht Slatins Sehnsucht nach jenem Land, in welchem er seine größten Triumphe gefeiert hatte, sondern seine junge Tochter Anna Marie. Sie mußte in der „Welt herumkommen", und ihr zuliebe mußten Slatins Kontakte mit Großbritannien gepflegt werden.

Sein Leben, das vierzig Jahre lang ein einziges großes Abenteuer gewesen war, verlief nun in ruhigen, geordneten und regelmäßigen Bahnen. Im Juli wurde die Villa in Obermais für gewöhnlich zugesperrt, und die Slatins reisten nach England. Im Frühjahr fuhr der Pascha manchmal zur Kur nach Bad Hall, ansonsten gab es wenig Abwechslung für ihn. Gegen Ende des Jahres 1926 allerdings ging ein Traum in Erfüllung, den Slatin seit dem Jahr 1914 vergeblich geträumt und in seinem Herzen getragen hatte: Er stattete seinem geliebten Sudan neuerlich einen Besuch ab, der sein letzter werden sollte. „Rowdy" Slatin reiste als Gast der sudanesischen Regierung in das Wüstenland, das sein Leben so entscheidend geprägt hatte, kehrte zurück an den Nil, an dessen Ufern er sein abenteuerliches Leben begonnen hatte. In diesem Jahr wurde der sogenannte Sennar-Damm feierlich eröffnet, und die sudanesische Regierung, repräsentiert durch den neuen Generalgouverneur Sir John Maffey, lud den pensionierten Generalinspekteur zu diesem Großereignis ein. Im November 1926 traf Slatin Pascha in der Nilhauptstadt Kairo ein und fand eine völlig veränderte, pulsierende moderne Stadt vor.

Eine stille Wehmut schlich sich in das Herz des ergrauten Mannes, als er in Khartum eintraf und durch den Gouverneurspalast ging und im jetzigen Empfangszimmer sein ehemaliges Büro erblickte. Er schritt durch die Straßen der Stadt, die ihm einst so vertraut gewesen waren, und betrachtete das geschäftige Treiben. Er war seinerzeit – genau wie der große Kamelreiter General Gordon Pascha – auf dem Schiff der Wüste durch diese Straßen gesegelt, nun hatte das neue und wesentlich schnellere Verkehrsmittel, das Automobil, auch in Khartum seinen siegreichen Einzug gehalten und das Kamel verdrängt. Slatin erkannte, daß der Wind des Wandels auch über Khartum hinweggeblasen hatte, das Land, das er im November und Dezember 1926 vorfand, war nicht mehr „sein" Sudan, dieses Khartum war nicht länger „sein" Khartum.

In der alten Khalifa-Hauptstadt Omdurman wurde der kleine alte Mann durch ein merkwürdiges Ereignis an seine Zeit der Leiden in den Händen der Mahdisten erinnert. Er befand sich in Abdullahis ehemaliger Residenz, die mittlerweile zu einem Museum umfunktioniert worden war und als Touristenattraktion galt, und sah sich wohl plötzlich um viele Jahre in die Vergangenheit zurückversetzt, als er den einstigen Audienzsaal des Khalifa betrat und vor seinem geistigen Auge den langjährigen Kerkermeister auf seinem Thron erblickte. Slatin wurde jäh aus seinen Gedanken gerissen, als sich eine Touristengruppe näherte und er unerwartet seinen Namen vernahm. Der redegewandte Fremdenführer erklärte den Besuchern des Museums gerade, daß sie sich an jener Stelle befanden, wo einst der weltberühmte Slatin Pascha gekauert war, wann immer der Khalifa seinen Diener Abdel Kader zur Audienz befahl. Der Fremdenführer reagierte zornig, als ihn der unscheinbare alte Mann im Hintergrund, der nicht einmal Mitglied seiner Gruppe war, korrigierte und darauf hinwies, daß sich diese Stelle an einem anderen Ort befand. Er warf dem grauhaarigen Herrn einen erbosten Blick zu und erklärte nochmals lautstark, daß er hundertprozentig sicher war, die richtige Stelle genannt zu haben. Schließlich war er der Fremdenführer und nicht der unverschämte alte Mann, der wahrscheinlich zum ersten Mal in seinem Leben in Omdurman war und glaubte, ihm seinen Beruf erklären zu müssen. Als ihn der „Tourguide" mit zornigen Worten zurechtwies, huschte ein Lächeln über das alte Gesicht des ehemaligen Mudirs von Darfur. Slatin ließ sein Inkognito fallen und sagte mit ruhiger, bestimmter Stimme: „Aber ich bin Abdel Kader!" Die Touristen betrachteten den kleinen grauhaarigen Mann und konnten – genau wie der vom besten aller Augenzeugen in die Schranken gewiesene Fremdenführer – ihr Glück kaum fassen, mit einer lebenden Legende sprechen zu dürfen.

Slatin Paschas sentimentale Reise in seine eigene Vergangenheit hatte mit diesem im Grunde heiteren Erlebnis wohl ihren Höhepunkt erreicht. Doch sein allerletzter Besuch in dem Land, dessen Menschen ihm so viel bedeutet hatten und in dem er so viel erlebt und erduldet hatte, sollte eine sehr erfreuliche Nachwirkung für den Pascha haben und ihm einen seiner letzten großen Triumphe bescheren. Man erlaubte dem alten Mann endlich, seine englischen Vorkriegsorden wieder tragen zu dürfen, und erfüllte ihm damit seinen vielleicht sehnlichsten Herzenswunsch. Der alte Pascha hatte seine Wirkung auf Sir John Maffey, den neuen britischen Generalgouverneur des Sudan, nicht verfehlt, und dieser ging daran, sich der Sache Slatin Paschas anzunehmen. Er leitete ein Ansuchen in die Wege, das die Frage aufwarf, ob es nicht zweckmäßig und sinnvoll sei, dem alten Generalinspekteur, der so unendlich viel für den Sudan geleistet hatte, acht Jahre nach Beendigung des Weltkrieges, endlich zu erlauben, seine so schwer verdienten englischen Orden und Auszeichnungen der Vorkriegszeit wieder anlegen zu dürfen. Diesmal reagierte Whitehall wohlwollend, was hauptsächlich daran lag, daß der „Slatin-Hasser" Lord Curzon of Keddleston 1925 gestorben war und das britische Außenministerium nicht länger von einem Mann beherrscht wurde, der einem solchen Antrag nur über seine Leiche zugestimmt hätte. Der jetzige Außenminister, Sir Austen Chamberlain, wurde von Lord Lloyd, dem britischen Hochkommissar in Kairo – den der Generalgouverneur des Sudan eingeschaltet hatte –, davon in Kenntnis gesetzt, daß sowohl er wie auch Generalgouverneur Maffey der Meinung waren, daß es höchste Zeit sei, dem nun 70 Jahre alten pensionierten Generalinspekteur Slatin Pascha, der wahrscheinlich kein allzu langes Leben mehr vor sich haben würde, die Erlaubnis zu erteilen, seine wohlverdiente Ordenspracht wieder zur Schau stellen zu dürfen. Der neue Außenminister gab dem britischen Hochkommissar in der Nilhauptstadt recht und befand, daß die Person und die Verdienste Slatins eine Ausnahme rechtfertigten, die jedoch zu keinem Präzedenzfall ausarten dürfe. Diese Ansicht Austin Chamberlains läßt sich in einem offiziellen Schreiben des Außenministeriums nachlesen, das an Sir Frederick Ponsonby, den Intendanten der Zivilliste, gerichtet war und in dessen Schlußabsatz die Angelegenheit Slatin Pascha wie folgt kommentiert wurde:

Während dem Minister nichts daran liegt, sich generell mit der Frage zu beschäftigen, ob ehemals feindliche Ausländer die Erlaubnis erhalten sollten, ihre Orden wieder anzulegen, glaubt er, daß bei Slatin Pascha ein ganz besonderer Ausnahmefall vorliegt und man das Zugeständnis, um das er bittet, machen kann, ohne das umfassendere Problem zu präjudizieren. ... Würden Sie daher so freundlich sein, den König um seine gnädige Zustimmung in diesem Fall zu bitten und mir mitzuteilen, ob Seine Majestät damit einverstanden ist, daß die Anfrage von Lord Lloyd zustimmend beantwortet wird.[2]

Seine Majestät König George V., der Slatin Pascha seit den Tagen seiner Zeit als Prinz von Wales kannte und schätzte, zögerte nicht, dem Antrag sofort stattzugeben. Da man aber, wie bereits angedeutet, keinen Präzedenzfall schaffen wollte, kam es zu keiner offiziellen Bekanntgabe der königlichen Entscheidung. Doch die Leute, auf die es ankam, Slatins Freunde und Vertraute, seine noch lebenden ehemaligen Kollegen aus Khartum, erfuhren die großartige Nachricht natürlich und nahmen mit großer Freude am alljährlichen Erinnerungsessen, dem Darfur-Dinner, in London teil, das der alte österreichische Pascha durch seine Anwesenheit bereicherte. Man bereitete dem mittlerweile 71jährigen Wiener stehende Ovationen, als er mit stolzgeschwellter Brust durch den Saal schritt und seine so lang schubladisierten Orden in neuem Glanz erstrahlen ließ. Bald darauf konnte Slatin Pascha einen weiteren Erfolg für sich verbuchen, als er am 22. Juli 1927 hochoffiziell zu einem königlichen Gartenfest eingeladen wurde. Nun wartete nur noch ein einziger großer Triumph auf den gebrechlichen Mann, dessen Hypochondrie sich im Lauf der Jahre in eine echte Krankheit verwandelt hatte: die offizielle Einführung seiner Tochter Anna Marie in die englische Gesellschaft und ihre Präsentation bei Hof, auf die wir in kurzer Zeit einzugehen haben werden.

Doch zuvor sollte der Pascha nochmals eine schmerzliche Demütigung erfahren müssen. Zu Beginn des Jahres 1928 kam der Cambridge-Professor Henry Guillemard auf die Idee, Slatin die Ehrendoktoratswürde der englischen Eliteuniversität, die in vielen Kreisen auch heute noch als die beste Universität der

Welt gilt, zu verleihen. Der Professor wandte sich an Slatins Freund General Sir Reginald Wingate und bat ihn, seinen Vorschlag zu unterstützen. Wingate stimmte natürlich zu und wandte sich an Lord Stamfordham, der die Erlaubnis Seiner Majestät König Georges V. einholte. Slatin selbst erfuhr ebenfalls von „Rex" Wingate, daß er im Gespräch sei, im April 1928 zusammen mit einem anderen renommierten Ausländer die Ehrendoktorwürde der Universität Cambridge verliehen zu bekommen. Slatin Pascha freute sich zwar über diese Mitteilung, äußerte aber Bedenken, ob es vernünftig wäre, eine solche Ehrung zu akzeptieren. Diese Aktion war nicht von ihm ausgegangen, und seine Skepsis erwies sich als berechtigt, denn als Cambridge diese Würden dann tatsächlich verlieh, war der Pascha, trotz der vielen Gerüchte, die über seine Ehrung kursiert waren, nicht unter den Ausgezeichneten. Es ist interessant, festzustellen, daß es sich bei einem der neuen Ehrendoktoren der Universität Cambridge um den Nobelpreisträger Albert Einstein gehandelt hatte. Slatins Name wäre also damals um ein Haar in einem Atemzug mit dem Universalgenie Einstein genannt worden. Obwohl Slatin niemals wirklich mit der Verleihung der Ehrendoktoratswürde gerechnet hatte, regte ihn die ganze Affäre nur unnötig auf und muß ihn auch gekränkt haben. Er hatte es immer nur schwer verwinden können, irgendwo abgewiesen zu werden, und es wäre wohl besser gewesen, wenn der kranke Mann niemals vom Vorhaben Professor Guillemards erfahren hätte.

In der Mitte des Jahres 1928 erlitt der Pascha einen so heftigen Anfall von Angina pectoris, daß er zwangsläufig ins Krankenhaus mußte, wo sich zudem noch eine Herzthrombose einstellte. Einen ganzen Monat lang konnte er sein Krankenhausbett nicht verlassen, und als der geschwächte Slatin, der glaubte, einen milden Schlaganfall erlitten zu haben, sich nach seiner Entlassung in die Hände eines Wiener Spezialisten begab, ahnte er wohl, daß ihm nicht mehr allzu viel Zeit bleiben würde. Er hatte große Angst davor, ein Invalidendasein führen zu müssen, und machte sich immer größere Sorgen um seine minderjährige Tochter. Energisch bemühte er sich, wieder

Altersbildnis Rudolf Slatins.
Der „Pascha" starb im Jahr 1932.

gesund zu werden und zumindest so lange zu leben, bis Anna Marie ihren Platz in der englischen Gesellschaft gefunden haben würde. Im Lauf des kommenden Jahres stabilisierte sich sein Gesundheitszustand einigermaßen, aber Slatin wurde Opfer eines schweren Schicksalsschlages, als er den Tod seines Bruders, des pensionierten Sektionschefs Heinrich Slatin, mit dem ihn zeitlebens ein besonders inniges Verhältnis verbunden hatte, miterleben und betrauern mußte. Slatin Pascha sah die Zeichen an der Wand, viele seiner alten Freunde aus dem Sudan hatten bereits ihre allerletzte Reise in die ewige Heimat angetreten, die Reihen waren gelichtet, und nun riß der Tod des geschätzten Bruders eine weitere unschließbare Lücke in sein Leben.

Im Herbst desselben Jahres erkrankte auch noch seine Tochter Anna Marie schwerer und mußte in einem Gebirgssanatorium Aufenthalt nehmen. Slatins schwaches und stark angegriffenes Herz vertrug die gesunde Höhenluft, die Anna Marie für ihren Heilungsprozeß benötigte, nicht länger, und der alte, von seiner eigenen Krankheit gezeichnete Pascha mußte ein einsames und trauriges Weihnachtsfest in Obermais verleben. Seine Kräfte erlahmten zusehends, so sehr und so krampfhaft er sich auch bemühte, wieder zu erstarken. Alle Gedanken seines alten Hirnes kreisten nur noch um das Wohlergehen und die Zukunft seiner Tochter, wie er seiner Schwägerin, der Witwe seines verstorbenen Bruders Heinrich, in einem Brief anvertraute:

> Ich mache mir immer noch Sorgen um Anna Marie. Wie sehr wünschte ich, jünger oder wenigstens gesünder zu sein. Ständig herumfahren und mich darum sorgen zu müssen, wo ich mein Kind unterbringen könnte, kostet mich viel Kraft, ja es kommt mir so vor, als sei meine Flucht vor 35 Jahren mit allen ihren Gefahren und Anstrengungen irgendwie leichter zu ertragen gewesen als all diese Reisen mit meinem Kind, und die Sorgen, die ich mir um sie mache, gehen tiefer als alles andere. Es bleibt mir nichts übrig als durchzuhalten. ...[3]

Seinem Tagebuch vertraute er seine Sorgen und seinen Kummer in noch schonungsloserer Offenheit an. In einer Eintragung, die gegen Ende des Jahres 1930 abgefaßt worden sein dürfte, lesen wir den angstvollen und berührenden Satz:

> Ich bete darum, daß der Allmächtige Anna Marie Gesundheit und Freude geben und meinen Zustand bessern möge, damit ich noch eine Weile für mein liebes Kind sorgen kann![4]

Das mittlerweile zum Backfisch herangewachsene Mädchen honorierte die übergroße Liebe ihres kranken und alten Vaters leider nicht in dem Maße, wie er es verdient hätte. Die vierzehnjährige Schülerin war launisch und zänkisch, hatte nie die fürsorgende Hand einer Mutter gespürt, befand sich zudem selbst nicht bei allerbester Gesundheit und hat wohl niemals richtig verstanden, wie sehr ihr Vater nach ihrer Liebe dürstete. Das riesengroße Liebesbedürfnis des alten Mannes wurde von seinem „Augapfel" Anna Marie traurigerweise nicht mit jener Art von Zuneigung belohnt, die Slatin Pascha von seiner Tochter erwartete, und – ob gewollt oder ungewollt, bewußt oder unbewußt – sie bereitete ihrem Vater manch schmerzhafte Kränkung. Als es Slatin im Jahr 1930 unmöglich war, den Sommer in Großbritannien zu verbringen, reagierte sie so unbeherrscht und zornig, daß sich der Pascha wie ein österreichischer „König Lear" gefühlt haben muß und sich in seinem Tagebuch bitter darüber beklagte, daß „Undank der Welt Lohn" sei und das „impertinente Ding", das er immer wie eine Prinzessin verwöhnt hatte, es an der nötigen Dankbarkeit fehlen ließ. Besonderen Kummer bereitete Anna Marie ihrem Vater, als sie ihm einmal erklärte, er brauche sich nicht um ihre zukünftigen Freunde zu kümmern, da sie vorhabe, sich ihren Freundeskreis selbst auszusuchen, und auf die Hilfe ihres Papas verzichten könne.

Die meisten Briefe, die Anna Marie Slatin ihrem alten Vater aus dem Internat schrieb, waren launisch und unerklärlicherweise sogar unfreundlich gehalten. Selten genug erreichte ihn ein freundlicher Brief seiner Tochter, den er dann allerdings wie einen wertvollen Schatz behandelte und hütete. Das junge, übermütige Mädchen schien auch nicht allzuoft mit ihren Gedanken beim kranken Vater gewesen zu sein. Darauf deuten jedenfalls sehr lange Schreibpausen hin, welche Slatin Pascha wahrscheinlich noch mehr bekümmerten als unwirsche Briefe. Er beklagte zwar die „Grausamkeiten" seiner so egoistisch scheinenden Tochter in seinem Tagebuch, liebte sie aber nach wie vor abgöttisch. Noch immer träumte er davon, sie am englischen Königshof präsentieren zu dürfen, und dieses große Ereignis, Slatins letzter Triumph, sollte nicht mehr in allzu weiter Ferne liegen. Das Näherrücken dieses – in seinen Augen – größten Tages in Anna Maries jungem Leben wurde durch eine gefährliche Operation, der sich der Pascha 1931 unterziehen mußte, beschleunigt. Slatin mußte sich ein bösartiges Gewächs entfernen lassen, und auch die englischen Zeitungen berichteten von seinem neuerlichen Krankenhausaufenthalt. Als „Rex" Wingate diese alarmierenden Nachrichten las, sprach er persönlich bei König George vor und berichtete ihm von der bedrohlichen Erkrankung seines besten Freundes. Die königliche Reaktion ließ nicht lange auf sich warten. Bald darauf erreichte den sich von der Operation erholenden Slatin in Wien eine persönliche Genesungsbotschaft des englischen Königspaares aus dem Buckinghampalast. Dieser Genesungswunsch von König George und seiner Gemahlin Mary muß den in Wahrheit seinen allerletzten Kampf ausfechtenden Pascha natürlich begeistert haben. Er schrieb sofort einen Dankesbrief, in welchem er das schelmische Lächeln des einstigen „Hofcharmeurs" Königin Victorias selbst im Angesicht des Todes aufblitzen ließ. Das mit „Gott segne Ihre Majestäten" endende Schreiben beinhaltete auch die schalkhafte Bemerkung, daß er noch nicht „genug bei sich behalten könnte", um wieder zu erstarken, und die für Slatin typische sarkastisch-merkantile Feststellung, daß er für die Unsummen, die er für die Operation, den Sanatoriumsaufenthalt und die Arztkosten ausgegeben hatte, jederzeit mindestens drei erstklassige Begräbnisse bekommen hätte können. Doch der schwerkranke „Spaßvogel" wußte genau, daß er bald jemandem gegenüberstehen würde, der auch in seinem Fall kein Ausnahmegesetz kennen würde.

Den Tod konnte sogar Slatin Pascha nicht bluffen oder überlisten. Die Zeit war nun zu seinem härtesten Gegner geworden, und der Pascha ging deshalb schnellstens daran, seinen letzten und den ersten großen Triumph seiner Tochter vorzubereiten. Er schrieb seinem besten Freund Reginald Wingate, daß er – sobald es ihm sein Gesundheitszustand erlaubte – ein letztes Mal nach England reisen und den englischen Herrscher um eine allerletzte Gnade bitten wolle. Er wollte seine über alles geliebte Tochter dem britischen Monarchenpaar vorstellen. Nicht nur General Wingate, sondern auch das Herrscherpaar wußte genau, wie es um Slatin stand, und akzeptierte seinen letzten Wunsch. Wingate konnte seinem leidenden Freund die freudige Mitteilung machen, daß der König und die Königin „selbstverständlich damit rechneten", Slatin Paschas Tochter Anna Marie kennenzulernen, wenn er sie „nach England mitbrächte". Als diese Botschaft Wingates den vom Tod bereits gezeichneten Wiener erreichte, muß er wohl einen innerlichen Freudensalto geschlagen haben. Anna Marie Slatin war nun zu einem hübschen und aufgeweckten jungen Fräulein von 15 Jahren herangewachsen, und ihre zu erwartende Präsentation bei Hof konnte ihr junges Leben entscheidend beeinflussen und in die richtige Bahn lenken.

Der alte Pascha war glücklich, trotz des bohrenden Schmerzes, der ihn unaufhörlich plagte, und betete zu Gott, daß es ihm vergönnt sein möge, diesen kostbaren Augenblick in Maries Leben noch miterleben zu dürfen. Am 7. Juni 1932 feierte der Schwerkranke seinen 75. Geburtstag, und der Name Slatin Pascha ging erneut durch die Weltpresse. Dem einsamen Eremiten in der Villa „Mathilde" in Obermais wurden anläßlich des letzten Geburtstages, den er erleben sollte, nochmals große Ehrungen zuteil. Journalisten umlagerten die ruhige Villa, und unzählige Gratulanten stellten sich ein, obwohl der Schlitz an Slatins Briefkasten wie immer das „Out"-Zeichen aufwies. Glückwunschtelegramme aus der ganzen Welt trafen ein, und auch das neue Österreich, auch die Republik hatte den außergewöhnlichen Mann, der die meiste Zeit seines Lebens in fernen Ländern außerhalb der Grenzen Österreichs verbracht hatte, aber in seinem Herzen immer ein stolzer Österreicher geblieben war und sein Österreichertum nie verleugnet hatte, nicht vergessen. Bundespräsident Miklas schrieb dem Pascha einen vierseitigen Gratulationsbrief, in dem er ausführlich auf all seine Leistungen und Verdienste einging. Seine Geburtsstadt Wien, der er unmittelbar nach dem Krieg einen solch unschätzbaren Dienst erwiesen hatte, meldete sich ebenfalls und ernannte ihn – nun, da sein Lebenskreislauf seinem Ende entgegenging – zu ihrem Ehrenbürger. Alle diese Ehrungen freuten den Pascha natürlich, doch er rüstete sich zu seiner letzten Schlacht, die er im Namen seiner Tochter Anna Marie am Hof des englischen Königs schlagen würde.

Er nahm alle ihm noch verbliebene Kraft und Energie zusammen und reiste zusammen mit Anna Marie in jene Stadt, deren Lichterglanz ihn stets entzückte, die für ihn seit jeher die „Welthauptstadt der Zivilisation" gewesen war und die er mehr liebte als jede andere Metropole der Welt – nach London. Am Freitag, dem 24. Juni 1932, erschien er ungefähr zehn Minuten nach 13 Uhr in Begleitung seiner 15jährigen Tochter, die sich durch nichts von einer vornehmen jungen Dame der allerfeinsten Gesellschaft Englands unterschied, im Buckinghampalast und speiste als Privatgast Seiner Majestät George V. und seiner Gattin Mary mit seinen königlichen Gastgebern. Für den „Thronanbeter" Slatin Pascha muß diese letzte Audienz seines Lebens ein besonders erhebender Moment gewesen sein, denn Anna Marie hatte zweifellos gute Figur gemacht. Sie war sittsam und ruhig und doch überlegen aufgetreten und hatte mit ihrem ersten Auftritt auf der Bühne des englischen Königshofes – zumindest in den Augen ihres todkranken Vaters – auch ihren ersten Schritt in die allerfeinste Gesellschaft gesetzt und war ein Teil dieser Gesellschaftsschicht geworden. Slatin Pascha hatte das Lebensziel seiner letzten Jahre, die Einführung seiner Tochter in die englische Gesellschaft, erreicht.

Doch dieser allerletzte königliche Gunsterweis war buchstäblich in vorletzter Minute erfolgt. „Rex" Wingate und alle anderen Freunde, die er bei seinem letzten London-Besuch traf, stellten traurig fest, daß sich der Pascha in einem denkbar schlechten Zustand befand. Slatin Pascha mußte vorzeitig nach Österreich abreisen, um sich neuerlich nach Bad Hall zur Kur zu begeben. Seine Tochter ließ er bei guten Bekannten zurück, weil er ihr nicht zumuten wollte, ihn auf seinen Kuraufenthalt zu begleiten, und damit sie sich der hohen Ehre und Auszeichnung, die ihr in so jungen Jahren zuteil geworden war, besser bewußt werden konnte. Der alte, bereits vom Tod gezeichnete Wüstenheld bestand aber noch ein letztes Abenteuer, als er es sich nicht nehmen ließ, nach Paris zu fliegen und zum ersten und letzten Mal in seinem Leben ein Flugzeug zu besteigen. Einige Tage genoß er die Pariser Sommerluft, ehe er sich auf seine Reise nach Bad Hall machte. Dort zeigten sich die Kurärzte sehr besorgt über seinen Gesundheitszustand und konnten nur eine erhebliche Verschlechterung seines Leidens diagnostizieren. Sie konnten sich seine heftigen Magenschmerzen nicht erklären und verwiesen den Pascha an ihre Wiener Spezialistenkollegen.

Am 16. August mußte Slatin Pascha im Wiener Cottage-Sanatorium neuerlich operiert werden. Doch das Geschwür, das man ihm diesmal herausschnitt, war nur ein Teil jener im Grunde inoperabel gewordenen Krebsgeschwulst, die ihn auffraß. Jetzt ritt der kampferprobte ehemalige Provinzgouverneur General Gordons, der Ex-Mudir von Darfur, in seine letzte Schlacht. Der Tod wartete bereits in nächster Nähe, und er sollte das Cottage-Sanatorium nicht mehr lebend verlassen. Sein Zustand verschlimmerte sich von Tag zu Tag, und die wenigen Freunde und nächsten Verwandten, die ihn im darauffolgenden September noch besuchen durften, wußten, daß sie gekommen waren, um Abschied zu nehmen. Bis zuletzt sorgte sich Slatin Pascha um seine Tochter und erlaubte ihr nicht, ihn zu besuchen und seine Todesagonie mitzuerleben. Mit der Hofpräsentation seiner Tochter war Slatins letzter Herzenswunsch in Erfüllung gegangen, und er konnte zufrieden und in der beruhigenden Gewißheit sterben, daß er alles getan hatte, um Anna Maries Start in ein glückliches Leben zu erleichtern.

Am 4. Oktober 1932 stand das Herz von Slatin Pascha still, und das Leben des Seidenfärbersohnes, der wie ein feuriger

Meteor zum Himmel des Weltruhms emporgestiegen war, war zu Ende. Seine Beisetzung auf dem Friedhof von Ober-St. Veit am 6. Oktober 1932 glich einem Staatsbegräbnis. Es regnete zwar in Strömen, doch die Anzahl der Trauergäste war trotzdem sehr groß; der österreichische Bundespräsident Wilhelm Miklas stand ebenso an Slatins Sarg wie der britische Botschafter und zahlreiche hochrangige Diplomaten, Generäle und Vertreter der (in Österreich verbotenen) Hocharistokratie.

An diesem verregneten Oktobertag des Jahres 1932 wußten alle Begräbnisteilnehmer, daß mit Slatin Pascha ein ganz besonderes Stück vom alten Österreich in die Erde sank, das so unwiederbringlich verloren war wie die Regentropfen und Erdklumpen, die auf den Sarg niederfielen.

EPILOG

Was erinnert im Jahr 1992 an den legendären österreichischen Pascha, dessen Grabmal auf einem kleinen Friedhof in Ober-St. Veit in Wien steht? Die Tochter von Gordons Provinzgouverneur, des Gefangenen von Omdurman und großen Freund des englischen Königshauses, lebt in völliger Abgeschiedenheit in der englischen Grafschaft Suffolk und scheint sich der bescheidenen Herkunft ihres einstmals weltberühmten Vaters zu schämen, wie mir Colonel Gordon Brook-Shepherd sagte. Die hochbetagte Dame pflegt keinerlei Kontakt zu ihrer österreichischen Verwandtschaft und scheint einen völligen Anglisierungsprozeß durchgemacht zu haben. Die Hoffnungen ihres alten und kranken Vaters, eine „standesgemäße" Ehe einzugehen, erfüllte sie gründlich und gleich dreimal. Ihr erster Mann war Dr. Otto Winterstein, ihm folgte ein russischer Prinz aus dem Geschlecht der Galliczin. Anna Marie Slatins letzter Mann hieß Ponsonby, und da sich Mrs. Ponsonby 1971 weigerte, den renommierten Biographen ihres Vaters, Gordon Brook-Shepherd, zu empfangen, zog ich es vor, auf eine ohnehin keinerlei Erfolgsaussichten versprechende Kontaktaufnahme zu verzichten. In Wien lebt Diplomingenieur Paul A. Slatin, der Enkel von Slatin Paschas Bruder, Sektionschef Heinrich Slatin, der das Andenken an seinen bewunderten Großonkel, den prominentesten Anglo-Österreicher der Monarchie, hochhält, genau wie sein Cousin, Dr. Heinz-Peter Slatin, der allerdings aus der Linie Ferdinand Slatins stammt, der, wie wir uns erinnern, der Sohn von Slatin Paschas Vater Michael und seiner ersten, früh verstorbenen Frau Anna Bichler war.

In Meran steht in Obermais die Villa „Mathilde", Rudolf Slatins letztes Heim, ein reizendes Haus, das heute von zwei ebenso reizenden alten Damen bewohnt wird, die zwar über den berühmten Mann Bescheid wissen, der bis 1932 in ihrer Villa wohnte, ihn aber nie zu Gesicht bekamen.

Auch die traditionsreiche Wiener Schuhfabrik Ludwig Reiter erweist dem Pascha ihre Referenz, indem sie ein typisch altösterreichisches Sommerschuhmodell nach ihm benannt hat, und damit sowohl an den Orient als auch an das Salzkammergut (wo Slatins Schwestern eine Villa am Traunsee besaßen) anspielt. Aber nur die wenigsten der zahlreichen – oft recht jungen – Träger dieses Schuhmodells dürften diesen Zusammenhang erahnen.[1]

In England und vor allem im Sudan genießt der Name Slatin immer noch einen großen Bekanntheitsgrad, es gibt zahlreiche Mahdi- und Khalifa-Nachfahren, die gerne und bereitwillig Auskunft über „Abdel Kader" geben.

Da Slatin Paschas Leben wirklich wie ein Märchentraum anmutet, wollen wir es unter das Motto der unvergeßlichen Worte des großen spanischen Dramatikers Calderón de la Barca stellen:

> Es träumt der König, daß er König sei,
> und übt Befehlsgewalt in diesem Wahne …
> Nun träum' ich, daß ich hier
> mit Ketten beladen …,
> doch träumte mir einst von glücklichen Tagen.
> Was ist das Leben? 's ist Schaum,
> ein Schatten, Gedankenspiel.
> Das größte Gut selbst ist klein;
> denn all unser Leben ist Traum
> und alle Träume nur Träume sein.
>
> (Aus Calderóns *La vida es sueño.*)

Das Grabmal der Familie Slatin
auf dem Ober-St.-Veiter Friedhof in Wien.

ANMERKUNGEN

Kapitel I:

[1] Heinrich Slatin, „Die Wahrheit von Mayerling", in: *Neues Wiener Tagblatt.* 15. August 1931.
[2] Gerd Holler. *Mayerling.* Wien: Amalthea, 1988, S. 212.
[3] *Neues Wiener Journal.* 4. April 1920.
[4] Hartwig A. Vogelsberger. *„King Romance" – Rider Haggard's Achievement.* Salzburg: Universitätsverlag, 1984, S. 14.
[5] Hartwig A. Vogelsberger. *„The Unearthly Quest" – Lady Hester Stanhope's Legacy.* Salzburg: Universitätsverlag, 1987, S. 9.

Kapitel II:

[1] Angeblich glauben einige besonders hartnäckige Bewunderer von General Gordon heute noch daran, daß der englische Mystiker den einzig wahren Standort der biblischen Plätze fand. Das behauptet zumindest James Morris in seinem 1973 erschienenen Buch *Heaven's Command* (London: Faber & Faber). Fest steht allerdings, daß man britischen Touristen, die das moderne Israel besuchen, immer noch jene als „Gordon's Sites" bekannten Plätze zeigt, die der General mit charakteristischer Nonchalance als die historisch einzig richtigen identifizierte.
[2] Gordon Brook-Shepherd. *Rudolf Slatin – Ein abenteuerliches Leben.* Wien: Molden, 1972, S. 23. Titel der in London bei Weidenfeld & Nicolson erschienenen Originalausgabe: *The Man Between.*

Kapitel IV:

[1] Vogelsberger, *The Unearthly Quest,* S. 181.
[2] Reginald Wingate. *Mahdism and the Egyptian Sudan.* London: Macmillan, 1891, S. 13f.
[3] Rudolf Slatin. *Fire and Sword in the Sudan.* London: Edward Arnold, 1896, S. 115. Die deutsche Fassung *Feuer und Schwert im Sudan* erschien im selben Jahr bei Brockhaus in Leipzig.
[4] Brook-Shepherd, S. 45.
[5] Ebd., S. 46.

Kapitel VI:

[1] Slatin, *Feuer und Schwert im Sudan*, S. 206f.

[2] Hicks Pascha trat als Colonel in die ägyptische Armee ein, verdingte sich also als Söldner, und dies mag der Grund dafür sein, daß er in manchen Werken, so etwa bei Allan Moorehead und James Morris, „nur" als Oberst geführt wird. Auch im Hollywoodfilm *Khartoum*, der 1966 unter der Regie des britischen Regisseurs Basil Dearden entstand, ist vom Exoffizier der indischen Armee lediglich als Colonel Hicks die Rede. Brook-Shepherd aber bezeichnet Hicks in seinem ausgezeichneten Slatin-Buch als Generalmajor (Major-General) und erklärte mir den Grund dafür wie folgt: Als Hicks in die ägyptische Armee eintrat, war er einem einheimischen General namens Suleiman Pascha unterstellt. Damit konnte sich der ehrgeizige Brite offenbar nicht abfinden und regte sich so sehr über seine „meniale" und untergeordnete Position auf, daß den Ägyptern nichts anderes übrig blieb, als Hicks zum General Officer Commanding zu befördern, was dem Rang eines Generalmajors entspricht. In der regulären englischen Armee aber behielt der „Märtyreroffizier", wie gesagt, den Rang eines Obersten.

[3] Brook-Shepherd, S. 64. Über die Hicks-Kampagne geben auch die Tagebücher eines Österreichers, der sich im Stab des unglücklichen Söldnerobersten befand, Auskunft. Der Name des Landsmannes von Rudolf Slatin war Major Herthl.

[4] Slatin, S. 241f.

Kapitel VII:

[1] Allan Moorehead. *The White Nile*. New York: Dell, 1962, S. 234. Ins Deutsche übertragen durch den Verfasser.

[2] Slatin, S. 245f.

[3] James Morris, *Heaven's Command*. London: Faber & Faber, 1973, S. 500.

[4] Moorehead, S. 265.

[5, 6] Ebd., S. 266.

[7] Moorehead, S. 260.

[8] Zitiert aus Gordons *Journals of Khartoum*. Wiedergegeben bei Moorehead, S. 266, und übersetzt vom Verfasser.

[9] Slatin, S. 344.

[10] Ebd., S. 514ff.

Kapitel VIII:

[1] Slatin, S. 410.

[2, 3] Ebd., S. 417 und 446.

Kapitel IX:

[1] Brook-Shepherd, S. 100. Der preußische Kaufmann schrieb nach seiner Befreiung durch General Kitchener selbst ein Buch über seine Erlebnisse als Gefangener des Khalifa. Neufelds 1899 in London erschienenes Buch *Prisoner of the Khaleefa* konnte allerdings nicht mit dem überwältigenden

Erfolg von Slatins Bestseller *Feuer und Schwert im Sudan*, der drei Jahre früher auf den Markt gekommen war, konkurrieren.

2 Ebd., S. 102.

3 Brook-Shepherd, S. 103. Der Brite zitiert hier einen Brief, der sich in der Sammlung von Slatins Großneffen Paul A. Slatin, der in Wien lebt, befindet, und der dem englischen Biographen seines Großonkels (wie auch mir) bereitwillig Einsicht in seine interessante Briefsammlung gewährte.

4 Slatin, S. 410.

5 Brook-Shepherd, S. 106.

6 Ebd., S. 110f.

7 Nachzulesen im erhalten gebliebenen Monatsbericht des Heeresnachrichtendienstes der anglo-ägyptischen Armee. Die Zentrale des Heeresnachrichtendienstes befand sich – wie kaum anders zu erwarten – in der Nilhauptstadt Kairo.

8 Ebd.

9 Brook-Shepherd, S. 113.

10 Ebd., S. 121f.

KAPITEL X:

Alle Zitatangaben, das Königliche Archiv (Royal Archives) in Windsor und das Slatin-Archiv der University of Durham betreffend, sind Gordon Brook-Shepherds Slatin-Buch entnommen. Wie mir der Colonel freundlicherweise mitteilte, ist allerdings nur die englische Ausgabe seines Werkes vollständig und korrekt, der Fußnotenteil der deutschen, bei Molden erschienenen Fassung hingegen nicht komplett und fehlerhaft. Der Exaktheit halber geben wir aber – mit Genehmigung Gordon Brook-Shepherds – auch die betreffenden Aktenzahlen an.

1 Brief Reginald Wingates an Sir Arthur Bigge. RA (Königliches Archiv Windsor), Aktenzahl 028/262. 28. März 1896.

2 Brook-Shepherd, S. 130.

3 Brief von Rudolf Slatin an seinen Bruder Heinrich vom 20. August 1895, der sich in der Sammlung Paul Slatins befindet.

4 Brook-Shepherd, S. 132.

5 Die englische Monarchin sprach bis zu ihrem neunten Lebensjahr ausschließlich Deutsch. Einer ihrer häufigsten und am öftesten dokumentierten Germanismen war die Formulierung „air castles“, die im Englischen nicht existiert und eine wörtliche Übersetzung des deutschen Ausdruckes „Luftschlösser“ darstellt. Die grammatikalisch richtige englische Bezeichnung muß natürlich „castles in the air“ lauten.

6 RA. Tagebucheintragung der Queen vom 19. August 1895. Briefe der Queen, dritte Serie, Volume II, S. 554.

7 Brook-Shepherd, S. 135.

8 RA 028/236, Reginald Wingate an Sir Arthur Bigge. 2. Dezember 1896.

Kapitel XI:

[1] Brook-Shepherd, S. 149f.

[2] Telegramm Lord Cromers an den Privatsekretär der Queen, Sir Arthur Bigge, datiert vom 21. Juni 1886. RA 029/15 und 16.

[3] Mitteilung Baron Heidlers an seinen Außenminister Graf Goluchowski vom 17. Juli 1898. Einzusehen im Wiener Haus-, Hof- und Staatsarchiv, PA XXX/17.

[4] RA 029/19, Wingate an Bigge, 25. August 1896.

[5] Ebd.

[6] Brief Slatins an die Frau seines Bruders Heinrich vom 26. Oktober 1896. Sammlung Paul Slatin.

[7] RA 029/72, Slatin an Queen Victoria. 15. Oktober 1897.

[8] Ebd., 029/74, Wingate an Bigge. 11. November 1897.

[9] Moorehead, S. 357f. Übersetzung ins Deutsche durch den Verfasser. Moorehead entnahm das Zitat aus dem zweibändigen Klassiker von Sir Winston Churchill, *The River War,* der 1899 in London erschien.

[10] RA 030/7, Wingate an Bigge. 21. August 1896.

[11] Moorehead, S. 359f.

[12] Ebd., S. 360.

Kapitel XII:

[1] Memorandum der Queen. 3. November 1896. Slatin-Archiv der Universität Durham.

[2] Haus-, Hof- und Staatsarchiv Wien. PA XXXI. Bericht Baron Heidlers an die Hauptstadt. 18. November 1898.

[3] James Morris. *Farewell the Trumpets. An Imperial Retreat.* New York & London: Harvest, 1980, S. 100f. Übersetzung ins Deutsche durch den Verfasser. 1972 ließ James Morris eine Geschlechtsumwandlungsoperation an sich vornehmen und wurde zu Frau Jan Morris. *Farewell the Trumpets* war das letzte Buch, das unter ihrem/seinem ursprünglichen Namen erschien. Da die Empire-Trilogie, *Heaven's Command, Pax Britannica* und *Farewell the Trumpets,* weiterhin unter dem Namen James Morris verkauft wird, zitieren auch wir Jan Morris unter dem Namen, den sie 46 Jahre lang trug.

[4] Der weltberühmte, aus Norfolk gebürtige englische Bestsellerautor traf Präsident Theodore Roosevelt auf einer Amerikareise und wurde zum persönlichen Freund des mächtigen Amerikaners, der nicht nur Haggards Afrika-Romane liebte, sondern auch dessen Bücher über soziologische Fragen und Probleme, wie etwa das 1910 erschienene Werk *Regeneration,* das die Arbeit der englischen Heilsarmee zum Inhalt hatte (und von Roosevelt persönlich rezensiert wurde), hoch einschätzte. Falls der geneigte Leser mehr über diese Freundschaft erfahren will, erlaube ich mir, ihn auf meine Haggard-Biographie *„King Romance"* und im besonderen auf die Seite 182 hinzuweisen.

[5] Brook-Shepherd, S. 213.

[6] Ebd., S. 214.
[7–9] Ebd., S. 220–224.
[10] RA, Edward VII, B 1889. Das Mitglied der Entourage des Königs, an welches Slatin den Brief schrieb, war Sir Arthur Davidson.
[11] *Neue Freie Presse.* 23. August 1909.
[12] Slatin-Archiv der Universität Durham, Box 450/109.

Kapitel XIII:

[1] Brook-Shepherd, S. 242.
[2] Brief Slatins an seine Schwägerin. Abgesandt aus Kosheh, am 3. August 1896. Sammlung Diplomingenieur Paul A. Slatin.
[3–9] Brook-Shepherd, S. 249–257.

Kapitel XIV:

[1] Reginald Wingate, „Note on Slatin Pasha", 18. Mai 1919. RA, GV 25 124.
[2] Brook-Shepherd, S. 264.
[3] Stefan Zweig. *Die Welt von Gestern.* Stockholm: Bermann-Fischer, 1944, S. 207f.
[4] Brook-Shepherd, S. 265.
[5] Haus-, Hof- und Staatsarchiv Wien, Liasse Krieg 7, PA I/887.
[6] Ebd. Telegramm des österreichischen Botschafters in Konstantinopel Graf Pallavicini ans Wiener Außenministerium. Registriert als Telegramm 512, datiert vom 28. August 1914.
[7] Slatin-Archiv Durham, Box 233/1.
[8] Ebd.
[9] Wahrscheinlich bezieht sich Erich Feigl in seinem 435 Seiten starken und Karl Habsburg (dem ältesten Sohn von Dr. Otto Habsburg, des letzten Kronprinzen Österreich-Ungarns) gewidmeten Buch über den Priester und Orientalisten Dr. Alois Musil, einen Vorkämpfer der islamischen Welt, wie er ihn im Untertitel nennt, hier auf einen Presseartikel der *New York Times* aus dem Jahr 1928, in dem Thomas Edward Lawrence, der im gesamten englischsprachigen Raum nur als T. E. Lawrence bekannt war (und ist!), fälschlicherweise als E.T. Lawrence bezeichnet wird. Feigl steht Lawrence zwar sehr ablehnend gegenüber, aber der unsterbliche „Lawrence of Arabia" dürfte zumindest verdienen, daß man seine Initialen nicht aus unerklärlichen Gründen vertauscht. Feigls Buch erschien 1985 bei Amalthea in Wien.
[10] Brook-Shepherd, S. 275.
[11] RA, GV P 2116/8.
[12, 13] Slatin-Archiv Durham, Box 223/4.
[14] Nähere Details über diesen faszinierenden Plan Feldmarschall Boroevićs, der nur deshalb nicht zur Anwendung kam, weil Kaiser Karl kein unnötiges Blutvergießen wollte und sich darum weigerte, die Aktion zu billigen, findet man in Ernest Bauers Buch *Der Löwe vom Isonzo.* Graz–Wien–Köln: Styria, 1985, S. 126f.

[15] Brook-Shepherd, S. 282.
[16] Ebd., S. 284.
[17] Der groteske Vorfall wird nicht nur durch einen Augenzeugenbericht belegt, sondern läßt sich auch dadurch beweisen, daß alle diese Tapferkeitsauszeichnungen aktenkundig wurden.
[18] Slatin-Archiv Durham, Box 223/5.

KAPITEL XV:

[1] RA, George V 25 124. Slatin an Lord Stamfordham. 25. Juni 1917.
[2] Ebd., Slatin an Colonel House. 10. Dezember 1918.
[3] Brook-Shepherd, S. 291.
[4] Slatin-Archiv Durham, Box 435/12.
[5, 6] Ebd., Slatin an Wingate. 28. Oktober 1919.
[7] Ebd., Box 223/7.
[8] Hier handelte es sich um eine 19 Jahre alte Engländerin, die sich auf einer Mittelmeerfahrt in den über dreißig Jahre älteren Pascha verliebte. Der Frauenliebling Rudolf Slatin war sicherlich berührt von den romantischen Gefühlen der jungen Dame, welche immer nur „Miss Emily" genannt wird und mit der er bis zu seinem Tod in Briefkontakt stand. Diese aufrichtige Beziehung ging allerdings niemals über die Grenzen einer platonischen Freundschaft hinaus. Es ist trotzdem interessant festzustellen, daß „Miss Emily" unverheiratet blieb und ihren Jugendschwarm, den legendenumrankten Pascha, als eine der ganz wenigen seiner Vertrauten auf dem Sterbebett besuchen durfte. Als Gordon Brook-Shepherd sein Buch über den österreichischen Pascha schrieb, lokalisierte er die damals noch lebende hochbetagte Dame, wahrte aber vornehmerweise ihr Inkognito.
[9] Brook-Shepherd, S. 314.

KAPITEL XVI:

[1] Slatin-Archiv Durham, Box 440. Slatin an Wingate.
[2] Brook-Shepherd, S. 326.
[3] Brief Slatins an seine Schwägerin vom 18. März 1930.
[4] Slatin-Archiv Durham. Tagebucheintragung vom 31. Dezember 1930.

EPILOG:

[1] Diesen Hinweis verdanke ich einem Telefongespräch mit Diplomingenieur Paul A. Slatin, dem ich dafür sehr verbunden bin.

LITERATUR

Allen, Bernard M. *Gordon and the Sudan.* London 1951.
Aronson, Theo. *Grandmama of Europe. The Crowned Descendants of Victoria.* London 1974.
Bauer, Ernest. *Der Löwe vom Isonzo.* Graz 1985.
Blanch, Lesley. *The Wilder Shores of Love.* London 1954.
Blunt, Wilfrid Scawen. *Gordon in Khartoum.* London 1911.
Bowle, John. *The Imperial Achievement.* London 1974.
Brook-Shepherd, Gordon. *The Man Between.* London 1971.
Brook-Shepherd, Gordon. *Rudolf Slatin – Ein abenteuerliches Leben.* Wien 1972.
Brook-Shepherd, Gordon. *The Last Habsburg.* London 1968.
Brook-Shepherd, Gordon. *Uncle of Europe.* London 1977.
Brown, Ivor. *Balmoral.* London 1966.
Burton, Isabel. *The Life of Sir Richard Burton.* 2 Bände, London 1893.
Churchill, Winston. *The River War.* 2 Bände, London 1899.
Churchill, Randolph. *Winston Churchill.* London 1966.
Cowles, Virginia. *Wilhelm, der Kaiser.* Frankfurt 1968.
Crankshaw, Edward. *Die Habsburger.* Wien 1971.
Corti, Egon Cäsar. *Kaiser Franz Joseph.* Wien 1960.
Dietrich, Stefan. „Pater Joseph Ohrwalder. Mit Feuer und Schwert im Sudan", in: *Tiroler Tageszeitung.* 5. Mai 1990.
Eyck, Erich. *Gladstone.* Erlenbach 1938.
Feigl, Erich. *Kaiser Karl.* Wien 1984.
Feigl, Erich. *Musil von Arabien. Vorkämpfer der islamischen Welt.* Wien 1985.
Fitzgerald, Percy. *The Great Canal at Suez.* London 1872.
Flandorfer, Elisabeth. *Baron und Pascha.* Maschinschriftliche Dissertation, Wien 1971.
Forbath, Peter. *Der letzte Held.* Hamburg 1989.
Gessi, Romolo. *Seven Years in the Sudan.* London 1892.
Graves, Richard Perceval. *Lawrence of Arabia and His World.* London 1976.
Hake, Egmont A. (Hrsg.). *The Journals of Major General C. G. Gordon, C. B., at Khartoum.* London 1885.

Haus-, Hof- und Staatsarchiv Wien.
Hill, Richard. *Slatin Pasha*. London 1965.
Holler, Gerd. *Mayerling*. Wien 1968.
Holt, P. M. *The Mahdist State in the Sudan 1881–98*. Oxford 1958.
Hötzendorf, Gina. *Mein Leben mit Conrad von Hötzendorf*. Leipzig 1935.
Kürenberg, Joachim. *Die Kaiserin von Indien*. Hamburg 1947.
Longford, Elisabeth. *Victoria. Königin und Kaiserin. Ihr Leben und ihre Epoche*. Oldenburg 1966.
Magnus, Philip. *Kitchener, Portrait of an Imperialist*. London 1958.
Middlemas, Keith. *The Life and Times of Edward VII*. London 1972.
Middleton, Dorothy. *Baker of the Nile*. London 1949.
Moorehead, Allan. *The White Nile*. New York 1962.
Morris, James. *Heaven's Command*. London 1973.
Morris, James, *Farewell the Trumpets. An Imperial Retreat*. New York & London 1980.
Neufeld, Karl. *A Prisoner of the Khaleefa. Twelve Years Captivity in the Sudan*. London 1899.
Neue Freie Presse. 23. August 1909.
Neues Wiener Journal. 4. April 1920.
Nicolson, Harold. *King George V*. London 1967.
Nutting, Anthony. *Gordon – Martyr and Misfit*. London 1966.
Ohrwalder, Joseph. *Ten Years Captivity in the Mahdi's Camp*. London 1892.
Power, Frank. *Letters from Khartoum*. London 1885.
RA = Royal Archives at Windsor (Königliches Archiv Windsor).
Schneider, Joseph (Hrsg.). *Kaiser Franz Joseph I. und sein Hof*. Wien 1984.
Slatin Archives at Durham University (Slatin-Archiv der Universität Durham).
Slatin, Rudolf. *Feuer und Schwert im Sudan*. Leipzig 1896.
Slatin, Rudolf C. *Fire and Sword in the Sudan 1879–95*. London 1896.
Slatin, Heinrich. „Die Wahrheit von Mayerling", in: *Neues Wiener Tagblatt*, 15. August 1931.
Steed, Henry Wickham. *The Habsburg Monarchy*. London 1913.
Steevens, W. G. *With Kitchener to Khartoum*. London 1898.
Tingsten, Herbert. *Königin Viktoria und ihre Zeit*. München 1975.
Vogelsberger, Hartwig A. *„King Romance" – Rider Haggard's Achievement*. Salzburg 1984.
Vogelsberger, Hartwig A. *„The Unearthly Quest" – Lady Hester Stanhope's Legacy*. Salzburg 1987.
Wingate, Reginald. *Mahdism and the Egyptian Sudan*. London 1891.
Wingate, Ronald. *Wingate of the Sudan*. London 1955.
Zöllner, Erich. *Geschichte Österreichs*. Wien 1979.
Zweig, Stefan. *Die Welt von Gestern*. Stockholm 1944.